LA SCIENCE DU LANGAGE

COURS PROFESSÉ A L'INSTITUTION ROYALE DE LA GRANDE-BRETAGNE

PAR M. MAX MÜLLER

PROFESSEUR A L'UNIVERSITÉ D'OXFORD,
CORRESPONDANT DE L'INSTITUT DE FRANCE, ETC., ETC.

OUVRAGE QUI A OBTENU DE L'INSTITUT DE FRANCE LE PRIX VOLNEY EN 1862

TRADUIT DE L'ANGLAIS, AVEC L'AUTORISATION DE L'AUTEUR

PAR M. GEORGES HARRIS
Professeur au lycée impérial d'Orléans

ET M. GEORGES PERROT
Ancien membre de l'école d'Athènes, professeur au lycée impérial Louis-le-Grand

Opera naturale è ch' uom favella;
Ma, così o così, natura lascia
Poi fare a voi, secondo che v' abbella.
DANTE, *Paradiso*, 26, 13.

DEUXIÈME ÉDITION, REVUE ET AUGMENTÉE
SUR LA CINQUIÈME ÉDITION ANGLAISE

PARIS
A. DURAND ET PEDONE LAURIEL, LIBRAIRES-ÉDITEURS
RUE CUJAS, 9 (ANCIENNE RUE DES GRÈS)

1867

LA SCIENCE
DU LANGAGE.

OUVRAGES DE M. PERROT :

Exploration archéologique de la Galatie et de la Bithynie, d'une partie de la **Mysie,** de la **Phrygie,** de la **Cappadoce** et du **Pont,** etc., *Paris*, Didot, 2 vol. in-fol., un de texte, l'autre de planches. L'ouvrage paraît en 24 livraisons, contenant chacune de 4 à 5 planches et 3 ou 4 feuilles d'impression. Le prix de chaque livraison est de 6 fr. 25 c. (17 livraisons sont en vente.)

Souvenirs d'un voyage en Asie Mineure, *Paris*, Michel Lévy, in-8°, 2ᵉ édition, 1866, 7 fr. 50 c.

L'île de Crète, souvenirs de voyage, in-12, *Paris*, Hachette, 1867, 3 fr. 50 c.

Paris. — Impr. de Ad. Lainé et J. Havard, rue des Saints-Pères, 19.

LA SCIENCE
DU LANGAGE

COURS PROFESSÉ A L'INSTITUTION ROYALE DE LA GRANDE-BRETAGNE

EN L'ANNÉE 1861

PAR M. MAX MÜLLER

PROFESSEUR A L'UNIVERSITÉ D'OXFORD,
CORRESPONDANT DE L'INSTITUT DE FRANCE, ETC., ETC.

OUVRAGE QUI A OBTENU DE L'INSTITUT DE FRANCE LE PRIX VOLNEY EN 1862

TRADUIT DE L'ANGLAIS, AVEC L'AUTORISATION DE L'AUTEUR

PAR M. GEORGES HARRIS

Professeur au lycée impérial d'Orléans

ET M. GEORGES PERROT

Ancien membre de l'école d'Athènes, professeur au lycée impérial Louis-le-Grand

Opera naturale è ch' uom favella;
Ma, così o così, natura lascia
Poi fare a voi, secondo che v' abbella.
DANTE, *Paradiso*, 26, 13.

DEUXIÈME ÉDITION, REVUE ET AUGMENTÉE
SUR LA CINQUIÈME ÉDITION ANGLAISE

PARIS

A. DURAND ET PEDONE LAURIEL, LIBRAIRES-ÉDITEURS

RUE CUJAS, 9 (ANCIENNE RUE DES GRÈS)

1867

DÉDIÉ

AUX

MEMBRES DE L'UNIVERSITÉ D'OXFORD

RÉSIDENTS ET NON-RÉSIDENTS

A CEUX

DE QUI J'AI REÇU TANT DE PREUVES DE SYMPATHIE ET DE BONTÉ

DURANT LES DOUZE DERNIÈRES ANNÉES

TÉMOIGNAGE DE RECONNAISSANCE

POUR LE GÉNÉREUX APPUI

QU'ILS M'ONT DONNÉ LE 7 DÉCEMBRE 1860.

TABLE DES MATIÈRES.

AVANT-PROPOS DE LA TRADUCTION FRANÇAISE.

(Pages xv à xxx.)

PRÉFACES DE L'AUTEUR.

(Pages xxxj à xxxvj.)

PREMIÈRE LEÇON.

A QUEL ORDRE DE SCIENCES APPARTIENT LA SCIENCE DU LANGAGE.

(Pages 1 à 32.)

Importance de la science du langage. Sa date récente : les noms divers qui lui ont été donnés : *philologie comparée, étymologie scientifique, linguistique, phonologie, glossologie.* — Coup d'œil jeté sur l'histoire des sciences inductives : Trois périodes dans cette histoire ; période empirique, période de la classification, période de la théorie. — Période empirique. — Humbles débuts des différentes sciences : de la géométrie ; de la botanique ; de l'astronomie ; étymologie du mot anglais *moon* ; des mots *Pléiades* ou *Vergiliæ, Hyades* ou *Pluviæ*. — Nécessité pour les sciences de rendre des services pratiques. — La mythologie. Étymologie de *Éōs, Tithonos, Fatum, Zeus, Luna, Lucina, Hecate, Pyrrha.* — Le langage élève une barrière infranchissable entre l'homme et les bêtes. — La classification dans les sciences. — Rôle de l'imagination et de la divination dans le progrès de la science : Copernic, Kepler. — La théorie. — Deux grandes divisions des connaissances humaines : les *sciences de la nature*, qui traitent des œuvres de Dieu ; les *sciences historiques*, qui traitent des œuvres de l'homme. — Distinction profonde entre la philologie proprement dite, et la philologie comparée ou linguistique. Origine du nom de *philologie comparée*. — Le langage étant l'œuvre de la nature, et non une invention de l'homme, la philologie comparée doit être rangée parmi les sciences que nous avons appelées *sciences de la nature*. — Nécessité d'étudier la science qui fait l'objet de ce cours dans les trois périodes déjà énumérées, la période empirique, celle de la classification, et celle de la théorie.

DEUXIÈME LEÇON.

DE LA DISTINCTION A FAIRE ENTRE LE DÉVELOPPEMENT DU LANGAGE ET L'HISTOIRE DU LANGAGE.

(Pages 33 à 95.)

Objections contre la théorie qui classe la science du langage parmi les sciences de la nature. Première objection : le langage est l'œuvre artificielle de l'homme. Opinions de diverses écoles de philosophie sur l'origine du langage. — Deuxième objection : le langage est susceptible de développement et de perfectionnement, et se distingue par là des produits de la nature. — Le développement du langage résulte de deux opérations distinctes, l'altération phonétique et le renouvellement dialectal. Ce qu'on entend par *altération* ou *corruption phonétique* : étymologie de *viginti*, vingt, dérivé des deux mots d'où viennent *deux* et *dix*; ravages de l'altération phonétique. *Renouvellement dialectal*. Importance de l'étude des dialectes pour entrevoir la vie réelle du langage. Nombre infini de dialectes dans l'Asie centrale, en Afrique, en Amérique, dans la Polynésie et même en Europe. Les patois conservent souvent des formes plus primitives que les langues littéraires. Rapidité extraordinaire avec laquelle les dialectes se transforment, constatée par les missionnaires en Amérique; même fait observé en Asie et en Afrique. Comment se forment les langues nationales. Dans quel sens les termes de *mère* et de *fille* peuvent s'appliquer aux langues : le latin et l'italien. Histoire du latin. Influence des dialectes et des patois sur le développement des langues : le langage porté en Islande par les réfugiés norvégiens est resté presque stationnaire depuis sept siècles, tandis que sur son sol natal il s'est scindé en deux langues distinctes, le suédois et le danois. Richesse des dialectes. Lois qui ont présidé au passage du latin aux langues romanes. Dans quel sens nous parlons du *développement* du langage. Le développement du langage comparé non à la végétation d'un arbre, mais à la formation successive des couches terrestres. Les individus ne peuvent influer en rien sur le développement du langage. — Troisième objection : la science du langage doit être classée parmi les sciences *historiques*, puisque nous ne pouvons nous rendre compte de la vie et du développement d'aucune langue sans connaître l'histoire du peuple chez qui elle s'est formée et surtout l'histoire de ses rapports avec les autres peuples. — La science du langage ne dépend aucunement de l'histoire;

différence entre l'histoire du langage de l'Angleterre, et l'histoire de l'anglais. La grammaire est l'élément essentiel et la base de toute classification des langues : c'est la grammaire qui nous fait ranger le turc parmi les langues tartares et touraniennes, et l'anglais parmi les langues teutoniques, malgré l'origine diverse des mots qui composent le vocabulaire de chacune de ces deux langues.

TROISIÈME LEÇON.

PÉRIODE EMPIRIQUE.

(Pages 97 à 132.)

Spéculations métaphysiques sur la nature du langage dans les écoles de l'Inde et de la Grèce : terminologie de Platon, d'Aristote et des stoïciens. — La grammaire proprement dite doit commencer naturellement avec l'étude des langues étrangères. Indifférence des Grecs pour les langues des *barbares*. Les interprètes dans l'antiquité. Voyages des anciens philosophes grecs. — Bérose, Ménandre de Tyr et Manéthon écrivent en grec l'histoire de leurs patries respectives, la Babylonie, la Phénicie et l'Égypte. — Étude critique de la langue grecque dans l'école d'Alexandrie. Les philosophes alexandrins inventent de nouveaux termes grammaticaux. Zénodote. Denys le Thrace, élève d'Aristarque, quitte Alexandrie et s'établit à Rome, vers le temps de Pompée, pour y enseigner le grec : il compose, à l'usage de ses élèves, la première grammaire de la langue grecque. — Influence de la Grèce en Italie dès les temps les plus reculés. Les Italiens reçoivent des Grecs leur alphabet, ainsi que les rudiments mêmes de la civilisation. Dès le temps de Caton, tous les Romains instruits savent parler le grec. — La première histoire de Rome est écrite en grec par Fabius Pictor. Livius Andronicus, Nævius, Plaute. Ennius, Térence, Polybe, les Scipions. Croyances religieuses des Romains. Cratès de Pergame donne les premières leçons de grammaire à Rome, vers l'an 159 av. J.-C. Lucius Ælius Stilon : Varron, Lucilius, Cicéron. Traité de César de *Analogia*. Arrivée de Denys le Thrace à Rome : la terminologie grammaticale qu'il emploie dans sa grammaire grecque est celle dont nous nous servons encore aujourd'hui. — Les grammairiens des siècles suivants : M. Verrius Flaccus, Quintilien, Scaurus, Apollonius Dyscole, Probus, Donat, Priscien.

QUATRIÈME LEÇON.

PÉRIODE DE LA CLASSIFICATION.

(Pages 133 à 203.)

Observations sur la grammaire empirique. — Origine des formes grammaticales. Nécessité d'établir la filiation des langues, afin de pouvoir faire remonter les formes grammaticales jusqu'à leur origine. — L'idée d'une classification des langues inconnue à l'antiquité. Pour les Grecs, les hommes étaient divisés en Grecs et en barbares. Influence du mot *barbares*, chez les Grecs d'abord et plus tard chez les Romains. — Le Christianisme, en enseignant l'origine commune de l'humanité, prépare les voies à l'étude comparée des langues. — Première division des langues, en langue sacrée et langues profanes. — L'étude de l'arabe, du chaldéen et du syriaque conduit à l'établissement de la famille sémitique. La philologie au seizième siècle : Bibliander, Henri Estienne, Roccha, Megiser, Guichard, J.-J. Scaliger, Duret, Thomassin. — Les progrès de la science du langage sont empêchés pendant longtemps par le préjugé qui faisait regarder l'hébreu comme la langue primitive de l'humanité. Leibniz combat le premier ce préjugé : ses efforts incessants pour obtenir des spécimens de toutes les langues du monde, afin d'établir la philologie comparée sur les seuls fondements qui soient vraiment solides. — L'impératrice Catherine et ses études philologiques : son *Dictionnaire comparé*, contenant une liste de deux cent quatre-vingt-cinq mots traduits en deux cents langues, paraît en 1785. — Les deux grands ouvrages qui résument, au commencement de notre siècle, tous les travaux antérieurs, sont le *Catalogue des langues*, d'Hervas, et le *Mithridate*, d'Adelung. Vie d'Hervas. — Découverte du sanscrit. Histoire de cette langue, qui cessa d'être parlée trois cents ans avant Jésus-Christ. Les dialectes qui en sont sortis, le pâli, le prâkrit, lesquels, avec le temps, se sont transformés dans les idiomes modernes de l'Inde, l'hindoui, l'hindoustani, le mahratte, le bengali. La haute antiquité du sanscrit est prouvée par les noms sanscrits qui se rencontrent dans les auteurs grecs, latins et chinois; les *Voyages des pèlerins bouddhistes*. Étude du sanscrit après la conquête de l'Inde par les Mahométans. Sous le calife Almansour, Mohammed ben Ibrahim Alfazari traduit en persan le grand Sindhind, vers 771 de Jésus-Christ. Travaux d'Albirouni. Traduction de divers ouvrages sanscrits en persan et en arabe. Règne d'Akbar; il fait traduire en persan le *Mahâbhârata*, le *Râmâyana*, l'*Amarakosha*, mais il ne peut obtenir des brahmanes une traduction des *Védas*. Légende de Feizi. Dârâ, l'arrière-petit-fils d'Akbar, donne, en 1657, une traduction en persan des *Upanishads*, laquelle fut traduite en français par Anquetil-Duperron, en 1795. — Travaux de saint François-Xavier et de ses compagnons dans l'Inde. Filippo Sassetti. Vie de Roberto de Nobili, le premier Européen qui posséda une connaissance approfondie de la langue et de la littérature sanscrites. — Heinrich Roth. Correspondance des pères Cœurdoux, Calmette et Pons, avec l'Académie des inscriptions et belles-lettres. — Première grammaire sanscrite publiée, en 1790, par Paulin de Saint-Barthélemy. — Fondation, en 1784, de la Société asiatique à Calcutta : travaux de William Jones, de Carey, de Wilkins, de Forster, de Colebrooke. Découverte de l'affinité entre le sanscrit et le grec et le latin. — Frédéric Schlegel. Établissement de la famille des langues indo-germaniques.

CINQUIÈME LEÇON.

CLASSIFICATION GÉNÉALOGIQUE DES LANGUES.

(Pages 205 à 270.)

Travaux de Bopp, A. Schlegel, Humboldt, Pott, Grimm, Rask, Burnouf. — Révolution opérée dans l'étude de la classification des langues par la découverte du sanscrit. La grammaire comparée. La classification généalogique des langues : pourquoi cette classification ne s'applique pas nécessairement à toutes les langues. — Table généalogique de la famille des langues aryennes. 1° Branche *teutonique*. Le bas-allemand, auquel appartiennent les dialectes frisons, le hollandais et le flamand. Le haut-allemand, dont l'histoire se divise en trois périodes : le nouveau, le moyen et l'ancien haut-allemand. Le gothique : vie d'Ulfilas, sa traduction de la Bible en gothique. Les dialectes scandinaves : le suédois, le danois, l'islandais. L'Edda poétique et l'Edda de Snorri Sturluson, les plus anciens monuments du langage scandinave. La littérature en Islande : les scaldes. — 2° Branche *italique*. Les six langues romanes : le français, l'italien, l'espagnol, le portugais, le valaque et le romanche. — 3° Branche *hellénique*. — 4° Branche *celtique*. Le kymri qui comprend le gallois, le cornique et l'armoricain. Le gadhélique qui comprend l'irlandais, le gaélique d'Écosse et le manx ou dialecte de l'île de Man. — 5° Branche *slave* ou *windique*. Le lette, le lithuanien. Le russe, le bulgare, le serbe, le croatien, le slovène. Le polonais, le bohémien, le lusatien. — L'albanais. — 6° Branche *indienne*. Le sanscrit, les dialectes prâkrits, l'hindoui, l'hindoustani, le mahratte, le bengali. — 7° Branche *iranienne*. Le zend, le pehlvi, le parsi, le persan moderne. — Berceau primitif de la famille aryenne.

SIXIÈME LEÇON.

LA GRAMMAIRE COMPARÉE.

(Pages 271 à 317.)

Objet de la grammaire comparée. — Distinction entre les *racines* et les *formes* du langage. — Théories diverses sur l'origine des formes grammaticales. Les désinences ne sont ni des excroissances produites par une végétation intime du langage ni des signes de convention inventés pour modifier le sens des mots : la grammaire comparée démontre qu'elles ont été originairement des mots indépendants qui se sont altérés avec le temps et se sont agglutinés à la fin des mots auxquels ils étaient juxtaposés. Formation de certains cas dans les langues aryennes : le locatif, le génitif, le datif. Formation des désinences des verbes : le futur français, le futur latin, le prétérit anglais. — Hypothèse pour montrer comment les formes grammaticales peuvent prendre naissance. — Principaux résultats donnés par la grammaire comparée des langues aryennes. — Lumière inattendue jetée sur les temps antéhistoriques par l'étude comparative de ces langues. — Tableau de la civilisation chez les Aryens avant leur dispersion, d'après les mots communs aux différents membres de la famille. — Pourquoi le nom d'*aryennes* a été donné aux langues indo-européennes. — Signification du nom Arya; ses pérégrinations à travers le monde. — Région habitée par les Aryas.

SEPTIÈME LEÇON.

LES ÉLÉMENTS CONSTITUTIFS DU LANGAGE.

(Pages 319 à 349.)

Horne Tooke indique le premier le caractère véritable des désinences grammaticales. — Les éléments constitutifs du langage sont les racines attributives et les racines démonstratives. Définition du terme *racine*. Racine AR, *árya, arare,* ἀροῦν, *aratrum,* ἄροτρον, *aratio,* ἄροσις, ἔρα, *earth, armentum,* ἄρουρα, *arvum, ars, artis.* — Racine SPAC. *Respectable, spectare, specere, spy, espion,* σκέπτομαι, σκεπτικός, ἐπίσκοπος, *évêque, respect, répit, dépit, soupçon, auspice, espiègle, espèce, épice, épicier.* — Classes de racines : racines *premières, secondaires, tertiaires.* — Nombre des racines en sanscrit, en hébreu, en gothique, en allemand moderne. Nombre des mots en chinois, dans les inscriptions cunéiformes de Perse, dans les inscriptions hiéroglyphiques de l'Égypte, en anglais, dans Shakespeare, Milton, l'Ancien Testament. — Modification du sens des mots chinois, selon leur place dans la proposition. — Désinence τέρος, sanscrit, *tara, trans, très.* — Origine du *s,* terminaison de la troisième personne singulière de l'indicatif présent des verbes anglais. — Toutes les langues, sans aucune exception, qui nous sont connues, composées des deux mêmes éléments constitutifs. — Problème de l'origine du langage si obscur pour les anciens philosophes, beaucoup plus clair pour nous.

HUITIÈME LEÇON,

CLASSIFICATION MORPHOLOGIQUE DES LANGUES.

(Pages 351 à 430.)

Exposé sommaire des langues *sémitiques :* leur division en trois branches, la branche araméenne, la branche hébraïque et la branche arabique. — Le *syriaque* et le *chaldéen,* les deux principaux dialectes de l'araméen. Monuments écrits du syriaque du deuxième et du quatrième siècle : cet idiome se parle encore chez les Nestoriens du Kurdistan. Le chaldéen, langue de Jésus-Christ et de ses disciples; des fragments du livre d'Ezra, et les Targums, nous en donnent des spécimens : les Talmuds de Jérusalem et de Babylone, et la Massore, rédigés en chaldéen altéré. Inscriptions cunéiformes de Babylone et de Ninive. *Livre d'Adam.* Les Nabatéens, *Agriculture nabatéenne.* — L'*hébreu,* l'ancienne langue de la Palestine depuis le temps de Moïse; sa parenté probable avec le *phénicien* et le *car-*

thaginois. — L'*arabe*, sorti de la péninsule arabique. Inscriptions himyaritiques. — L'abyssinien ou le *ghez*. Les *Moallakât*, les plus anciens textes arabes. — Le *berber*, le *haussa*, le *galla*, le *copte*, dont le caractère sémitique est indécis. — La dénomination de *familles* ne s'applique proprement qu'aux langues aryennes et sémitiques. Divers degrés de parenté entre les langues. — Langues *touraniennes*, celles qui sont parlées par les races nomades de l'Asie. Le *tongous*, le *mongol*, le *turc*, le *finnois*, le *samoyède*, le *tamoul*, le *bhotiya*, le *taïen* et le *malais*. Traits caractéristiques de ce groupe de langues. — Histoire abrégée de ces langues et des populations qui les parlent. — Problème de l'unité primitive du langage.

NEUVIÈME LEÇON.

PÉRIODE DE LA THÉORIE. — ORIGINE DU LANGAGE.

(Pages 431 à 497.)

Théories diverses sur l'origine du langage. — Méthode à suivre pour arriver à la solution de ce problème. Nécessité de pénétrer la nature intime du langage. Différence entre l'homme et les bêtes. Facultés mentales des bêtes. L'instinct et l'intelligence chez les bêtes et chez l'homme. Les bêtes ne possèdent ni la faculté de former des idées générales, ni le langage qui est le signe ou la manifestation extérieure de cette faculté distinctive de l'homme. — Les *racines*, éléments constitutifs du langage. — Comment les racines ont-elles été formées ? Deux théories principales proposées pour en expliquer la formation : la théorie de l'onomatopée et celle de l'interjection. — Examen et réfutation de ces deux théories. — La faculté de connaître ou la raison, et la faculté de nommer ou le langage. Toutes les racines expriment une idée générale, et sont des types phonétiques produits instinctivement par une puissance inhérente à la nature humaine. — Élection primitive et élimination subséquente des racines. — Rien d'arbitraire dans le langage. — Conclusion.

APPENDICE.

TABLEAUX GÉNÉALOGIQUES DES LANGUES.

(Pages 499 à 504.)

TABLE ANALYTIQUE.

(Pages 506 à 530.)

AVANT-PROPOS

DE LA TRADUCTION FRANÇAISE.

L'ouvrage dont nous offrons la traduction aux lecteurs français a eu, en Angleterre et sur le continent, un succès qui nous dispense d'en faire l'éloge et d'en indiquer longuement les mérites. C'est au printemps de 1861 qu'un public nombreux et choisi se pressait à Londres, dans une des salles du *Royal Institute*, pour entendre la vive et brillante parole du savant professeur d'Oxford, de cet homme éminent que l'Allemagne a prêté à l'Angleterre sans cesser d'être fière de lui et de l'honorer comme une de ses gloires. Cette année même, les neuf leçons dont s'était composé le cours, soigneusement revues et enrichies de nouveaux développements, formaient un volume qui en est aujourd'hui à sa quatrième édition. D'année en année,

M. Müller n'a cessé de corriger et d'améliorer son travail, d'éclaircir tout ce qui avait pu prêter à de fausses interprétations, d'appuyer sur de nouvelles preuves les assertions qui avaient été contestées. La quatrième édition, qui vient de paraître il y a peu de jours, et dont les épreuves nous étaient communiquées à mesure qu'elles recevaient les corrections de M. Müller, contient surtout de nombreuses additions et des rectifications importantes.

C'est que l'auteur avait obtenu, de tous les succès, celui qui doit être le plus sensible au cœur d'un savant vraiment digne de ce nom, vraiment amoureux de la recherche et épris de la vérité : il avait eu l'honneur de susciter de nombreux contradicteurs, de provoquer l'effort de critiques instruits et sérieux, qui discutèrent et discutent encore ses idées avec un intérêt, avec une vivacité passionnée que n'excitent jamais des œuvres médiocres. Lui-même reconnaît, dans ses notes, ce qu'il a dû accorder d'attention aux remarques et aux objections qui se sont produites dans les critiques, toujours anonymes, suivant l'usage, que se sont empressées de consacrer à ce beau livre les grandes revues anglaises. En France, M. Barthélemy Saint-Hilaire, dans trois articles du *Journal des Savants*, a suivi pas à pas notre auteur, s'attachant surtout à faire connaître ses théories aux lecteurs français, et à mettre en lumière toutes ses rares qualités; ce n'est guère que sur des points de détail que portent les dissentiments qu'il signale entre ses propres vues et celles du professeur d'Oxford. M. F. Baudry, dans la *Revue archéologique*, a fait des réserves plus marquées et a discuté, avec une logique incisive et pressante, la méthode que M. Max Müller applique à la classification des langues. C'est surtout en Allemagne que l'attention est éveillée par de pareils travaux; au-delà du Rhin les philologues de profession sont peut-être plus nombreux que chez nous les amateurs même et les curieux capables d'ouvrir à leurs moments perdus un livre de philologie; aussi, dès les premiers jours de 1863, paraissait-il à Leipzick une traduction allemande des *Lectures on the science of language*. Enfin, en ce moment même se prépare une traduction italienne qui suivra de près la version française.

Un pareil succès risque d'étonner des esprits même cultivés, qui sont restés jusqu'ici étrangers à ces études et à leurs récents progrès; on se demandera peut-être, surtout en France, qui elles peuvent intéresser, en dehors d'un cercle très-borné de grammairiens et de linguistes. En général, on ne mesure pas encore toute la portée de ces recherches, on n'en comprend pas tout l'avenir; aussi convient-il d'indiquer ici en quelques mots à quels graves problèmes conduit naturellement cette belle science, cette histoire naturelle de la parole humaine.

Bien mieux encore que l'enquête archéologique si

brillamment inaugurée, il y a une trentaine d'années, par les savants du nord de l'Europe, l'étude des langues et de leurs formes les plus anciennes nous permet de remonter, dans ce vague et obscur passé où se dérobent les premiers vagissements et les premiers pas de l'humanité, bien au-delà du point où s'arrêtent la légende et la tradition même la plus incertaine. Ni ces grands amas de coquilles si patiemment remués et examinés par les antiquaires norvégiens; ni ces lacs italiens et suisses dont M. Troyon et ses émules explorent les rivages et interrogent du regard et de la sonde les eaux transparentes; ni les cavernes fouillées par M. Lartet; ni ces antiques sépultures d'un peuple sans nom qui se retrouvent des plateaux de l'Atlas aux terres basses du Danemark, ne nous livrent d'aussi curieux secrets que les riches et profondes couches du langage où se sont déposées et comme pétrifiées les premières conceptions de l'homme naissant à la pensée, les premières émotions qu'il ait éprouvées en face de la nature, les premiers sentiments qui aient fait battre son cœur. Restes des grossiers festins de nos sauvages ancêtres, débris de leurs légères demeures suspendues au-dessus de ces eaux qui les protégeaient et les nourrissaient tout à la fois, monuments authentiques de leur ingénieuse et opiniâtre industrie, faibles instruments qui les aidaient dans leurs premières luttes contre la nature, armes fragiles et émoussées qui leur servaient à se défendre contre les bêtes fauves, étranges bijoux, gauches et naïves parures où se révèlent des instincts de coquetterie contemporains, chez l'un et l'autre sexe, des premiers rudiments de la vie sociale, tout cela n'est ni aussi instructif ni aussi clair et aussi précis, tout cela ne nous en apprend pas autant que ces longs siècles d'enfance et de lente croissance que l'analyse même des mots, que l'explication de toutes ces métaphores hardies dont nous avons hérité et que nous employons encore tous les jours sans plus les comprendre, que l'examen de tous ces termes figurés qui, même dans les plus raffinés et les plus philosophiques de nos idiomes modernes, subsistent toujours comme les vivants témoins d'un inoubliable passé, et semblent protester, par le rôle qu'ils continuent à jouer dans la langue, contre les victoires et les conquêtes de l'abstraction.

C'est ainsi que la philologie comparée, telle que notre siècle l'a le premier comprise, nous aide, mieux que toute autre étude, à nous représenter, tout au moins par conjecture et par induction, un état d'esprit par lequel l'humanité ne repassera jamais, et que nous ne saurions plus atteindre par l'observation directe: en nous faisant juger les causes par leurs effets encore sensibles, elle nous permet d'entrevoir, elle nous laisse deviner comment purent entrer en jeu des facultés qui avaient d'abord à créer l'instrument sans lequel nous ne les concevons plus aujourd'hui; nous ressaisissons par ce moyen, au plus profond de notre âme et comme dans je ne sais quels limbes, des forces qui se sont affaiblies et endormies peu à peu en nous, n'étant plus sollicitées à l'action. C'est donc comme un livre perdu de l'histoire de notre espèce, que retrouve la philologie comparée, qu'elle nous rend, dont elle tourne les feuillets devant les yeux qui savent s'ouvrir et regarder.

Il y a plus : mieux que l'anatomie et que toutes les sciences qui se contentent d'examiner la forme extérieure de l'homme, l'étude des langues concourt avec celle des religions, des philosophies et des littératures à nous fournir les moyens de définir ces dispositions héréditaires, ces diversités innées et persistantes qu'on appelle aujourd'hui la *race*. Le milieu où l'homme est plongé, les êtres extérieurs avec lesquels il entre en relation se révèlent à lui par des attributs variés et en nombre infini. C'est par un de ces attributs, qui, à un certain moment, le frappe à l'exclusion de tous les autres, que l'homme désigne les êtres pour se les rappeler à lui-même et pour les représenter à l'esprit de ses semblables ; comme le montre à plusieurs reprises M. Max Müller par des exemples très-heureusement choisis, tous les substantifs, tous les noms de choses, ne sont à l'origine que des épithètes, que des adjectifs. Pourquoi, parmi toutes ces qualités sensibles qui se découvraient à l'intelligence de l'homme en affectant de diverses manières sa sensibilité, a-t-il adopté, afin de déterminer les êtres auxquels il les attribuait, tantôt celle-ci, tantôt celle-là, suivant les lieux et les temps, c'est ce qu'il n'est pas toujours aisé de dire ; mais, quoi qu'il en soit et quand même l'analyse devrait s'arrêter à ce terme, n'y a-t-il pas une première et éclatante révélation du génie d'une race, du caractère d'un peuple, dans la série des noms qu'il a donnés aux choses, c'est-à-dire dans ce que son idiome a de plus ancien, de moins variable, de plus significatif et de plus transparent? Chaque substantif, étant une épithète, traduit ainsi une impression primitive, et entre l'ensemble des impressions qu'expriment et que représentent les mots dont se compose le dictionnaire d'une langue, on saisit un rapport évident, plus aisé pourtant à sentir qu'à définir : c'est une prédisposition marquée, chez le peuple qui a créé cette langue, à être plus vivement touché par tel aspect, par telles qualités des choses que par telles autres, à regarder les objets sous un certain angle. De toutes ces impressions particulières, dont témoignent les mots qui en conservent le souvenir, se dégage une certaine conception générale du monde et de la vie qui ne s'exprimera nulle part plus naïvement et plus sincèrement que dans cette création spontanée, antérieure à toute réflexion, à toute réaction de la conscience, à toute influence individuelle et volontaire. Nous aurions perdu toute la littérature de l'Inde, de la Grèce et de l'Allemagne, nous ne posséderions que les vocabulaires du sanscrit, du grec et

b

de l'allemand, que ces vocabulaires, feuilletés par la main d'un Jacob Grimm ou d'un Max Müller, nous permettraient peu à peu de définir l'originalité de chacune des grandes races qui ont créé, parlé, écrit ces langues. Qui n'a vu une rose fanée et jaunie, si on la plonge dans certains gaz, redresser bientôt ses pétales et reprendre ses fraîches et vives couleurs? Il en est ainsi de ces milliers de mots rangés à la file dans ces gros volumes sur lesquels l'homme fait venge souvent les rancunes de l'écolier paresseux, dans ces longues pages dont la seule vue effraye et rebute une superficielle frivolité; que le magicien, c'est-à-dire l'étymologiste appuyé sur la grammaire comparée, les touche avec sa baguette, soudain tous ces vieux mots se raniment, et les voici qui brillent de toute la rougeur des premières impressions, de tout le feu de ces regards émus que l'homme encore enfant, tout étonné de vivre, promenait, il y a des milliers d'années, sur l'immense, changeante et féconde nature. Laissez faire nos modernes historiens du langage, et, d'ici à quelque temps, il faudra chasser de l'usage un ancien dicton qui, pour ma part, m'a souvent indigné; on ne dira plus *ennuyeux*, mais *amusant* comme un dictionnaire!

Ce que nous disons du vocabulaire et des racines qui sont comme la matière des mots dont se compose une langue, n'est pas moins vrai de la grammaire et des formes que contiennent ses paradigmes. Il y a à faire là un travail analogue à celui dont le lexique est l'objet, mais un travail plus difficile encore et plus délicat; il s'agit de découvrir l'origine de ces terminaisons où la tradition de nos grammaires classiques nous dispose à ne voir en général que des traductions conventionnelles d'idées abstraites. Le philologue, suivant la route que M. Max Müller lui trace par l'analyse de quelques formes nominales et verbales, remontera donc, dans l'histoire de la déclinaison et de la conjugaison, aux combinaisons les plus anciennes, à celles où les parties composantes se laissent le mieux distinguer l'une de l'autre; il s'appuiera sur des analogies empruntées à différentes familles de langues, et tel ou tel idiome, souvent le membre le plus humble et le plus oublié du groupe auquel il appartient, lui révélera le secret que lui auraient longtemps dérobé les grandes langues littéraires; dans celles-ci, pour avoir plus vécu et avoir subi plus de vicissitudes et d'influences diverses, les mots ont souvent laissé leur physionomie s'altérer profondément.

Quelque perçant d'ailleurs que soit l'œil de l'observateur, et quelque fine que soit la pointe de son scalpel, bien des formes résistent encore à cette espèce de dissection, et il en est d'autres dont on n'a rendu compte que d'une manière très-conjecturale; mais, dès maintenant, un assez grand nombre d'entre elles ont été expliquées pour que l'on soit en droit de conclure du connu à l'inconnu, et pour que l'on affirme sans crainte d'erreur qu'il n'y a point dans le langage d'élément qui n'ait autrefois vécu de sa vie propre, qui n'ait eu à l'origine sa signification et sa valeur particulière. Ces *lettres formatives*, comme nous les appelons, dont l'addition au radical marque le cas, le nombre, le temps, la voix, la personne, etc., ce ne sont pas des signes algébriques, des exposants de rapports qui auraient été arbitrairement adoptés, comme cela s'est fait pour la notation et la langue technique des mathématiques ou de la chimie; il faudrait supposer là une convention qui n'est possible qu'entre des savants déjà munis d'un instrument de relation et bornant d'ailleurs leur effort à un ordre déterminé de phénomènes et d'idées. Non certes; si c'est ainsi que la conjugaison avait dû être créée, elle serait encore à naître! Dans chacune de ces terminaisons, à y regarder de près, nous reconnaissons une *racine démonstrative*, comme dit M. Max Müller, un mot jadis indépendant, et qui, pendant un certain temps, a joué par lui-même et à lui seul un rôle dans la langue. Comme il fallait indiquer les différents rapports que conçoit notre esprit, l'instinct créateur du langage se sera emparé tantôt d'un substantif d'une signification très-générale, tantôt d'un pronom personnel, tantôt encore de l'un de ces verbes qui désignent une des manifestations les plus simples de notre activité; par un procédé dont la grammaire comparée retrouve la trace dans toutes les langues, et qu'elle peut même montrer encore aujourd'hui à l'œuvre dans quelques-unes d'entre elles, le mot qui sert de déterminatif sera devenu comme l'appendice du mot qu'il déterminait en le précédant ou le suivant; c'est par cette juxtaposition que se seront formés ce que l'on appelle aujourd'hui préfixes, suffixes, terminaisons. Peu à peu, certains rapprochements ayant été consacrés par l'usage et étant devenus tout à fait habituels, la prononciation, et plus tard l'écriture, auront fini par fondre les deux mots en un seul, par les réunir en un corps. Par suite de différences de nature que nous devons nous borner à constater sans chercher à les expliquer, chez certains peuples, dans certaines langues, cette incorporation aura été bien plus complète, bien plus intime que dans d'autres. Ainsi, dans les idiomes touraniens, dans le turc par exemple, le mot principal et le mot secondaire, le radical et la particule qui le détermine, semblent n'être rapprochés que par un simple trait d'union, comme deux pièces métalliques collées l'une à l'autre par une soudure à froid; le regard aperçoit sans peine la ligne de suture, et une forte secousse suffit pour briser le lien et disjoindre les deux métaux. Ailleurs au contraire, dans toute cette famille de langues à laquelle appartiennent le sanscrit, le grec et l'allemand, les deux éléments en question, la racine et ce qui est devenu la terminaison, ont adhéré à la manière des tissus vivants que fait entrer en contact la main du jardinier ou du chirurgien ; ç'a été comme une greffe tenace et féconde, ou comme une de ces cicatrisations qui se produisent, une fois l'épiderme enlevé, entre les surfaces mises à vif, là où aboutissent les filets nerveux, là où les vaisseaux capillaires apportent et répandent les sucs plastiques. Cette action et réaction mutuelle modifie ordinairement les lettres que mettent en présence les hasards de ces rapprochements opérés par le langage. Ce n'est point assez : pour satisfaire à certaines conditions d'équilibre, à certaines exigences harmoniques dont il faut étudier la loi dans le sanscrit surtout, la qualité et le caractère tonique du mot secondaire, devenu l'affixe, influent sur le noyau et sur le cœur même du mot principal, sur le radical proprement dit. De là toutes ces modifications, si complexes à la fois et pourtant soumises à des lois si régulières, que subissent les racines dans les langues à flexions; de là le jeu si varié de la conjugaison sanscrite, grecque, latine ou allemande, et l'admirable variété des formes diverses que prend, dans chacun de ces nobles idiomes, un même thème verbal.

A ce titre, et ainsi comprise, la grammaire devient plus intéressante encore que le dictionnaire; elle irrite et satisfait encore plus cette curiosité qui nous pousse à jeter la sonde dans les mystères de notre propre intelligence, et à reprendre conscience du premier éveil et des premières démarches de notre pensée. Est-il rien de plus nouveau et de plus curieux que cette décomposition rétrospective des formes synthétiques dont nous nous servons encore après tant de milliers d'années, et que l'étude de cette espèce de chimie organique de la parole humaine? Là, dans cette combinaison des éléments primitifs d'où résulte ce que nous nommons *la Grammaire d'une langue*, se marque dès le début, avec une singulière netteté, la différence des races; une fois adoptés, les procédés que chaque race a choisis pour arriver à exprimer les rapports des êtres persistent, dans ce qu'ils ont d'essentiel, avec une merveilleuse fidélité; un peuple change plus facilement de costumes, de régime politique, d'arts et de religion qu'il ne change de grammaire. Ainsi, quelque altération et diminution que la déclinaison et la conjugaison aient subies dans nos langues modernes, ces langues vivent encore sur le fond créé par les antiques Aryas, et il n'est point de combinaison inventée par ces lointains ancêtres dont il ne reste quelque chose dans le français même et dans l'anglais. Le moule ample et profond où ces pères de nos pères ont coulé leur pensée, nous l'avons aminci et comme ébréché en divers endroits; nous n'avons pas encore réussi à le briser, et nous ne comprenons même pas comment ni par quoi nous saurions le remplacer.

L'attrait que présentent ces recherches, aucun livre ne le fait mieux comprendre que le bel ouvrage qui a mis le sceau à la renommée de M. Max Müller, et qui a popularisé en Angleterre ses vues et ses découvertes. Comme le déclare, dès le début, l'auteur lui-même, ce n'est point ici un exposé méthodique d'une science qui ne date que d'hier, et qui n'a pu résoudre encore tous les problèmes qu'elle a soulevés; mais c'est une brillante introduction, bien faite, si nous ne nous trompons, pour séduire et gagner à ces nobles études tant d'esprits jeunes et curieux qui cherchent leur voie. Seulement, on ne saurait le proclamer trop haut, que ceux qui se sentiraient tentés d'entrer dans ce chemin n'aillent point s'imaginer qu'ils pourraient, sans danger, débuter par des rapprochements et des vues d'ensemble comme celles qui les auraient frappés dans l'exposition de M. Max Müller! Il n'est pas de science où les généralisations précipitées soient plus à craindre qu'en grammaire comparée. Avant de se hasarder à tracer une méthode et à nous ouvrir sur le passé de si lointaines et si curieuses perspectives, M. Müller a consacré de longues années à explorer en tout sens le vaste domaine des langues indo-européennes et des langues touraniennes; il est peu de travaux qui supposent une aussi minutieuse attention et une érudition aussi spéciale que les publications par lesquelles il a fondé sa réputation et préludé à l'ouvrage que nous avons eu l'honneur de traduire les premiers en français.

Quant à cette traduction, nous n'avons rien négligé

pour qu'elle soit aussi fidèle que possible (1); espérons que l'on y trouvera tout entier l'auteur de l'*Essai de mythologie comparée*, avec cet heureux mélange de qualités souvent opposées que l'on a déjà signalé chez quelques autres des grands philologues de l'Allemagne. Chez M. Max Müller, comme chez son illustre compatriote Jacob Grimm, le savant du premier ordre, l'indianiste éminent, le laborieux éditeur de tant de textes inédits et d'une interprétation difficile, est doublé d'un poëte. Chez lui, par un rare privilége, une prodigieuse variété de lectures et la pratique d'une science où il faut compter les lettres et peser les accents n'ont rien enlevé à la vivacité et à l'éclat d'une imagination qui réussit, avec un don d'intuition vraiment merveilleux, à deviner, à nous rendre sensibles, à peindre dans leurs nuances les plus fines les sentiments et les idées de ceux que l'on peut appeler les premiers hommes, des naïfs et profonds créateurs du langage articulé.

Nous ne saurions terminer cet avertissement sans dire tout ce que nous devons aux encouragements et aux conseils d'un maître dont on ne trouve jamais ni l'obligeance ni l'érudition en défaut, M. Émile Egger. Au même titre, nous tenons à remercier un savant,

---

(1) La *Table analytique* est beaucoup plus complète que celle de l'édition anglaise, et facilitera singulièrement les recherches. On y trouvera notamment tous les mots expliqués et les noms de tous les auteurs et de tous les ouvrages cités dans le cours du livre.

M. Michel Bréal, qui paraît appelé à accréditer et à naturaliser enfin chez nous les études que représentent avec tant d'éclat, en Allemagne, les François Bopp, les Adalbert Kühn et tant d'autres, en Angleterre M. Max Müller. C'est pendant que M. Bréal traduisait le grand ouvrage de Bopp, sa *Grammaire comparée des langues indo-européennes*, c'est au milieu des fatigues de ce long et difficile labeur qu'il a bien voulu s'assujettir encore à revoir toutes les épreuves de la présente traduction, à nous aider de ses conseils, à nous fournir plusieurs des notes que nous avons cru devoir ajouter à celles de M. Max Müller. Qu'il nous permette donc de lui offrir le témoignage public d'un sentiment qui serait de la reconnaissance, si nous n'avions le droit de le nommer d'un autre nom, et de rappeler ici les souvenirs d'une vieille et chère camaraderie, d'une fidèle amitié!

GEORGES PERROT.

PRÉFACE DE L'AUTEUR.

(PREMIÈRE ÉDITION.)

Je livre aujourd'hui au public mes *Leçons sur la science du Langage,* telles que je les avais préparées en manuscrit pour l'Institution royale de la Grande-Bretagne. Lorsque je vins à y faire mon cours, je dus nécessairement omettre une bonne partie de ce que j'avais écrit, et, en publiant ces *Leçons,* je cède bien volontiers au désir qui m'a été exprimé par un grand nombre de mes auditeurs. Sous leur forme actuelle, elles résument brièvement les cours de philologie comparée que j'ai donnés à différentes reprises à Oxford, et elles n'ont d'autre prétention que de servir d'introduction à une science qui est beaucoup trop vaste pour pouvoir être comprise dans un cadre aussi étroit.

Quoi qu'il en soit, mon but sera atteint si je

suis assez heureux pour attirer l'attention, non-seulement des érudits, mais encore des philosophes, des historiens et des théologiens, sur une science qui les intéresse tous, et qui, tout en faisant profession de ne s'occuper que des mots, nous apprend qu'il y a dans les mots bien plus que ne l'avait soupçonné d'abord notre philosophie. Nous croyons, dit Bacon, que notre raison est maîtresse de nos mots ; mais il arrive aussi que les mots réagissent à leur tour sur notre intelligence. *Verborum præstigiæ et incantationes vim quamdam intellectui faciunt, et impetum suum (more Tartarorum sagittationis) retro in intellectum, unde profecta sunt, retorquent* (1).

(1) *De Augmentis scientiarum,* lib. V, cap IV.

PRÉFACE DE L'AUTEUR.

(CINQUIÈME ÉDITION.)

La cinquième édition de mes leçons sur la Science du langage a été soigneusement revue, mais les traits principaux de l'ouvrage n'ont pas été altérés. J'ai ajouté quelques nouveaux faits qui me semblaient essentiels pour fortifier certains arguments, et j'ai laissé de côté ou changé tout ce qui n'était pas plus longtemps soutenable. Mais je n'ai pas essayé de récrire aucune partie de mes leçons, ni de leur donner la forme que je désirerais leur donner si j'avais maintenant à les écrire de nouveau après cinq années écoulées.

Dans un ou deux cas seulement où ma pensée avait été évidemment mal comprise même par des critiques impartiaux, j'ai essayé de la rendre d'une manière plus claire et plus précise. C'est ainsi que dans ma dernière leçon où j'avais à parler de l'origine des racines, j'avais cité l'opinion de feu M. le professeur Heyse de Berlin, mais je n'avais jamais eu l'intention de faire penser que j'avais adopté cette opinion. Je la considérais comme un simple éclaircissement et rien de plus, et ne prétendais nullement en prendre la responsabilité.

Je ne songeais pas non plus à attacher aucun sens mystérieux à la définition purement préliminaire que j'ai donnée des racines en les désignant sous le nom de types phonétiques. Je les aurais tout aussi bien appelées moules phonétiques ou sons typiques que types phonétiques, et tout ce que je souhaitais faire comprendre par cette expression, c'est que ces racines étaient comme des moules solides dans lesquels tous les mots étaient jetés, comme des caractères à vives arêtes dont on a tiré de nombreux exemplaires; car, en fait, chaque consonne et chaque voyelle y sont des éléments fixes, et par conséquent aucune étymologie n'est admissible si elle ne tient pas compte de chaque anneau de cette longue chaîne de métamorphoses qui rattache par exemple la racine sanscrite *vid*, connaître, à l'adverbe *historiquement*. C'est le caractère nettement déterminé de ces racines qui seul a donné un but précis aux recherches étymologiques ; c'était ce point caractéristique, ce que les racines ont de clairement défini, que je cherchais à bien faire saisir par mes auditeurs, en me servant du terme *types phonétiques*. Dans les recherches étymologiques, il importe peu quelle opinion nous avons sur l'origine des racines, aussi longtemps que nous reconnaissons que, à l'exception d'un certain nombre d'expressions purement imitatives, tous les mots tels que nous les trouvons soit en sanscrit, soit en anglais, encombrés de préfixes et de suffixes, et se décomposant sous l'action de la corruption phonétique, doivent être ramenés en dernier lieu, à l'aide de lois phonétiques définies, à ces formes premières que nous avons l'habitude de désigner sous le nom de racines. Ces racines se dressent comme des barrières entre le chaos et la parole humaine pleinement developpée, et peuvent seules prévenir la confusion et le désordre où l'on est tombé partout où l'on a voulu tirer les mots de l'imitation des sons de la nature ou des interjections.

Certes, je reconnais comme appartenant à un ordre plus élevé l'intérêt qui conduit le philosophe à rechercher la nature de ces types phonétiques et qui l'engage à dépasser les étroites limites où la science du langage se renferme tant qu'elle veut rester une science positive. J'apprécie autant que personne les travaux de M. Wedgwood et du Révérend F. W. Farrar, et leurs efforts pour suivre les racines jusqu'aux interjections imitatives, jusqu'à ce qu'ils appellent les *gestes vocaux*. Je crois que l'un et l'autre ont répandu beaucoup de lumière sur un problème très-difficile, et, tant que leurs recherches se borneront à la genèse des racines, sans toucher à l'étymologie, c'est-à-dire à la formation et à l'histoire des mots, M. Farrar sera pleinement en droit de me considérer non pas comme un adversaire, mais comme un neutre, sinon comme un allié.

Sainte-Ives, Cornwall, 20 septembre 1866.

LEÇONS

SUR LA

SCIENCE DU LANGAGE.

PREMIÈRE LEÇON.

A QUEL ORDRE DE SCIENCES APPARTIENT LA SCIENCE DU LANGAGE.

Importance de la science du langage. Sa date récente : les noms divers qui lui ont été donnés : *philologie comparée, étymologie scientifique, linguistique, phonologie, glossologie.* — Coup d'œil jeté sur l'histoire des sciences inductives : Trois périodes dans cette histoire ; période empirique, période de la classification, période de la théorie. — Période empirique. — Humbles débuts des différentes sciences : de la géométrie ; de la botanique ; de l'astronomie ; étymologie du mot anglais *moon* ; des mots *Pléiades* ou *Vergiliæ, Hyades* ou *Pluviæ.* — Nécessité pour les sciences de rendre des services pratiques. — La mythologie. Étymologie de *Éōs, Tithonos, Fatum, Zeus, Luna, Lucina, Hecate, Pyrrha.* — Le langage élève une barrière infranchissable entre l'homme et les bêtes. — La classification dans les sciences. — Rôle de l'imagination et de la divination dans le progrès de la science : Copernic, Kepler. — La théorie. — Deux grandes divisions des connaissances humaines : les *sciences de la nature*, qui traitent des œuvres de Dieu ; les *sciences historiques*, qui traitent des œuvres de l'homme. — Distinction profonde entre la philologie proprement dite, et la philologie comparée ou linguistique. Origine du nom de *philologie comparée.* — Le langage étant l'œuvre de la nature, et non une invention de l'homme, la philologie comparée doit être rangée parmi les sciences que nous avons appelées *sciences de la nature*. — Nécessité d'étudier la science qui fait l'objet de ce cours dans les trois périodes déjà énumérées, la période empirique, celle de la classification, et celle de la théorie.

Quand on m'a demandé, il y a quelque temps, de donner, devant le public qui fréquente les cours de cette *Institution,* une série de leçons sur la Philologie comparée, je me suis empressé de me rendre à ce désir (1). J'étais convaincu que les recherches qui ont été faites depuis cinquante ans en Angleterre, en France et en Allemagne, sur l'histoire des langues et la nature du langage, méritaient d'attirer plus d'attention et de rencontrer plus de sympathie qu'elles n'en ont obtenu jusqu'ici; et, autant que je pouvais en juger, il me semblait que les résultats obtenus dans cette nouvelle mine de la science ne le cédaient en rien, ni pour la nouveauté, ni pour l'importance, aux plus brillantes découvertes de notre époque. Ce n'est qu'après avoir commencé à écrire mes leçons que je connus toutes les difficultés de la tâche que je m'étais imposée. La science du langage est si vaste, qu'on ne peut guère, en neuf leçons, en donner plus qu'un exposé fort som-

(1) L'*Institution royale de la Grande-Bretagne* est une sorte d'Athénée où sont professés des cours sur toute espèce de sujets, mais surtout des cours de sciences naturelles. Fondé par Georges IV, il y a plus de trente ans, cet établissement réunit un auditoire très-choisi et très-sérieux. Les savants les plus distingués en tout genre y sont appelés tour à tour pour y exposer devant un public bienveillant, mais fort bon juge, le résumé de leurs travaux et de leurs théories. C'est à ce public que sont adressées les neuf leçons qui composent l'ouvrage de M. Max Müller. (Note de M. Barthélemy Saint-Hilaire aux trois remarquables articles où il rend compte, dans le *Journal des Savants,* de l'ouvrage dont nous offrons aujourd'hui la traduction au public; les articles sont de juillet, septembre et octobre 1862.)

maire; et, comme un des plus grands charmes de la philologie comparée consiste dans l'analyse minutieuse de chaque langue, de chaque dialecte, de chaque mot et de chaque forme grammaticale, je sentis qu'il me serait presque impossible de ne point rester au-dessous de mon sujet, et de mettre dans tout leur jour les travaux de ceux qui ont créé et fait grandir cette science. Une autre difficulté vient de l'aridité de beaucoup des questions que j'aurai à discuter. Les déclinaisons et les conjugaisons ne peuvent guère être rendues amusantes, et je ne puis profiter des avantages qu'ont d'autres professeurs qui animent leurs cours par des expériences et des figures. Si, nonobstant ces difficultés et ces désavantages, je me décide à commencer aujourd'hui ces leçons sur les mots, sur les verbes, les noms et les particules; si j'ose m'adresser à un auditoire accoutumé à écouter, dans ce lieu même, les récits merveilleux du physicien, du chimiste et du géologue, et à voir les derniers résultats des sciences inductives revêtus par l'éloquence de tous les charmes de l'imagination et de la poésie, c'est que, tout en me défiant de moi-même, j'ai une entière confiance en mon sujet. Il peut être pénible pour l'écolier d'étudier les mots, comme pour le cantonnier de casser des pierres sur les chemins; mais, pour l'œil attentif du géologue, ces pierres sont pleines d'intérêt : il voit des prodiges sur la grande route, et, dans chaque tranchée, il lit une page d'histoire. Le langage a également ses merveilles qui lui sont propres, et qu'il révèle aux regards scrutateurs du travailleur laborieux : il y a des fastes cachés sous sa surface, et chaque mot contient un enseignement. On a dit que c'est un sol sacré, parce que c'est le dépôt de la pensée. Nous ne pouvons encore déterminer ce qu'est le langage ; ce peut être l'œuvre de la nature, une invention de l'art humain, ou un don céleste; mais, à quelque sphère qu'il appartienne, rien ne semble le surpasser ni même l'égaler. Si c'est une création de la nature, c'est son chef-d'œuvre, le couronnement de tout le reste, qu'elle a réservé pour l'homme seul; si c'est une invention artificielle de l'esprit humain, elle semblerait élever l'inventeur presque au niveau d'un divin créateur ; si c'est un don de Dieu, c'est son plus grand don, car par là Dieu a parlé à l'homme, et l'homme parle à Dieu dans la méditation, la prière et l'adoration.

Quelque longue et pénible que soit la route qui s'ouvre devant nous, le but auquel elle mène semble digne de tout notre intérêt; et je crois pouvoir vous promettre que le tableau qui se déroulera devant nos yeux, quand nous serons arrivés au sommet de notre science, dédommagera amplement de leurs fatigues les voyageurs patients, et vous décidera peut-être à excuser la hardiesse de celui qui a osé entreprendre de vous servir de guide.

La science du langage est de date très-récente : elle ne remonte pas beaucoup au-delà du commencement de notre siècle, et les autres sciences, ses sœurs aînées, l'admettent à peine sur un pied d'égalité. Son nom même est encore indéterminé, et les dénominations diverses qu'elle a reçues en Angleterre, en France et en Allemagne, sont si vagues et si mobiles qu'elles ont donné lieu, dans le public, aux idées les plus confuses sur les sujets réels de cette nouvelle science. Nous l'entendons appeler la *Philologie comparée*, l'*Étymologie scientifique*, la *Phonologie* et la *Glossologie*. En France, elle est connue sous le nom commode, mais un peu barbare, de *Linguistique*. S'il nous faut absolument une dénomination grecque, nous pourrions la tirer soit de *mythos*, mot, soit de *logos*, discours : mais *mythologie* a déjà son acception particulière, et *logologie* choquerait trop les oreilles classiques. Il est inutile, d'ailleurs, de perdre notre temps à faire la critique de ces noms, aucun d'eux n'ayant encore reçu cette sanction universelle qui a été donnée à ceux des autres sciences modernes, comme la *Géologie* et l'*Anatomie comparée* ; et il n'y aura pas grande difficulté à trouver un nom pour notre jeune science, aussitôt que nous en aurons constaté l'origine, la parenté et le caractère. Pour ma part, je préfère la simple désignation de *Science du langage*, bien que, dans ce siècle de titres sonores, ce nom modeste n'ait guère chance d'être généralement accepté.

Du nom, nous passons maintenant au sujet de notre science; mais, avant d'en donner une définition, et de tracer la méthode à suivre dans nos recherches, il sera utile de jeter un regard sur l'histoire des autres sciences, parmi lesquelles la nôtre vient, pour la première fois, réclamer sa place, et d'examiner leur origine, leur développement graduel et enfin la manière dont elles se sont définitivement constituées. L'histoire d'une science en est, pour ainsi dire, la biographie, et, comme l'expérience la moins coûteuse est celle que nous acquérons en étudiant la vie des autres, nous ferons bien de tâcher de préserver notre jeune science de quelques-unes des folies et des excès inséparables de la jeunesse, en profitant des leçons que d'autres ont payées plus chèrement.

Il y a une certaine uniformité dans l'histoire de la plupart des sciences. Si nous lisons des ouvrages comme l'*Histoire des sciences inductives,* de Whewell, ou le *Cosmos*, de Humboldt, nous trouvons que l'origine, le développement et les causes de prospérité ou d'insuccès ont été les mêmes pour presque toutes les branches des connaissances humaines : il y a, pour chacune, trois périodes ou âges bien distincts, que nous appellerons la période de l'*empirisme,* celle de la *classification* et celle de la *théorie.* Quelque peu flatteur que ce soit à dire, nous pouvons faire remonter toutes les sciences, qui portent aujourd'hui des noms si beaux, aux occupations les plus humbles et les plus vulgaires de tribus demi-sauvages. Ce n'est pas par l'amour du vrai, du bien et du beau, que les premiers philosophes ont été poussés aux profondes recherches et aux découvertes hardies. Les fondements des plus nobles édifices que le génie de l'homme devait élever dans les siècles à venir ont été jetés par les besoins impérieux d'une société patriarcale et presque barbare. Les noms mêmes de plusieurs des plus anciennes sciences nous en montrent le point de départ : la géométrie se proclame maintenant affranchie de toutes les impressions des sens, et envisage ses points, ses lignes et ses plans, comme des conceptions purement idéales qui ne doivent pas être confondues avec leurs représentations grossières et imparfaites qui frappent nos yeux sur le papier ; mais, comme l'indique son nom, dérivé de *gè*, terre, sol, et de *metron*, mesure, elle a commencé par mesurer un champ ou un jardin. La botanique, la science des plantes, était originairement la science de *botanè*, qui ne signifie pas en grec plante en général, mais herbe, fourrage, de *boskein*, nourrir : la science des plantes eût été appelée *phytologie*, de *phyton*, plante (1). Les inventeurs de l'astronomie n'ont été ni les poëtes ni les philosophes, mais les marins et les laboureurs. Les premiers poëtes ont pu admirer le chœur des planètes et ses gracieux entrelacements ; les philosophes ont pu spéculer sur les harmonies des cieux ; mais c'était pour le marin seul que la connaissance de ces guides qui brillent au firmament devenait une question de vie et de mort. C'est lui qui calcula leur lever et leur coucher avec l'exactitude d'un commerçant et la sagacité d'un explorateur de régions inconnues ; et les noms que portaient les astres et les constellations montrent clairement qu'ils furent donnés par ceux qui sillonnaient les flots et la terre. La lune, par exemple, qui se détache comme une aiguille éclatante sur le sombre cadran du ciel, était appelée par les premiers pères de la race aryenne, l'astre qui mesure, le *mesureur* du temps ; car le temps a été compté par les nuits, les lunes et les hivers, avant de l'être par les jours, les soleils et les années. *Moon*, le mot anglais pour lune, est très-ancien (2) : c'était *môna* en anglo-saxon, où ce nom était du masculin, ainsi que dans toutes les langues teutoniques ; ce n'est que par imi-

---

(1) Voyez Jessen, *Was heisst Botanik?* 1861.

(2) Kuhn, *Zeitschrift für vergleichende Sprachforschung*, t. IX, p. 104. Dans l'Edda la lune est appelée *ártali*, celle qui compte les années. Un des noms que porte en basque la lune, c'est *argi-izari*, « mesure par la lumière. » V. *Dissertation critique et apologétique sur la langue basque*, p. 28.

tation des langues classiques qu'on a fait *moon* du féminin et *sun* du masculin, et Harris n'a pas été fort heureux quand il a avancé, dans son *Hermès*, que, chez tous les peuples, le soleil est du masculin, et la lune du féminin (1)! Dans le gothique, lune se dit *mena*, qui est du masculin. Pour mois nous avons, en anglo-saxon, *mônâdh*, et en gothique *menoth*, tous deux du masculin. En grec, *mèn*, mois, est du masculin, et *mènè*, lune, du féminin ; en latin, nous trouvons le dérivé *mensis*, et en sanscrit *mâs*, lune, et *mâsa*, mois, qui sont tous du masculin (2). Ce sanscrit *mâs* vient évidemment de la racine *mâ*, mesurer : je mesure se dit en sanscrit *mâ-mi*, tu mesures *mâ-si*, il mesure *mâ-ti* ou *mi-mî-te*, et un instrument de mesurage *mâ-tram*, le grec *metron*, notre *mètre*. Si la lune était appelée primitivement le mesureur des jours, des semaines et des saisons, le régulateur des fêtes et des marées et le héraut des assemblées publiques, il était tout naturel que cet astre fût envisagé comme un être viril, et non pas comme la rêveuse jeune fille que la poésie moderne a mise à la place de l'antique conception de nos pères.

C'était le marin qui, avant de confier sa vie et sa fortune aux vents et aux vagues, attendait le lever de ces étoiles qu'il appelait les étoiles de la navigation ou *Pléiades*, de *plein*, naviguer. La navigation dans les eaux grecques était regardée comme sûre après le retour des Pléiades, et elle cessait quand elles dispa-

---

(1) Horne Tooke, p. 27, *note*. — Pott, *Studien zur griechischen Mythologie*, 1859, p. 304. — Voyez *Dissertation critique et apologétique sur la langue basque*, p. 28.

(2) Voyez Curtius, *Griechische Etymologie*, p. 297.

raissaient. Le nom latin des *Pléiades* est *Vergiliæ*, de *virga*, pousse ou petite branche. Ce nom leur fut donné par les cultivateurs italiens, parce qu'en Italie, où elles devenaient visibles vers le mois de mai, elles marquaient le retour de l'été (1). Une autre constellation, les sept étoiles placées sur le front du Taureau, reçut le non de *Hyades* (en latin *Pluviæ*), parce que, quand elle se levait avec le soleil, on croyait qu'elle annonçait la pluie.

L'astronome a conservé ces noms et bien d'autres ; il parle encore des pôles du ciel, des étoiles errantes ou fixes ; mais il oublie trop facilement que ces termes n'étaient pas le résultat d'observations et de classifications scientifiques, mais des emprunts à la langue de ceux qui erraient eux-mêmes sur la mer ou dans le désert, et pour qui les étoiles fixes étaient bien réellement ce que leur nom implique, des étoiles fixées au ciel et immobiles, auxquelles ils pouvaient s'attacher sur l'océan comme à des ancres célestes (2).

Mais bien que, historiquement parlant, nous ayons le droit de dire que le premier géomètre fut un labou-

---

(1) Ideler, *Handbuch der Chronologie*, liv. i, sec. 241, 242. Dans l'inscription osque d'Agnone, se rencontre un Jupiter Virgarius (djoveí verehasioí, dat. sing.), nom que M. Aufrecht rapproche de Jupiter Viminius, Jupiter qui protége les jeunes pousses. (Kuhn, *Zeitschrift*, i, p. 89.) — Voyez, cependant, sur Jupiter Viminius et ses autels, près de la Porta Viminalis, Hartung, *Religion der Römer*, ii, 61.

(2) Dès le temps d'Anaximène de l'école ionique, et d'Alcméon le pythagoricien, les étoiles avaient été divisées en errantes (ἄστρα πλανώμενα, ou πλανητά) et non errantes (ἀπλανεῖς ἀστέρες, ou ἀπλανῆ ἄστρα). Aristote, le premier, employa la dénomination ἄστρα ἐνδεδεμένα, ou étoiles fixes. (Voyez Humboldt, *Cosmos*, vol. III, p. 28.) Πόλος, c'est le pivot ou le pôle du ciel.

reur, le premier botaniste un jardinier, et le premier minéralogiste un mineur, on pourra nous objecter avec raison que, dans cet état primitif, une science ne mérite pas ce nom, que le mesurage d'un champ n'est pas la géométrie, que la culture des légumes est bien loin d'être la botanique, et qu'un boucher n'a aucun droit au titre d'anatomiste. Cette objection est parfaitement fondée ; il est bon cependant de rappeler à chaque science ses humbles débuts et les besoins pratiques que, dans l'origine, elle était destinée à satisfaire. Une science doit être, pour me servir de l'expression de Bacon, un riche magasin pour servir à la gloire de Dieu et au bien-être de l'homme : et, quoiqu'il semble que dans notre civilisation avancée les personnes studieuses puissent consacrer leur temps à l'investigation des faits et des lois de la nature, ou à la contemplation des mystères du monde de la pensée, sans songer aux résultats pratiques de leurs travaux, il ne faut pas oublier qu'aucune science et aucun art n'ont longtemps prospéré et fleuri dans le monde, à moins de servir d'une façon ou d'une autre les intérêts matériels de la société. Il est vrai que le botaniste recueille et arrange, que le physicien pèse et analyse, que l'anatomiste dissèque et compare, que l'astronome observe et calcule, sans qu'aucun d'eux pense au résultat immédiat et appréciable de ses labeurs ; mais il y a un intérêt général qui soutient et anime leurs recherches à tous, et cet intérêt repose sur les avantages pratiques que la société tire de leurs études scientifiques. Qu'il soit prouvé que la succession des couches terrestres, telle que la comprend et l'expose le géologue, ne sert qu'à égarer le mineur ; que les tables astronomiques ne sont d'aucune utilité pour le navigateur ; que la chimie n'est qu'un amusement coûteux, inutile au fabricant et à l'agriculteur, et l'astronomie, la chimie et la géologie ne tarderont pas à partager le sort de l'alchimie et de l'astrologie. Tant que la science égyptienne entretint les espérances du malade et de l'infirme par des prescriptions mystérieuses (et je ferai observer en passant que Champollion a fait remonter les signes hiéroglyphiques de nos prescriptions modernes aux véritables hiéroglyphes de l'Égypte) (1), et tant qu'elle excita l'avidité de ses protecteurs par la promesse de la découverte de l'or, elle rencontra des encouragements généreux à la cour des princes et sous le toit des monastères ; mais, si l'alchimie n'a pas trouvé l'or, elle a préparé la voie à des découvertes beaucoup plus précieuses. Il en est de même pour l'astrologie, qui n'a pas été seulement une grossière imposture, comme on le suppose généralement : elle passait pour une science aux yeux d'un savant aussi profond et aussi sage que Mélanchthon, et même Bacon lui assigne sa place parmi les connaissances humaines, tout en admettant « qu'elle s'adresse à l'imagination de l'homme plutôt qu'à sa raison ». Bien après la condamnation que Luther prononça contre elle, l'astrologie continua à influer sur les destinées de l'Europe, et cent ans plus tard l'astrologue était encore le conseiller des princes et des généraux, tandis que le fondateur de l'astronomie moderne mourait dans la pauvreté et dans le désespoir. De notre temps, les rudiments mêmes de

---

(1) Bunsen, *Egyptens Stellung in der Weltgeschichte*, vol. IV, p. 108.

l'astrologie sont perdus et oubliés (1). Même des arts pratiques s'éteignent dès qu'ils cessent d'être utiles, et leurs secrets disparaissent, quelquefois pour toujours. Quand, après la réforme, les églises furent dépouillées de leurs ornements artistiques, afin de rappeler, jusque dans la forme extérieure, la simplicité des premiers temps du christianisme, les teintes des vitraux peints commencèrent à se ternir, et n'ont jamais repris leur ancienne vivacité et leur ancienne harmonie. L'invention de l'imprimerie a été le coup de mort pour l'art des lettres historiées et pour la peinture en miniature appliquée à l'enluminure des manuscrits ; et les meilleurs artistes de notre époque désespèrent d'égaler la perfection, la délicatesse et l'éclat que savait réunir l'humble pinceau qui ornait les missels du moyen âge.

J'insiste un peu sur la nécessité pour toutes les sciences d'avoir un objet pratique, car je sais que la science du langage n'a pas beaucoup à offrir à l'esprit positif de notre siècle. Elle ne fait pas profession de nous aider à apprendre les langues plus promptement, et elle ne nous donne aucun espoir de voir jamais se réaliser le rêve d'une langue universelle : elle veut seulement nous faire connaître la nature du langage, ce qui semble suffire à peine pour concilier à

---

(1) D'après un écrivain, dans *Notes and Queries*, 2ᵉ série, vol. X, p. 500, l'astrologie n'a pas disparu aussi entièrement qu'on le suppose. « Un de nos principaux auteurs, dit-il, un de nos premiers avocats, et plusieurs membres des différentes sociétés d'antiquaires, sont, à l'heure qu'il est, d'habiles astrologues : mais aucun d'eux ne se soucie de laisser connaître ses études, tant sont profondément enracinés les préjugés qui confondent avec le jargon des diseurs de bonne aventure un art qui demande la plus haute instruction. »

une science naissante la sympathie et la faveur du public. Il y a, cependant, des problèmes qui, bien qu'abstraits et purement spéculatifs en apparence, ont exercé une grande influence, soit en bien soit en mal, sur l'histoire de l'humanité. Avant nous les hommes ont déjà combattu pour une idée, et ont donné leur vie pour un mot ; et beaucoup de ces problèmes qui ont agité le monde depuis les temps les plus reculés jusqu'à nos jours appartiennent proprement à la science du langage.

La mythologie, ce fléau de l'antiquité, est en réalité une maladie du langage. Un mythe signifie un mot, mais un mot qui n'était d'abord qu'un nom ou un attribut, et auquel on a laissé prendre ensuite une existence plus substantielle. La plupart des divinités grecques, romaines, indiennes et autres ne sont que des noms poétiques, auxquels on a laissé prendre graduellement une personnalité divine qui n'avait jamais été dans la pensée de leurs premiers inventeurs. *Eōs* était un nom de l'aurore, avant de devenir une déesse, femme de Tithonos, le jour expirant. *Fatum,* la fatalité, signifiait primitivement ce qui a été dit ; et, avant que la fatalité devînt une puissance supérieure au maître des dieux lui-même, ce mot signifiait ce qui a été dit par Jupiter, et que Jupiter même ne pouvait jamais changer. *Zeus* signifiait dans l'origine le ciel brillant, en sanscrit *Dyaus ;* et beaucoup des récits dont il est le héros chez les poëtes ne peuvent s'expliquer que si on les rapporte au ciel brillant, dont les rayons, comme une pluie d'or, tombent sur le sein de la terre, la *Danaé* antique, retenue par son père dans la sombre prison de l'hiver. Personne ne doute que *Luna* ne fût simplement un nom de la lune; mais cela est également vrai de *Lucina,* et les deux noms sont dérivés de *lucere,* briller. *Hecate* était aussi un ancien nom de la lune, et le féminin de *Hekatos* et *Hekatebolos,* le soleil qui darde au loin ses traits; *Pyrrha,* l'Ève des Grecs, n'était qu'un nom de la terre rouge, qui s'appliquait tout particulièrement au sol de la Thessalie. Cette maladie mythologique, si l'on peut ainsi parler des mots, quoique moins violente dans les langues modernes, est loin d'avoir complétement disparu (1).

Pendant le moyen âge, la lutte entre le nominalisme et le réalisme, qui agita l'Église pendant des siècles, était aussi, comme les noms mêmes l'indiquent, une controverse sur les noms, sur la nature du langage, et sur la relation entre les mots et nos conceptions d'un côté, et les réalités du monde extérieur, de l'autre. On qualifiait d'hérétiques des hommes qui croyaient que des mots comme *justice* et *vérité* n'expriment que des conceptions de notre esprit et non pas des êtres réels existant au grand jour.

Dans les temps modernes on en a appelé à la science du langage, pour décider quelques-unes des questions politiques et sociales les plus compliquées. « Les nations et les langues contre les dynasties et les traités, » voilà ce qui a refait, et ce qui refera encore la carte de l'Europe; et en Amérique on a encouragé la philologie comparée à prouver l'impossibilité de l'unité primitive des langues et des races, afin de justifier, par des

---

(1) Voyez *Leçons sur la Science du langage,* deuxième série, 12ᵉ leçon.

arguments scientifiques, la théorie impie de l'esclavage. Il ne me souvient pas d'avoir jamais vu la science plus dégradée que sur le titre d'une publication américaine, où, parmi les profils des différentes races des hommes, était introduit le profil du singe, auquel on avait donné une apparence plus humaine qu'à celui du nègre.

Enfin, le problème de la position de l'homme sur les confins du monde de la matière et du monde de l'esprit a occupé, de nos jours, une très-grande place parmi les problèmes des sciences physiques et psychologiques. Il a absorbé toutes les pensées de savants qui, après une longue vie passée à recueillir des faits, à les observer et à les analyser, ont consacré à l'étude et à la solution de cette question des facultés et un ensemble de connaissances comme n'en avaient pas encore vu les âges précédents; et, à en juger par la chaleur qui a animé des débats que l'on conduisait ordinairement avec le calme d'un juge et non pas avec la passion de plaideurs, il semblerait, après tout, que les grandes questions de notre être, de la vraie noblesse de notre sang, de notre origine divine ou terrestre, bien qu'elles ne se rattachent pas immédiatement à tout ce qu'on est convenu d'appeler pratique, ont néanmoins leur charme propre, qui ne perdra jamais son empire sur l'esprit et le cœur de l'homme. Or, quelque loin qu'on ait avancé les limites du règne animal, si loin même que, pour un moment, la ligne de démarcation entre l'homme et l'animal semblait dépendre d'un pli de plus ou moins dans le cerveau, il y a *une* barrière à laquelle personne n'a encore osé toucher, c'est celle du langage. Même ces philosophes pour qui penser *c'est sentir* (1), qui réduisent toute pensée à la sensation, et soutiennent que les facultés qui engendrent les idées nous sont communes avec les bêtes, sont obligés d'avouer que *jusqu'à présent* aucune race d'animaux n'a produit un langage. Lord Monboddo, par exemple, admet que jusqu'à ce jour on n'a découvert aucun animal en possession du langage, qui n'existe pas même chez le castor ; et pourtant, dit-il, « de tous les animaux que nous connaissions, et qui ne sont pas, comme les orangs-outangs, de notre espèce, c'est le castor dont la sagacité approche le plus de celle de l'homme. »

Locke, qui est généralement rangé au nombre de ces philosophes matérialistes, et qui, certainement, revendiquait pour les sens une grande part de ce qui avait été attribué à l'intelligence, reconnaissait cependant très-explicitement la barrière que le langage élève entre les bêtes et l'homme. « De ceci je suis bien assuré, dit-il, c'est que la faculté de l'abstraction n'existe pas du tout chez les bêtes, et que la possibilité d'avoir des idées générales établit une complète distinction entre l'homme et les bêtes. Car il est évident que nous n'observons chez ces dernières aucune trace de l'emploi de signes généraux pour des idées universelles ; d'où nous avons lieu de penser qu'elles n'ont

---

(1) « L'homme a deux facultés, ou deux puissances passives, dont l'existence est généralement reconnue : premièrement, la faculté de recevoir les différentes impressions causées par les objets extérieurs, la sensibilité physique ; secondement, la faculté de conserver les impressions causées par ces objets, et qui est appelée la mémoire, ou la sensation affaiblie. Ces facultés, causes productives de la pensée, nous sont communes avec les bêtes…. Tout peut se réduire à la sensation. » — Helvétius.

pas la faculté de l'abstraction ou d'engendrer des idées générales, puisqu'elles ne se servent pas de *mots* ni d'autres signes généraux. »

Si donc la science du langage nous fait pénétrer dans ce qui, de l'aveu de tous, distingue l'homme de tous les autres êtres vivants ; si elle creuse entre nous et les bêtes un abîme que rien ne pourra jamais combler, elle semble avoir, de nos jours, des droits particuliers à l'attention de ceux qui, tout en suivant avec une sincère admiration les progrès de la physiologie comparée, regardent comme un devoir de protester de toutes leurs forces contre un retour des misérables théories de lord Monboddo.

Mais revenons à notre étude de l'histoire des sciences physiques. Nous avons examiné la période empirique que chaque science doit traverser; nous avons vu qu'en botanique, par exemple, un homme qui a voyagé dans les contrées lointaines, qui a réuni nombre de plantes, qui en connaît les noms, l'anatomie et les propriétés médicales, n'est pas encore un botaniste, mais seulement un herboriste, un amateur de plantes, ou ce que les Italiens appellent un *dilettante*, de *dilettare*, réjouir. La véritable science des plantes, comme toutes les autres, commence par le travail de la classification : la connaissance pratique des faits s'élève jusqu'à la science, aussitôt que sous la multiplicité des faits individuels l'esprit découvre l'unité d'un système organique. Cette découverte se fait au moyen de la comparaison et de la classification : nous cessons d'étudier chaque fleur pour elle-même, et, en agrandissant sans cesse la sphère de nos observations, nous tâchons d'apercevoir les caractères essentiels et communs à plusieurs, sur lesquels nous pouvons fonder les groupes ou les classes naturelles : puis, nous comparons ces classes entre elles, dans leurs traits plus généraux ; de nouveaux points de ressemblance ou de différence apparaissent à la vue et nous permettent de découvrir des classes de classes ou des familles. Après avoir étudié de la sorte tout le règne végétal, et jeté sur le jardin de la nature un simple tissu de noms, quand nous pouvons, pour ainsi dire, le ramasser et le ramener à nous, pour contempler, dans notre esprit, toutes les plantes comme formant un ensemble et un système bien défini et complet, nous parlons alors de la science que l'on appelle aujourd'hui la *botanique:* alors aussi, nous entrons dans une nouvelle sphère de connaissances, où l'individu est subordonné au général, les faits aux lois : nous découvrons la pensée, l'ordre et le dessein répandus dans la nature tout entière, et nous voyons le sombre chaos de la matière éclairé par le reflet de l'esprit divin. De telles divisions peuvent être vraies ou fausses ; des rapprochements précipités, des distinctions trop étroites ont pu empêcher l'observateur de saisir les larges contours du plan de la nature ; néanmoins tout système, quelque insuffisant qu'il devienne par la suite, est un progrès véritable. Une fois que l'homme s'est pénétré de cette conviction que l'ordre et la loi doivent régner partout, il n'a plus de repos qu'il n'ait éliminé tout ce qui semble irrégulier, qu'il n'ait contemplé toute la beauté et l'harmonie de l'univers. Les échecs du passé préparent les triomphes de l'avenir.

Ainsi, pour revenir à notre premier exemple, l'arrangement systématique des plantes qui porte le nom de Linné, et qui repose sur le nombre et le caractère des organes de la reproduction, n'a pas réussi à faire ressortir l'ordre naturel répandu dans tout ce qui végète et fleurit : de larges lignes de démarcation qui réunissent ou divisent de grandes classes et familles de plantes étaient invisibles pour qui se plaçait à son point de vue ; mais, pourtant, son œuvre n'a pas été inutile. Le fait fut établi, une fois pour toutes, que les plantes dans toutes les régions du globe appartiennent à un seul grand système ; et même dans les méthodes ultérieures la plupart de ses classes et de ses divisions ont été conservées, parce que la conformation des organes reproducteurs des plantes s'est trouvée correspondre régulièrement à d'autres signes plus caractéristiques d'une véritable parenté (1).

L'histoire de l'astronomie nous offre un exemple semblable. Bien que le système de Ptolémée fût erroné en ce qui concerne le centre du monde, il n'en fit pas moins découvrir les lois qui règlent les mouvements réels des corps célestes. La certitude qu'il reste encore quelque chose à expliquer, ne peut manquer d'amener la découverte de l'erreur commise. Dans la nature, toute erreur est impossible ; si elle existe quelque part, ce doit être dans notre esprit. Cette conviction vivait dans le cœur d'Aristote, quand, malgré sa connaissance imparfaite de la nature, il déclarait « qu'il n'y a dans le monde aucune pièce de rap-

---

(1) « Comme les organes de la génération sont ceux qui ont le moins de rapport aux mœurs et à la nourriture des animaux, je les ai toujours regardés comme présentant des indices très-clairs de leur véritable affinité. » — Owen, cité par Darwin, *Origin of species*, p. 414.

port, sans lien avec le reste, comme dans une mauvaise tragédie, » et, depuis son temps, tous les nouveaux faits et tous les nouveaux systèmes ont prouvé la vérité de sa croyance.

L'objet de la classification est manifeste : nous comprenons les choses si nous pouvons les saisir, c'est-à-dire si nous pouvons embrasser et réunir les faits isolés, rassembler les impressions éparses, distinguer entre ce qui est essentiel et ce qui n'est qu'accidentel, affirmer ainsi de l'individu les caractères généraux qu'il possède, et le ranger dans la classe que déterminent ces caractères ; telle est la condition nécessaire de toute connaissance scientifique. Beaucoup de sciences, en traversant cette seconde période, celle de la classification, reçoivent la dénomination de *comparées*. Quand l'anatomiste a terminé la dissection de corps nombreux, qu'il a donné un nom à chacun des organes et découvert leurs fonctions distinctives, il est amené à apercevoir la similitude là où d'abord il n'avait vu que la dissemblance. Il découvre chez les animaux inférieurs des linéaments de l'organisation plus parfaite des animaux supérieurs, et il se pénètre de la conviction qu'il y a dans le règne animal le même ordre et le même dessein que nous trouvons dans la variété infinie des plantes ou dans tout autre règne de la nature. Il apprend, s'il ne le savait pas déjà, que le monde n'a pas été créé au hasard ni en bloc, mais qu'il y a une échelle qui conduit par des degrés imperceptibles depuis les derniers infusoires jusqu'à l'homme, le roi de la création ; que toutes choses reflètent une seule pensée créatrice, et sont l'œuvre d'un Dieu de sagesse infinie.

De la sorte, la période de la classification nous conduit naturellement à la troisième et dernière, celle de la théorie ou de la métaphysique. Si l'œuvre de la classification est exécutée comme elle doit l'être, elle nous apprend que rien n'existe dans la nature comme par accident ; que chaque individu appartient à une espèce, et chaque espèce à un genre ; qu'il y a des lois cachées qui régissent la liberté apparente et la variété qui nous frappent dans la création. Ces lois nous révèlent la présence d'un dessein dans l'esprit du Créateur; et, tandis que les anciens philosophes regardaient le monde matériel comme une pure illusion, ou comme une agglomération d'atomes ou l'œuvre du principe du mal, nous y lisons, comme dans un livre, la révélation de la puissance, de la sagesse et de l'amour de Dieu. L'étude de la nature a pris ainsi un caractère tout nouveau : quand l'observateur a recueilli ses faits, et que le savant les a classés, le philosophe se demande quelles sont leur origine et leur signification ; et, au moyen de l'induction et quelquefois même de la divination, il tâche de s'élever dans des régions où le simple faiseur de collections ne peut jamais atteindre. Dans cette tentative, l'esprit humain a, sans doute, éprouvé souvent le sort de Phaéton, mais, sans se laisser décourager par ses chutes, il redemande toujours les coursiers de son père. On a dit que cette prétendue philosophie de la nature n'a jamais rien accompli : qu'elle a seulement prouvé que les choses doivent être exactement telles que l'observation nous les montre : cependant les sciences physiques ne seraient jamais arrivées au point où elles en sont, sans l'impulsion que leur ont donnée les philosophes et même les poëtes. « Aux limites des connaissances exactes, dit Humboldt, comme du haut d'un rivage élevé, l'œil aime à se porter vers les lointaines régions. Les images qu'il voit peuvent être des illusions; mais, comme ces images trompeuses que croyaient apercevoir, bien avant le temps de Colomb, les habitants des Canaries ou des Açores, elles peuvent amener la découverte d'un nouveau monde. »

Copernic, dans la dédicace de son ouvrage au pape Paul III (il fut commencé en 1517, terminé en 1530 et publié en 1543), avoue qu'il fut conduit à la découverte de la position du soleil au centre du monde, et du mouvement diurne de la terre, non pas par l'observation ni par l'analyse, mais par ce qu'il appelle le sentiment d'un manque de symétrie dans le système de Ptolémée. Mais qui lui avait appris qu'il doit y avoir de la symétrie dans les mouvements de tous les corps célestes, ou que la complication n'est pas plus sublime que la simplicité? La symétrie et la simplicité, avant d'être découvertes par l'observateur, furent supposées sans preuve par le philosophe. La première idée de la révolution qu'il devait opérer dans les cieux fut suggérée à Copernic, comme il nous le dit lui-même, par un ancien philosophe grec, Philolaüs le pythagoricien. Sans doute, chez Philolaüs le mouvement de la terre n'était qu'une conjecture, ou, si vous le voulez, une heureuse intuition : ce n'était point, comme chez Tycho-Brahé ou son ami Kepler, le résultat de longues et fatigantes observations faites sur l'orbite de la planète Mars. Néanmoins, si nous devons en croire Copernic, il est très-possible que, sans cette espèce de divination, nous n'aurions jamais entendu parler de son système. On n'arrive pas à la vérité seulement par l'addition et la multiplication. En parlant de Kepler, dont la méthode de raisonnement a été regardée comme dangereuse et chimérique par ses contemporains et par des astronomes postérieurs, sir David Brewster remarque avec beaucoup de vérité « que, comme instrument de recherche, l'influence de l'imagination a été bien négligée par ceux qui ont entrepris de donner des lois à la philosophie » (1).

Dans l'histoire des sciences physiques, les trois périodes que nous venons de décrire se présentent généralement dans l'ordre chronologique. Je dis *généralement*, car il y a eu des cas, comme dans l'exemple que j'ai cité de Philolaüs, où les résultats appartenant proprement à la troisième période ont été pressentis dans la première. Pour l'œil perçant du génie, un seul fait peut en valoir mille, et une expérience bien choisie peut amener la découverte d'une loi absolue. Et puis il y a de grandes lacunes dans l'histoire de la science : la tradition des générations est interrompue par les convulsions des États et des peuples, et l'œuvre, sur le point d'être achevée, a dû être refaite en entier, quand une nouvelle surface s'est formée pour porter une civilisation nouvelle. Toutefois la succession de ces trois périodes est, sans aucun doute, conforme à l'ordre de la nature, et c'est avec raison qu'on la suit dans l'étude de chaque science. Le futur botaniste commence par recueillir des plantes ; il les étudie chacune

---

(1) Voir sur le rôle joué par l'imagination dans les découvertes de l'astronomie la belle *Notice sur la vie et les travaux de Kepler*, lue par M. Joseph Bertrand, membre de l'Institut, dans la séance publique du 28 décembre 1863. [Tr.]

à part, il en observe les caractères, la région où elle pousse, la saison où elle fleurit, et son nom populaire. Il apprend à distinguer les racines, la tige, les feuilles, le calice, les étamines et les pistils ; il s'exerce, pour ainsi dire, à la grammaire pratique avant de pouvoir commencer les comparaisons, les arrangements et la classification. On ne peut, ensuite, aborder avec succès la troisième période d'une des sciences de la nature qu'après en avoir traversé la seconde: personne ne saurait étudier la plante en elle-même, ni comprendre la portée d'un ouvrage comme celui de M. Schleiden sur *la Vie de la plante* (1), sans avoir étudié la vie des plantes dans la merveilleuse variété, et l'ordre, encore plus merveilleux, de la nature. Ces derniers résultats de la philosophie inductive, plus admirables que tous les autres, ne sont possibles que quand la voie a été dégagée par la classification : le philosophe doit commander à ses classes, comme un général à ses régiments ; c'est seulement ainsi que la bataille peut être gagnée et la vérité conquise.

Après ce coup d'œil jeté sur l'histoire des autres sciences physiques, nous revenons maintenant à celle qui nous occupe, pour voir si elle mérite réellement ce nom, et si elle peut rentrer dans la catégorie des sciences inductives. Nous voulons nous demander si elle a traversé ou si elle traverse encore les trois phases des recherches physiques ; si sa marche a été régulière ou irrégulière, sa méthode bonne ou mauvaise. Mais, avant de répondre à ces questions, nous avons, je crois,

---

(1) *Die Pflanze und ihr Leben*, von M. T. Schleiden, Leipzig, 1858.

encore quelque chose à faire. Vous avez probablement remarqué que j'ai toujours supposé que la science du langage, mieux connue dans ce pays sous le nom de *philologie comparée*, est une des sciences de la nature, et que, par conséquent, sa méthode doit être identique à celle qui a été suivie avec tant de succès en botanique, en géologie, en anatomie et dans les autres branches de l'étude de la nature. Pourtant, dans l'histoire des sciences physiques, nous chercherions en vain une place assignée à la philologie comparée ; son nom même semblerait indiquer qu'elle appartient à une tout autre sphère des connaissances humaines, qui, d'après leur objet, se partagent en deux grandes divisions: les *sciences de la nature* et les *sciences historiques*, les premières traitant des œuvres de Dieu, et les dernières des œuvres de l'homme(1). Or, à en juger par son nom, la philologie comparée, comme la philologie elle-même, semblerait se ranger parmi les sciences historiques, et la méthode qu'il convient d'y appliquer semblerait être celle qui est suivie dans l'histoire de l'art, du droit, de la politique et de la religion. Il ne faut cependant pas nous laisser égarer par ce nom de philologie comparée : il est difficile d'établir à qui on le doit, mais tout ce qu'on peut dire en sa faveur, c'est que les créateurs de la science du langage furent principalement des humanistes ou des philologues, et que leurs recherches

(1) C'est ainsi que la science de l'optique, qui embrasse toutes les lois de la lumière et de la couleur, est une science naturelle, tandis que la science de la peinture, avec tous ses procédés de manipulation et les différents moyens employés pour obtenir la couleur, se rapportant à un art inventé par l'homme, est une science purement historique. (*Intellectual Repository*, p. 247.)

sur la nature et les lois du langage furent fondées sur la comparaison d'autant de faits qu'ils pouvaient en rassembler dans le cercle restreint où s'enfermaient leurs études. Cette dénomination n'a été adoptée ni dans cette Allemagne, qu'on peut bien appeler le berceau de cette science, ni en France où elle a été cultivée avec un brillant succès, et il ne sera pas difficile de prouver que, quoique la science du langage doive beaucoup aux humanistes, et leur ait, en retour, rendu de grands services, la philologie comparée n'a absolument rien de commun avec la philologie dans le sens ordinaire du mot. La philologie classique ou orientale, soit qu'elle s'occupe des langues anciennes ou modernes, cultivées ou barbares, est une science historique, et ne traite le langage que comme un instrument. L'helléniste se sert du grec, l'orientaliste de l'hébreu, du sanscrit ou de toute autre langue, comme d'une clef pour l'intelligence des monuments littéraires que nous a légués l'antiquité, et comme d'une formule magique pour évoquer du tombeau les pensées des grands hommes qui ont honoré des contrées et des siècles différents ; par l'étude de ces idiomes et des monuments qu'ils nous ont conservés, il se propose de mettre l'historien à même de retracer d'une manière définitive la marche sociale, intellectuelle, morale et religieuse de l'humanité. De même, dans l'étude des langues vivantes, nous n'apprenons pas les grammaires et les vocabulaires pour eux-mêmes, mais pour leur utilité pratique : nous nous en servons comme de lettres d'introduction auprès de la meilleure société et de la meilleure littérature des principales nations de l'Europe.

Dans la philosophie comparée, le cas est tout différent : là, le langage n'est plus considéré comme un moyen, mais comme l'objet même de la recherche scientifique; des patois qui n'ont jamais produit d'œuvre littéraire, les jargons de tribus sauvages, les claquements de langue des Hottentots et les modulations vocales des Indo-Chinois, sont aussi importants, et, pour certains problèmes, plus importants que la poésie d'Homère ou la prose de Cicéron. Nous avons à étudier le langage et non pas les langues; nous voulons savoir ce qu'il est et comment il peut servir d'organe à la pensée; nous voulons en connaître l'origine, la nature et les lois, et c'est en vue d'arriver à cette connaissance que nous réunissons, pour les arranger et les classer, tous les faits du langage qui sont à notre portée.

Et ici je dois protester, au début même de ces leçons, contre la supposition que, pour étudier le langage, il faille nécessairement être un grand linguiste. J'aurai à vous parler, dans le cours de ces entretiens, de centaines de langues, dont quelquefois les noms mêmes vous seront peut-être inconnus : n'en concluez pas que je sache ces langues comme vous savez le grec ou le latin, le français ou l'allemand; dans ce sens, je ne sais que bien peu de langues, et je n'ai jamais aspiré à la renommée d'un Mithridate ou d'un Mezzofanti. Il est impossible pour celui qui étudie la philologie comparée d'acquérir une connaissance pratique de toutes les langues dont il a à s'occuper : il n'a nul désir de parler la langue kachikale, dont on vient de fonder une chaire à l'Université de Guatémala (1),

---

(1) Sir J. Stoddart, *Glossology*, p. 22.

ni d'apprendre les délicatesses de l'idiome des Tchérémisses; son ambition ne le pousse pas non plus à explorer la littérature des Samoyèdes ou des habitants de la Nouvelle-Zélande : c'est la grammaire et le dictionnaire qu'il étudie et qu'il soumet à une analyse minutieuse; mais il ne se charge pas la mémoire de paradigmes de noms et de verbes, ou de longues listes de mots qui n'ont jamais été employés dans une œuvre littéraire. Il est bien vrai qu'aucune langue ne révélera jamais toutes les merveilles de son mécanisme qu'au savant qui l'aura étudiée à fond, et d'une manière critique, dans un certain nombre d'œuvres littéraires représentant les différentes périodes de son développement; mais il est vrai aussi que de courtes listes de mots et des esquisses incomplètes de la grammaire sont, dans bien des cas, tout ce que nous pouvons nous attendre à posséder pour nous aider dans nos recherches. De ces renseignements épars et bornés, la linguistique doit apprendre à tirer le meilleur parti possible, comme l'anatomie comparée profite des débris d'ossements fossiles, ou des dessins imparfaits d'animaux que rapportent les voyageurs étrangers à la science. S'il nous fallait avoir une connaissance critique ou pratique de toutes les langues qui serviront à nos recherches, la science du langage serait tout simplement impossible; mais le botaniste n'a pas besoin d'être un habile jardinier, ni l'ichthyologiste un pêcheur adroit. Il ne serait pas raisonnable, non plus, de refuser à notre science la division du travail, sans laquelle on ne saurait traiter avec succès des sujets bien moins étendus. Quoiqu'une grande partie de ce que nous pouvons appeler le *règne* du langage soit à jamais perdue pour nous, que des périodes tout entières, dans son histoire, échappent nécessairement à notre observation, néanmoins la masse de mots que nous découvrons, soit dans les couches pétrifiées des littératures anciennes, soit dans la variété infinie des langues vivantes, nous offre un champ aussi vaste, sinon plus vaste, qu'aucune autre branche des sciences de la nature. Il est impossible de déterminer le nombre exact des langues connues, mais il ne peut guère s'élever à moins de neuf cents (1). Qu'une aussi riche matière n'ait jamais, avant le commencement de notre siècle, excité la curiosité des philosophes qui étudient la nature, c'est là un étrange phénomène; on a le droit d'en être encore plus surpris que de l'indifférence avec laquelle les générations antérieures avaient traité les enseignements que les pierres mêmes semblaient offrir sur la vie qui bat encore dans les veines de notre planète et qui déborde à la surface du sol. Le vieux dicton que « la familiarité engendre le mépris » ne s'appliquait que trop au sujet de ces deux sciences. Le gravier de nos chemins ne paraissait guère digne d'occuper les savants, et il fallait un effort pour élever à la dignité d'un problème scientifique le langage que savent parler les campagnards illettrés. L'homme avait étudié toutes les parties de la nature, les trésors minéraux dans les entrailles de la terre, les fleurs de toutes les saisons, les animaux de tous les continents, les lois des orages et les mouvements des corps célestes; il avait analysé toutes les substances et dissé-

---

(1) Balbi, dans son atlas, en compte 860. Cf. Pott, *Rassen* p. 230; *Etymologische Forschungen* II, 83 (seconde édition).

qué tous les corps organisés ; il connaissait chaque os et chaque muscle, chaque nerf et chaque fibre, jusqu'aux derniers éléments dont se composent sa chair et son sang ; il avait médité sur la nature de son âme, sur les lois de son esprit, et tâché de pénétrer jusqu'aux causes finales de toutes choses; et cependant le langage, sans l'aide duquel le premier pas n'aurait pu être fait dans cette voie glorieuse, n'était étudié par personne : comme un voile tombant trop près des yeux, il restait presque inaperçu. Dans un temps où l'étude de l'antiquité attirait les intelligences les plus vigoureuses, où l'on passait au crible les cendres de Pompéi pour y retrouver les bijoux qui avaient orné la tête des dames romaines ou les jouets dont s'amusaient leurs enfants, où des procédés chimiques faisaient reparaître sur le parchemin les pensées effacées des écrivains grecs, où l'on fouillait les tombeaux de l'Égypte pour en tirer leurs dépôts sacrés, et où l'on forçait les palais de Babylone et de Ninive à livrer les journaux d'argile de Nabuchodonosor, où, en un mot, on recherchait avec ardeur et on conservait pieusement, dans les bibliothèques et les musées, tout ce qui semblait nous apporter quelque vestige de la vie primitive de l'humanité, le langage, qui par lui-même nous reporte bien au-delà de la littérature cunéiforme de l'Assyrie et de la Babylonie, et des documents hiéroglyphiques de l'Égypte, qui nous relie, par une chaîne non interrompue, aux premiers ancêtres de notre race, et dont la vie se rattache encore, par une transmission héréditaire et continue, aux premières articulations sorties de la bouche de l'homme, le langage, enfin, qui est le témoin vivant et parlant de toute l'histoire de notre race, n'a jamais été étudié par l'historien, ni contraint de révéler ses secrets, jusqu'à ce qu'il fût interrogé et, pour ainsi dire, rappelé à la conscience de lui-même, dans ces cinquante dernières années, par le génie de Humboldt, de Bopp, de Grimm, de Bunsen et d'autres encore, qu'il serait trop long de citer. Si vous considérez que, quelques vues que nous adoptions sur l'origine du langage et sur la manière dont il s'est répandu, rien de nouveau n'a été ajouté à sa substance, que tous ses changements ont porté sur la forme, qu'aucune racine, aucun radical n'a été inventé par les générations postérieures, pas plus qu'un seul élément n'a été ajouté au monde matériel où nous vivons; si vous vous rappelez qu'en un sens, et en un sens parfaitement vrai, nous nous servons des mots mêmes qu'employa le premier homme, lorsque, au sortir des mains de Dieu, il donna des noms à « tous les bestiaux, aux oiseaux de l'air, et à tous les animaux des champs, » vous penserez, je crois, que la science du langage a des titres à votre attention, tels que peu de sciences peuvent en produire de supérieurs ou même d'égaux.

Après avoir ainsi expliqué la manière dont je me propose d'étudier notre science, je compte examiner, dans ma prochaine leçon, les objections des philosophes, qui regardent le langage comme ayant été inventé par l'esprit humain pour fournir aux hommes les moyens de se communiquer plus rapidement leurs pensées, et qui voudraient le voir traiter, non comme un produit de la nature, mais comme une œuvre artificielle de l'esprit humain.

(1) Pott, *Etym. Forsch.*, II, 230.

DEUXIÈME LEÇON.

DE LA DISTINCTION A FAIRE ENTRE LE DÉVELOPPEMENT DU LANGAGE ET L'HISTOIRE DU LANGAGE.

Objections contre la théorie qui classe la science du langage parmi les sciences de la nature. Première objection : le langage est l'œuvre artificielle de l'homme. Opinions de diverses écoles de philosophie sur l'origine du langage. — Deuxième objection : le langage est susceptible de développement et de perfectionnement, et se distingue par là des produits de la nature. — Le développement du langage résulte de deux opérations distinctes, l'altération phonétique et le renouvellement dialectal. Ce qu'on entend par *alteration* ou *corruption phonétique* : étymologie de *viginti*, vingt, dérivé des deux mots d'où viennent *deux* et *dix*; ravages de l'altération phonétique. *Renouvellement dialectal.* Importance de l'étude des dialectes pour entrevoir la vie réelle du langage. Nombre infini de dialectes dans l'Asie centrale, en Afrique, en Amérique, dans la Polynésie et même en Europe. Les patois conservent souvent des formes plus primitives que les langues littéraires. Rapidité extraordinaire avec laquelle les dialectes se transforment, constatée par les missionnaires en Amérique; même fait observé en Asie et en Afrique. Comment se forment les langues nationales. Dans quel sens les termes de *mère* et de *fille* peuvent s'appliquer aux langues : le latin et l'italien. Histoire du latin. Influence des dialectes et des patois sur le développement des langues : le langage porté en Islande par les réfugiés norvégiens est resté presque stationnaire depuis sept siècles, tandis que sur son sol natal il s'est scindé en deux langues distinctes, le suédois et le danois. Richesse des dialectes. Lois qui ont présidé au passage du latin aux langues romanes. Dans quel sens nous parlons du *développement* du langage. Le développement du langage comparé non à la végétation d'un arbre, mais à la formation successive des couches terrestres. Les individus ne peuvent influer en rien sur le développement du langage. — Troisième objection : la science du langage doit être classée parmi les sciences *historiques*, puisque nous ne pouvons nous rendre compte de la vie et du développement d'aucune langue sans connaître l'histoire du peuple chez qui elle s'est formée et surtout l'histoire de ses rapports avec les autres peuples. — La science du langage ne dépend aucunement de l'histoire ; différence entre l'histoire du langage de l'Angleterre, et l'histoire de l'anglais. La grammaire est l'élément essentiel et la base de toute classification des langues : c'est la grammaire qui nous fait ranger le turc parmi les langues tartares et touraniennes, et l'anglais parmi les langues teutoniques, malgré l'origine diverse des mots qui composent le vocabulaire de chacune de ces deux langues.

En réclamant pour la philologie comparée une place parmi les sciences que j'ai appelées sciences naturelles, j'étais préparé à rencontrer bien des objections. Il semblait que le cercle de ces sciences fût fermé, et il n'était pas présumable qu'une nouvelle venue fût accueillie avec empressement parmi les membres reconnus de la vieille aristocratie de la science (1).

(1) Le docteur Whewell classe la science du langage parmi les sciences qu'il appelle *palaitiologiques*, mais il établit une distinction entre celles de ces sciences qui traitent des choses matérielles, par exemple la géologie, et d'autres qui s'occupent des produits de la puissance imaginative et des facultés sociales de l'homme, par exemple, la philologie comparée. Il exclut ces dernières du cercle des sciences naturelles proprement dites, mais il ajoute : « Nous avons commencé nos recherches avec la conviction que les idées claires auxquelles nous pourrions arriver concernant la nature de la vérité dans les sciences physiques et le mode de la découvrir, contribueraient à jeter de la lumière sur la nature et l'avenir des autres branches de nos connaissances, et nous aideraient dans nos études morales, politiques et philologiques. Telle était la conviction que nous avons exprimée, et déjà les résultats viennent confirmer notre croyance. Nous avons vu que la biologie mène à la psychologie, si nous voulons seulement marcher en avant; ainsi le passage du monde matériel au monde immatériel s'ouvre sur un point, devant nous, et nous découvrons maintenant plusieurs vastes sciences qui n'ont affaire qu'à la nature spirituelle de l'homme et qui sont régies par les mêmes lois que les sciences naturelles proprement dites. Nous ne voulons pas nous étendre sur les espérances que

La première objection qu'on ne pouvait manquer de soulever, de la part des sciences, telles que la botanique, la géologie ou la physiologie, est que le langage est l'œuvre de l'homme, qu'il a été inventé par l'homme, comme moyen de communiquer ses pensées, quand les regards et les gestes devinrent insuffisants et que, progressivement et par les générations successives, il a été amené à ce degré de perfection que nous admirons dans l'idiome de la Bible, des Védas, du Koran, et dans la poésie d'Homère, de Virgile, de Dante et de Shakspeare. Il est parfaitement vrai que si le langage était l'œuvre de l'homme dans le sens où le sont une statue, un temple, un poëme ou une loi, la science du langage devrait être classée parmi les sciences *historiques*. Nous aurions une histoire du langage, comme nous avons une histoire de l'art, de la poésie et de la jurisprudence, mais nous ne pourrions pas prétendre à ranger le langage à côté des diverses branches de l'histoire naturelle. Il est vrai aussi que, si vous consultez les philosophes modernes les plus distingués, vous trouverez que toutes les fois qu'ils parlent du langage, ils prennent pour dit que c'est une invention humaine, que les mots sont des signes artificiels, et que les variétés du langage viennent de ce que les nations diverses se sont arrêtées à des sons différents pour représenter leurs idées. Cette explica-

---

notre philosophie nous fait ainsi entrevoir; mais nous pouvons nous permettre, au terme de notre pèlerinage à travers les fondements des sciences physiques, de nous réjouir de ce rayon, tout faible qu'il soit, qui brille pour nous encourager, en venant à nous des hauteurs d'une région plus lumineuse. » *Indications of the Creator*, p. 146.

tion de l'origine du langage fut soutenue avec tant de force par les principaux philosophes du dernier siècle, qu'elle est encore acceptée sans discussion, même par ceux qui, sur presque tous les autres points, sont les adversaires déclarés de la philosophie du dix-huitième siècle. Quelques voix, il est vrai, se sont élevées pour protester contre cette théorie; mais, dans leur zèle pour prouver l'origine divine du langage, elles semblent s'être laissé emporter jusqu'à contredire le texte formel de la Bible, car dans la Genèse, ce n'est pas le Créateur qui donne des noms à toutes choses, mais Adam : « Le Seigneur Dieu, y est-il dit, ayant formé de la terre tous les animaux des champs et les oiseaux de l'air, les amena vers l'homme, pour que celui-ci vît comment il les appellerait, et tous les noms que l'homme leur donna, ce sont leurs noms (1). » Mais, excepté chez cette classe, peu nombreuse, de philosophes plus orthodoxes que la Bible elle-même, l'opinion généralement reçue est celle qui fut suivie par Locke, qui fut défendue avec vigueur par Adam Smith dans l'*Essai sur l'origine du langage* ajouté à son *Traité des sentiments moraux,* et qui fut adoptée, avec de légères modifications, par Dugald Stewart (2). Selon

---

(1) *Gen.*, II, 19.

(2) Saint Basile fut accusé par Eunomius de nier la Providence, parce qu'il ne voulait pas admettre que Dieu eût créé les noms de toutes choses, mais qu'il attribuait l'invention du langage aux facultés que Dieu avait mises dans l'homme. Saint Grégoire, évêque de Nyssa en Cappadoce (331-396), défendit saint Basile. « De ce que Dieu a donné à la nature humaine ses facultés, il ne s'ensuit pas, écrivait-il, que Dieu produise toutes les actions que nous accomplissons. Il nous a donné la faculté de bâtir une maison et de faire tout autre ouvrage; mais c'est assurément nous qui sommes les construc-

ces philosophes, l'homme a dû vivre pour un temps dans un état de mutisme, ses seuls moyens de communication étant certains mouvements du corps et certaines expressions de la physionomie, jusqu'à ce qu'enfin, quand, les idées s'étant multipliées, leurs objets ne purent plus être indiqués avec le doigt, « on sentit la nécessité d'inventer des signes artificiels dont la signification fût déterminée d'un commun accord. » Il est inutile de faire ressortir toutes les nuances que nous trouvons dans les opinions de ces philosophes sur la marche exacte qu'a suivie la formation de ce langage artificiel. Adam Smith voudrait nous faire croire que les verbes ont été créés d'abord : il regarde les noms comme étant d'une nécessité moins urgente, attendu que les choses peuvent être indiquées ou imitées, tandis que de simples actions, comme celles qu'expriment les verbes, ne le peuvent pas. Il suppose donc qu'en voyant venir un loup, on le montrait du doigt en s'écriant seulement : « Il vient. » Dugald Stewart, au contraire, pense que les premiers mots artificiels furent des noms, et que des gestes suppléaient aux verbes; que, par conséquent, en voyant venir un loup, on ne s'écriait pas : « Il vient ! » mais : « Loup ! loup ! » en laissant l'imagination faire le reste (1).

Il nous importe bien peu de déterminer si le nom

---

teurs, et non pas lui. De même la faculté de parler est l'œuvre de celui qui a ainsi formé notre nature; mais l'invention des mots pour nommer chaque objet, est l'œuvre de notre esprit. » Voy. Ladevy-Roche, *de l'Origine du langage*, Bordeaux, 1860, p. 14; Horne Tooke, *Diversions of Purley*, p. 19. (Consulter aussi E. Renan, *de l'Origine du langage*, pp. 80-85. Paris, in-8°. [Tr.])

(1) Dugald Stewart, *Works*, vol. III, p. 27.

a été créé avant le verbe, ou le verbe avant le nom, et il nous est impossible, au commencement de nos recherches sur la nature du langage, d'entrer dans un examen approfondi d'une théorie qui le représente comme inventé par les hommes et établi, d'un commun accord, comme moyen de communication. Tout en admettant pleinement que, si cette théorie était vraie, la science du langage ne rentrerait pas dans le cercle des sciences naturelles, je dois me contenter, pour le moment, de faire remarquer que personne n'a encore expliqué comment la discussion qui a dû, dans cette hypothèse, précéder le choix de chaque mot, était possible sans le langage lui-même. Mais, comme c'est le but de ces leçons de prouver que le langage n'est pas une invention dans le même sens que la peinture, l'architecture, l'écriture ou l'imprimerie, on me permettra de protester simplement, dans cette introduction à nos études, contre une théorie qui, tout enseignée qu'elle soit encore dans nos écoles, ne peut citer, que je sache, un seul fait à l'appui de ses assertions.

Mais il y a d'autres objections qui semblent refuser à notre science une place parmi les sciences naturelles. On a fait observer, avec une grande apparence de vérité, que, quelle qu'ait été son origine, le langage a sa propre histoire, comme l'art, le droit et la religion, et que, pour cette raison, la philologie comparée doit être rangée parmi les sciences *historiques* ou *morales*, ainsi qu'on les appelle communément, par opposition aux sciences *physiques*. C'est une vérité bien connue, qui n'a pas été ébranlée par les recherches récentes, que la nature n'est pas susceptible de progrès ou de perfectionnement : la fleur que le botaniste étudie aujourd'hui était aussi parfaite dès le principe; les animaux qui sont doués de ce qu'on appelle un instinct artistique n'ont jamais porté cet instinct à un plus haut degré de perfection; les cellules hexagonales de l'abeille ne sont pas plus régulières au dix-neuvième siècle qu'à aucune époque précédente, et nos rossignols n'ont pas un chant plus harmonieux que la Philomèle des Grecs. « L'histoire naturelle traitée systématiquement, dit le docteur Whewell, exclut tout ce qui est historique, car elle classe les objets d'après leurs propriétés permanentes et universelles, et n'a rien à faire avec le récit de faits particuliers ou accidentels (1). » Or, si nous considérons le nombre prodigieux de langues qui se parlent dans les différentes parties du monde, avec toutes leurs variétés de dialectes et de patois; si nous observons les grands changements que chacun de ces idiomes a subis dans le cours des siècles, comment le latin est devenu l'italien, l'espagnol, le portugais, le français, le valaque et le roumain; comment le latin, le grec, le celtique et les langues teutoniques et slaves, ainsi que les anciens dialectes de l'Inde et de la Perse, ont dû sortir d'une langue primitive, la mère commune de toute la famille indo-européenne ou aryenne; si nous remarquons que l'hébreu, l'arabe, le syriaque et d'autres dialectes moins importants, ne sont que des reproductions d'un même type, et ont eu nécessairement une même origine, la langue primitive de la race sémitique; si nous ajoutons à ces deux familles, aryenne et sémitique, au moins un autre groupe très-bien déterminé, le groupe

---

(1) *History of inductive sciences*, vol. III, p. 531.

touranien, qui comprend les dialectes des races nomades éparses dans le nord et le centre de l'Asie, le tongouse, le mongol, le turc, le samoyède et le finnois, qui sont tous comme des rayons partant d'un centre commun : si, remontant vers les origines obscures, nous contemplons ce grand fleuve du langage se déroulant à travers les âges, partagé entre ces trois bras immenses, qui, avant de disparaître à l'horizon lointain, nous laissent voir clairement qu'ils dérivent d'une source commune; il semblerait presque qu'il y ait une vie historique inhérente au langage, et que la volonté de l'homme et la puissance du temps puissent influer sinon sur sa substance, du moins sur sa forme. Et quand même les variations purement locales ne seraient pas regardées comme des raisons suffisantes pour exclure le langage du domaine des sciences naturelles, il resterait toujours une difficulté plus grande, la tâche de concilier les principes reconnus de ces sciences avec les changements qui modifient, à la longue, chacun de ces dialectes. Toutes les parties de la nature, les minéraux, les plantes ou les animaux, restent les mêmes dans leur espèce, depuis le commencement jusqu'à la fin de leur existence, tandis que peu de langues seraient reconnaissables après un laps seulement de mille ans. La langue d'Alfred est si différente de l'anglais moderne, qu'il nous faut l'étudier comme nous étudions le grec ou le latin. Nous pouvons lire Milton et Bacon, Shakspeare et Hooker; avec de l'attention, nous pouvons arriver à comprendre Wycliffe et Chaucer; mais quand nous en venons à l'anglais du treizième siècle, nous pouvons seulement en deviner le sens, ce que nous ne pouvons même plus faire pour les textes antérieurs à l'Ormulum et à Layamon. Ces changements que le temps opère dans le langage, sont plus ou moins rapides, mais ils existent à toutes les époques et dans tous les pays : ils ont réduit la langue riche et énergique des poëtes des Védas au pauvre et insignifiant jargon des Cipayes d'aujourd'hui; ils ont transformé l'idiome du Zend-Avesta et des annales de la montagne de Behistoun en celui de Firdusi et des Persans modernes; la langue de Virgile en celle de Dante, la langue d'Ulfilas en celle de Charlemagne, et la langue de Charlemagne en celle de Gœthe. Nous avons lieu de croire que des changements analogues se font, avec encore plus de violence et de rapidité, dans les dialectes des tribus sauvages, bien qu'en l'absence d'une littérature écrite il soit extrêmement difficile d'obtenir des renseignements dignes de foi : mais, dans les quelques cas où des observations exactes ont été faites sur cet intéressant sujet, on a trouvé que chez les tribus sauvages et illettrées de Sibérie, d'Afrique et de Siam, deux ou trois générations suffisent pour changer tout l'aspect de leurs dialectes. Les langues des nations très-civilisées tendent, au contraire, à se fixer de plus en plus, et paraissent quelquefois presque perdre la faculté de se modifier : là où il y a une littérature classique dont la langue se répand dans toutes les villes et tous les villages, les changements semblent devenir impossibles. Cependant la langue de Rome, qui fut, pendant tant de siècles, maîtresse du monde civilisé, a été comme destituée et remplacée par les dialectes romans, et l'ancien grec a fini par être supplanté par le romaïque moderne. Chez nous, quoique l'art de l'imprimerie et la circulation étendue des journaux et des livres aient servi de digues au courant du langage, nous voyons que les livres publiés il y a trois cents ans n'ont pas été écrits dans la langue que nous parlons aujourd'hui. Dans le *Scripture and Prayer-book Glossary* de Hooker, le nombre des mots ou des significations de mots qui ont vieilli depuis 1611 s'élève à trois cent quatre-vingt-huit, près d'un cinquième des mots employés dans la traduction anglaise de la Bible (1). De plus faibles changements, des changements d'accent et de sens, l'introduction dans la langue de nouveaux mots et la disparition des mots anciens qui sortent peu à peu de la langue, voilà des phénomènes qui se passent encore tous les jours sous nos yeux, et que nous pouvons saisir au passage. Rogers (2) dit : « *Cóntemplate* est assez mauvais, mais *bálcony* me fait mal au cœur »; tandis que maintenant aucune oreille n'est choquée par *cóntemplate* au lieu de *contémplate* et que *bálcony* est devenu plus usité que *balcóny*. C'est ainsi que les prononciations *Roome, chaney, layloc* et *goold,* n'ont fait place que tout récemment à *Rome, china, lilac* et *gold;* quelques vieillards, représentants attardés de la politesse d'autrefois, persistent à se dire *obleeged* et non *obliged* (3). *Force,* dans le sens de chute d'eau, et *gill,* dans le sens de ravin, n'étaient pas em-

---

(1) *Lectures on the English Language,* by G. P. Marsh, New-York, 1860, pp. 263 et 230. Ces leçons résument beaucoup de recherches curieuses, et sont pleines d'observations précieuses. Elles ont été publiées dernièrement en Angleterre, avec des omissions et des additions utiles, par le docteur Smith, sous le titre de *Handbook of the English Language.*

(2) Marsh, p. 532, note.

(3) Trench, *English Past and Present*, p. 210, mentionne *great*

ployés dans l'anglais classique avant Wordsworth (1). *Handbook*, quoique ce soit un vieux mot anglo-saxon, n'a remplacé que depuis peu de temps *manual* (2), et un grand nombre de mots, tels que *cab* pour cabriolet, *buss* pour omnibus, et même des verbes, comme *to shunt* (3), flottent encore sur la frontière qui sépare la langue écrite de la langue parlée par le peuple (4). Quoique les changements grammaticaux qui ont eu lieu depuis la publication de la version autorisée des saintes Écritures soient moins nombreux, nous pouvons pourtant encore en indiquer quelques-uns. La

qui se prononçait *greet* du temps de Johnson, et *tea*, que Pope fait rimer avec *obey*.

> Her thou, great Anna! whom three realms obey,
> Dost sometimes counsel take — and sometimes tea.
>
> (*The Rape of the Lock*, canto III.)

(1) Marsh, p. 589.

(2) J. Stoddart, *Glossology*, p. 60.

(3) Dans Halliwell, *Dictionary of archaisms*, « to shunt » est donné dans le sens de retarder, de remettre :

> Shape us an ansuere, and schunte you no lengere.
> *Morte Arture*, M. J. Lincoln, f. 67.

et aussi dans le sens d'éviter une chose, de s'en éloigner :

> Then I dreu me down into a dale, whereas the dumb deer
> Did shiver for a shower; but I shunted from a freyke.
> *Little John Nobody*, c. 1550.

Dans *Sir Gawayne and the Green knight*, ed. R. Morris, Sir Gawayne est dit avoir *shunt from a blou*, c'est-à-dire avoir évité un coup (v. 2280; voyez aussi 2268, 1902). Dans les *Early English alliterative poems*, ed. R. Morris, Abraham est dit rester assis *schunt*, c'est-à-dire à l'écart (B. 605, p. 56). Voyez les remarques de M. R. Morris dans le *Glossaire*, p. 190.

(4) Pour les mots semblables à ceux-ci, que crée l'usage populaire, et dont quelques-uns finissent par passer de l'argot dans la langue parlée et même dans la langue écrite, voir Lorédan Larchey, *les Excentricités de la langue française*, 5ᵉ édit., Paris, in-12, 1865 (Tr.)

terminaison de la troisième personne du singulier en *th* est maintenant partout remplacée par *s*. On ne dit plus jamais, dans la langue usuelle, *he liveth;* mais seulement *he lives*. Plusieurs des imparfaits et des participes irréguliers ont pris une nouvelle forme. Personne n'emploie maintenant *he spake* et *he drave* au lieu de *he spoke* et *he drove; holpen* est remplacé par *helped, holden* par *held, shapen* par *shaped*. L'anglais moderne a de même laissé tomber la distinction qui se faisait autrefois entre *ye* et *you;* la première de ces formes servant alors pour le nominatif, la seconde pour tous les autres cas; un mot qui paraît bien être une nouvelle forme grammaticale, le pronom possessif *its*, a pris naissance depuis le commencement du dix-septième siècle. On ne le trouve jamais dans la Bible, et, quoiqu'il se rencontre trois ou quatre fois dans Shakspeare, Ben Jonson ne le reconnaît pas encore dans sa grammaire anglaise (1).

(1) « Foure possessives : My or Myne; Plurall, Our, ours. Thy, thine; Plurall, Your, yours. His, Hers, both in the Plurall making Their, theirs. » Voyez *The English Grammar made by Ben Jonson*, 1640, chap. xv.

Nous avons tenu à traduire exactement le passage qui précède, les remarques qu'il contient pouvant avoir beaucoup d'intérêt pour ceux qui connaissent la langue anglaise et qui savent la prononcer. Il eût d'ailleurs été facile de substituer aux mots indiqués par M. Müller pour l'anglais des mots français qui auraient montré des changements analogues s'opérant sans cesse dans notre propre langue sous l'influence de causes semblables et avec une aussi grande rapidité. Nous nous contenterons de donner ici quelques exemples, pris un peu au hasard parmi ceux qu'il serait aisé de réunir.

On ne pourrait, je crois, citer en français aucun exemple du déplacement de l'accent tonique; c'est que la règle qui commande, dans notre langue, d'élever la voix sur la dernière syllabe du mot ou sur celle qui précède immédiatement la finale muette ne souffre aucune exception et par suite ne laisse place à aucune variation. Cette règle est si absolue, qu'à la différence de l'anglais et de l'allemand, le français impose son accentuation à tous les mots étrangers, noms propres ou noms communs, qu'il admet dans l'usage. Mais la prononciation a sensiblement varié depuis le moment même où les grammaires, les dictionnaires, la tradition ininterrompue du théâtre et de la chaire chrétienne ont semblé concourir à la fixer. Ainsi, à la fin du dix-septième siècle, on prononçait ou du moins on pouvait encore prononcer *léger* de la même manière qu'*enfer*, comme on le voit dans ces vers du *Tartufe* (IV, 6), qui ne rimeraient plus aujourd'hui :

> Non, rien de plus méchant n'est sorti de l'*enfer*.
> — Mon Dieu, on ne doit point croire trop de *léger*.

Régnier Desmarais nous dit d'ailleurs (*Gramm. franç.*, tr. I), qu'alors on faisait sonner l'*r* dans ce dernier mot. Nous ferons la même remarque sur ces vers de Boileau :

> La colère est superbe et veut des mots *altiers*,
> L'abattement s'explique en des termes moins *fiers*.

L'usage confondait encore dans beaucoup de mots, au dix-septième siècle, les diphthongues *ou* et *eu* (je *treuve*, pour je trouve, rime dans Molière avec *veuve*), et l'on écrivait par la diphthongue *oi* beaucoup de finales que tout le monde, depuis Voltaire, écrit par la diphthongue *ai*, et qui aujourd'hui présentent uniformément le son de l'*é* ouvert.

Pour ce qui est de l'orthographe, on n'a qu'à ouvrir un livre imprimé dans le courant même du siècle dernier ; on sera tout aussitôt frappé de sensibles différences, et ces différences seront bien plus nombreuses encore si l'on remonte jusqu'au dix-septième siècle. Les mots enfin, considérés en eux-mêmes, soit dans leur sens, soit dans leurs accidents grammaticaux, soit dans leur emploi, nous donnent encore la preuve de l'instabilité des choses. On sait combien de mots tirés du grec et du latin ont introduits dans notre langue les écrivains érudits du seizième siècle, et combien le travail qui se fit au dix-septième a exclu de mots qui sont familiers à Amyot, à Pasquier et à Montaigne. Certaines expressions ne sont arrivées jusqu'à nous qu'après avoir eu comme une période d'éclipse, pendant laquelle

tres produits de la nature, il ne doit pas être traité comme les objets des autres sciences naturelles. Il y a

elles étaient mal vues et fort en péril de disparaître ; il n'est besoin que de rappeler ici, avec M. Littré (*Préface du Dictionnaire*), sollicitude, que les puristes Philaminte et Bélise, dans *les Femmes savantes*, trouvent *puant étrangement son ancienneté*, et contre lequel nul n'a plus les préventions de ces dames. D'autres mots, qui semblent avoir dû toujours exister, tant ils sont expressifs et bien faits, datent d'hier : *bienfaisance* a été introduit par l'abbé de Saint-Pierre ; c'est dans un opuscule de lui, intitulé *Projet pour rendre les sermons utiles*, que ce mot paraît pour la première fois ; *vulgarité* est encore plus moderne ; on devrait, dit-on, ce terme à Mme de Staël ; *popularité* s'employait autrefois dans ce même sens, qu'il a perdu : la *popularité d'un mot*, pour dire sa bassesse, l'usage qu'en fait le peuple. Comme *popularité*, beaucoup de mots, en restant dans l'usage, ont changé d'acception ; ainsi, *suicide*, mot qui ne se trouve pas encore dans le Furetière de 1690, s'introduit un peu plus tard avec le double sens de *suicida* et de *suicidium*, et ce double sens est indiqué dans l'*Abrégé du dictionnaire de Trévoux*, par Berthelin, 1762, in-4°, et dans le *Grand Vocabulaire français*, 1773 ; dans ce dernier ouvrage, l'auteur, pour commenter ce mot, dit : *ceux qui se sont homicidés eux-mêmes* ; or aujourd'hui suicide n'a plus que le sens de *meurtre de soi-même*. Un dernier exemple : le mot *spéculation*, dès qu'on l'entendait prononcer, éveillait autrefois l'idée de la recherche philosophique et désintéressée ; il n'a point d'autre sens dans le *Dictionnaire de l'Académie*, édition de 1762. Aujourd'hui, quand on parle de spéculation, on entend une entreprise tentée en vue de gagner de l'argent, une opération de bourse ; spéculation désigne, dit l'Académie en 1762, « la théorie, et en ce sens il est opposé à la pratique. » Aujourd'hui, depuis le développement qu'a pris chez nous la fortune mobilière, spéculation, dans son emploi le plus usuel, rappelle, au contraire, les triomphes et les abus de l'esprit pratique, et, si on veut rendre à ce mot son ancien sens, ce qui ne se fait d'ailleurs guère que dans le style soutenu, il faut y joindre quelque épithète ou complément qui le détermine, comme dans cette phrase : « Les hautes spéculations de la pensée grecque. » Un mot qui a retenti à toutes les oreilles depuis quelques années, *annexion*, n'est pas encore dans le *Dictionnaire de l'Académie*, 6e édition, 1835. Voir, sur cette instabilité des lan-

quelque chose de fort spécieux dans cette objection, mais si nous y regardons de plus près, nous trouverons qu'elle repose entièrement sur une confusion de termes. Il faut distinguer entre le changement qui se fait avec le temps et le développement naturel : l'art, la science, la philosophie et la religion ont une histoire qui contient leurs variations et leurs progrès ; le langage, comme les autres produits de la nature, n'admet que le développement.

Remarquons d'abord que, bien qu'il y ait dans le langage un changement continu, il n'est au pouvoir de l'homme ni de le produire, ni de l'empêcher. Autant vaudrait songer à modifier les lois qui règlent la circulation de notre sang, ou à ajouter un pouce à notre taille, qu'à changer les lois du langage ou à inventer de nouveaux mots selon notre bon plaisir. De même que l'homme n'est le roi de la création qu'autant qu'il en connaît les lois et s'y soumet, le poëte et le philosophe ne deviennent les rois du langage que s'ils en connaissent les lois et s'y soumettent aussi. Quand l'empereur Tibère, s'étant trompé sur un mot, fut repris par Marcellus, un autre grammairien, du nom de Capito, qui se trouvait présent, fit observer que le mot employé par l'empereur était latin, et que, s'il ne l'était pas, il ne tarderait point à le devenir. Marcellus, plus grammairien que courtisan, reprit : « Capito est un menteur ; car, César, tu as le pouvoir de donner le droit de cité aux hommes, mais non pas aux mots. » On raconte une anecdote semblable de

gues, sur ce perpétuel *devenir*, un excellent chapitre du *Cours supérieur de grammaire*, de B. Julien, partie I, p. 3-6, et la Préface du *Dictionnaire* de M. Littré [Tr.].

l'empereur d'Allemagne Sigismond. Quand il présidait le concile de Constance, il prononça devant l'assemblée un discours latin, où il l'exhorta à extirper l'hérésie des Hussites : « Videte, Patres, » dit-il, « ut eradi-« cetis schismam Hussitarum. » Un moine ne se gêna pas pour le rappeler à l'ordre, en s'écriant : « Sere-« nissime Rex, schisma est generis neutri (1). » L'empereur, sans perdre sa présence d'esprit, demanda à son audacieux interrupteur : « Qui te l'a dit?—Alexander Gallus, reprit le vieux maître d'école bohémien. — Et qui est cet Alexander Gallus? demanda l'empereur. — C'est un moine. — Eh bien! dit Sigismond, je suis empereur de Rome, et j'espère que ma parole vaut bien celle d'un moine. » Les rieurs furent sans doute du côté de l'empereur; mais, malgré tout, *schisma* est resté du neutre, et pas même un empereur ne put en changer ni le genre, ni la désinence.

L'idée que le langage peut être modifié et perfectionné par l'homme n'est rien moins que nouvelle. Nous savons que Protagoras, un des anciens philosophes grecs, après avoir donné des règles sur les genres, se mit à critiquer le texte d'Homère, parce qu'il n'y trouvait pas ses règles observées. Mais là, comme partout, l'entreprise échoua. Essayez de changer la moindre règle en français ou en anglais, et vous verrez que c'est matériellement impossible. Il n'y a, en apparence, que peu de différence entre *beaucoup* et *fort*,

---

(1) Comme plusieurs de mes critiques ont trouvé à redire à l'emploi que fait le moine du génitif *neutri*, je demande la permission de renvoyer à Priscien, liv. VI, chap. i et chap. viii. Il n'y a pas, que je sache, d'autorité dans l'ancien latin, pour l'expression *generis neutrius*, si souvent usitée dans les grammaires modernes.

comme entre *much* et *very*, et cependant l'un ne peut presque jamais être substitué à l'autre; on dit « je suis fort heureux, » et non « je suis beaucoup heureux ; » et « cet enfant grandit beaucoup, » et non « cet enfant grandit fort. » De même, parmi les dialectes romans, l'espagnol, le portugais et le valaque ne peuvent employer que le mot latin *magis* pour former les comparatifs : Esp. *mas dulce;* port. *mais doce;* val. *mai dulce;* tandis que le français, le provençal et l'italien n'admettent que *plus* dans les mêmes cas : ital. *più dolce;* prov. *plus dous;* franç. *plus doux*. Il est loin d'être impossible, cependant, que cette distinction entre *very*, qui ne précède que des adjectifs, et *much*, qu'on n'emploie qu'avec des participes, disparaisse avec le temps; et, en fait, *very pleased* et *very delighted* sont des locutions que l'on commence déjà à entendre en Angleterre dans plus d'un salon ; mais si ce changement se fait un jour, ce ne sera pas par la *volonté* d'un individu, ni du *commun accord* d'un grand nombre d'hommes; il se fera plutôt malgré les efforts des grammairiens et des académies. Ici donc, vous voyez la première différence entre les changements opérés par le temps et le développement naturel. Un empereur peut modifier les lois de la société, les formes de la religion, les règles de l'art; il est au pouvoir d'une seule génération, ou même d'un individu, d'élever un art au plus haut degré de perfection, d'où la génération suivante pourra le laisser déchoir jusqu'à ce qu'un nouveau génie le relève par un nouvel élan. Dans tous ces cas, nous avons affaire à des actes réfléchis d'individus, et nous nous trouvons, par conséquent, sur le terrain de l'histoire. Si nous comparons les créations de Michel-Ange ou de Raphaël avec les statues et les fresques de la Rome antique, nous pouvons parler d'une histoire de l'art. Par les œuvres de ceux qui ont transmis de siècle en siècle les traditions de l'art, nous pouvons rattacher l'une à l'autre deux époques séparées par des milliers d'années; mais le développement continu et spontané, qui rattache la langue de Plaute à celle de Dante, nous échappera toujours. Dans l'opération par laquelle une langue se fixe et dans celle qui la fait varier, se combinent les deux éléments contraires de la nécessité et du libre arbitre. Quoique l'individu semble jouer le rôle d'agent principal dans la production de nouveaux mots et de nouvelles formes grammaticales, il n'a ce pouvoir que dans le cas où son individualité s'est comme confondue dans l'action commune de la famille, de la peuplade ou de la nation à laquelle il appartient. Seul, il ne peut rien, et la première impulsion pour la création d'une nouvelle forme dans le langage, bien que donnée par un individu, l'est généralement, sinon toujours, sans préméditation et sans conscience de cet acte. L'individu, en tant qu'individu, est impuissant, et les effets qu'il paraît produire dépendent de lois non soumises à son contrôle, et de la coopération de tous ceux qui forment avec lui une seule classe, un seul corps ou un ensemble organique.

Mais, bien qu'il soit facile de montrer, comme nous venons de le faire, que le langage ne peut être changé ni jeté dans un nouveau moule par le goût, le bon plaisir ou le génie de l'homme, il est fort difficile d'expliquer les causes du développement du langage. Depuis le temps d'Horace, on s'est accoutumé à comparer la végétation des langues à celle des arbres; mais les comparaisons sont perfides : que savons-nous des causes dont l'action fait pousser un arbre, et que pouvons-nous gagner à comparer des choses que nous ne comprenons pas bien à d'autres que nous comprenons encore moins? Bien des gens parlent, par exemple, des désinences du verbe comme si elles sortaient du radical de la même manière que les branches sortent du tronc (1); mais quelles idées peuvent-ils attacher à de telles expressions? Si nous voulons à toute force comparer le langage à l'arbre, il y a un point qui peut être éclairci par cette comparaison, c'est que ni le langage ni l'arbre ne peuvent exister ou croître tout seuls. Sans le sol, sans l'air et la lumière, l'arbre ne pourrait vivre; nous ne pourrions même pas le concevoir comme vivant sans ces conditions. Il en est de même du langage, qui ne peut exister seul : il lui faut un sol pour y pousser, et ce sol est l'âme humaine. Parler du langage comme d'un être isolé, qui vivrait d'une vie propre, qui arriverait à la maturité, qui se reproduirait et qui mourrait de lui-même, c'est faire de la pure mythologie; nous ne pouvons, il est vrai, éviter les expressions métaphoriques, mais nous devons toujours nous tenir sur nos gardes, et, dans des recherches comme celles qui nous occupent, ne pas nous laisser égarer par les mots mêmes que nous employons.

Or, ce que nous appelons le développement du lan-

---

(1) Horne Tooke, p. 629, *note*, attribue cette opinion à Castelvetro, sans donner toutefois aucune preuve que le savant italien ait soutenu cette opinion. Cette doctrine, sous sa forme la plus extrême, a été soutenue par Frédéric Schlegel.

gage résulte de deux opérations qu'il faut distinguer soigneusement l'une de l'autre, quoiqu'elles agissent simultanément. Je nomme ces deux opérations :

1. *Le renouvellement dialectal,*

2. *L'altération phonétique.*

Je commence par la dernière, comme étant la plus apparente, bien qu'elle soit généralement postérieure à la régénération dialectale, et, pour le moment, je dois vous prier de supposer, sans le prouver, que tout dans le langage avait originairement une signification. Comme le langage ne peut avoir d'autre objet que d'exprimer nos idées, la conséquence presque nécessaire de ce principe semblerait être qu'il ne peut contenir ni plus ni moins que ce qui est indispensable pour cette fin. Il semblerait aussi s'ensuivre que, si le langage ne contient que ce qui est indispensable pour exprimer certaines idées, il serait impossible d'en modifier aucune partie sans par là lui faire manquer son but même, et c'est ce qui arrive pour quelques langues. En chinois, par exemple, dix se dit *shï;* si on apportait la moindre modification à *shï,* cette syllabe ne pourrait plus signifier *dix :* prononçons, par exemple, *tsï* au lieu de *shï*, et ce mot ne signifiera plus *dix*, mais *sept*. Mais supposons que nous voulions exprimer la quantité double de dix, deux fois dix ou vingt; nous prendrions en chinois *eúl*, deux, et, le plaçant devant *shï*, nous dirions *eúl-shï*, vingt. La même précaution qui était nécessaire pour *shï*, l'est également pour *eúl-shï;* dès que vous modifiez ce composé, en ajoutant ou en laissant tomber une seule lettre, il ne veut plus dire *vingt;* il a quelque autre signification, ou bien il n'a plus aucun sens. Nous trouvons exactement la même formation de mots dans d'autres langues qui, comme le chinois, sont appelées monosyllabiques : en tibétain *chu* signifie dix, *nyi* deux, *nyi-chu* vingt; en birman *she* signifie dix, *nhit* deux; *nhit-she*, vingt.

Mais comment les choses se passent-elles en français ou en anglais, en grec, en latin ou en sanscrit? Nous ne disons pas *deux-dix* en français, ni *two-ten* en anglais, ni *duo-decem* en latin, ni *dvi-daśa* en sanscrit. Nous trouvons en :

sanscrit	grec	latin	français	anglais (1).
vinśati	eikati	viginti	vingt	twenty.

Ici, nous voyons d'abord que les formes citées pour le sanscrit, le grec, le latin et le français, ne sont que des modifications locales d'un seul et même mot primitif, tandis que l'anglais *twenty* est un composé nouveau (le gothique *tvai tigjus* signifie deux décades, et de là est sorti l'anglo-saxon *tuéntig*), formé de matériaux teutoniques, et produit, comme nous le verrons plus tard, par l'opération que nous avons appelée le *renouvellement dialectal*.

Nous remarquons, en second lieu, que la première partie du latin *viginti* et celle du sanscrit *vinśati* renferment le même nom de nombre, qui de *dvi* s'est réduit à *vi*. Il n'y a dans cette altération rien d'extraordinaire, car le latin *bis,* deux fois, remplace la forme

---

(1) Bopp, *Grammaire comparée*, § 320 [traduite en français par M. Michel Bréal, Paris, Hachette, 1866]; Schleicher, *Deutsche Sprache,* S. 233.

primitive *dvis*, le grec *dis*, l'anglais *twice*. Nous trouvons encore ce *dis* en latin, comme préposition, avec le sens de *en deux;* ainsi, par exemple, *discussion* signifie, en réalité, l'action de casser un noyau pour arriver à l'amande, comme *percussion* signifie proprement l'action de frapper de part en part. Eh bien, c'est ce même mot *dvi* ou *vi* que nous voyons dans le latin *viginti*, et dans le sanscrit *vinśati*.

Nous pouvons également prouver que la seconde partie de *viginti* est une corruption du mot qui signifie dix. Dix se dit, en sanscrit, *daśan*, d'où est dérivé *daśati*, décade; ce *daśati* s'est réduit par la suite à *śati*, ce qui, avec *vi* pour *dvi*, deux, nous donne le sanscrit *viśati* ou *vinśati* vingt. Le latin *viginti*, le grec *eikati* doivent leur origine à la même opération.

Remarquez, maintenant, la différence considérable, je ne veux pas dire de son, mais de nature, entre le chinois *eúl-shĭ*, deux-dix ou vingt, et ces mots défigurés et estropiés que nous avons trouvés en sanscrit, en grec et en latin. En chinois, il n'y a ni trop, ni trop peu; le mot parle par lui-même, et n'a pas besoin de commentaire : en sanscrit, au contraire, les parties les plus essentielles des deux éléments constitutifs ont disparu, et ce qui reste est si complétement transformé, qu'il ne se comprend plus qu'à l'aide d'une minutieuse analyse. Nous aurons donc ici un exemple de ce qu'on entend par *l'altération phonétique*, et nous pourrons voir comment elle corrompt et détruit non-seulement la forme, mais la nature même des mots. Une langue où l'altération phonétique commence à se montrer perd immédiatement ce que nous avons re-

gardé comme le caractère le plus essentiel de toute
langue, à savoir, que chacune de ses parties ait une
signification. Les gens qui parlaient sanscrit ne savaient pas plus que *vinsati* signifiait *deux fois dix*,
qu'un Français ne reconnaît dans *vingt* les restes des
racines de *deux* et *dix*. Le langage entre donc dans une
période nouvelle aussitôt qu'il se laisse envahir par
l'altération phonétique; la vie s'affaiblit et s'éteint
dans les mots ou portions de mots où cette corruption
fait ses premiers ravages : désormais ces mots ou portions de mots ne peuvent plus être conservés qu'artifi-
ciellement ou par la tradition, et, ce qui est surtout
important à observer, une distinction s'établit dès ce
moment entre ce qui d'une part est substance et radical, et ce qui de l'autre est grammatical ou de pure
forme.

Prenons un autre exemple, qui nous fera voir encore plus clairement comment la première apparition
de ce qu'on appelle les formes grammaticales est due
à l'altération phonétique. Nous n'avons pas l'habitude
de regarder *vingt* comme le pluriel ou le duel de *dix;*
mais comment un pluriel était-il formé originairement? Dans le chinois, qui, dès le principe, s'est pré-
servé avec plus de soin que toute autre langue de
toute altération phonétique, le pluriel se forme de la
manière la plus raisonnable. Ainsi, *ğin* signifiant
homme, et *kiai* le tout ou la totalité, le pluriel d'*homme*
s'exprime par *ğin-kiai*. Il y a en chinois d'autres mots
qui sont employés à cette même fin, par exemple, *péi*,
classe : *ì*, étranger, suivi de *péi*, nous donne *ì-péi*, des
étrangers. Nous avons des pluriels analogues en anglais, mais nous ne les comptons pas comme des for-

mes grammaticales distinctes. C'est ainsi que *man-kind* (espèce humaine) est formé absolument comme *ì-péi* (espèce étrangère), et que *christen-dom* (la chrétienté), répond à la périphrase : ensemble des chrétiens. Nous retrouvons le même procédé dans d'autres langues congénères : en tibétain, le pluriel se forme par l'addition de mots tels que *kun*, tous, et *t'sogs*, multitude (1), et même à l'aide des noms de nombre *neuf* et *cent*. Ici également, tant que ces mots sont parfaitement compris et en pleine vie, l'altération phonétique n'a sur eux aucune prise; mais aussitôt qu'ils perdent, pour ainsi dire, la conscience d'eux-mêmes, la corruption phonétique apparaît, et dès lors les portions de mots qu'elle atteint ne conservent plus qu'une existence artificielle ou une valeur de convention, et se réduisent à des désinences grammaticales.

Je craindrais d'abuser de votre patience, si je commençais ici l'analyse des désinences grammaticales en sanscrit, en grec ou en latin, afin de vous montrer comment elles sont sorties de mots indépendants que le frottement continuel du langage et l'usure ont comme réduits en poussière. Mais, pour comprendre comment le principe de l'altération phonétique produit la formation des terminaisons grammaticales, jetons les yeux sur des langues qui nous sont plus familières, et examinons, par exemple, la désinence *ment*, qui termine la plupart des adverbes français (2). Cette terminaison n'existe pas en latin, où nous trouvons toutefois des expressions comme *bona mente*, de bonne

---

(1) Foucaux, *Grammaire tibétaine*, p. 27, et préface, p. x.
(2) Voyez Fuchs, *Romanische Sprachen*, p. 355.

foi (1), et où nous lisons dans Ovide : « *insistam forti mente,* j'insisterai avec un esprit, une volonté forte, fortement. » Les gloses dans les manuscrits du moyen âge sont amenées par les mots *aut, vel, seu, id est, hoc est* ou par *in alia mente,* et cette dernière locution arrive ainsi à être synonyme de l'adverbe français (2) *autrement,* dérivé de *altera mente.* Voici donc ce qui est arrivé dans l'évolution naturelle du latin, ou dans le passage du latin au français : dans des phrases telles que *forti mente,* le dernier mot finit par ne plus se faire sentir comme mot indépendant, et perdit en même temps sa prononciation distincte ; *mente,* l'ablatif de *mens,* se changea en *ment,* qui cessa d'être un mot indépendant, et n'exista plus que comme terminaison des adverbes, même dans des cas où le souvenir du sens original de *mente* (avec un esprit) en aurait rendu l'emploi parfaitement impossible. Si nous disons en français qu'un marteau tombe *lourdement,* nous ne nous doutons guère que nous prêtons à un morceau de fer un esprit lourd. En italien, bien que la désinence *mente,* dans l'adverbe *chiaramente* (pour *clara mente*) ait perdu son caractère de mot indépendant, elle n'a pas, jusqu'à présent, subi l'altération phonétique ; en espagnol, elle s'emploie encore comme mot indépendant, quoiqu'on ne puisse plus dire qu'elle ait conservé une signification distincte : ainsi, au lieu de « claramente, concisamente, y elegantemente, » il est mieux de dire, en espagnol : « clara, concisa y elegante mente. »

---

(1) Quintilien, V, 10, 52, Bona mente factum, ideo palam ; mala, ideo ex insidiis.

(2) Grimm, *Rechtsalterthümer*, p. 2.

Il est difficile de se figurer jusqu'à quel point toute la surface d'une langue peut être changée par ce que nous avons appelé l'altération phonétique : songez que dans *vingt* vous avez les mêmes éléments que dans *deux* et *dix;* que la seconde partie de *douze* représente le latin *decim* dans *duodecim;* que le *te* final de *trente* fut originairement le latin *ginta* dans *triginta*, lequel *ginta* avait été une dérivation et une abréviation du sanscrit *daśa* ou *daśati*, dix. Considérez, ensuite, combien cette maladie phonétique a dû se montrer de bonne heure ; car, de même que *vingt* en français, *veinte* en espagnol et *venti* en italien, présupposent la forme plus primitive *viginti*, que nous trouvons en latin, ainsi ce latin *viginti*, le grec *eikati* et le sanscrit *vinśati*, présupposent une langue première d'où ils ont été dérivés, et qui devait contenir la forme plus primitive *dvi-ginti*, qui, elle aussi, a dû être précédée d'un autre composé aussi clair et aussi intelligible que le chinois *eúl-shi*, et formé des vieux noms aryens pour deux et dix, *dvi* et *daśati*. Telle est la force destructive de cette corruption phonétique, qu'elle ronge quelquefois tout le corps d'un mot, et n'en laisse plus subsister que quelques restes méconnaissables. Ainsi le sanscrit *svasar* (1), sœur, se trouve en pehlvi et en ossète sous la forme *cho*. Le sanscrit *duhitar*, en grec *thugater*, en anglais *daughter*, fille, s'est réduit en bohémien à *dci*, qu'on prononce *tsi* (2). Qui croirait que

---

(1) L's du sanscrit = l'*h* persan; donc, svasar = hvahar, qui devient *chohar*, *chor* et *cho*. En zend, *qanha*, acc. *qanharem*, en persan, *khaher*. Bopp, *Gram. comp.*, § 35.

(2) Schleicher, *Beiträge*, t. II, p. 392 : *dci = dügte;* gén. *dcere = dugtere*.

l'anglais *tear* et le français *larme* ont une origine commune; que le français *même* contient le latin *semetipsissimus;* que dans *aujourd'hui* nous avons deux fois le mot latin *dies* (1)? Qui reconnaîtrait le français *père* dans l'arménien *hayr?* Pourtant, nous identifions sans peine *père* avec *pater;* et comme un *h* initial correspond souvent, en arménien, à un *p* primitif (*het* = *pes, pedis,* pied; *hing* = gr. *pente,* cinq; *hour* = gr. *pyr,* feu), il s'ensuit que *hayr* est identique avec *pater*.

Nous sommes accoutumés à appeler ces changements l'*évolution naturelle* du langage; mais il serait plus exact de leur donner le nom de *dépérissement,* pour les distinguer de l'autre opération, que nous avons nommée le *renouvellement dialectal,* c'est-à-dire la régénération d'une langue par ses dialectes. C'est de cette seconde opération que nous allons maintenant nous occuper, et nous y trouverons un principe plus réel de développement.

Pour bien comprendre la signification de l'expression *renouvellement dialectal,* il faut commencer par bien comprendre ce que nous entendons par *dialecte.* Nous avons déjà vu que le langage n'a pas d'existence indépendante en soi : il existe dans l'homme; il vit en étant parlé, il meurt avec chaque mot qui est prononcé et qu'on n'entend plus. Que le langage ait jamais été mis par écrit et soit devenu l'expression d'une littérature, ce n'est là qu'un fait accidentel; aujourd'hui encore, la plupart des langues n'ont produit aucune œuvre lit-

---

(1) *Hui* = *hodiè,* italien *oggi* et *oggidi; jour* = *diurnum,* de *dies.*

téraire. Chez les innombrables peuplades du centre de l'Asie, de l'Afrique, de l'Amérique et de la Polynésie, le langage existe à l'état naturel, dans une continuelle révolution : et c'est là qu'il faut aller, si nous voulons observer le développement du langage avant qu'il soit gêné et arrêté par des monuments écrits. Les idiomes littéraires de la Grèce, de Rome et des autres nations civilisées, pour lesquels nous réservons ordinairement le nom de langues, doivent être regardés comme des formes artificielles plutôt que naturelles du langage; c'est dans les dialectes que se manifeste la vie réelle, la vie élémentaire et naturelle du langage, et malgré la tyrannie des idiomes classiques ou littéraires, le jour est encore bien éloigné où l'on verra disparaître entièrement les dialectes même de langues aussi cultivées que l'italien et le français. Une vingtaine des dialectes italiens ont été écrits, et sont représentés aujourd'hui par des textes imprimés ; Champollion-Figeac fait monter à quatorze le nombre des dialectes français les plus marquants (1). Quelques auteurs comptent jusqu'à soixante-dix dialectes du grec moderne; beaucoup ne doivent guère être que des variétés locales; quelques-uns, néanmoins, comme le tzaconien, diffèrent de la langue littéraire autant que le dorien différait de l'attique (2). Dans l'île de Lesbos, des villages qui ne sont pas à plus de deux ou trois heures de marche les uns

---

(1) Sir John Stoddart, *Glossology*, p. 33.
(2) *Ibid.*, p. 29. [Sur ce dialecte, les renseignements les plus nouveaux et les plus complets sont contenus dans la thèse soutenue en 1866 devant la Faculté de Paris par M. Gustave Deville, ancien membre de l'École française d'Athènes, et intitulée : *Étude du dialecte tzaconien*, in-8°, Lainé et Havard. Tr.]

des autres, ont souvent des mots qui leur sont particuliers et leur prononciation propre (1). Mais prenons une langue qui, bien que non dépourvue d'une littérature, a moins subi l'influence des auteurs classiques que l'italien ou le français, et nous verrons immédiatement combien les dialectes se multiplient. Le frison, qui se parle depuis plus de deux mille ans dans un espace fort limité, sur la côte nord-ouest de l'Allemagne, entre l'Escaut et le Jutland et dans les îles adjacentes, et qui possède des œuvres littéraires remontant au douzième siècle, s'est divisé en patois innombrables (2). « Les noms les plus communs, dit Kohl dans ses *Voyages*, qui sont presque identiques dans toutes les contrées de l'Europe, diffèrent complétement dans les diverses îles du Friesland : ainsi, *père* se dit *aatj* dans l'île d'Amrum, *baba* ou *babe* dans les îles Halligs, *foder* ou *vaar* dans l'île de Sylt, *tate* dans bien des districts sur le continent, et *oti* ou *ohitj* dans la partie orientale de l'île de Föhr. Bien que ces populations soient à deux milles allemands les unes des autres, ces mots diffèrent plus entre eux que l'italien *padre* et l'anglais *father*. Les noms mêmes de leurs districts et de leurs îles sont complétement dissemblables dans différents dialectes : l'île de *Sylt* s'appelle *Söl*, *Sol* et *Sal*. » Chacun de ces patois, bien qu'à la rigueur un savant frison puisse s'y retrouver, n'est intelligible que pour les paysans de l'étroit district où il a cours. Par conséquent, ce qu'on appelle la langue frisonne, dont les

---

(1) *Nea Pandora*, 1859, nos 227, 229; *Zeitschrift für vergleichende Sprachforschung*, X, p. 190.

(2) Grimm, *Geschichte der deutschen Sprache*, p. 668; Marsh, p. 379.

grammaires frisonnes nous donnent les formes et les règles, n'est, en réalité, que la grammaire du plus important de ces nombreux dialectes ; et c'est ce qui arrive également pour toutes les langues qui ont reçu la dénomination de littéraires.

C'est une erreur de s'imaginer que les dialectes sont partout des corruptions de la langue littéraire. Même en Angleterre (1), les patois ont bien des formes qui sont plus primitives que la langue de Shakspeare, et la richesse de leur vocabulaire surpasse, dans beaucoup de cas, celle du vocabulaire des auteurs classiques de n'importe quelle période (2). Les dialectes ont toujours été les sources jaillissantes où a puisé la langue littéraire plutôt que des canaux dérivés qui étaient alimentés par elle ; on peut dire tout au moins qu'ils ont été comme des courants parallèles qui coulaient l'un à côté de l'autre, bien avant le moment où l'un d'eux prit sur les autres cette primauté qui est le résultat de la culture littéraire.

Ce que Grimm dit de l'origine des dialectes en général ne s'applique qu'à ceux qui sont produits par

---

(1) « Quelques personnes, qui se sont habituées à regarder le dialecte du Dorsetshire comme ayant été produit par la corruption de l'anglais littéraire, seront peut-être surprises d'apprendre que non-seulement c'est un rejeton indépendant de l'anglo-saxon, mais que c'est un dialecte plus pur, et dans certains cas plus riche que celui qui a été adopté comme la langue nationale. » Barnes, *Poems in Dorset Dialect*, préface, p. xiv. — « En général, l'hébreu a beaucoup plus de rapports avec l'arabe vulgaire qu'avec l'arabe littéral, comme j'aurai peut-être l'occasion de le montrer ailleurs, et il en résulte que ce que nous appelons l'arabe vulgaire est également un dialecte fort ancien. » Munk, *Journal asiatique*, 1850, p. 229, note.

(2) Sur les patois dans le français, voir Littré, *Histoire de la langue française*, II, 91-169 [Tr.].

l'altération phonétique. « Les dialectes, dit-il (1), se développent progressivement, et plus nous remontons dans l'histoire du langage, moins ils sont nombreux et moins leurs caractères sont déterminés. Toute multiplicité provient d'une unité primitive. » C'est bien ce que nous sommes amenés à croire, si nous fondons exclusivement nos théories sur les matériaux que nous fournissent des idiomes littéraires, comme le sanscrit, le grec, le latin et le gothique. Sans doute ce sont là les têtes couronnées qui jouent les premiers rôles dans l'histoire du langage; mais, de même que l'histoire politique doit contenir autre chose que les annales des maisons souveraines, l'historien du langage ne doit jamais perdre de vue les couches plus humbles du langage populaire d'où sont sortis les idiomes privilégiés et qui seules les soutiennent et les nourrissent.

Mais ici une difficulté se présente : comment suivre l'histoire des dialectes? L'antiquité ne nous fournit de documents que sur les idiomes littéraires; c'est à peine si les auteurs anciens mentionnent même l'existence des dialectes qui n'étaient que parlés.

Il est vrai que Pline nous dit que dans la Colchide il y avait plus de trois cents tribus parlant des dialectes différents, et que les Romains étaient obligés d'employer cent trente interprètes pour commercer et traiter avec ces peuplades (2). C'est là probablement une exagération; mais nous n'avons pas de raison de mettre en doute l'exactitude de ce que nous dit Stra-

---

(1) *Geschichte der deutschen Sprache*, p. 833.
(2) Pline, VI, 5 ; Hervas, *Catalogo*, I, 118.

bon (1) sur les soixante-dix tribus habitant cette contrée, qui, de nos jours encore, est appelée « la montagne des langues ». De plus, dans les temps modernes, quand les missionnaires se sont adonnés à l'étude des langues de tribus illettrées et sauvages, ils ont rarement réussi à apprendre plus d'un seul dialecte, sur un grand nombre, et, quand leurs efforts étaient couronnés de succès, le dialecte qu'ils avaient mis par écrit, et qui était devenu entre leurs mains un instrument de civilisation, ne tardait pas à prendre une sorte de suprématie littéraire sur les autres, qui demeuraient dans une situation inférieure et qui restaient à l'état de jargons barbares. Néanmoins c'est aux missionnaires que nous devons, en très-grande partie, sinon entièrement, ce que nous savons sur les langues des sauvages, et il est bien à désirer que leur attention se reporte sans cesse sur cet intéressant problème de la vie des dialectes, qu'eux seuls ont le moyen d'éclaircir. Gabriel Sagard, qui fut envoyé en qualité de missionnaire chez les Hurons, en 1626, et qui publia à Paris, en 1631, son *Grand Voyage au pays des Hurons*, affirme que parmi les tribus de l'Amérique du Nord c'est à peine si l'on peut trouver deux villages parlant la même langue, et que dans un même village il n'y a pas deux familles dont la langue ne diffère plus ou moins. Il ajoute (ce qui est important à remarquer) que leur langage change sans cesse, au point

---

(1) Pline s'appuie sur l'autorité de Timosthène que Strabon déclare indigne de confiance (II, p. 93, éd. Casaub.). Strabon dit lui-même de Dioscurias, συνέρχεσθαι ἐς αὐτὴν ἑβδομήκοντα, οἱ δὲ καὶ τριακόσια ἔθνη φασὶν οἷς οὐδὲν τῶν ὄντων μέλει (X, p. 498). Les derniers mots se rapportent probablement à Timosthène.

que leur langue actuelle ne ressemble presque plus à celle des anciens Hurons. Un autre auteur prétend que, pendant les deux cents ans qui viennent de s'écouler, les langues des Hurons et des Iroquois n'ont pas varié du tout (1). Dans l'Amérique centrale, certains missionnaires cherchèrent à mettre par écrit le langage de tribus sauvages et composèrent avec grand soin un vocabulaire de tous les mots qu'ils pouvaient saisir. Revenant dans la même tribu après un laps seulement de dix ans, ils trouvèrent que ce vocabulaire avait vieilli et était devenu inutile (2); d'anciens mots

(1) Du Ponceau, p. 110.
(2) S. R. Waldeck, *Lettre à M. Jomard des environs de Palenqué, Amérique centrale.* Il ne pouvait se servir, en 1833, d'un vocabulaire composé avec beaucoup de soin dix ans auparavant.

« Telle est la tendance des langues, chez les peuplades qui vivent de leur chasse, à s'écarter rapidement l'une de l'autre, qu'en dehors de ces mots primitifs dont nous venons de parler, on trouve une plus grande diversité dans des dialectes indiens que l'on sait issus d'une source commune, que dans les langues congénères de l'Europe. Ainsi, bien que les Minsi soient une tribu des Delawares et leurs proches voisins, plusieurs même de leurs noms de nombre sont différents. » — *Archæologia Americana,* vol. II, p. 160.

« La plupart des hommes marquants ont un style qui leur est propre. Si la société est nombreuse et que beaucoup de ses membres fassent une étude du langage, les innovations qui ont un mérite réel sont les seules qui demeurent. Si la société est petite, un seul homme éminent, surtout là où l'écriture est inconnue, peut introduire de grands changements : personne n'étant à même de contester la valeur de ses innovations, elles commencent par être à la mode et finissent par être consacrées par l'usage. L'ancien vocabulaire, qui est le meilleur, disparaît. Si l'Angleterre, par exemple, avait été un petit pays, sans autre écrivain distingué que Carlyle, il n'est pas douteux qu'il n'eût beaucoup modifié notre langue : dans le cas présent, bien que Carlyle ait ses imitateurs, il n'est guère probable qu'il exerce sur la langue commune une influence sensible. Voilà pourquoi, dans les pays où l'écriture est inconnue, si la société se divise

étaient tombés en désuétude, de nouveaux mots avaient paru, et, selon toute apparence, la langue était entièrement changée.

Rien ne surprit autant les missionnaires jésuites que le nombre infini des dialectes parlés par les indigènes de l'Amérique. Loin d'être une preuve d'une civilisation avancée, cette multiplicité de langues montrait bien plutôt que les diverses races de l'Amérique ne s'étaient jamais soumises, pendant un certain espace de temps, à une puissante centralisation politique, et qu'elles n'avaient jamais réussi à fonder de grands empires nationaux. Hervas, il est vrai, réduit tous les dialectes de l'Amérique à onze familles, quatre pour le sud, et sept pour le nord (1); mais cette distribution n'a pu être faite qu'au moyen d'une comparaison attentive et minutieuse, et grâce à cette méthode qui permet de classer dans la même famille les idiomes parlés dans l'Islande et dans l'île de Ceylan. Dans la pratique et pour tout autre qu'un habile philo-

---

en petites tribus, la langue change rapidement et toujours pour se détériorer. Les fractions qui se détachent d'une peuplade indienne arrivent, après quelques générations, à parler une langue qui n'est plus comprise par la tribu dont elles sont sorties. De là vient le nombre considérable de langues qui sont parlées par les petites tribus de chasseurs indiens de l'Amérique septentrionale et méridionale, et qui ont évidemment une origine commune, car leurs principes sont identiques. En conséquence, plus une société est nombreuse, plus la langue qu'elle parle a de durée ; moins la société est nombreuse, moins la langue est durable, et plus la décadence en est rapide. Plus la société est petite, plus le nombre des idées est restreint, et, par suite, moins il y a de mots nécessaires, et plus le vocabulaire y diminue facilement et y perd un grand nombre de termes. » Le docteur Rae, *Polynesian*, n° 23, 1862.

(1) *Catalogo*, I, 393.

logue, les dialectes de l'Amérique sont distincts ; les tribus qui les parlent ne peuvent se comprendre entre elles.

Nous entendons faire les mêmes observations partout où la végétation libre et luxuriante des dialectes a été étudiée par des observateurs intelligents. Si nous nous tournons vers l'empire birman, nous trouvons que le birman a produit une littérature considérable, et que c'est la langue généralement adoptée non-seulement dans le Birman proprement dit, mais aussi dans le Pégu et dans l'Arracan. Mais les montagnes presque inaccessibles de la péninsule de l'Iraouaddy offrent un asile sûr à beaucoup de peuplades indépendantes qui parlent des dialectes qui leur sont propres (1), et, dans le seul voisinage de Manipura, le capitaine Gordon n'a pas recueilli moins de douze dialectes distincts, « dont quelques-uns, dit-il, ne sont pas parlés par plus de trente ou quarante familles, et qui sont pourtant si différents des autres, qu'ils sont complétement inintelligibles pour les plus proches voisins de ceux qui les emploient. » Brown, l'excellent missionnaire américain, qui a passé toute sa vie à prêcher l'Évangile dans cette partie du monde, nous raconte que plusieurs bandes d'émigrants qui avaient quitté leur village natal, pour aller s'établir dans une autre vallée, ne pouvaient plus se faire comprendre de la tribu mère, après deux ou trois générations (2).

Dans le nord de l'Asie, au dire de Messerschmidt, les Ostiaks, bien que parlant une langue qui est, au

---

(1) Max Müller, *Lettre sur les langues touraniennes*, p. 114.
(2) Id., *ibid.*, p. 233.

fond, la même partout, ont créé tant de formes et de mots particuliers à chaque tribu, qu'à la distance de douze ou vingt milles allemands, les rapports deviennent très-difficiles entre eux. Castrèn, le courageux explorateur des contrées et des langues de l'Asie septentrionale et centrale (1), nous assure que plusieurs des dialectes mongols commencent à entrer dans une nouvelle période de vie grammaticale, et que, tandis que la langue littéraire des Mongols n'a pas de désinence pour les personnes du verbe, ce trait caractéristique de la famille touranienne s'est montré dernièrement dans les dialectes parlés des Buriates et dans les idiomes tongous, près de Njertschinsk, en Sibérie.

Citons encore une observation analogue, que nous lisons dans les *Tableaux et travaux de la vie d'un missionnaire dans le sud de l'Afrique,* par Robert Moffat : « La pureté et l'harmonie de leur langage, dit-il, sont conservées par leurs *pitchos* ou assemblées publiques, par leurs fêtes et leurs cérémonies, aussi bien que par leurs chants et par leurs relations journalières. La position est bien différente pour les habitants épars du désert; chez eux ces réunions n'existent pas, et bien souvent ils sont forcés de quitter leur village natal et de s'en aller à une grande distance à travers la solitude; dans ces occasions, les pères, les mères et tous ceux qui peuvent porter un fardeau partent fréquemment pour des semaines tous à la fois, laissant les enfants aux soins de deux ou trois vieillards infirmes. Parmi ces enfants, les uns commencent à balbutier quelques mots, d'autres savent déjà s'exprimer et faire

---

(1) Max Müller, p. 30.

des phrases entières, et, jouant tous ensemble du matin jusqu'au soir, *ils s'habituent à un langage à eux;* les plus avancés se mettent à la portée des plus jeunes, et de cette Babel naît un dialecte nouveau, composé de mots hybrides joints ensemble sans aucune règle, et ainsi, *dans le cours d'une seule génération, tout le caractère de la langue se trouve changé.* »

Telle est la vie du langage à l'état de nature, et nous sommes en droit de conclure qu'ainsi se sont développées les langues qu'il nous est impossible d'observer avant qu'elles aient subi le joug de la littérature. Il n'est pas besoin d'une littérature écrite ou classique pour donner à un dialecte la primauté sur beaucoup d'autres, et à ses caractères particuliers une légitime influence; les discours prononcés dans les assemblées publiques, les ballades populaires, les lois nationales, les oracles religieux produisent le même effet, bien qu'à un moindre degré; ils servent comme de digues au courant du langage et l'empêchent de se répandre sans cesse dans les innombrables canaux des dialectes, et ils donnent la permanence à certaines formes qui, sans ces influences extérieures, n'auraient eu qu'une existence éphémère. Quoique le moment ne soit pas encore venu d'approfondir le problème de l'origine du langage, il y a une chose que dès maintenant nous pouvons voir clairement, c'est que, quelle qu'ait été cette origine, la première tendance du langage a été vers une variété sans bornes. Contre cette tendance, cependant, il y a eu, dès le principe, un frein naturel qui a préparé le développement des langues nationales et littéraires; la langue du père devint celle d'une famille, la langue d'une famille devint celle d'une tribu. Dans une seule et même tribu les différentes familles conservaient entre elles leurs expressions et leurs formes familières ; elles créaient de nouveaux mots, dont quelques-uns si étranges et si bizarres que le reste de la communauté pouvait à peine les comprendre. De telles expressions étaient naturellement supprimées dans les grandes réunions où tous les membres de la tribu venaient discuter les intérêts généraux, comme les locutions de nos provinces sont exclues de nos salons ; mais cela même était une raison pour qu'on s'affectionnât d'autant plus à ces mots, autour du feu de chaque tente, à mesure que le dialecte général de la tribu prenait un caractère plus déterminé. Puis apparaissaient les dialectes des différentes classes, des domestiques, des palefreniers, des bergers, des soldats ; les femmes avaient aussi leurs mots pour le ménage, et une génération nouvelle ne manquait pas de se faire une phraséologie plus vive et où elle avait mis sa marque. Nous-mêmes, dans ce siècle littéraire, et séparés comme nous le sommes, par des milliers d'années, de ces premiers pères du langage, nous ne parlons pas chez nous comme nous parlons en public. Les mêmes circonstances d'où sort la langue générale d'une tribu, en tant qu'elle diffère des dialectes des familles, produisent, sur une plus vaste échelle, les langues de confédérations de tribus, de colonies ou de nationalités naissantes. Avant qu'il y ait une langue nationale, il y a toujours des centaines de dialectes ou de patois, dans les districts, les villes, les villages, les tribus et les familles ; et, bien que les progrès de la civilisation et de la centralisation tendent à en réduire le nombre et à en affaiblir les traits, ils ne les ont pas encore fait disparaître, même de notre temps.

Maintenant examinons de nouveau ce qu'on appelle communément l'histoire, mais ce qui devrait être appelé le développement naturel du langage, et il nous sera facile de voir que ce développement est en grande partie le résultat des deux opérations que nous venons d'étudier, l'*altération phonétique* et le *renouvellement* ou le *développement dialectal*. Prenons les six langues romanes, qu'on a l'habitude de nommer les filles du latin. Je ne vois pas d'inconvénient à appliquer aux langues ces noms de *mère* et de *fille*, pourvu que nous ne laissions pas des termes en apparence si clairs et si simples couvrir des conceptions vagues et obscures ; or, si nous appelons la langue italienne fille du latin, nous ne voulons nullement attribuer à l'italien un nouveau principe de vie, car pas un seul radical nouveau n'a été créé pour le former ; c'est du latin sous une nouvelle forme, du latin moderne, ou bien encore le latin est de l'italien ancien. Les noms de *mère* et de *fille* ne marquent que des périodes dans le développement d'une langue dont le fonds est le même. Dire que le latin est mort en donnant naissance à sa fille, c'est encore faire de la mythologie, et on pourrait facilement prouver que le latin était encore une langue vivante quand depuis longtemps déjà l'italien avait appris à voler de ses propres ailes. Tâchons seulement de voir clairement ce que nous entendons par le latin. Le latin classique est un des nombreux dialectes parlés par les habitants aryens de l'Italie ; c'était le dialecte du Latium, dans le Latium le dialecte de Rome, à Rome le dialecte des patriciens. Il fut fixé par Livius

Andronicus, Ennius, Nævius, Caton et Lucrèce, et poli par les Scipions, les Hortensius, les Cicéron ; ce fut la langue d'une classe limitée, d'un parti politique et d'une école littéraire. Avant l'âge où brillèrent ces poëtes et ces orateurs, la langue de Rome a dû éprouver des fluctuations et des changements considérables : Polybe nous dit (III, 22) que les Romains les plus instruits ne pouvaient traduire sans difficulté les anciens traités entre Rome et Carthage ; Horace avoue (*Ep.*, II, ɪ, 86) qu'il ne comprenait pas les vieux poëmes saliens, et il donne à entendre qu'aucun de ses contemporains n'était plus avancé que lui à cet égard ; Quintilien (I, vɪ, 40) nous assure que les prêtres saliens eux-mêmes pouvaient à peine comprendre leurs hymnes sacrés. Si les plébéiens avaient eu le dessus au lieu des patriciens, le latin eût été fort différent de ce qu'il est dans Cicéron, et nous savons que Cicéron lui-même, ayant été élevé à Arpinum, fut obligé, quand il commença à fréquenter la haute société et qu'il eut à écrire pour ses nouveaux amis les nobles, de se corriger de quelques provincialismes, parmi lesquels on cite l'habitude qu'il avait de laisser tomber l'*s* à la fin des mots (1). Après avoir été adopté comme la langue de la législation, de la religion, de la littérature et de la civilisation générale, le latin classique devint fixé et immobile. Il ne pouvait plus se développer, parce qu'il

---

(1) Quintilien, IX, 4. « Nam neque Lucilium putant uti eadem (s) ultima, cum dicit Serenu fuit, et Dignu loco. Quin etiam Cicero in Oratore plures antiquorum tradit sic locutos. » Dans certaines phrases l's finale était omise dans la conversation : *abin*, pour abisne ; *viden*, pour videsne ; *opu'st*, pour opus est ; *conabere*, pour conaberis, etc.

ne lui était plus permis de changer ni de dévier de sa correction classique; il était comme poursuivi par son propre fantôme. Les dialectes littéraires, ou ce qu'on appelle généralement les langues classiques, achètent leur empire temporaire au prix d'un dépérissement inévitable. On pourrait les comparer à des lacs d'eau stagnante qui s'ouvriraient à côté de grands fleuves et leur serviraient de déversoirs; ce sont comme de vastes réservoirs qui reçoivent et retiennent tout ce qui était jadis vive et courante parole; le puissant flot du langage a cessé d'entraîner avec lui, de pousser en avant ces ondes immobiles et comme endormies. Il semble parfois que le fleuve tout entier se perde dans ces lacs, et c'est à peine si nous pouvons distinguer les maigres filets d'eau qui coulent encore au fond du lit principal; mais si plus bas, c'est-à-dire plus tard dans l'histoire, nous trouvons un nouveau lac immobile, tout formé, ou en train de se former, nous pouvons être sûrs que ses affluents ont été ces mêmes petits ruisseaux qui s'étaient presque dérobés à notre vue.

Il serait peut-être plus exact de comparer un idiome classique ou littéraire à la glace qui se forme à la surface d'un fleuve, et qui est transparente et unie, mais dure et froide. C'est, le plus souvent, à la suite de commotions politiques, que cette glace des langues cultivées et polies est brisée et emportée par les eaux qui grossissent au-dessous : quand les classes supérieures de la société sont écrasées dans des luttes religieuses et sociales, ou s'allient aux classes inférieures pour repousser l'invasion étrangère; quand les travaux d'esprit sont découragés, les palais brûlés, les monastères pillés et les demeures de la science détruites; alors les dialectes populaires, ou vulgaires, ainsi qu'on les appelle, qui n'avaient jamais cessé de former un courant d'eau vive sous la surface diaphane du langage littéraire, montent tout à coup, et charrient, comme les eaux au printemps, les lourds glaçons de l'époque précédente. Dans des temps plus tranquilles, il surgit une littérature nouvelle et populaire dans une langue qui *semble* devoir son existence aux conquêtes et aux révolutions, mais qui, en réalité, existait et se développait depuis longtemps déjà, et que les événements historiques n'ont fait que produire au jour quand elle était toute formée. De ce point de vue, il nous est facile de voir qu'aucune langue littéraire ne peut jamais être appelée la mère d'une autre langue. Aussitôt qu'une langue se préoccupe de ses formes et de ses mots perdus, qu'elle cesse de pouvoir se modifier indéfiniment et de pouvoir répondre sur-le-champ à tous les besoins de l'esprit et du cœur, sa vie naturelle se change en une existence purement artificielle. Elle peut encore vivre longtemps, mais, tandis qu'on la considère comme le tronc de l'arbre, elle n'est réellement qu'une branche rompue et fanée qui se sépare insensiblement de la tige d'où elle était sortie. Ce n'est pas dans la littérature classique de Rome, mais dans les dialectes populaires de l'Italie, qu'il faut chercher les sources de l'italien. L'anglais n'a pas seulement été formé de l'anglo-saxon du Wessex, mais des dialectes parlés dans toutes les parties de la Grande-Bretagne avec toutes leurs différences locales et les modifications qu'y a apportées, à diverses époques, l'introduction d'éléments étrangers, du latin, du danois, du normand et du français. Plusieurs des patois qu'on parle aujourd'hui en Angleterre sont d'une grande importance pour l'étude critique de l'anglais, et un prince français, qui habite en ce moment l'Angleterre (1), s'est fait beaucoup d'honneur en recueillant ce qui peut encore être sauvé des patois anglais. La langue connue sous le nom d'hindoustani n'est pas fille du sanscrit tel que nous le trouvons dans les védas ou dans la littérature postérieure des brahmanes : c'est une branche de l'idiome parlé de l'Inde, sortie de la même tige d'où sortait le sanscrit au moment où il conquit son indépendance littéraire.

En tâchant, comme je l'ai fait, de montrer clairement comment les dialectes alimentent et renouvellent le langage, je paraîtrai peut-être à quelques-uns de mes auditeurs en avoir exagéré l'importance. Sans doute, si mon but avait été différent, il m'eût été facile de prouver que sans la culture littéraire le langage n'aurait jamais pris ce caractère déterminé qui est essentiel pour la communication de la pensée; qu'il n'aurait jamais atteint sa fin la plus noble, mais qu'il serait resté toujours le jargon de sauvages troglodytes : mais, comme il n'est pas à craindre que l'importance des langues littéraires soit méconnue, tandis que personne n'avait encore fait ressortir l'importance des dialectes en tant qu'ils contribuent au développement du langage, il m'a semblé préférable de m'étendre sur les avantages que les langues littéraires tirent des dialectes, plutôt que sur les services rendus à ces derniers par les langues littéraires. En outre, mon principal objet aujourd'hui était d'expliquer le développe-

(1) Le prince Lucien Bonaparte.

ment du langage, et pour cela il est impossible d'exagérer l'importance de la végétation incessante, quoique à peine apparente, des dialectes. Arrachez un idiome de son sol natal, éloignez-le des dialectes qui le nourrissent, et vous en arrêtez immédiatement la croissance. L'altération phonétique fera encore ses ravages, mais l'influence réparatrice de la régénération dialectale ne se fera plus sentir. La langue que les réfugiés norvégiens portèrent avec eux en Islande n'a presque pas varié depuis sept siècles, tandis que sur son sol natal, et entourée de patois, elle s'est développée et s'est scindée en deux langues distinctes, le suédois et le danois. On croit que, dans le onzième siècle, le langage était identique en Suède, en Danemark et en Islande (1), et il n'y a pas eu de conquête ni de mélange de sang étranger pour expliquer les modifications que ce langage a subies en Suède et en Danemark, tandis qu'en Islande il n'en éprouvait aucune (2).

Il est presque impossible de nous faire une idée de l'intarissable fécondité des dialectes : là où les langues littéraires ont stéréotypé un germe général, leurs dialectes nous en offrent cinquante ayant chacun leur nuance de signification. Si de nouvelles idées naissent et se développent par suite du progrès de la société, les dialectes fournissent immédiatement les termes né-

---

(1) Marsh, *Lectures*, p. 133, 368.
(2) « Il y a moins de locutions et de prononciations particulières à certaines localités, dans le vaste territoire des États-Unis, que sur le sol comparativement étroit de la Grande-Bretagne. » Marsh, p. 667. [On pourrait faire la même observation à propos du français tel qu'il s'est conservé et qu'il est parlé aujourd'hui encore au Canada. Tr.]

cessaires qu'ils puisent dans les trésors de leurs mots prétendus inutiles. Il n'y a pas seulement les dialectes des localités et des provinces, mais encore des classes et des professions, comme, par exemple, des bergers, des chasseurs, des soldats, des fermiers : parmi ceux qui m'écoutent il y a peut-être bien des personnes qui ne pourraient pas dire quelle est la signification exacte du garrot, du tronçon, du paturon, du boulet, de la couronne d'un cheval; et, tandis que la langue littéraire parle des petits de toutes sortes d'animaux, les fermiers, les bergers et les chasseurs rougiraient d'employer un terme aussi général.

« L'idiome des tribus nomades, dit Grimm, est bien riche en expressions diverses pour désigner les différentes espèces d'épées et d'armes dont elles se servent, et pour indiquer les différentes périodes de la vie de leur bétail. Dans une langue plus cultivée, ces expressions deviennent fatigantes et superflues; mais le paysan conserve des termes particuliers pour désigner la gestation, l'accouchement et l'abattage, suivant qu'il s'agit de tel ou tel animal, de même que le chasseur aime à donner des noms différents aux allures et aux membres des différentes espèces de gibier. Les yeux des bergers, qui vivent en plein air, sont plus perçants, leur oreille est plus fine que les nôtres; comment leur langage n'aurait-il pas pris ce caractère de vivante exactitude et cette variété pittoresque (1)? »

---

(1) Beaucoup d'exemples de cette abondance primitive sont réunis dans Pott's *etymologische Forschungen*, p. 128, 169; Grimm, *Geschichte der deutschen Sprache*, p. 25 : « Wir sagen : die Stute fohlt, die Kuh kalbt, das Schaf lammt, die Geiss zickelt, die Sau frischt (von Frischling), die Hündin welft (m h d. erwirfet das Welf); nicht

Toutefois ce que j'avais surtout à cœur de montrer dans cette leçon, c'est que ni l'une ni l'autre des causes qui produisent le développement, ou qui constituent, selon d'autres, l'histoire du langage, ne dépendent de la volonté de l'homme. L'altération phonétique des langues n'est pas un résultat fortuit; elle est régie par des lois précises, comme nous le verrons quand nous viendrons à étudier les principes de la grammaire comparée ; mais ces lois n'ont pas été faites par l'homme; l'homme a dû, au contraire, s'y soumettre avant même d'en connaître l'existence.

Dans le passage du latin aux langues romanes modernes nous pouvons apercevoir non-seulement une propension générale à la simplification et une disposition naturelle à éviter l'effort que nécessite la prononciation de certaines consonnes et encore plus des groupes de consonnes; mais nous pouvons découvrir

anders heist in französisch, la chèvre chevrote; la brebis agnèle; la truie porcèle; la louve louvèle, etc. » — Marsh, *Lectures*, p. 181, 590, cite deux extraits curieux de Juliana Berners, prieure du couvent de Sopwell au quinzième siècle, et auteur supposé de *the Book of St-Albans;* elle nous dit que nous ne devons pas employer indifféremment les noms qui servent à désigner de grandes foules, mais dire : « a congregation of people, a hoost of men, a felyshyppynge of yomen, and a bevy of ladies; a herde of dere, swannys, cranys or wrenys, a sege of herons or bytourys, a muster of pecockes, a watche of nyghtyngales, a flyghte of doves, a claterynge of choughes, a pryde of lyons, aslewthe of beeres, a gagle of geys, a skulke of foxes, a sculle of frerys, a pontificality of prestys, a bomynable syght of monkes, and a superfluyte of nonnes. » De même en dépeçant le gibier, « a dere was broken, a gose reryd, chekyn frusshed, a cony unlaced, a crane dysplayed, a curlewe unioynted, a quidyle wynggyd, a swanne lyfte, a lambe sholdered, a heron dysmenbryd, a pecocké dysfygured, a samon chynyd, a hadoke sydyd, a sole loynyd, and a breme splayed. » [Cette synonymie est intraduisible. Tr.]

pour chacun des dialectes romans des lois qui nous permettent de dire : par exemple, que le latin *patrem* devait naturellement donner *père* en français. Les langues romanes laissent toujours tomber l'*m* finale, comme, du reste, cela avait aussi lieu en latin ; nous obtenons donc, d'abord, *patre* au lieu de *patrem* : maintenant, un *t* latin entre deux voyelles, dans des mots comme *pater*, est invariablement supprimé en français ; c'est là une loi constante qui nous permet de dire sur-le-champ que *catena* doit donner *chaîne*, *fata* (forme féminine plus récente du vieux neutre *fatum*) *fée*, *pratum pré*. De *pratum* nous dérivons *prataria* qui devient le français *prairie*; de *fatum*, *fataria*, l'anglais *fairy*. De même tous les participes latins en *atus*, comme *amatus*, doivent se terminer en français par *é*, *aimé*. La même loi a donc changé *patre* (prononcé *patere*) en *paere*, ou *père*; *matrem* en *mère*, *fratrem* en *frère*. Ces changements se font d'une manière insensible, mais irrésistible, et, ce qui est surtout important à remarquer, ils ne sont en aucune façon soumis au caprice ou à la volonté de l'homme.

Le développement des dialectes est encore plus indépendant de la volonté des individus; car, quoiqu'un poëte puisse inventer sciemment et avec intention un mot nouveau, le succès de ce mot et son admission dans l'usage dépendent de circonstances sur lesquelles l'inventeur n'a aucun empire. Il y a certains changements dans la grammaire qui, à première vue, sembleraient devoir être attribués en grande partie au caprice; tout en accordant, par exemple, que la perte des désinences latines fut le résultat d'une prononciation plus négligée, et que le signe moderne du génitif français, *du*, est une corruption naturelle du latin *de illo*, cependant le choix de *de*, au lieu de tout autre mot, pour exprimer le génitif, et le choix de *illo*, au lieu de tout autre pronom, pour exprimer l'article, sembleraient prouver que l'homme a agi librement dans la formation du langage : mais cela n'est pas. Aucun individu n'aurait pu se mettre, de propos délibéré, à abolir le vieux génitif latin pour le remplacer par la périphrase *de illo*. Il fallait que l'inconvénient de n'avoir aucun signe distinctif pour le génitif se fît sentir au peuple qui parlait un dialecte latin vulgaire. Il fallait que le même peuple eût déjà employé la préposition *de* en perdant complétement de vue sa signification originale d'adverbe de lieu (nous voyons dans Horace, par exemple, *una de multis, une sur beaucoup*). Il fallait encore que le même peuple eût senti le besoin d'un article, et employé déjà *ille* dans une foule de locutions où ce mot semblait avoir perdu sa force primitive comme pronom. La réunion de toutes ces conditions était nécessaire avant qu'un individu, et après lui un autre, et ensuite des centaines, des milliers et des millions d'hommes, pussent employer *de illo* comme signe du génitif, et le changer en l'italien *dello, del*, et le français *du*.

Les tentatives des grammairiens et des puristes pour perfectionner le langage sont entièrement vaines, et il est probable que nous n'entendrons plus parler de projets pour émonder les langues et les débarrasser de leurs irrégularités. Il est bien probable, cependant, que la disparition graduelle des déclinaisons et des conjugaisons irrégulières est due, dans les langues littéraires, comme dans celles qui ne sont pas cultivées, au parler des enfants. Leur langue, en effet, est plus régulière que la nôtre : qui n'a entendu des enfants, en Angleterre, dire *badder* et *baddest*, au lieu de *worse* et *worst*, *I comd* au lieu de *I came*, ou se servir, en France, d'expressions comme *plus bon, il venira, il a ouvri la porte?* Dans l'urdú, le suffixe de l'adjectif possessif était anciennement *rá, ré, rí*. Maintenant c'est *ká, ké, kí*, excepté dans *hamárá*, mon, notre, et dans *tumkárá*, votre, ainsi que dans un petit nombre d'autres mots, tous pronoms. Mon ami, le Dr Fitz Edward Hall, me dit avoir entendu dans l'Inde des enfants créer et employer les formes *hamká* et *tumká*. C'est ce sentiment de justesse grammaticale, cet instinct de ce qui devrait être, qui, dans le cours des siècles, a éliminé un si grand nombre de ces formes qu'on appelle irrégulières. Ainsi, le verbe auxiliaire en latin était fort irrégulier : si *sumus* est la première personne du pluriel, et *sunt* la troisième, la seconde, du moins selon la logique rigoureuse des enfants, aurait dû être *sutis*. Il est vrai que cette forme sonne comme barbare à une oreille classique accoutumée à *estis*, et nous voyons que le français a conservé exactement les formes latines dans *nous sommes, vous êtes, ils sont;* mais en espagnol nous trouvons *somos, sois, son*, et ce *sois* remplace *sutis*. Nous trouvons des traces semblables de nivellement grammatical dans l'italien *siamo, siete, sono*, formé d'après l'analogie des verbes réguliers comme *crediamo, credete, credono*. La seconde personne *sei* au lieu de *es*, est également de la grammaire à la mode des enfants, ainsi que les formes valaques *súntemu*, nous sommes, *súnteti*, vous êtes, qui tirent leur origine de la troisième personne du pluriel *súnt,* ils sont : et que dire d'une monstruosité comme *essendo*, gérondif dérivé d'après des principes parfaitement justes, d'un infinitif *essere*, comme *credendo* de *credere* (1) ! Il ne faut pas, cependant, trop nous en étonner, car nous trouvons de semblables barbarismes en anglais. Même en anglo-saxon, la troisième personne du pluriel, *sind*, a, par une fausse analogie, prêté sa forme à la première et à la seconde personne, et a pris une nouvelle terminaison, *on*, qui appartient proprement au pluriel de l'imparfait. Dans l'ancien dialecte northumbrien, la première personne du pluriel a été employée pour la seconde et la troisième, avec cette même terminaison en *on* de l'imparfait (2).

Anglais.	Northumbrien.	Ancien nordique.	Anglo-Saxon.	Gothique.
we are	aron	ër-um	sindon	sijum (3)
you are	aron	ër-udh	sindon	sijuth
they are (4)	aron	ër-u	sindon	sind.

Nous entendons dans les patois *I be* pour *I am*,

---

(1) Des formes analogues, qui se rencontrent dans les patois français ont été recueillies par le comte Jaubert, dans son *Glossaire du Centre de la France*, deuxième édition, p. XII.

(2) Grimm, *Geschichte der deutschen Sprache*, p. 666.

(3) Les formes gothiques *sijum* et *sijuth* ne sont pas organiques. Elles ont été dérivées par une fausse analogie de la troisième personne du pluriel *sind*, ou bien une nouvelle base *sij* a été formée du subjonctif *sijau*, le sanscrit *syâm*.

(4) L'origine scandinave de ces formes anglaises a été bien prouvée par le docteur Lottner, *Transactions of the Philological Society*, 1861, p. 63. La troisième personne du pluriel *aran* se trouve dans Kemble, *Codex diplomaticus ævi saxonici*, vol. 1, p. 235 (A. D. 805-861) : elle n'est pas dans Layamon. Nous la voyons écrite *arrn* dans l'*Ormulum*, mais, même dans Chaucer, elle ne se rencontre que deux fois. Voyez Gesenius, *de Lingua Chauceri*, p. 72 ; Monicke, *On the « Ormulum, »* p. 35.

comme en France, *j'avions* pour *j'avais*, et mille formes semblables.

Ces influences diverses qui président au développement et aux changements du langage sont comme les vagues et les vents qui emportent des dépôts au fond de la mer ; là ces dépôts s'amassent et s'accumulent, ils finissent enfin par paraître à la surface de la terre après avoir formé une couche, dont nous pouvons parfaitement analyser les parties constitutives. Cette couche n'a pas été produite, il est vrai, par un principe interne de croissance, et l'ordre où s'y sont déposées les différentes matières n'a point été réglé par les lois immuables de la nature ; mais on ne peut dire pourtant qu'il y ait là un effet du hasard, ou le résultat du caprice et de forces aveugles. Nous ne pouvons apporter trop de soin à bien définir le sens que nous entendons donner aux mots que nous employons. A parler rigoureusement, ni le mot *histoire*, ni le mot *développement* ne peuvent s'appliquer aux changements de la mobile surface de la terre. *Histoire* s'applique aux actions d'agents libres ; *développement* à l'expansion naturelle d'êtres organiques. Nous parlons toutefois du développement de la croûte terrestre, et, quand nous parlons du *développement* du langage, ce mot exprime dans notre pensée quelque chose comme la formation successive des couches terrestres, et nullement comme le mode d'accroissement de la plante. S'il nous est permis d'appeler *développement* la modification qui se fait avec le temps par des combinaisons toujours nouvelles d'éléments donnés ; qui se soustrait à l'influence d'agents libres, et peut finalement être reconnue comme le produit des forces de la nature : alors nous pourrons appliquer ce mot au langage, et nous serons autorisés à classer la philologie comparée parmi les sciences *naturelles,* et non pas parmi les sciences historiques ou morales.

Il y a une autre objection que nous avons à examiner, examen qui nous aidera encore à comprendre plus clairement le caractère réel du langage. Les grandes périodes que l'on distingue dans la formation des couches terrestres, périodes dont les limites ont été fixées à l'aide des recherches géologiques, se terminent à peu près quand nous découvrons les premières traces de la vie humaine, et quand commence l'histoire de l'homme dans le sens le plus étendu du mot. Les périodes à distinguer dans le développement successif du langage commencent, au contraire, avec l'histoire de l'homme et sont parallèles à cette histoire. On a donc dit que, bien que le langage ne soit peut-être pas purement une œuvre artificielle, il serait néanmoins impossible de comprendre la vie et le développement d'une langue quelconque sans la connaissance historique des temps où cette langue s'est développée (1). Il faut savoir, nous dit-on, si la langue que nous voulons étudier sous la loupe de la grammaire comparée, s'est développée sans culture, chez des peuplades sauvages dépourvues de toute littérature orale ou écrite, en prose ou en vers; ou bien si elle a été cultivée par des poëtes, des prêtres et des orateurs, et si elle a reçu et conservé l'empreinte d'un âge classique. En outre, ce sont seulement les annales de l'histoire politique qui peuvent nous apprendre si une lan-

(1) Talis hominibus oratio, qualis vita. Senec., *Epist.,* 114. [Tr.]

gue est entrée en contact avec une autre, combien ce contact a duré, laquelle des deux nations était la plus avancée en civilisation, laquelle fut conquérante et laquelle conquise, laquelle fonda les lois, la religion et les arts du pays, et laquelle a produit le plus grand nombre de philosophes et de poëtes populaires, et de démagogues heureux. Toutes ces questions sont d'un ordre purement historique, et la science qui a tant à demander à l'histoire pourrait bien être considérée comme une anomalie dans le cercle des sciences *naturelles*.

Si nous cherchons maintenant quelle réponse on peut faire à cette objection, il faut reconnaître d'abord que parmi les sciences *naturelles* aucune ne se rattache aussi étroitement à l'histoire de l'homme que la science du langage : mais on peut prouver qu'une connexion semblable existe, bien qu'à un moindre degré, entre l'histoire de l'homme et d'autres branches des connaissances physiques. En zoologie, par exemple, il n'est pas sans importance de savoir à quel moment de l'histoire, dans quel pays et pour quels usages certains animaux furent apprivoisés et rendus domestiques. Dans l'ethnologie qui est, pour le dire en passant, une science tout à fait distincte de celle du langage, il serait difficile d'expliquer l'existence du type caucasien chez la race mongole en Hongrie, ou chez la race tartare en Turquie, si les documents écrits ne nous apprenaient les migrations et l'établissement en Europe de tribus mongoles et tartares. Un botaniste qui aurait à comparer ensemble divers échantillons de seigle aurait de la difficulté à se rendre compte de leurs qualités différentes, s'il ne savait pas que dans certaines régions du globe cette plante est cultivée depuis des siècles, tandis que dans d'autres, par exemple dans le mont Caucase, elle croît encore à l'état sauvage. Les plantes ont leur domaine propre, leur berceau naturel, aussi bien que les races, et la culture du concombre en Grèce, de l'orange et de la cerise en Italie, de la pomme de terre en Angleterre, et de la vigne au cap de Bonne-Espérance, ne peut être expliquée que par l'historien. Les rapports plus intimes qui existent entre l'histoire du langage et l'histoire de l'homme ne suffisent donc pas pour exclure notre science du cercle des sciences naturelles.

Nous pourrions même montrer que, si on la définit rigoureusement, la science du langage peut se proclamer complétement indépendante de l'histoire. Si nous parlons du langage de l'Angleterre, une certaine connaissance de l'histoire politique des Iles-Britanniques est, sans aucun doute, nécessaire pour comprendre l'état actuel de cette langue. Son histoire commence avec les anciens Bretons, qui parlaient un dialecte celtique; elle nous conduit ensuite à l'établissement des Saxons dans l'île, aux invasions des Danois et à la conquête des Normands, et nous voyons comment chacun de ces événements politiques a contribué à former le caractère de la langue. On peut dire que le langage de l'Angleterre a été successivement celtique, saxon, normand et anglais; mais, si nous parlons de l'histoire de la langue anglaise, nous marchons sur un terrain tout à fait différent. La langue anglaise n'a jamais été celtique, le celtique n'a jamais passé au saxon, ni le saxon au normand, ni le normand à l'anglais. L'histoire de la langue celtique se poursuit encore aujourd'hui : il importe peu qu'elle soit parlée par tous les habitants des Iles-Britanniques ou par une faible minorité du pays de Galles, de l'Irlande et de l'Écosse ; tant qu'une langue est parlée, ne fût-ce que par une seule personne, elle vit et a son existence propre : la dernière vieille femme qui parlait le cornique (et à la mémoire de laquelle il est maintenant question d'élever un tombeau) représentait à elle seule l'ancienne langue de la Cornouaille. Un Celte peut devenir un Anglais ; le sang celtique et le sang anglais peuvent se mélanger, et qui pourrait dire à l'heure qu'il est, avec quelque exactitude, ce que chacun d'eux a fourni au sang mêlé qui coule dans les veines de notre population ? Mais les langues ne se mêlent jamais. N'importe le nom donné à la langue qu'on parle dans les Iles-Britanniques, qu'on l'appelle l'anglais, le breton ou le saxon, pour la philologie comparée l'anglais est teutonique et rien que teutonique. Le physiologiste aura beau protester, et montrer que dans bien des cas le crâne, qui est le siége matériel de la langue anglaise, appartient au type celtique ; le généalogiste aura beau protester et prouver que les armoiries de maintes familles anglaises sont d'origine normande : notre philologue devra poursuivre son chemin. Il pourra faire son profit des indications que lui fournit l'histoire sur cette race celtique qui forme comme la couche primordiale de la population de nos îles, puis sur les invasions qui conduisirent dans la Grande-Bretagne les Saxons, les Danois et les Normands ; mais, quand toutes les archives seraient brûlées, et tous les crânes tombés en poussière, la langue anglaise, dans la bouche du dernier paysan, révélerait sa propre histoire, si elle était analysée d'après les règles de la grammaire comparée. Nous n'aurions pas besoin de l'aide de l'histoire pour reconnaître que l'anglais est teutonique; que, comme le hollandais et le frison, il appartient à la branche du bas-allemand; que cette branche, avec le haut-allemand, le gothique et les langues scandinaves, constitue la classe teutonique; que cette classe teutonique se réunit aux langues slaves, celtiques, helléniques, italiques, iraniennes et indiennes, pour former la grande famille indo-européenne ou aryenne. Dans le vocabulaire anglais, la science du langage peut découvrir, par ses propres procédés, les éléments celtiques, normands, grecs et latins, mais il n'est pas entré une seule goutte de sang étranger dans le système organique de la langue anglaise. La grammaire, qui est l'âme même du langage, est restée aussi pure de tout mélange, dans l'anglais qu'on parle aujourd'hui d'un bout à l'autre des Iles-Britanniques, qu'elle l'était dans cette même langue à l'époque où la parlaient, sur les bords de l'océan Germanique, les Angles, les Saxons et les Jutes du continent.

En considérant et en réfutant comme nous l'avons fait les objections que l'on a apportées ou que l'on pourrait apporter contre l'admission de la science du langage dans le cercle des sciences *naturelles*, nous sommes arrivés à certains résultats qu'il sera peut-être utile de résumer maintenant, avant de continuer nos études.

Nous avons vu, d'abord, que, tandis que la philologie proprement dite se sert du langage comme d'un instrument, la philologie comparée en fait l'objet même de ses recherches scientifiques : le but que se propose cette nouvelle science, ce n'est pas l'étude d'une seule, mais de beaucoup de langues, et, à la longue, de toutes les langues de la terre; et, dans l'examen scientifique du langage, la langue d'Homère n'a pas plus d'importance ni d'intérêt que les dialectes des Hottentots.

Nous avons vu, en second lieu, qu'après avoir commencé par recueillir et analyser soigneusement les faits et les formes d'une langue quelconque, la chose la plus importante à faire ensuite, c'est de classer toutes les variétés du langage : ce n'est qu'après cette classification qu'on peut aborder sans péril les grandes questions de la nature, de l'origine et de la raison d'être du langage.

Nous avons vu, en troisième lieu, qu'il y a une distinction entre l'*histoire* et ce que nous appelons le *développement*. Nous avons précisé la signification exacte du mot *développement* appliqué au langage, et nous avons vu que ce développement ne dépend pas du caprice de l'homme, et qu'il est réglé par des lois qu'une observation attentive peut découvrir et faire remonter enfin à des lois d'un ordre supérieur qui gouvernent les organes de la pensée et de la voix humaine. Tout en reconnaissant que la science du langage se rattache plus étroitement qu'aucune autre science physique à ce qu'on appelle l'histoire politique de l'homme, nous avons trouvé qu'à la rigueur notre science pourrait fort bien se passer de ce secours, et que pour analyser et classer les langues il suffit des indications qu'elles fournissent elles-mêmes, surtout de leur conformation grammaticale, sans que l'on ait besoin de s'occuper des individus, des familles, des peuplades,

des nations ou des races qui les parlent ou qui les ont parlées.

Dans le cours de ces études nous avons dû poser deux axiomes auxquels nous aurons souvent à renvoyer dans la suite de nos recherches. Le premier affirme que la grammaire est l'élément le plus essentiel, et par conséquent la base de la classification dans toutes les langues qui ont produit un système grammatical déterminé : le second nie qu'une langue mixte soit possible.

Ces deux axiomes n'en font, en réalité, qu'un seul, ainsi que nous le verrons quand nous les examinerons de plus près. Il y a à peine de langue qui ne puisse, en un sens, être appelée mixte : aucune nation ou tribu n'a jamais été si complétement isolée qu'elle n'ait laissé s'introduire chez elle un certain nombre de mots étrangers. Dans plusieurs cas, ces mots ont changé tout l'aspect primitif de la langue et l'ont emporté, même en nombre, sur l'élément indigène : ainsi, le turc est un dialecte touranien, et la grammaire en est purement tartare ou touranienne. Or la langue turque, telle que les hautes classes la parlent aujourd'hui à Constantinople, et telle surtout qu'elles l'écrivent, contient un si grand nombre de mots persans et arabes, qu'un paysan de l'Anatolie ne comprendra pour ainsi dire rien à cette langue qui est censée la sienne, bien que la grammaire de l'idiome parlé par les chefs de la race des Turcs Osmanlis soit la même que celle qui a été transmise au paysan par la tradition de son grossier patois tartare.

La présence dans la langue turque de ces mots persans et arabes doit être expliquée bien plutôt par des influences littéraires et politiques que par des influences religieuses. La civilisation persane influa sur les Arabes dès leurs premières conquêtes religieuses et militaires; et, quoique les Persans aient dû nécessairement accepter un grand nombre de termes religieux et politiques d'origine arabe, c'est-à-dire sémitique, un examen attentif des différents mots persans adoptés en arabe nous montre que l'ancienne civilisation aryenne de la Perse, à laquelle les Sassanides donnèrent un élan nouveau, exerça une réaction puissante, bien que moins apparente, sur les mœurs primitives des Arabes nomades. Le Coran même contient des expressions persanes, et nous y trouvons une condamnation des romans persans qui circulaient chez les musulmans lettrés (1). Les Turcs embrassèrent une religion sémitique et adoptèrent en même temps une terminologie religieuse sémitique, mais cette religion n'arriva chez eux qu'après avoir passé par la Perse : de là le grand nombre de mots persans que nous rencontrons en turc, et l'empreinte évidente de la construction et de l'idiome persans que portent les mots arabes usités dans la langue turque. Des mots aryens tels que *din,* foi, *gaur,* infidèle, *oruj,* jeûne, *namáz,* prières, employés par une race touranienne qui adopte dans son culte les formules d'une religion sémitique, en disent plus sur l'histoire de la civilisation que des médailles, des inscriptions ou des chroniques (2).

(1) Reinaud, *Mémoire sur l'Inde,* p. 310. Renan, *Histoire des langues sémitiques,* p. 292, 379.

(2) Dans les précédentes éditions de cet ouvrage j'avais attribué à la civilisation persane une plus grande influence qu'elle n'a eue réellement sur la langue des Arabes, et je n'avais pas assez insisté sur

De toutes les langues, l'anglais est peut-être celle qui contient le plus grand nombre de mots évidemment dérivés des sources les plus différentes. Toutes les régions du globe semblent avoir contribué à l'enrichir : des mots latins, grecs, hébreux, celtiques, saxons, danois, français, espagnols, italiens, allemands, et même indiens, malais et chinois, sont mêlés dans le vocabulaire anglais. Si nous n'avions que les mots seuls pour nous guider, il serait impossible de rattacher l'anglais à aucune des branches connues du langage. Laissons de côté les éléments moins importants, et comparons les mots teutoniques de l'anglais avec ses mots latins, novo-latins ou normands; nous trouverons que cette seconde catégorie l'emporte certainement par le nombre sur celle qui se compose des termes d'origine saxonne. Ce fait peut paraître incroyable, et si nous nous contentions de prendre au hasard une page d'un livre anglais, et d'y compter les mots dérivés du saxon et du latin, il est bien sûr que l'élément saxon aurait la majorité : les articles, les pronoms, les prépositions et les verbes auxiliaires, qui sont tous d'origine saxonne, reviennent sans cesse dans une même page; ainsi, Hickes soutenait que les neuf dixièmes du lexique anglais venaient du saxon, parce qu'il n'y a que trois mots dans l'oraison domicale qui dérivent du latin. Sharon Turner, qui étendit ses observations sur un champ plus vaste, arriva à la conclusion que le rapport du normand au saxon était comme de quatre à six. Un autre auteur, qui évalue à 38,000 le nombre total des mots anglais, en

ce que le vocabulaire turc doit à la Perse. Je suis redevable à lord Strangford des corrections faites à ce passage.

rapporte 23,000 au saxon et 15,000 aux langues classiques. En dressant, cependant, un inventaire plus exact, et en comptant tous les mots des Dictionnaires de Webster et de Robertson, M. Thommerel a établi le fait que sur le total de 43,566 mots, 29,853 viennent des langues classiques, 13,230 des langues teutoniques, et le reste de sources diverses (1). Par conséquent, si nous n'en jugions que d'après son vocabulaire, et en traitant l'anglais comme une langue mixte, nous devrions le classer avec le français, l'italien et l'espagnol, parmi les dialectes romans ou novo-latins. Si, cependant, le vocabulaire d'une langue peut être mixte, sa grammaire ne peut jamais l'être : c'est ainsi que des missionnaires racontèrent à Hervas, au milieu du dix-septième siècle, que les Araucaniens n'employaient presque plus un seul mot qui ne fût espagnol, bien qu'ils eussent conservé la grammaire et la syntaxe de leur ancienne langue nationale (2). Voilà pourquoi on prend la grammaire pour *criterium* de la parenté, et pour base de la classification, dans presque toutes les langues; et il s'ensuit, comme consé-

---

(1) Une excellente statistique du nombre proportionnel des mots saxons et latins qui se trouvent dans différents auteurs anglais, nous est fournie par Marsh, *Lectures on the English language*, p. 120 et suiv., 181 et suiv.

(2) « En este estado, que es el primer paso que las naciones dan para mudar de lengua, estaba cuarenta años ha la araucana en las islas de Chiloue (como he oido á los jesuitas sus misioneros), en donde los Araucanos apénas proferian palabra que no fuese española; mas la proferian con el artificio y órden de su lengua nativa, llamada araucana. » — Hervas, *Catalogo*, t. I, p. 16. « Este artificio ha sido en mi observacion el principal medio de que me he valido para conocer la afinidad ó diferencia de las lenguas conocidas, y reducirlas á determinadas clases. » — *Ibid.*, p. 23.

quence nécessaire, que, dans la classification et dans la science du langage, il est impossible d'admettre l'existence d'un idiome mixte. Nous pouvons former, en anglais, des phrases tout entières composées uniquement de mots latins ou romans; néanmoins tout ce qui reste de grammaire, en anglais, porte, de la manière la plus évidente, la marque teutonique. Ce nom de grammaire ne peut guère, dans la langue anglaise, s'appliquer qu'aux désinences du pluriel et du génitif singulier des noms, des degrés de comparaison, et de quelques personnes et de certains temps du verbe; et cependant la seule lettre *s*, usitée comme signe de la troisième personne du singulier de l'indicatif présent, est une preuve incontestable que dans une classification scientifique des langues, quand même l'anglais n'aurait pas conservé un seul mot d'origine saxonne, il devrait néanmoins être considéré comme venant du saxon et comme formant une branche de la grande tige teutonique de la souche aryenne. Dans les langues primitives, qui ne sont pas formées de la décomposition de langues plus anciennes et qui n'ont pas subi d'influences aussi diverses, la grammaire, et nous entendons par là toute la partie formelle du langage, est bien plus développée et plus riche qu'en anglais; elle est, alors, un indice bien plus sûr pour découvrir la ressemblance entre les membres épars d'une même famille. Il y a des langues, l'ancien chinois, par exemple, où il n'existe aucune trace de ce que nous avons l'habitude d'appeler la grammaire; il y en a d'autres dans lesquelles nous pouvons encore suivre le développement de la grammaire, ou, pour parler plus correctement, la transformation graduelle des radicaux en formes purement grammaticales. Dans ces langues, il faudra recourir à de nouveaux principes de classification, tels que l'étude de l'histoire naturelle peut en suggérer; et nous devrons nous contenter des indices que suggère une ressemblance de formes, quand nous ne pourrons pas découvrir les preuves d'une parenté réelle.

J'espère avoir répondu à quelques-unes des objections qui prétendaient refuser à la science du langage la place à laquelle elle prétend dans l'ordre des sciences *naturelles*. Nous verrons dans notre prochaine leçon quelle a été l'histoire de notre science depuis sa naissance jusqu'à nos jours, et nous verrons aussi jusqu'à quel point on peut dire qu'elle a traversé les trois périodes de l'empirisme, de la classification et de la théorie, qui représentent l'enfance, la jeunesse et la maturité de chacune des sciences naturelles.

TROISIÈME LEÇON.

PÉRIODE EMPIRIQUE.

Spéculations métaphysiques sur la nature du langage dans les écoles de l'Inde et de la Grèce : terminologie de Platon, d'Aristote et des stoïciens. — La grammaire proprement dite doit commencer naturellement avec l'étude des langues étrangères. Indifférence des Grecs pour les langues des *barbares*. Les interprètes dans l'antiquité. Voyages des anciens philosophes grecs. — Bérose, Ménandre de Tyr et Manéthon écrivent en grec l'histoire de leurs patries respectives, la Babylonie, la Phénicie et l'Égypte. — Étude critique de la langue grecque dans l'école d'Alexandrie. Les philosophes alexandrins inventent de nouveaux termes grammaticaux. Zénodote. Denys le Thrace, élève d'Aristarque, quitte Alexandrie et s'établit à Rome, vers le temps de Pompée, pour y enseigner le grec : il compose, à l'usage de ses élèves, la première grammaire de la langue grecque. — Influence de la Grèce en Italie dès les temps les plus reculés. Les Italiens reçoivent des Grecs leur alphabet, ainsi que les rudiments mêmes de la civilisation. Dès le temps de Caton, tous les Romains instruits savent parler le grec. — La première histoire de Rome est écrite en grec par Fabius Pictor. Livius Andronicus, Nævius, Plaute. Ennius, Térence, Polybe, les Scipions. Croyances religieuses des Romains. Cratès de Pergame donne les premières leçons de grammaire à Rome, vers l'an 159 av. J.-C. Lucius Ælius Stilon : Varron, Lucilius, Cicéron. Traité de César de *Analogia*. Arrivée de Denys le Thrace à Rome : la terminologie grammaticale qu'il emploie dans sa grammaire grecque est celle dont nous nous servons encore aujourd'hui. — Les grammairiens des siècles suivants : M. Verrius Flaccus, Quintilien, Scaurus, Apollonius Dyscole, Probus, Donat, Priscien.

Nous commencerons aujourd'hui à étudier l'histoire de la science du langage dans ses trois périodes, la période de l'*empirisme*, celle de la *classification*, et celle de la *théorie*. C'est une règle générale, que toutes les sciences naturelles commencent par l'analyse, passent ensuite à la classification et finissent par la théorie; mais, ainsi que je l'ai fait observer dans ma première leçon, il y a à cette règle de fréquentes exceptions, et il est assez ordinaire de trouver que des spéculations philosophiques qui appartiennent proprement à la période de la théorie, ont été tentées dans les sciences naturelles longtemps avant qu'on eût recueilli ou arrangé les faits qu'il eût été nécessaire de connaître. C'est ainsi que nous trouvons que la science du langage dans les deux seuls pays où nous puissions en examiner l'origine et l'histoire, dans l'Inde et dans la Grèce, se jette, dès le principe, dans des théories sur la nature mystérieuse du langage, et s'occupe aussi peu des faits que ce naturaliste qui écrivit la description du chameau sans avoir jamais vu ni l'animal ni le désert. Les brahmanes, dans les hymnes des védas, élevèrent la parole au rang d'une divinité, ainsi qu'ils le faisaient pour toutes les choses dont la nature leur était inconnue. Ils lui adressaient des hymnes où il est dit qu'elle a habité avec les dieux dès le commencement, accomplissant des choses merveilleuses, et qu'elle n'a jamais été révélée à l'homme si ce n'est en partie. Dans les *Bráhmanas*, la parole est appelée la vache, le souffle est appelé le taureau, et l'esprit humain présenté comme leur progéniture (1). Il est dit

---

(1) Colebrooke, *Miscellaneous Essays*, I, 32. Les versets suivants sont prononcés par Vâch, déesse de la parole, dans l'hymne cxxv du livre dixième du Rig-Véda : « C'est moi-même qui dis ce qui est « agréable aux dieux et aux hommes : celui que j'aime je le fortifie, « je le fais brahmane, je le fais grand prophète et sage. Pour Rudra

que Bráhman, le plus grand des êtres, est connu par la parole, et la parole elle-même est appelée le Bráhman suprême. Cependant les brahmanes revinrent de bien bonne heure de l'enthousiasme que leur inspirait le langage, et se mirent avec une étonnante habileté à en disséquer le corps sacré. Leurs travaux d'analyse grammaticale qui datent du sixième siècle avant Jésus-Christ n'ont pas encore été surpassés par les travaux du même genre chez aucune nation. L'idée de réduire une langue tout entière à un petit nombre de racines, qu'en Europe Henri Étienne tenta le premier de réaliser, au seizième siècle (1), était parfaitement familière aux brahmanes au moins cinq cents ans avant Jésus-Christ.

Les Grecs, sans élever le langage au rang d'une divinité, lui rendaient, néanmoins, les plus grands honneurs dans leurs anciennes écoles philosophiques. Il y a à peine un de leurs sages qui n'ait laissé quelque pensée sur la nature du langage. Le monde extérieur,

« (dieu de la foudre) je bande l'arc, pour tuer l'ennemi qui hait les « brahmanes. Pour le peuple, je fais la guerre ; je remplis le ciel et « la terre. Je porte le père au sommet de ce monde ; je suis née de « l'eau, née de la mer ; de là, je m'avance au milieu de tous les êtres, « et j'atteins à ce ciel par ma hauteur. Je souffle comme le vent, em- « brassant toutes choses ; dépassant ce ciel, dépassant cette terre, « telle suis-je en grandeur. » Voyez aussi *Atharva-Véda*, IV, 30 ; XIX, 9, 3. Muir, *Sanskrit Texts*, part. III, p. 108, 150.

(1) Sir John Stoddart, *Glossology*, p. 276. La première grammaire hébraïque complète et le premier dictionnaire de la Bible furent l'œuvre de Rabi Jonâ, ou Aboul Walid Meridân Ibn Djanâb, au milieu du onzième siècle. La théorie des racines hébraïques avait été ébauchée avant lui par Aubou Zaccariya 'Hayoudi, qu'Ibn Eyra appelle le premier grammairien. Cf. Munk, notice sur Aboul-Walid, *Journal asiatique*, 1850, avril.

ou la nature, et le monde intérieur, où l'esprit, n'ont pas causé chez les premiers philosophes de la Grèce un étonnement plus grand, et ne leur ont pas fait rendre de plus frappants oracles que ne l'a fait le langage, où la nature et l'esprit se reflètent tous deux. « Qu'est-ce que le langage? » fut une question qu'ils se posèrent d'aussi bonne heure que les deux autres: « Que suis-je? » et « Qu'est-ce que cet univers qui m'environne? » Le problème du langage fut, en réalité, une lice toujours ouverte aux différentes écoles philosophiques de la Grèce, et nous aurons occasion de voir quelles ont été leurs conjectures sur un sujet aussi intéressant quand nous viendrons à étudier la troisième période de l'histoire de notre science.

A présent, il nous faut chercher les plus anciennes traces de la première période, dite période empirique. Ici on pourrait avoir quelques doutes, et se demander ce qu'est en réalité le travail qui, dans l'histoire du langage, représente cette période. Quel est le sens du terme *empirisme* appliqué au langage?

Quels furent les hommes qui firent pour le langage ce que le marin fit pour ses étoiles, le mineur pour ses minéraux, le jardinier pour ses fleurs? Qui fut le premier à s'occuper du langage, à distinguer ses parties constituantes, les noms et les verbes, les articles et les pronoms, le nominatif et l'accusatif, l'actif et le passif? Qui inventa ces termes, et à quelle fin furent-ils inventés?

Nous ne saurions apporter trop de soin à répondre à ces questions, car, ainsi que je l'ai déjà dit, l'analyse purement empirique du langage fut précédée en Grèce de recherches plus générales sur la nature de la pensée et du langage, d'où il est arrivé que beaucoup des termes techniques qui composent la nomenclature de la grammaire empirique, existaient dans les écoles philosophiques, longtemps avant que le grammairien les reçût tout formés. La distinction entre le nom et le verbe, ou pour parler plus correctement, entre le sujet et l'attribut, fut l'œuvre des philosophes. Même les termes techniques pour *cas*, *nombre* et *genre*, furent inventés à une époque très-reculée afin de pénétrer la nature de la pensée, et non pas afin d'atteindre un but pratique, en analysant les formes du langage; ce fut une génération postérieure qui les appliqua à la langue parlée de la Grèce. Le premier qui compara les catégories de la pensée avec l'ensemble de faits dont se composait le grec, ce fut le professeur de langues; ce fut lui qui transporta la terminologie d'Aristote et des stoïciens de la pensée au discours, de la logique à la grammaire, et qui par là ouvrit les premières routes dans l'immense et impénétrable désert du langage parlé. En ce faisant, le grammairien dut modifier l'acception rigoureuse de beaucoup des termes qu'il empruntait au philosophe, et en inventer d'autres avant de pouvoir saisir, même de la manière la plus imparfaite, tous les faits du langage, dont l'analyse scientifique n'est pas beaucoup avancée par la distinction entre le verbe et le nom, entre l'actif et le passif ou entre le nominatif et l'accusatif. L'emploi de ces termes ne nous fait faire qu'un premier pas; on ne peut les comparer qu'à ce qu'il y a de plus élémentaire dans la terminologie des autres sciences. Ce fut néanmoins un commencement et un commencement bien important; et, si nous conservons dans nos histoires les noms des Thalès, des Anaximène et des Empédocle, auxquels la tradition attribue la découverte des éléments du monde physique, nous ne devrions pas oublier les noms de ces premiers grammairiens, qui ont découvert les éléments du langage, et fondé une des parties les plus utiles et les plus fécondes de la philosophie.

La grammaire, donc, dans le sens ordinaire du mot, ou l'analyse empirique des formes du langage, doit son origine, comme toutes les autres sciences, à un besoin naturel et pratique. Le premier grammairien pratique fut le premier qui enseigna une langue étrangère, et, si nous voulons connaître les commencements de la science du langage, il faut tâcher de déterminer à quelle époque de l'histoire du monde, et dans quelles circonstances, les hommes songèrent, pour la première fois, à apprendre une langue autre que la leur : c'est à cette époque-là, et non auparavant, que nous rencontrerons la première grammaire. Sans doute, la voie avait pu être préparée par les recherches plus désintéressées des philosophes, et aussi par les études critiques des savants alexandrins sur les formes anciennes de leur langue qui étaient conservées dans les poëmes homériques; mais les règles de la déclinaison et de la conjugaison, les paradigmes des noms et des verbes réguliers et irréguliers, les observations sur la syntaxe, et le reste, furent l'œuvre des maîtres de langues, et de personne autre. Or cette profession, qui occupe aujourd'hui tant de gens instruits, est de date relativement récente. Jamais un ancien Grec ne songea à apprendre une langue étrangère, et comment y eût-il songé? Pour lui le monde tout entier se divisait en

Grecs et Barbares, et il aurait cru s'abaisser en adoptant le costume, les mœurs ou la langue des Barbares ses voisins. Il regardait comme un privilége de parler grec, et même des dialectes étroitement apparentés au sien étaient traités par lui de purs jargons. Il faut du temps avant que les hommes conçoivent l'idée qu'il est possible de s'exprimer autrement que dans la langue de leur enfance : les Polonais appelaient les Allemands leurs voisins *Niemiec* (*niemy* signifiant *muet*) (1), tout à fait comme les Grecs appelaient les Barbares *Aglossoi*, ou *ceux qui n'ont point de langue*. On suppose que le nom que donnaient les Germains à leurs voisins les Celtes, *walh* en ancien haut-allemand, *vealh* en anglo-saxon, d'où dérivent l'anglais *welsh* et le français *gaulois*, est identique au sanscrit *mlechchha*, et que ce mot signifie une personne qui parle d'une manière indistincte (2).

Même quand les Grecs commencèrent à comprendre la nécessité de communiquer avec les nations étrangères, et à se sentir le désir d'apprendre leurs idiomes, le problème était loin d'être résolu ; car comment ap-

---

(1) Les Turcs appliquaient aux Autrichiens le nom polonais de *Niemiec*. Dès le temps de Constantin Porphyrogénète, Νεμέτζιοι était le nom usité pour la race allemande des Bavarois (Pott, *Indo-Germ. Sp.*, p. 44 ; Leo, *Zeitschrift für vergleichende Sprachforschung*, liv. II, p. 258). Le russe *njemez'*, le slovénien *němec*, le bulgare *němec*, le polonais *niemiec*, le lusatien *njemc*, sont autant de termes qui, dans chacune de ces langues, désignent les Allemands ; et le russe *njemo* signifie indistinct. *Muet* se dit en russe *njemi*, en slovénien *něm*, en bulgare *něm*, en polonais *njemy*, en lusatien *njemy*.

(2) Leo, *Zeitschrift für vergl. Sprachf.*, liv. II. p. 252. *Belutch* est le nom que l'on a donné dans l'Inde aux tribus qui en occupent la frontière occidentale, au sud de l'Afghanistan ; or on a prouvé qu'il fallait encore reconnaître dans ce mot le sanscrit Mlechchha.

prendre une langue étrangère tant que des deux côtés on ne parlait que sa propre langue ? Il est à présumer que les Grecs apprirent d'abord les langues étrangères à peu près comme les enfants apprennent la leur. Les interprètes dont les historiens anciens font mention étaient probablement des enfants de parents qui parlaient deux langues différentes. Cyaxare, roi de Médie, à l'arrivée dans ses États d'une tribu de Scythes, envoya des enfants chez eux, pour apprendre leur langue et s'exercer à tirer de l'arc (1). Le fils d'un barbare et d'une Grecque apprenait naturellement le parler de son père et de sa mère, et le profit qu'il tirait des services qu'il pouvait rendre comme interprète devait engager d'autres personnes à marcher sur ses traces. Nous savons, mais par la légende plutôt que par l'histoire, que les Grecs furent étonnés de la multiplicité de langues qu'ils rencontrèrent pendant l'expédition des Argonautes, et qu'ils furent très-embarrassés faute d'interprètes habiles (2). Il n'y a là rien qui doive nous surprendre, car souvent l'armée anglaise n'a guère été plus heureuse que celle de Jason; et telle est la diversité des dialectes parlés dans l'isthme caucasien, que les habitants l'appellent encore aujourd'hui « la montagne des langues. » Si nous détournons les yeux de ces âges fabuleux pour les porter sur les âges historiques de la Grèce, nous trouvons que le commerce donna les premiers encouragements à la profession d'interprète. Hérodote nous raconte (IV, 24) que les caravanes des marchands grecs qui remontaient le cours du Volga jusqu'aux monts Ourals étaient accom-

(1) Hérodote, I, 73.
(2) Humboldt, *Cosmos*, II, p. 141.

pagnées de sept interprètes parlant sept langues différentes, parmi lesquelles devaient être compris des dialectes slaves, tartares et finnois, qui étaient certainement parlés dans ces contrées du temps d'Hérodote comme ils le sont de nos jours. Ce furent les guerres médiques qui, les premières, familiarisèrent les Grecs avec l'idée que les autres nations possédaient aussi des langues qui méritaient ce nom. Thémistocle étudia le perse, et on dit même qu'il parvint à le parler avec facilité. L'expédition d'Alexandre contribua bien davantage à faire connaître à la Grèce les nations et les langues étrangères; mais quand Alexandre eut à converser avec les brahmanes, qui, même alors, étaient regardés par les Grecs comme les dépositaires d'une antique et mystérieuse sagesse, leurs réponses durent être traduites par tant d'interprètes, qu'un des brahmanes fit observer qu'elles devaient être comme de l'eau qui aurait coulé dans bien des canaux impurs (1). On nous parle, il est vrai, de voyageurs grecs plus anciens, et il est difficile de comprendre comment, dans ces âges reculés, on aurait pu voyager sans une certaine connaissance de la langue du peuple dont il fallait traverser les camps, les villages et les villes : mais beaucoup de ces voyages, ceux surtout que l'on

---

(1) Ce fait montre combien il serait difficile d'admettre une influence exercée par l'Inde sur les philosophes grecs. S'il faut en croire Alexandre Polyhistor, Pyrrhon aurait accompagné Alexandre dans son expédition de l'Inde, et l'on est tenté de rattacher son scepticisme au système de philosophie bouddhique qui avait alors cours dans l'Inde; mais l'ignorance réciproque de leur langue devait élever entre Pyrrhon et les penseurs indiens une barrière presque insurmontable. (*Fragmenta Hist. Græc.*, éd. Müller, t. III, p. 243, *b*; Lassen, *Indische Alterthumskunde*, liv. III, p. 380.)

prétend s'être étendus jusqu'à l'Inde, ne sont que des contes inventés par des auteurs plus récents (1). Lycurgue a pu voyager en Espagne et en Afrique, mais il n'alla certainement pas jusque dans l'Inde, et la première mention que nous trouvions de ses rapports avec les gymnosophistes indiens est dans Aristocrate, qui vivait environ cent ans avant Jésus-Christ. Les voyages de Pythagore ont aussi un caractère purement fabuleux; ils furent inventés par les écrivains alexandrins, qui pensaient que toute sagesse avait dû émaner de l'Orient. Nous avons de meilleures raisons pour croire que Démocrite visita l'Égypte et Babylone, mais son lointain voyage dans l'Inde appartient également à la légende. Quoique Hérodote ait voyagé dans l'Égypte et dans la Perse, il ne nous donne nulle part à entendre qu'il sût parler aucune langue étrangère.

D'après ce que nous savons, il semble que les barbares aient eu en général plus de facilité, pour apprendre les langues, que les Grecs ou les Romains. Peu de temps après la conquête macédonienne, nous trouvons Bérose à Babylone (2), Ménandre à Tyr et Manéthon en Égypte, compilant, d'après les documents originaux, les annales de leurs patries respectives (3). Ils

---

(1) Sur les voyages supposés des philosophes grecs jusque dans l'Inde, voyez Lassen, *Indische Alterthumskunde*, liv. III, p. 379; Brandis, *Handbuch der Geschichte der Philosophie*, liv. I, p. 425. Dans mon Essai sur la logique indienne publié dans *Thomson's Laws of thought*, j'ai examiné l'opinion de D. Stewart et de Niebuhr qui supposaient que les philosophes indiens avaient fait des emprunts aux Grecs, et celle de Görres et d'autres qui pensaient, au contraire, que les Grecs avaient quelquefois été disciples des brahmanes.

(2) Voyez Niebuhr, *Vorlesungen über alte Geschichte*, liv. I, p. 17.

(3) La traduction du traité de Magon sur l'agriculture a été faite

écrivirent en grec et pour des Grecs, mais la langue maternelle de Bérose était le babylonien, celle de Ménandre le phénicien, et celle de Manéthon l'égyptien. Bérose savait lire les documents cunéiformes de la Babylonie aussi couramment que Manéthon lisait les papyrus d'Égypte. C'est un fait fort significatif que de voir paraître en même temps ces trois hommes, barbares de langue et de naissance, qui désiraient sauver de l'oubli l'histoire de leurs pays en la confiant à la garde de leurs conquérants : mais ce qui n'est pas moins significatif, ce qui n'est nullement à l'honneur de ces conquérants grecs ou macédoniens, c'est le peu de cas qu'ils semblent avoir fait de ces écrits, qui sont tous perdus et ne nous sont connus que par des fragments; pourtant, il n'est guère douteux que l'ouvrage de Bérose n'eût été d'un secours inestimable pour l'étude des inscriptions cunéiformes et de l'histoire de Babylone, et que celui de Manéthon, s'il nous était parvenu dans son intégrité, ne nous eût épargné bien des volumes de polémique sur la chronologie égyptienne. Toutefois la publication presque simultanée de ces trois écrits nous montre que, peu de

plus tard. Rien ne prouve que Magon, qui écrivit en langue punique vingt-huit livres sur l'agriculture, vécût cinq cents ans avant Jésus-Christ, ainsi que le suppose Humboldt, *Cosmos*, vol. II, p. 184. Varron, *De R. R.* I, 1, dit : « Hos nobilitate Mago Carthaginiensis præteriit Pœnica lingua, quod res dispersas comprehendit libris XXIX, quos Cassius Dionysius Uticensis vertit libris XX, græca lingua, ac Sextilio prætori misit : in quæ volumina de græcis libris eorum quos dixi adjecit non pauca, et de Magonis dempsit instar librorum VIII. Hosce ipsos utiliter ad VI libros redegit Diophanes in Bithynia, et misit Dejotaro regi. » Ce Cassius Dionysius d'Utique vivait vers l'an 40 avant notre ère. La traduction en latin fut faite sur l'ordre du Sénat, peu de temps après la troisième guerre punique.

temps après l'époque des conquêtes d'Alexandre dans l'Orient, la langue grecque était étudiée et cultivée par des écrivains d'origine barbare; mais nous chercherions en vain un Grec de ce temps-là qui ait composé des ouvrages en langue étrangère. Nous n'entendons parler d'aucun commerce intellectuel entre les Grecs et les barbares avant l'époque d'Alexandre et d'Alexandrie. A Alexandrie se trouvaient rassemblées diverses nations, étrangères les unes aux autres pour la langue et pour les croyances religieuses. Bien que la spéculation commerciale fût le premier motif de leur réunion, à leurs moments de loisir, tous ces marchands devaient naturellement converser ensemble de leurs patries, de leurs dieux, de leurs rois, de leurs poëtes et de leurs législateurs. Puis il y avait à Alexandrie des Grecs qui se livraient à l'étude de l'antiquité, et qui savaient chercher des renseignements auprès des étrangers de n'importe quel pays. Les prétentions des Égyptiens à une antiquité fabuleuse, la croyance des Juifs au caractère sacré de leur loi, la foi des Perses dans les livres de Zoroastre, étaient bien propres à être discutées dans les écoles et dans les bibliothèques d'Alexandrie. C'est probablement à cet esprit de curiosité littéraire, entretenu et favorisé par les Ptolémées, que nous devons la version de l'Ancien Testament dite des Septante (1). Les écrits

---

(1) On raconte que Ptolémée Philadelphe (287-246 avant J.-C.), à la recommandation de son principal bibliothécaire, Démétrius de Phalère, envoya à Jérusalem un Juif du nom d'Aristéas, demander au grand prêtre un manuscrit de la Bible, et soixante-dix interprètes. D'autres auteurs prétendent que les Juifs hellénistes qui habitaient Alexandrie, et qui avaient oublié leur langue, firent faire

de Zoroastre, le Zend-Avesta, semblent aussi avoir été traduits en grec vers la même époque ; car cet Hermippus, qui, au dire de Pline, traduisit Zoroastre, était, selon toute probabilité, Hermippus le philosophe péripatéticien, disciple de Callimaque et un des savants alexandrins les plus profonds (1).

Mais, quoique nous trouvions à Alexandrie ces traces, et d'autres semblables, d'un intérêt général excité par les littératures des autres nations, rien ne peut nous faire supposer que leurs langues fussent aussi devenues l'objet de recherches scientifiques. Ce n'est pas par l'examen des langues étrangères, mais par celui des anciens dialectes de leur propre langue, que les savants grecs d'Alexandrie furent amenés d'abord à ce que nous appelons les études critiques et philosophiques. L'étude critique du grec prit naissance à Alexandrie, et fut fondée principalement sur le texte d'Homère. Une sorte d'ébauche de la grammaire existait, comme je l'ai déjà dit, à une époque antérieure :

---

cette traduction pour leur usage. Toujours est-il que, vers le commencement du troisième siècle avant Jésus-Christ (285), nous trouvons une grande portion de la Bible hébraïque traduite en grec par différentes mains.

(1) Plin., XXX, 2. « Sine dubio illa orta in Perside a Zoroastre, ut inter auctores convenit. Sed unus hic fuerit, an postea et alius, non satis constat. Eudoxus qui inter sapientiæ sectas clarissimam utilissimamque eam intelligi voluit, Zoroastrem hunc sex millibus annorum ante Platonis mortem fuisse prodidit. Sic et Aristoteles. Hermippus qui de tota ea arte diligentissime scripsit, et vicies centum millia versuum a Zoroastre condita, indicibus quoque voluminum ejus positis explanavit, præceptorem a quo institutum disceret, tradidit Azonacem, ipsum quoque quinque millibus annorum ante Trojanum bellum fuisse. » Voyez Bunsen, *Ægyptens Stellung in der Weltgeschichte*, v. a. 101.

elle était due aux écoles des philosophes grecs (1). Platon connaissait le nom et le verbe comme étant les deux parties constituantes du discours. Aristote y joignit les conjonctions et les articles; il observa également les distinctions de nombres et de cas : mais ni Platon ni Aristote ne firent grande attention aux formes du langage qui répondaient à ces formes de la pensée; rien ne les engageait, d'ailleurs, à ramener ces formes du langage à des règles pratiques (2).

Pour Aristote, le verbe ou *rhêma* n'est pas beaucoup plus que l'attribut, et, dans des phrases comme « la neige est blanche », il aurait appelé *blanche* un verbe. Les premiers qui établirent un certain ordre dans les formes réelles du langage furent les savants d'Alexandrie. Leur principale occupation étant de donner des textes corrects des classiques grecs, et surtout d'Homère, ils étaient forcés de faire attention aux formes de la langue, en cherchant à les déterminer avec la plus grande exactitude possible. Les manuscrits en-

---

(1) Max Müller, *History of ancient sanskrit Literature*, p. 163.

(2) [Cf. Séguier de Saint-Brisson, *la Philosophie du langage exposée d'après Aristote*. Paris, 1838, in-8°. Voyez aussi, pour plus de détails sur toute cette histoire de la formation des théories grammaticales chez les anciens, E. Egger, *Apollonius Dyscole, Essai sur l'histoire des théories grammaticales de l'antiquité*, Paris, 1864, in-8°, dont on peut rapprocher utilement l'étude du même auteur sur Aristarque, dans ses *Mémoires de littérature ancienne*, pp. 141 et suivantes; ainsi que ses *Notions élémentaires de grammaire comparée*, 5e édition, 1857, pp. 44 et suivantes. Enfin on pourra encore consulter avec profit les ouvrages suivants : L. Lersch, *Sprachphilosophie der Alten*, Bonn, 1839-1853, 3 parties, in-8°; G. F. Schœmann, *Die Lehre von den Redetheilen nach den Alten*, Berlin, 1862, in-8°; J. Classen, *De grammaticæ græcæ primordiis*, Bonn, 1829, in-8°. Tr.]

voyés à Alexandrie et à Pergame des différentes parties de la Grèce contenaient des variantes fort nombreuses, et une étude minutieuse pouvait seule décider quelles étaient les formes à conserver dans Homère. Leurs éditions de leur poëte n'étaient pas seulement des *ekdoseis,* mot grec traduit littéralement en latin par *editio* (à peu près comme si l'on disait des émissions de livres), mais *diorthōseis,* c'est-à-dire des éditions critiques. Il y avait des écoles différentes, opposées les unes aux autres dans leurs idées sur le texte d'Homère. Il fallait défendre chaque leçon adoptée par Zénodote ou par Aristarque, et pour cela il fallait établir des règles générales pour la grammaire des poëmes homériques (1). Homère connut-il l'article? l'employa-t-il devant les noms propres? Telles étaient les sortes de questions à résoudre, et, selon l'avis qu'adoptaient les éditeurs, ils changeaient les textes de ces vieux poëmes, en leur faisant plus ou moins de violence. De nouveaux termes techniques devenaient nécessaires pour les nouvelles parties du discours dont on admettait l'existence, pour l'*article,* par exemple, distingué du pronom démonstratif. *Article* est la traduction littérale du mot grec *arthron* (le latin *artus*) qui signifie l'articulation ou la jointure des os. Nous trouvons ce terme, pour la première fois, dans Aristote, chez qui il ne pouvait exprimer que les mots qui servent, pour ainsi dire, de jointures aux membres d'une phrase. Dans une phrase comme « quiconque l'a fait, il le payera », les grammairiens grecs auraient appelé le pronom démonstratif *il* la première

(1) [Cf H. Duntzer, *De Zenodoti studiis homericis.* Gottingæ, 1848, in-8°. Tr.]

jointure, et le pronom relatif *qui* la seconde jointure (1); et avant Zénodote, le premier bibliothécaire d'Alexandrie (250 ans avant Jésus-Christ), tous les pronoms étaient simplement classés comme articulations ou *articles* du discours. Ce fut Zénodote qui le premier imagina une distinction entre les pronoms personnels ou *antonymiai*, et les simples *articles* auxquels on affecta dorénavant le nom de *arthra*. Cette distinction était très-nécessaire, et elle fut sans doute suggérée à son inventeur par ses corrections du texte d'Homère, car c'est par lui que l'article fut rétabli devant les noms propres dans l'*Iliade* et dans l'*Odyssée*. Qui de nous songe aujourd'hui, quand il parle de l'article défini ou indéfini, à l'origine et à la signification primitive de ce mot, et au laps de temps qu'il fallut avant qu'il devînt ce qu'il est à présent, un terme technique familier à tous les écoliers?

Passons maintenant à un autre exemple de l'influence que l'étude critique d'Homère à Alexandrie a eue sur le développement de la terminologie grammaticale. Nous avons vu que la première idée des nombres, d'un singulier et d'un pluriel, fut conçue et définie par le philosophe : mais Aristote ne connaît pas ces termes techniques de *singulier* et de *pluriel*, et il ne fait même pas allusion au duel. Il parle seulement des cas qui expriment un ou plusieurs, quoique pour lui *cas* ou *ptōsis* eût une signification bien différente de celle que nous y attachons. Les termes de *singulier* et de *pluriel* ne furent inventés que quand le besoin s'en fut fait sentir aux premiers grammairiens. Zéno-

---

(1) Ἄρθρον προτασσόμενον, ἄρθρον ὑποτασσόμενον.

dote, l'éditeur d'Homère, fut le premier à remarquer l'emploi du duel dans les poëmes homériques, et, avec la faiblesse ordinaire qu'ont les hommes pour leurs propres découvertes, il a changé, dans le texte dont il donnait une récension, bien des pluriels en duels sans aucune nécessité.

Les savants d'Alexandrie et leurs rivaux de l'école de Pergame furent donc les premiers qui étudièrent le grec d'une manière critique, c'est-à-dire qui analysèrent la langue, la distribuèrent en catégories générales, distinguèrent les différentes parties du discours, inventèrent des termes techniques pour les différentes fonctions des mots, observèrent la correction plus ou moins grande du style de certains poëtes, séparèrent les formes vieillies des formes classiques, et publièrent sur tous ces sujets de longs et doctes ouvrages. Leurs traités fixent une ère importante dans l'histoire de la science du langage. Mais il y avait encore un pas à faire avant que le moment fût venu où l'on pourrait s'attendre à voir paraître une véritable grammaire grecque pratique ou élémentaire. La plus ancienne de toutes est celle de Denys le Thrace, et elle est parvenue jusqu'à nous : il est vrai que quelques auteurs en ont contesté l'authenticité, mais on a répondu victorieusement à leurs objections.

Qu'était-ce que ce Denys le Thrace? Son père, comme son nom l'indique, était Thrace; mais Denys lui-même habitait Alexandrie, et il avait suivi les leçons du célèbre critique et éditeur d'Homère; Aristarque (1). Plus tard il vint à Rome, où il enseignait

---

(1) Suidas, au nom Διονύσιος. Διονύσιος Ἀλεξανδρεύς, Θρᾷξ δὲ ἀπὸ πατρὸς

vers l'époque de Pompée. Voici donc un trait nouveau dans l'histoire : Un Grec, disciple d'Aristarque, s'établit à Rome, et compose une grammaire pratique de la langue grecque, à l'usage, bien entendu, des jeunes Romains ses élèves. Il ne fonda pas la science grammaticale ; presque tout le cadre de la grammaire lui était fourni, ainsi que nous l'avons vu, par les travaux de ses prédécesseurs depuis Platon jusqu'à Aristarque ; mais il fut le premier à appliquer à un objet pratique les découvertes des anciens philosophes et des critiques d'Alexandrie, à se servir de leurs observations et des catégories qu'ils avaient établies pour enseigner le grec, et, ce qu'il faut surtout remarquer, pour enseigner le grec non pas à des Grecs qui savaient déjà leur langue et à qui il ne manquait plus que d'en connaître la théorie, mais à des Romains à qui il fallait apprendre les déclinaisons et les conjugaisons, régulières et irrégulières. Son traité devint un des canaux principaux par lesquels la terminologie grecque, après avoir passé d'Athènes à Alexandrie, fut portée à Rome pour se répandre de là dans tout le monde civilisé.

Cependant, quoique Denys eût composé la première grammaire pratique, il s'en fallait de beaucoup qu'il fût le premier professeur de langue établi à Rome. De son temps on parlait plus généralement le grec à Rome qu'on ne parle de nos jours le français à Londres. Les enfants des familles riches apprenaient le grec avant presque d'apprendre le latin, et Quintilien, dans son traité sur l'éducation, tout en désapprouvant que pendant longtemps on n'enseigne aux enfants que le

τοὔνομα κληθείς, Ἀριστάρχου μαθητής, γραμματικὸς ὃς ἐσοφίστευσεν ἐν Ῥώμῃ ἐπὶ Πομπηΐου τοῦ Μεγάλου.

grec, « ainsi, ajoute-t-il, que c'est la mode presque générale aujourd'hui », recommande néanmoins d'apprendre aux enfants le grec d'abord, et le latin ensuite (1). Ce fait peut paraître étrange, mais la vérité est que, depuis les temps les plus reculés où l'Italie nous soit connue, nous y trouvons le grec installé comme chez lui, presque au même titre que le latin. L'Italie dut presque tout à la Grèce, non-seulement dans des temps plus voisins de nous, quand le soleil couchant de la civilisation grecque confondit ses rayons avec l'aurore de la grandeur romaine, mais dès ces âges reculés où les premiers colons grecs prirent la route de l'Occident, à la recherche d'une nouvelle patrie. Ce furent les Grecs qui donnèrent aux Italiens leur alphabet, et leur apprirent à lire et à écrire (2). Les noms de la balance, de la règle d'arpenteur, des machines en général, de la monnaie (3), beaucoup de termes de marine (4), le mot qui désigne le mal

---

(1) Quint., I, 1, 12.

(2) Voyez Mommsen, *Römische Geschichte*, liv. I, p. 197. « L'alphabet latin est le même que l'alphabet moderne de la Sicile; l'alphabet étrusque est le même que l'ancien alphabet attique. *Epistola*, lettre; *charta*, papier, et *stilus* (?), sont des mots empruntés au grec. » — Mommsen, liv. I, p. 184.

(3) Mommsen, *Römische Geschichte*, liv. I, p. 186. *Statera*, la balance, le grec στατήρ; *machina*, machine, μηχανή; *numus*, monnaie d'argent, νόμος, le sicilien νοῦμμος; *groma*, instrument d'arpentage, le grec γνώμων ou γνώμα; *clathri*, barreaux, traverses, grille, le mot grec κλῆθρα; le mot italien indigène pour traverses est *claustra*.

(4) *Gubernare*, gouverner, de κυϐερνᾶν; *anchora*, ancre, de ἄγκυρα; *prora*, proue, de πρῶρα. *Navis, remus, velum*, etc., sont des mots aryens communs aux deux langues, et qui n'ont pas été empruntés par les Romains aux Grecs: ils prouvent que les Italiens connaissaient la navigation, avant que l'établissement des premières co=

de mer, *nausea* ou plus anciennement *nautea*, sont tous empruntés au grec, et montrent jusqu'à quel point il est vrai de dire que les Italiens durent aux Hellènes les rudiments mêmes de la civilisation. Il est certain que les Italiens avaient leurs dieux nationaux, mais ils ne tardèrent pas à se convertir à la mythologie des Grecs. Ils identifièrent quelques-uns des dieux grecs avec les leurs, et en reconnurent d'autres comme des divinités nouvelles : ainsi l'italien *Herculus*, le dieu des enclos et des murs, se confondit avec *Héraklēs*, et *Saturnus*, originairement un dieu italien de la moisson, s'identifia avec le grec *Kronos;* Kronos étant fils de *Ouranos*, on inventa une divinité nouvelle, et la Fable représenta *Saturnus* comme fils de *Cœlus* (1). *Castor* et *Pollux*, tous deux d'origine purement grecque, furent acceptés sans difficulté par les marins italiens, comme dieux des navigateurs; ce sont les premiers dieux grecs qui eurent leur temple à Rome : ce temple fut élevé en 485 après la bataille du lac Régille (2). En 431, les Romains érigèrent un autre temple en l'honneur d'Apollon, dont l'oracle à Delphes avait toujours été consulté par les Italiens depuis l'arrivée en Italie de la première colonie grecque. Les oracles de la fameuse sibylle de Cumes étaient écrits en grec (3), et l'on accordait aux prêtres (*duoviri sacris faciundis*) deux esclaves grecs pour traduire ces oracles (4).

onies grecques et les hardis voyages des Phocéens eussent mis la Grèce en relation avec les populations italiotes.

(1) Mommsen, I, 154.
(2) *Ibid.*, I, 408.
(3) *Ibid.*, I, 165.
(4) *Sibylla* ou *sibulla* est un diminutif d'une forme italienne *sabus*

Quand les Romains, en 454 avant Jésus-Christ, voulurent se donner un code de lois, ils commencèrent par envoyer des délégués en Grèce pour étudier les lois de Solon à Athènes, et la législation des autres cités grecques (1). A mesure que Rome grandissait en puissance politique, elle accueillait avec empressement les arts, les mœurs, la langue et la littérature de la Grèce (2). Avant le commencement des guerres puniques, beaucoup des hommes d'État romains comprenaient et parlaient même le grec : les enfants n'apprenaient pas seulement l'alphabet romain avec leurs maîtres les *literatores*, les caractères grecs leur étaient enseignés en même temps ; on appelait *grammatici* ceux qui donnaient des leçons de grec, et c'étaient généralement des esclaves ou des affranchis grecs.

Pour la génération nouvelle que Caton voyait se former autour de lui, savoir le grec était la marque de l'homme de bonne société : ces jeunes gens lisaient des livres grecs; ils conversaient, ils écrivaient même en grec. Tibérius Gracchus, consul en 177 avant notre ère, prononça à Rhodes un discours en grec, et il le publia ensuite (3). Quand les Grecs complimentèrent Flamininus en latin, il leur rendit leur politesse en composant des vers grecs en l'honneur de leurs dieux.

---

ou *sabius*, sage, mot qu'on ne trouve pas dans les auteurs classiques, mais qui a dû exister dans les dialectes italiens. Le français *sage* suppose un italien *sabius*, car il ne peut dériver ni de *sapiens* ni de *sapius*. — Diez, *Lexicon etymologicum*, p. 300. *Sapius* s'est conservé dans *nesapius*, insensé. *Sibulla* signifiait donc une sage vieille femme.

(1) Mommsen, I, 256.
(2) *Ibid.*, I, 425, 444.
(3) *Ibid.*, I, 857.

La première histoire romaine fut écrite à Rome en grec par Fabius Pictor vers l'an 200 avant Jésus-Christ (1); et c'était probablement comme pour protester contre cet ouvrage et contre ceux de Lucius Cincius Alimentus et de Publius Scipion, que Caton écrivit en latin son Histoire romaine. Les classes inférieures s'empressèrent de suivre l'exemple des hautes classes, et c'est ce que prouvent bien les pièces de Plaute ; car l'emploi affecté de mots grecs y est parfois aussi évident que le ridicule étalage de mots français dans les auteurs allemands du dix-huitième siècle. Certes, tout n'était pas bon dans l'héritage que la Grèce légua à Rome ; mais qu'eût été Rome sans les leçons de la Grèce? Les pères mêmes de la littérature romaine furent des Grecs, qui gagnaient leur vie à donner des leçons et à traduire des livres de classe ou des pièces de théâtre. Livius Andronicus, envoyé de Tarente comme prisonnier de guerre, en l'an 272 avant Jésus-Christ, se fixa à Rome en qualité de professeur de grec. Sa traduction de l'Odyssée en vers latins, qui est comme le début de la littérature romaine, fut bien certainement écrite par lui à l'usage de ses élèves. Son style, quoique embarrassé et dur au dernier point, passait pour un modèle de perfection aux yeux des jeunes poëtes de la capitale. Nævius et Plaute furent ses contemporains et ses successeurs immédiats. Toutes les pièces de Plaute n'étaient que des traductions ou des remaniements de comédies grecques, et on ne lui permettait même pas de transporter la scène de la Grèce à Rome. Le public romain voulait contempler les mœurs et la dépravation

---

(1) Mommsen, I, 902.

des Grecs; et ils auraient puni le poëte qui eût osé mettre sur la scène un patricien ou une matrone romaine. Les tragédies grecques furent également traduites en latin. Ennius (239-169), contemporain de Nævius et de Plaute, mais un peu plus jeune qu'eux, fut le premier qui traduisit Euripide. C'était, comme Andronicus, un Grec d'Italie, qui s'établit à Rome comme professeur de langue et traducteur de grec. Il trouva des protecteurs dans le parti libéral, dans Publius Scipion, dans Titus Flamininus et dans Marcus Fulvius Nobilior (1), et il devint citoyen romain. Mais Ennius était plus qu'un poëte et qu'un professeur; on l'a appelé un novateur, et dans de certaines limites il l'était certainement. Il traduisit en latin deux écrits composés dans l'esprit le plus hostile contre la religion de la Grèce, et contre l'existence même des dieux grecs (2). L'un était la philosophie d'Épicharme (470 avant Jésus-Christ, à Mégare), qui enseignait que Zeus n'était que l'air, et les autres dieux des noms donnés aux forces de la nature; l'autre écrit était celui d'Évhémère de Messène (300 avant Jésus-Christ), qui prouvait sous forme de roman que les dieux grecs n'avaient jamais existé, et que ceux qu'on honorait sous leurs noms n'avaient été que des hommes. Ces deux ouvrages ne furent pas traduits sans dessein, et leurs arguments, bien que de la dernière faiblesse, étaient la ruine des systèmes plus superficiels encore

---

(1) Mommsen, I, 892.
(2) *Ibid.*, I, 843, 194. On s'est demandé si l'ouvrage d'Ennius était bien une traduction d'Épicharme. Voyez Ennius, éd. Vahlen, p. xcIII. Sur Épicharme, voyez Bernays, *Rheinisches Museum*, VIII, p. 280 (1853).

de la théologie romaine. Le nom de grec devint synonyme d'impie, et Ennius n'aurait peut-être pas échappé au châtiment infligé à Nævius pour ses satires politiques, s'il n'avait pas joui de la protection et de l'estime des personnages les plus considérables de Rome. Même Caton, l'implacable ennemi de la philosophie (1) et de la rhétorique grecques, était l'ami du dangereux Ennius; et telle était l'importance croissante de la langue grecque à Rome, que Caton lui-même dut l'apprendre dans sa vieillesse, pour faire lire à son fils les parties de cette littérature qu'il considérait, sinon comme utiles, au moins comme inoffensives. On a souvent tourné en ridicule l'opposition hargneuse que fit Caton à tout ce qui était grec, mais ses invectives n'étaient que trop légitimes. Nous aussi, nous avons souvent entendu parler du *jeune Bengale*, de ces jeunes Hindous qui lisent Byron et Voltaire, jouent au billard, tournent leurs prêtres en dérision, protégent les missionnaires, et ne croient à rien : la description que nous donne Caton de la jeunesse désœuvrée de Rome nous rappelle, par plus d'un trait, notre jeune Bengale.

Quand Rome prit des mains défaillantes de la Grèce le flambeau de la science, il avait cessé de jeter son plus vif éclat. Chrysippe et Carnéade avaient succédé à Platon et à Aristote; Eschyle et Aristophane avaient été remplacés par Euripide et Ménandre. En devenant gardienne de l'étincelle de Prométhée, qui avait d'abord jailli en Grèce, et qui était destinée à éclairer non-seulement l'Italie, mais toute l'Europe, Rome

---

(1) Mommsen, I, 911.

perdit beaucoup de cette vertu native qui avait été la source de sa grandeur. La frugalité et la gravité, le dévouement et le patriotisme, la pureté et la piété du peuple romain, furent remplacés par le luxe et la légèreté, l'intrigue et l'égoïsme, le vice et l'impiété des Grecs. Le blâme et la réprobation ne servirent de rien, car les idées grecques ne parurent jamais aussi séduisantes que quand elles eurent été condamnées par Caton et par ses amis. Toutes les générations nouvelles furent pénétrées de plus en plus par l'élément grec. En 131 (1), nous entendons parler d'un consul, Publius Crassus, qui, comme un autre Mezzofanti, savait parler les différents dialectes du grec. Sylla permit aux ambassadeurs étrangers de parler grec devant le sénat romain (2). Le philosophe stoïcien Panætius fut l'hôte des Scipions (3), dont la maison fut pendant longtemps le rendez-vous de tous les écrivains célèbres de Rome. Là, l'historien grec Polybe et le philosophe Clitomaque, Lucilius le satirique, Térence le poëte africain (196-159) et l'improvisateur Archias (102 av. J.-C.), étaient toujours assurés d'un accueil amical (4). Dans cette réunion choisie, les chefs-d'œuvre de la littérature grecque étaient lus et commentés; les problèmes de la philosophie grecque étaient discutés, et les plus graves intérêts de la vie humaine formaient le sujet des conversations sérieuses. Bien que cette société n'ait produit aucun poëte de génie, elle ne laissa pas d'exercer une puissante influence sur les progrès de la littéra-

---

(1) Mommsen, II, 407.
(2) *Ibid.*, II, 410.
(3) *Ibid.*, II, 408.
(4) *Ibid.*, II, 437, *note;* II, 430.

ture romaine : elle constitua un tribunal de bon goût, et la correction, la simplicité et la vigueur du latin classique sont dues en grande partie à cette sorte de cercle cosmopolite qui se réunissait sous le toit hospitalier des Scipions.

Avec les générations nouvelles, la connaissance du grec se répandit de plus en plus à Rome. Cicéron harangua en grec devant le sénat de Syracuse, et Auguste dans la ville d'Alexandrie (1). Ovide nous raconte que les jeunes gens et les jeunes filles lisaient les pièces de Ménandre : « Solet pueris virginibusque legi », et Juvénal s'écrie :

« Omnia Græce
Cum sit turpe magis nostris nescire latine.
Hoc sermone pavent, hoc iram, gaudia, curas,
Hoc cuncta effundunt animi secreta. »

Sat., IV, 186, seqq.

La vie religieuse de la société romaine, à la fin des guerres puniques, tenait plus de la Grèce que de Rome. Tous ceux qui avaient réfléchi sérieusement sur les questions religieuses étaient disciples de Zénon ou

---

(1) Au temps de Tibère, Valère Maxime demande : « Quis ergo huic consuetudini, qua nunc græcis actionibus aures curiæ exsurdantur, januam patefecit? » (Lib. II, cap. 11, 3). Dion Cassius raconte (I, VII, 15) qu'on plaidait en grec devant Tibère, et que l'empereur adressait des questions en grec : Πολλὰς μὲν δίκας ἐν τῇ διαλέκτῳ ταύτῃ καὶ ἐκεῖ λεγομένας ἀκούων, πολλὰς δὲ καὶ αὐτὸς ἐπερωτῶν. V. Roberts, *Discussions on the Gospels*, p. 29. Cependant Suétone, en parlant de Tibère, dit : « Sermone græco, quanquam alias promptus et facilis, non tamen usquequaque usus est, abstinuitque maxime in senatu, adeo quidem, ut « monopolium » nominaturus, prius veniam postularit, « quod sibi verbo peregrino utendum esset. » « Militem quoque græce interrogatum, nisi latine respondere vetuit. » Suét., *Tib.,* cap. 71.

d'Épicure, ou bien ils embrassaient les doctrines de la Nouvelle Académie, niant la possibilité d'avoir aucune connaissance de l'infini, et mettant la probabilité à la place de la vérité (1). Quoique les doctrines d'Épicure et de la Nouvelle Académie fussent toujours considérées comme des innovations dangereuses, on tolérait la philosophie stoïcienne, et une sorte d'accommodement se fit entre la philosophie et la religion : il y eut une philosophie d'État aussi bien qu'une religion d'État. Les prêtres romains, tout en ayant réussi à faire chasser de la cité, en 161, tous les rhéteurs et les philosophes grecs, comprirent qu'il fallait en venir aux concessions. On reconnut ouvertement que, pour les classes éclairées, la philosophie devait prendre la place de la religion, mais que la croyance aux prodiges et aux oracles était nécessaire pour maintenir l'ordre dans les masses (2). Caton lui-même, le chef du parti religieux, national et conservateur, se demandait comment un aruspice pouvait rencontrer un de ses collègues sans éclater de rire (3). Des hommes comme Scipion Émilien et Lélius faisaient profession de croire aux dieux populaires ; mais pour eux Jupiter n'était que l'âme de l'univers, et les statues des dieux des œuvres d'art (4). Leurs dieux, comme le peuple leur en faisait le reproche, n'avaient ni corps, ni esprit, ni passions. Le philosophe stoïcien et le prêtre orthodoxe

---

(1) Zénon mourut en 263, Épicure en 270, Arcésilas en 241, Carnéade en 129.

(2) Mommsen, II, 417, 418.

(3) Mommsen, I, 845. Cicero, *de Divinatione*, II, 24 : « Mirari se aiebat (Cato) quod non rideret haruspex haruspicem cum vidisset. »

(4) *Ibid.*, II, 415, 417.

vivaient cependant en paix, faisant profession tous deux de croire aux mêmes dieux, mais réclamant la liberté d'y croire chacun à sa manière.

Je me suis étendu un peu longuement sur les changements que subit l'atmosphère intellectuelle de Rome vers la fin des guerres puniques, et je me suis efforcé de montrer combien elle était imprégnée d'idées grecques, afin d'expliquer, ce qui autrement aurait paru presque incompréhensible, l'ardeur avec laquelle non-seulement quelques savants et quelques philosophes, mais les premiers hommes d'État de Rome se livrèrent à l'étude de la grammaire grecque. Pour nous, il est difficile de ne pas associer aux discussions sur les noms et les verbes, sur les cas, les genres, les conjugaisons régulières et irrégulières, le souvenir de l'ennui que nous causaient ces questions quand nous étions au collége, et nous ne comprenons pas sans peine comment la grammaire proprement dite aurait pu, à Rome, exciter l'intérêt général et former un sujet de conversation dans la société la plus distinguée. Sans doute, les études grammaticales des Romains pouvaient être animées par des citations des auteurs classiques de la Grèce (1); néanmoins leur objet principal était purement le langage. Quand un des premiers grammairiens de l'époque, Cratès, de l'école de Pergame, fut envoyé à Rome, comme ambassadeur du roi Attale, il fut reçu avec les plus grands honneurs par tous les personnages lettrés de la capitale. Il était élève de Diogène le Babylonien, qui avait été élève de Chrysippe; Chrysippe soutenant résolûment la théorie

---

(1) Suétone, *de Illustr. Gramm.*, cap. 2.

de l'*Anomalie*, la philosophie du langage, telle que l'enseignait Cratès (αἵρεσις Κρατήτειος), avait le même caractère (1). Comme il se promenait un jour sur le mont Palatin, son pied s'étant engagé dans la grille d'un égout, il tomba et se cassa la jambe (2). Se trouvant donc forcé de rester à Rome plus longtemps qu'il n'en avait eu l'intention, il consentit à donner sur la grammaire quelques leçons publiques, ou *akroaseis*, et de ces leçons, nous dit Suétone, date l'étude de la grammaire à Rome. Cela se passait vers l'an 159 avant Jésus-Christ, entre la seconde et la troisième guerre punique, peu de temps après la mort d'Ennius, et deux ans après la fameuse expulsion des rhéteurs et des philosophes grecs (161). Quatre ans plus tard, Carnéade, qui avait été également envoyé à Rome en qualité d'am-

(1) ' In quo fuit Crates nobilis grammaticus, qui reliquit sex libros περὶ ἀνωμαλίας; heis libris contra ἀναλογίαν atque Aristarchum est nixus, sed ita, ut scripta indicarent ejus, ut neutrius videatur pervidisse voluntatem ; quod et Chrysippus de inæqualitate cum scribit sermonis, propositum habet ostendere similes res dissimilibus verbis et dissimilibus similes ipse vocabulis notatas (id quod est verum) ; et quod Aristarchus, de æqualitate cum scribit et de verborum similitudine, quorundam inclinationes sequi jubet, quoad patiatur consuetudo.' — Varro, *De Lingua Latina,* ed. O. Müller, lib. IX, c. 1.

(2) « Primus igitur, quantum opinamur, studium grammaticæ in Urbem intulit Crates Mallotes Aristarchi æqualis, qui missus ad senatum ab Attalo rege inter secundum et tertium Punicum bellum sub ipsam Ennii mortem, cum regione Palatii prolapsus in cloacæ foramen crus fregisset, per omne legationis simul et valetudinis tempus plurimas acroasis subinde fecit assidue que disseruit, ac nostris exemplum fuit ad imitandum. » Suetonius, *De viris inlustribus, de grammaticis et rhetoribus,* c. 2, ed. Reifferscheid. Lipsiæ, 1860. Scioppius, dans son introduction à sa *Grammatica philosophica* (1628), dit : « Hæc ergo ut legi, minime jam mirandum mihi visum est, tanti flagitii erroribus inquinatam esse veterem grammaticam, quæ ex cloacæ foramine una cum claudo magistro emerserit. »

bassadeur, fut empêché par Caton de donner des séances de philosophie.

Après ces leçons de Cratès, les études grammaticales et philosophiques devinrent extrêmement populaires. Nous trouvons Lucius Ælius Stilo faisant un cours de langue latine, comme Cratès en avait fait un de grec (1) : parmi ses élèves, on comptait Varron, Lucilius et Cicéron. Varron composa vingt-quatre livres sur la langue latine, et en dédia quatre à Cicéron. Cicéron lui-même est cité comme faisant autorité en matière de grammaire, quoique nous ne connaissions de lui aucun traité purement grammatical. Lucilius consacra le neuvième livre de ses satires à la réforme de l'orthographe (2). Mais rien ne montre plus clairement le vif intérêt porté aux études grammaticales par les plus hautes classes de la société romaine que le traité de César sur la langue latine. Il le composa pendant la guerre des Gaules, et le dédia à Cicéron, qui pouvait bien être fier de l'hommage que lui rendait le grand capitaine et le grand homme d'État (3). La plupart de ces traités sont perdus pour nous, et nous n'en pouvons juger que par quelques citations éparses. Ainsi, un fragment de l'ouvrage de César, *de Analogia*, nous conduit à croire que c'est peut-être à lui que nous devons le terme *ablatif*. Ce mot ne se rencontre dans aucun écrit antérieur, et il n'a pas pu, bien entendu, être emprunté, comme les noms des autres

---

(1) Mommsen, II, 413, 426, 448, 457. Lucius Ælius Stilo écrivit un traité sur l'étymologie, et un index des pièces de Plaute. — Lersch, *Die Sprachphilosophie der Alten*, II, 111.

(2) Lersch, II, 113, 114, 143.

(3) Cicero. *Brut.* c. 72.

cas, aux grammairiens grecs, puisque la grammaire grecque n'avait pas admis d'ablatif. Si nous nous représentons César combattant les barbares de la Gaule et de la Germanie, suivant à distance les mouvements des partis politiques à Rome, prêt à saisir le sceptre du monde, et poursuivant en même temps ses études philosophiques et grammaticales avec son secrétaire, le Grec Didyme (1), cet homme extraordinaire s'offre à nous sous un jour nouveau, et nous comprenons mieux l'époque où il vivait. Quand César devint tout-puissant, un de ses projets favoris fut de fonder à Rome une bibliothèque grecque et latine, et il en offrit la direction à Varron, le premier savant du temps, bien que ce dernier se fût battu contre lui et pour Pompée (2).

Nous voici donc arrivés à l'époque où, ainsi que nous l'avons vu tout à l'heure, Denys le Thrace publia à Rome la première grammaire grecque élémentaire. La grammaire empirique se trouvait ainsi transportée à Rome, la terminologie grecque était traduite en latin, et c'est sous cette forme latine que depuis près de deux mille ans elle parcourt tout le monde civilisé. Même dans l'Inde, où une terminologie différente, et sous certains rapports plus parfaite que celle d'Alexandrie et de Rome, avait pris naissance dans les écoles des brahmanes, on entend employer de nos

(1) Lersch, III, 144. [Voir, pour plus de détails sur Didyme, *Didymi fragmenta quæ supersunt omnia collegit et disposuit* M. Schmidt, Lipsiæ, 1854, in-8°. M. Schmidt ne paraît pas avoir connu le fait qu'avance M. Müller sur l'autorité de Lersch, ces fonctions de secrétaire que Didyme aurait remplies auprès de César. Consulter aussi, sur ce même Didyme, E. Egger, *Mémoires d'histoire ancienne*, p. 258. Tr.]

(2) Mommsen, III, 557. L'an 48 avant notre ère.

jours, par des maîtres européens parlant aux indigènes qu'ils ont pour élèves, des mots tels que *cas, genre, actif* et *passif*. Le sort des mots est en vérité curieux; et, en parcourant dernièrement quelques listes des questions posées aux examens des colléges du gouvernement dans l'Inde, il me semblait qu'une demande comme celle-ci : « Quelle est la forme de Siva au cas du génitif? » résumait en une seule phrase des volumes d'histoire. Comment ces mots, *cas du génitif*, sont-ils parvenus dans l'Inde? Ils y sont arrivés d'Angleterre, et ils sont venus en Angleterre de Rome, à Rome d'Alexandrie, à Alexandrie d'Athènes. A Athènes, le terme de *cas* ou *ptōsis* avait une signification philosophique; à Rome, *casus* n'était qu'une traduction littérale : la signification première de *chute* était perdue, et le mot était réduit à n'être qu'un terme purement technique. A Athènes, la philosophie du langage faisait le pendant de la philosophie de l'esprit. La terminologie des formes logiques et celle des formes grammaticales se confondaient. La logique des stoïciens se divisait en deux parties, la *rhétorique* et la *dialectique*, et cette dernière traitait en premier lieu « de ce qui signifie, ou du langage; » en second lieu, « de ce qui est signifié, ou des choses (1). » Dans leur langue philosophique, *ptōsis*, que les Romains traduisirent par *casus*, signifiait réellement *chute*, c'est-à-dire le rapport d'une idée à une autre idée, l'acte par lequel un mot tombe et s'appuie sur un autre mot. De longues et vives discussions s'engageaient sur la question de savoir si le terme de *ptōsis* ou *chute* était

---

(1) Lersch, II, 25. Περὶ σημαινόντων, ou περὶ φωνῆς; et περὶ σημαινομένων ou περὶ πραγμάτων.

applicable au nominatif; et tout bon Stoïcien eût rejeté bien loin l'expression de *casus rectus,* parce que, selon les grammairiens de cette école, le sujet ou le nominatif ne tombait et ne s'appuyait sur rien, mais se dressait pour servir de point d'appui aux autres mots de la proposition. Tout cela est perdu pour nous, quand nous parlons de cas (1). Nous voyons Cobbet, dans sa *Grammaire anglaise,* hasarder son explication à lui du mot *cas,* en ces termes : « Le mot *cas,* appliqué aux événements de la vie, a une grande variété de sens ou de nuances de sens; mais son sens général est *état de choses,* ou *l'état de quelque chose.* C'est ainsi que nous disons : *dans ce cas,* je suis d'accord avec vous. Ce qui revient à : « tel étant *l'état des choses,* ou *l'état de la chose en question,* je suis d'accord avec vous. » On dit des légistes « qu'ils comprennent ou qu'ils ne comprennent pas le *cas,* c'est-à-dire l'*état,* la nature des choses qu'ils ont entrepris d'élucider. » Ainsi, quand nous disons d'un malade que son *cas est grave,* nous voulons dire que *son état est grave.* Les noms peuvent être dans des *états,* ou des situations différentes, par rapport à d'autres noms ou à d'autres mots. Par exemple, un substantif peut être le nom d'une personne qui *frappe* un cheval, ou d'une personne qui *possède* un cheval, ou d'une personne qu'un cheval atteint d'un coup de pied. Ces différentes situations, ces différents états sont, par conséquent, appelés *cas* (2). »

Et comment les jeunes Hindous de nos collèges de

---

(1) [Cf. R. Schmidt, *Stoïcorum grammatica,* 1839, Halis, in-8°. Tr.]

(2) William Cobbet, *A Grammar of the English language,* lettre V, § 44.

l'Inde peuvent-ils deviner la signification du mot *génitif*? Le latin *genitivus* est une véritable bévue, car le mot grec *genikē* n'a jamais pu signifier *genitivus*. Si ce cas avait été destiné à exprimer l'origine ou la naissance, il eût été nommé en grec *gennētikē*, et non *genikē*. Le génitif n'exprime pas non plus le rapport du fils au père; car, si nous pouvons dire « le fils du père, » nous pouvons dire également « le père du fils. » *Genikē* avait en grec un sens bien plus étendu et bien plus philosophique (1). Il signifiait *casus generalis*, le cas général, ou plutôt le cas qui exprime le genre ou l'espèce : telle est la force réelle du génitif. Si je dis « un oiseau de l'eau, » *de l'eau* détermine le genre auquel un certain oiseau appartient, il le range dans la catégorie des oiseaux aquatiques. « L'homme des montagnes » signifie un montagnard. Dans ces phrases, « fils du père », ou « père du fils », les génitifs ont exactement le même effet : ils affirment quelque chose du fils ou du père; et si nous distinguions les fils du père et les fils de la mère, les génitifs exprimeraient la classe ou le genre auquel les fils appartiennent respectivement, et répondraient aux adjectifs *paternels* et *maternels*. Nous pouvons prouver, par l'étymologie, que la désinence du génitif est généralement identique avec ces suffixes dérivatifs à l'aide desquels les substantifs sont changés en adjectifs (2).

(1) *Beiträge zur Geschichte der Grammatik,* von Dr K.-E. Schmidt, Halle, 1859. Ueber den Begriff der γενική πτῶσις, p. 320.

(2) Dans les langues tibétaines, la règle est « que les adjectifs se forment des substantifs par l'addition du signe du génitif; » on pourrait donc renverser la règle et dire « que le génitif se forme du nominatif par l'addition du signe de l'adjectif. » Ainsi, *shing*, bois; *shing-gi*, du bois, ou fait de bois : *ser*, or ; *ser-gyi*, de l'or, ou fait

Il n'est guère nécessaire de continuer, hors de Rome, l'histoire de ce que j'appelle l'étude empirique, ou l'analyse grammaticale du langage. Avec Denys le Thrace, le cadre de la grammaire était achevé : les

d'or : *mi*, homme ; *mi-yi* de l'homme ou humain. C'est ce qui arrive aussi dans le garo, où le signe du génitif est *ni* ; nous avons là *mánde-ni jak*, la main de l'homme ou la main humaine ; *ambal-ni kethàli*, un couteau en bois, ou un couteau de bois. Dans l'indoustani, le génitif est si évidemment un adjectif, qu'il prend même les marques du genre selon les mots auxquels il se rapporte. Mais que se passe-t-il en sanscrit et en grec ? En sanscrit, nous pouvons former des adjectifs par l'addition de *tya* (voy. ma *Lettre sur les langues touraniennes*, p. 41 et suiv. ; et mon *Essai sur le bengali*, p. 333) : par exemple, *dakshiná*, le midi ; *dakshiná-tya*, méridional. Il est clair que ce *tya* est un pronom démonstratif, identique au sanscrit *syas, syá, tyad*, celui-ci ou celui-là. *Tya* est une base pronominale, et par conséquent des adjectifs comme *dakshina-tya*, méridional, ou *áp-tya*, aquatique, de *áp*, eau, ont dû être conçus originairement comme « eau-là, » ou « sud-là ». Suivi d'une désinence du nominatif singulier qui était aussi un pronom dans le principe, *áptyas* signifierait *áp-tya-s*, eau-là-il. Or il importe peu que je dise un oiseau aquatique ou un oiseau de l'eau. En sanscrit, le génitif de l'eau serait, en prenant *udaka*, *udaka-sya* : cette désinence *sya* est la même base pronominale que la désinence des adjectifs *tya* ; seulement *sya* ne prend pas de signe pour le genre, comme l'adjectif. Le génitif *udakasya* répond donc à un adjectif sans genre. Jetons maintenant les yeux sur le grec. En grec, nous formons des adjectifs à l'aide du suffixe σιος, qui est identique au sanscrit *tya* ou *sya* : ainsi de δῆμος, peuple, les Grecs formèrent δημόσιος, public, qui appartient au peuple. Ici ος, α, ον, marquent le genre ; laissez le genre de côté, et vous aurez δημοσιο : or il y a en grec une règle qui dit qu'un ς s'élide dans les désinences grammaticales, quand il se trouve entre deux voyelles ; ainsi le génitif de γένος n'est pas γένεσος, mais γένεος ou γένους ; par conséquent, δημοσιο serait devenu nécessairement δήμοιο (rapp. ἥοσιος = ἥοιος), et δήμοιο n'est autre que le génitif régulier dans Homère de δῆμος, lequel, plus tard, fut remplacé par δήμου. Ainsi nous retrouvons aux débuts du sanscrit et du grec les mêmes principes qui ont réglé la formation des adjectifs et des génitifs dans le tibétain, le garo et l'hindoustani ; et nous voyons avec quelle précision les anciens grammairiens grecs déterminèrent la

écrivains postérieurs l'ont amélioré et perfectionné, mais ils n'y ont rien ajouté de vraiment neuf et original. Nous pouvons suivre le développement de la science grammaticale depuis Denys le Thrace jusqu'à notre temps, dans une succession non interrompue d'auteurs grecs et romains. Nous trouvons M. Verrius Flaccus, précepteur des petits-fils d'Auguste, et Quintilien, au premier siècle; au deuxième, Scaurus, Apollonius Dyscole et son fils Hérodien ; au quatrième, Probus et Donat, le maître de saint Jérôme. Après que, sous Constantin, Rome eut cessé d'être le siége du gouvernement, la science grammaticale trouva une nouvelle patrie dans l'école de Constantinople. Il y eut jusqu'à vingt grammairiens grecs et latins qui occupaient des chaires dans la capitale de l'empire. Sous Justinien, au sixième siècle, le nom de Priscien jeta un nouvel éclat sur les études grammaticales, et son ouvrage a fait autorité durant le moyen âge, et presque jusqu'à nos jours. On nous a enseigné la grammaire à nous-mêmes d'après la méthode suivie par Denys à Rome, par Priscien à Constantinople, par Alcuin à York; et quoi qu'on dise des améliorations apportées à notre système d'instruction, les grammaires grecques et latines en usage dans nos colléges sont fondées principalement sur la première analyse empirique du langage, préparée par les philosophes d'Athènes, accomplie par les savants alexandrins, et appliquée par les professeurs grecs de Rome à une tâche toute pratique, à l'enseignement d'une langue étrangère.

valeur réelle du génitif, en l'appelant le cas général ou attributif, tandis que les Romains gâtèrent le terme par leur traduction erronée de *genitivus*.

QUATRIÈME LEÇON.

PÉRIODE DE LA CLASSIFICATION.

Observations sur la grammaire empirique. — Origine des formes grammaticales. Nécessité d'établir la filiation des langues, afin de pouvoir faire remonter les formes grammaticales jusqu'à leur origine. — L'idée d'une classification des langues inconnue à l'antiquité. Pour les Grecs, les hommes étaient divisés en Grecs et en barbares. Influence du mot *barbares*, chez les Grecs d'abord et plus tard chez les Romains. — Le Christianisme, en enseignant l'origine commune de l'humanité, prépare les voies à l'étude comparée des langues. — Première division des langues, en langue sacrée et langues profanes. — L'étude de l'arabe, du chaldéen et du syriaque conduit à l'établissement de la famille sémitique. La philologie au seizième siècle : Bibliander, Henri Estienne, Roccha, Megiser, Guichard, J.-J. Scaliger, Duret, Thomassin. — Les progrès de la science du langage sont empêchés pendant longtemps par le préjugé qui faisait regarder l'hébreu comme la langue primitive de l'humanité. Leibniz combat le premier ce préjugé : ses efforts incessants pour obtenir des spécimens de toutes les langues du monde, afin d'établir la philologie comparée sur les seuls fondements qui soient vraiment solides. — L'impératrice Catherine et ses études philologiques : son *Dictionnaire comparé*, contenant une liste de deux cent quatre-vingt-cinq mots traduits en deux cents langues, paraît en 1785. — Les deux grands ouvrages qui résument, au commencement de notre siècle, tous les travaux antérieurs, sont le *Catalogue des langues*, d'Hervas, et le *Mithridate*, d'Adelung. Vie d'Hervas. — Découverte du sanscrit. Histoire de cette langue, qui cessa d'être parlée trois cents ans avant Jésus-Christ. Les dialectes qui en sont sortis, le pâli, le prâkrit, lesquels, avec le temps, se sont transformés dans les idiomes modernes de l'Inde, l'hindoui, l'hindoustani, le mahratte, le bengali. La haute antiquité du sanscrit est prouvée par les noms sanscrits qui se rencontrent dans les auteurs grecs, latins et chinois; les *Voyages des pèlerins bouddhistes*. Étude du sanscrit après la conquête de l'Inde par les Mahométans. Sous le calife Almansour, Mohammed ben Ibrahim Alfazari traduit en persan le grand Sindhind, vers 774 de Jésus-Christ. Travaux d'Albirouni. Traduction de divers ouvrages sanscrits en persan et en arabe. Règne d'Akbar; il fait traduire en persan le *Mahâbhârata*, le

Râmâyana, l'*Amarakosha*, mais il ne peut obtenir des brahmanes une traduction des *Védas*. Légende de Feizi. Dárá, l'arrière-petit-fils d'Akbar, donne, en 1657, une traduction en persan des *Upanishads*, laquelle fut traduite en français par Anquetil-Duperron, en 1795. — Travaux de saint François-Xavier et de ses compagnons dans l'Inde. Filippo Sassetti. Vie de Roberto de Nobili, le premier Européen qui posséda une connaissance approfondie de la langue et de la littérature sanscrites. — Heinrich Roth. Correspondance des pères Cœurdoux, Calmette et Pons, avec l'Académie des inscriptions et belles-lettres. — Première grammaire sanscrite publiée, en 1790, par Paulin de Saint-Barthélemy. — Fondation, en 1784, de la Société asiatique à Calcutta : travaux de William Jones, de Carey, de Wilkins, de Forster, de Colebrooke. Découverte de l'affinité entre le sanscrit et le grec et le latin. — Frédéric Schlegel. Établissement de la famille des langues indo-germaniques.

Dans notre leçon précédente, nous avons tracé le tableau de l'origine et des progrès de l'étude empirique des langues, depuis le temps de Platon et d'Aristote, jusqu'à notre propre enfance. Nous avons vu à quelle époque et dans quelles circonstances fut faite la première analyse grammaticale du langage ; comment les diverses parties du discours reçurent leurs dénominations, et comment, à l'aide d'une terminologie demi-philosophique et demi-empirique, on composa, en vue de l'enseignement des langues, un système grammatical qui, quelle que soit sa valeur intrinsèque, a eu du moins le mérite de remplir l'objet pour lequel il avait été imaginé.

La manière dont fut élaboré ce système de science grammaticale ne nous permet pas d'en attendre une grande lumière sur la nature du langage. La division en noms et en verbes, en articles et en conjonctions, les tableaux des déclinaisons et des conjugaisons, n'étaient qu'un simple réseau artificiel jeté sur le corps vivant du langage. Ce n'est pas à la grammaire de Denys le Thrace qu'il faut demander de reproduire et de nous montrer, avec toute la variété de ses articulations, le squelette du langage humain. Il est curieux, cependant, d'observer les coïncidences frappantes que nous trouvons entre la terminologie grammaticale des Grecs et celle des Hindous, coïncidences qui semblent prouver que le système, si souvent critiqué, de la grammaire classique, doit reposer sur quelque chose de réel et avoir ses racines dans la nature même de notre intelligence. Les Hindous sont la seule nation qui ait cultivé la science grammaticale, sans avoir reçu directement ou indirectement aucune impulsion des Grecs. Pourtant, nous trouvons en sanscrit le même système de cas, appelés *vibhakti* ou inflexions, les voix, active, passive et moyenne, les temps, les modes et les personnes, qui y sont distribués, non pas exactement, mais à peu près de la même manière qu'en grec (1). En sanscrit, la grammaire est appelée *vyâkarana,* ce qui signifie analyse ou décomposition. De même que la grammaire grecque dut son origine à l'examen critique d'Homère, la grammaire sanscrite sortit de l'étude des Védas, les plus anciens poëmes des brahmanes. Les différences entre le dialecte de ces hymnes sacrés et le sanscrit littéraire des âges postérieurs furent notées et conservées avec un soin religieux. Nous avons encore les premiers essais des brahmanes dans la science grammaticale, les *prâtiśâkhyas* : ces traités, tout en faisant profession seulement de donner des règles sur la prononciation correcte de l'ancien dialecte des Védas, nous offrent en même temps des observations de

---

(1) Max Müller, *History of ancient sanskrit literature*, p. 158.

l'ordre grammatical, et surtout ces précieuses listes de mots irréguliers ou remarquables pour toute autre raison, les *Gaṇas;* c'est sur cette base solide que les générations successives des savants hindous élevèrent cet édifice prodigieux, dont la grammaire de Pânini a été le couronnement. Il n'y a pas dans toute la langue sanscrite de forme régulière ou irrégulière, qui ne trouve sa place et son explication dans la grammaire de Pânini et dans ses commentateurs. C'est la perfection d'une analyse purement empirique du langage, et la littérature grammaticale des autres nations n'offre rien de supérieur, rien même de comparable à ce travail. Néanmoins, sur la nature réelle et sur le développement naturel du langage, la grammaire de Pânini ne nous apprend absolument rien.

Que savons-nous donc du langage, après avoir appris la grammaire du grec ou du sanscrit, ou après avoir jeté sur notre propre langue le réseau de la grammaire classique?

Nous connaissons certaines formes du langage, qui répondent à certaines formes de la pensée. Nous savons que le sujet doit prendre la forme du nominatif, et le complément celle de l'accusatif; que le complément indirect peut être mis au datif, et que l'attribut, sous sa forme la plus générale, peut être rendu par le génitif. On nous dit que, tandis qu'en anglais le génitif est marqué par une *s* finale ou par la préposition *of,* comme il l'est en français par la préposition *de,* ce cas est exprimé en grec par la désinence *os,* et en latin par la désinence *is :* mais que représentent cet *os* et cet *is?* d'où leur vient le pouvoir de changer un nominatif en un génitif, un sujet en un attribut?

tout cela reste une énigme pour nous. Il va sans dire que toutes les langues, pour atteindre leur but, doivent pouvoir distinguer le sujet du complément, le nominatif de l'accusatif; mais qu'un simple changement de terminaison suffise pour exprimer une distinction aussi importante, c'est là un phénomène qui semble presque incompréhensible. Si, pour un instant, nous portons les yeux au-delà du grec et du latin, nous voyons qu'il n'y a, en réalité, que fort peu de langues qui aient des formes distinctes pour ces deux catégories de la pensée. Même en grec et en latin il n'y a pas de distinction apparente entre le nominatif et l'accusatif des substantifs neutres. On dit communément que le chinois n'a pas de grammaire du tout, c'est-à-dire qu'il n'a pas d'inflexions, de déclinaisons ni de conjugaisons, dans le sens que nous donnons à ces mots; il n'établit aucune distinction de forme entre les différentes parties du discours, le nom, le verbe, l'adjectif, l'adverbe, etc.; et pourtant il n'est pas de nuance de la pensée que cette langue ne puisse rendre. Les Chinois n'ont pas plus de peine à faire la différence entre « Pierre bat Jean » et « Jean bat Pierre, » que n'en avaient les Grecs et les Romains, ou que nous n'en avons nous-mêmes : ils n'ont pas, il est vrai, de désinence particulière pour marquer l'accusatif, mais ils obtiennent le même résultat en plaçant toujours le sujet avant, et le régime après le verbe, ou bien en employant, avant ou après le nom, des mots qui indiquent clairement qu'il doit être regardé comme complément (1). Il y a d'autres

---

(1) Je dois la note suivante, ainsi que plusieurs autres, à l'obli-

langues qui sont plus riches en désinences que le grec même et le latin. En finnois il y a quinze cas qui geance du premier sinologue de l'Europe, M. Stanislas Julien, membre de l'Institut.

Les Chinois ne déclinent pas leurs substantifs, mais ils en indiquent distinctement les cas,

    1° Au moyen de particules,
    2° Par la position dans la phrase.

1. Le nominatif ou le sujet est toujours placé au commencement de la proposition.

2. Le génitif peut être marqué :

(*a*) Par la particule *tchi* placée entre les deux noms, dont le premier est au génitif, et le second au nominatif. Ex. *jin-tchi-kiun* (hominum princeps, mot à mot, homme, signe du génitif, prince);

(*b*) Par la position, en plaçant d'abord le nom au génitif, et ensuite au nominatif. Ex., *koue* (royaume) *jin* (homme), c'est-à-dire un homme du royaume.

3. Le datif peut être exprimé :

(*a*) Par la préposition *yu*, à. Ex., *sse* (donner) *yen* (argent) *yu* (à) *jin* (homme);

(*b*) Par la position, en plaçant d'abord le verbe, puis le mot au datif, et enfin le mot à l'accusatif. Ex., *yu* (donner) *jin* (à un homme) *pe* (blanc) *yu* (jade) *hoang* (jaune) *kin* (métal), c'est-à-dire or.

4. Quant à l'accusatif, ou bien on le laisse sans aucune marque distinctive ; par exemple, *pao* (protéger) *min* (le peuple), ou on le fait précéder de certains mots qui avaient originairement un sens plus facile à saisir, mais qui se sont réduits graduellement à n'être que de simples signes de l'accusatif. [C'est M. Stanislas Julien, qui, le premier, découvrit ces mots, et en donna l'explication exacte dans ses *Vindiciæ philologicæ in linguam sinicam*, Paris, 1830. Les *Vindiciæ philologicæ in linguam sinicam* se trouvent à la fin du *Meng-tseu* ou *Mencius*, traduit en latin par M. Stanislas Julien.] Les particules les plus usitées à cet effet, chez les auteurs modernes, sont *pa* et *tsiang*, saisir, prendre. Ex., *pa* (prenant) *tchoung-jin* (foule des hommes) *t'eou* (furtivement) *k'an* (il regardait), c'est-à-dire il regardait furtivement la foule des hommes (hominum turbam furtim aspiciebat). Dans le chinois plus ancien (*kou-wen*), les mots consacrés pour le même usage sont *i* (employer, etc.), *iu, hou*. Ex., *i* (employant) *jin* (humanité) *t'sun* (il conserve) *sin* (dans le cœur),

expriment tous les rapports possibles entre le sujet et le complément; mais il n'y a pas d'accusatif, il n'y a pas de cas qui soit consacré uniquement au régime direct (1). En anglais et en français, les désinences distinctives du nominatif et de l'accusatif ont disparu

c'est-à-dire humanitatem conservat corde. *I* (prenant) *tchi* (droit) *wêi* (faire) *k'iŏ* (courbe), c'est-à-dire rectum facere curvum. *Pao* (protéger) *hou* (signe de l'accusatif) *min* (le peuple).

5. L'ablatif s'exprime :

(*a*) Au moyen de prépositions telles que *thsong, yeou, tseu, hou*. Ex., *thsong* (ex) *thien* (cœlo) *laï* (venire) ; *te* (obtinere) *hou* (a) *thien* (cœlo) ;

(*b*) Par la position : en plaçant avant le verbe le mot qui est à l'ablatif. Ex., *thien* (ciel) *kiang-tchi* (descendues) *tsaï* (calamités). *Tchi* est ici une particule relative qui fait l'effet de ὁ, ἡ, τὸ, qu'on placerait après le mot auquel il se rapporte ; comme si l'on disait : du-ciel-les-descendues-calamités, pour les calamités que le ciel envoie aux hommes.

6. L'instrumental est exprimé :

(*a*) Par la préposition *i*, avec. Ex., *i* (avec) *kien* (l'épée) *cha* (tuer) *jin* (un homme);

(*b*) Par la position, en plaçant le nom qui se trouve au cas de l'instrument avant le verbe qui, à son tour, est suivi du substantif à l'accusatif. Ex., *i* (par la pendaison) *cha* (il tua) *tchi* (le, illum).

7. Le locatif peut être exprimé en plaçant simplement le nom avant le verbe. Ex., *si* (dans l'Orient ou Orient) *yeou* (il y a) *sou-tou-po* (un stûpa) ; ou par des prépositions, ainsi qu'il a été dit dans le texte.

L'adjectif est toujours placé avant le substantif qu'il qualifie. Ex., *meï-jin*, une belle femme.

L'adverbe est généralement suivi d'une particule qui produit le même effet que *e* dans *bene* ou que *ter* dans *celeriter*. Ex., *me-jen*, en silence, silencieusement ; *ngeou-jen*, par hasard ; *kiu-jen*, craintivement.

(1) Par une raison semblable, les Indiens de l'Amérique septentrionale ont des verbes innombrables pour exprimer toutes les nuances de l'action ; ils ont des mots pour exprimer *manger*, selon qu'il s'agit de poisson, de viande, de chair humaine, de soupe, de légumes, etc. Mais ils ne peuvent dire ni *je suis*, ni *j'ai*. Voy. Du Ponceau, pp. 195, 200.

par suite de l'altération phonétique, et ces langues sont obligées, comme le chinois, de marquer le sujet et le complément par la position des mots. Ce que nous apprenons au collége, quand on nous dit que le nominatif *rex* fait *regem* à l'accusatif, n'est donc qu'une règle toute pratique. Nous savons dans quel cas il faut dire *rex*, et dans quel cas il faut dire *regem*; mais pourquoi le roi, en tant que sujet, doit être appelé *rex*, et, en tant que régime, *regem*, c'est ce qui reste sans aucune explication. On nous dit, de même, que *amo* signifie j'aime, et *amavi* j'ai aimé ; mais comment ce changement du cœur, ce passage de l'amour actuel au souvenir de l'amour passé et peut-être éteint, peut-il être indiqué par le simple changement de *o* en *avi*, ou en anglais, par l'addition d'un *d*, c'est une question qui n'est ni posée ni résolue. Or, s'il y a une science du langage, c'est de ces sortes de questions qu'elle doit donner la solution : si elle ne le peut pas, s'il faut nous contenter de paradigmes et de règles, et regarder les désinences des noms et des verbes soit comme des signes de convention ou comme des excroissances mystérieuses, alors la science du langage n'existe pas, et il faut nous en tenir à ce qu'on a appelé l'art (τέχνη) du langage ou la grammaire.

Avant d'entreprendre la solution d'un problème quelconque, ou d'y renoncer, il convient de déterminer si l'on a les éléments nécessaires pour mener l'entreprise à bonne fin. A commencer par l'anglais, il faut nous demander s'il nous est possible de découvrir pourquoi *I love* signifie j'aime en ce moment, tandis que *I loved* indique que ce sentiment n'existe plus. Ou bien, en prenant des langues plus riches en flexions que l'anglais, il faut tâcher d'expliquer par suite de quelle opération et dans quelles circonstances le latin *amo*, j'aime, a été transformé par la simple addition d'un *r* en *amor*, je suis aimé. Les déclinaisons et les conjugaisons ont-elles poussé et se sont-elles épanouies comme les fleurs d'un arbre? L'homme les a-t-il reçues toutes faites de quelque puissance mystérieuse? Ou quelques sages les ont-ils inventées, en assignant certaines lettres à certaines phases de la pensée, de même que les mathématiciens expriment les quantités par des signes algébriques, auxquels ils donnent une valeur arbitraire? Nous voici en présence du plus important et du plus difficile problème de notre science, l'origine du langage ; mais nous ferons bien, pour le moment, de détourner les yeux des théories, pour nous occuper uniquement des faits.

Tenons-nous-en au prétérit anglais *I loved* comparé au présent *I love*. Il nous est impossible d'embrasser d'un seul coup d'œil toute la grammaire anglaise; mais, si nous pouvons faire remonter une de ses formes à sa source véritable, nous verrons probablement la route à suivre pour découvrir l'origine de toutes les autres. Si nous nous demandons comment l'addition d'un *d* final a pu exprimer le passage de l'amour à l'indifférence, la première chose à faire, avant de hasarder aucune explication, c'est de retrouver la forme la plus ancienne de *I loved*, la forme vraiment primitive du prétérit anglais. C'est là une règle que Platon lui-même reconnaissait dans sa philosophie du langage, quoique, il faut bien l'avouer, il s'y conformât rarement. Nous savons quels ravages l'altération phonétique peut faire dans le vocabulaire et dans la grammaire d'une langue, et nous aurions tort de nous perdre en conjectures sur l'origine d'une forme dont nous pouvons trouver l'explication en consultant l'histoire de la langue. Or une connaissance même superficielle de l'histoire de la langue anglaise nous apprend que la grammaire de l'anglais moderne n'est pas la même que la grammaire de Wycliffe. La langue de Wycliffe appartient à ce que nous appellerons, avec Sir Frederik Madden, l'anglais de la période intermédiaire (1500-1330) ; nous remontons ensuite à l'anglais de la première période (1330-1230) ; de 1230 à 1100 nous rencontrons le semi-saxon qui avait été précédé par l'anglo-saxon (1). Il est manifeste que, si nous devons découvrir la signification première de la syllabe qui change *I love* en *I loved,* ce sera en examinant la forme originale de cette syllabe à quelque époque que nous la trouvions. On n'aurait jamais su que *prêtre* signifiait primitivement *un ancien,* si on ne l'avait pas fait remonter à sa forme originale *presbyter,* dans laquelle toute personne sachant le grec reconnaît immédiatement le comparatif de *presbys,* âgé (2). Si nous n'avions pour nous guider que le français moderne, nous pourrions chercher à rattacher *prêtre* à *prêcher* ou à *prier,* mais nous n'arriverions pas à sa véritable dérivation. Nous ne voyons pas non plus la signification littérale du mot anglais moderne *gospel;* mais aussitôt que nous le faisons remonter à sa forme

---

(1) Voy. quelques critiques sur cette division, dans Marsh, *Lectures on the english language,* p. 48.

(2) Dans une charte grecque de 1129, nous trouvons πρεσβεύτερος changé en πρεύιτε, qui est déjà presque l'italien moderne *prete.* Voy. Trinchera, *Syllabus Græcarum Membranarum,* p. 136.

première *goddspell*, nous voyons que c'est une traduction exacte de *evangelium* ou bonne nouvelle (1). *Lord* ne serait qu'un vain titre en anglais, si nous n'en découvrions pas la forme et la signification originales dans l'anglo-saxon *hláf-ord*, source de pain, de *hláf*, pain, et *ord*, place (2).

(1) « Goddspell onn Ennglissh nemmnedd iss God word, annd god tithennde, God errnde. » etc. — *Ormulum*, préf. 157. « And beode ther godes godd-spel. » *Layamon*, III, 182, v. 29, 508.

(2) Grimm, *Deutsche Grammatik*, I, p. 229. *Lady* en anglo-saxon est hláf-dige ; I, c. II, p. 405.

Je dois les remarques suivantes sur le sens primitif de *lord* ou *donneur de pain*, l'allemand *Brotherr*, à l'obligeance du Rév. Dr Bosworth, professeur d'anglo-saxon à Oxford :

« *Lord* vient de l'anglo-saxon hláf-órd, composé de *hláf*, un pain (l'*a* long a le son qu'*a* dans l'anglais moderne *oa*, ainsi *fám*, *bát*, aujourd'hui foam, boat), et *órd, -es*, s. m., origine, cause, auteur. Ainsi *órd moncynnes*, origo humani generis, Cd. 55. De là, le sens de *lord*, l'anglo-saxon *hláf-ord*; l'origine, la cause, l'auteur du pain, celui qui entretient la vie.

« *Lady* vient de l'anglo-saxon *hlœf-dige, -die*. *Hlœf*, ou *hláf, -es*, s. m., un pain, du pain : et *dige, die, -an*, s. f., de *dugan, digan*, s'occuper de, pourvoir, servir. Par suite, *lady* veut dire celle qui procure, qui sert le pain à la famille. Dans le psaume CXXII, v. 3, nous trouvons *hire hlefdigean*, ou *hlœfdian*, suæ dominæ. R. Glouc., pour *hlœfdie*, écrit *leuedie, leuedy*; Gower et Spenser écrivent *ladie*, on écrit aujourd'hui *lady*. » J. B.

Toutefois, jusqu'à ce qu'on montre en anglo-saxon d'autres composés où *ord*, origine, prenne le sens d'auteur ou de donneur, j'avoue qu'il me semble plus naturel de faire dériver *hláf-ord* de *hláf-weard*, loaf-ward, gardien du pain. Voyez *Seconde série de Leçons*, p. 255 (éd. anglaise). Historiquement, cette idée que le don du pain est un des attributs de la souveraineté, on la retrouve dans les *panes palatini* ou *gradiles*, les pains qui étaient quotidiennement distribués sur les marches du palais impérial par Constantin le Grand, et, même avant lui, par l'empereur Aurélien. C'est à Dieu, le souverain du monde, que, dans l'oraison dominicale, nous demandons « notre pain quotidien. » Voyez Paulus Cassel, *Der Grál und sein Name*, Berlin, 1865, p. 18.

Mais quand nous avons suivi cette voie et que nous avons fait remonter à l'anglo-saxon un mot anglais moderne, il ne s'ensuit aucunement que nous devions trouver en anglo-saxon sa forme et sa signification premières. L'anglo-saxon n'est pas une langue originale ou indigène : son nom même nous reporte aux Saxons et aux Angles du continent. Il nous faut donc suivre notre mot anglo-saxon à travers les différents dialectes du saxon et du bas-allemand, jusqu'à ce que nous arrivions à la plus ancienne période de l'allemand où nous puissions atteindre, le gothique du quatrième siècle après Jésus-Christ. Même alors nous ne pouvons pas encore nous arrêter; car, bien qu'il nous soit impossible de rattacher le gothique à une langue teutonique plus ancienne, nous pouvons découvrir à première vue que c'est aussi une langue moderne, et qu'il a dû traverser bien des phases diverses avant de devenir tel que nous le trouvons dans ce qui nous reste des écrits de l'évêque Ulfilas.

Que faire alors? ce que nous faisons quand il s'agit des langues romanes modernes. Si nous ne pouvions pas faire remonter au latin un mot français, nous chercherions en italien la forme correspondante, et nous tâcherions de la suivre jusqu'à sa source latine. Si, par exemple, nous étions dans le doute, touchant l'origine du mot *feu*, nous n'aurions qu'à nous rappeler l'italien *fuoco*, pour voir immédiatement que les deux mots dérivent du latin *focus*. Ce rapprochement est possible parce que nous savons que le français et l'italien sont des dialectes congénères, et que nous nous sommes assurés à l'avance du degré exact de parenté qui les unit. Si nous avions cherché dans l'allemand et non dans l'italien l'explication du mot *feu*, nous aurions fait fausse route ; car l'allemand *feuer*, bien que ressemblant plus à *feu* que l'italien *fuoco*, n'aurait jamais pu donner en français la forme *feu*.

Nous pouvons également déterminer l'étymologie de la préposition *hors*, quand nous savons que *hors* répond à l'italien *fuora* et à l'espagnol *fuera*. Le latin ne jette aucune lumière sur le mot *fromage*; mais, dès que nous en rapprochons l'italien *formaggio* (1), nous voyons que *formaggio* et *fromage* sont dérivés de *forma*, le fromage se faisant en Italie comme partout ailleurs, dans des moules ou formes, où le lait s'égoutte et se durcit peu à peu. L'adjectif *faible* est évidemment dérivé du latin, mais ce n'est qu'en voyant l'italien *fievole*, que nous songeons au latin *flebilis*. On n'aurait jamais trouvé l'étymologie de *payer* qui a donné l'anglais *to pay*, si on n'avait pas consulté les dictionnaires des dialectes congénères, tels que l'italien et l'espagnol. Là, nous voyons que *payer* se dit en italien *pagare*, en espagnol *pagar*, tandis qu'en provençal nous trouvons les deux formes, *pagar* et *payar*. Or *pagar* nous reporte immédiatement au latin *pacare*, qui signifie *pacifier, apaiser*. Joinville emploie *payer* à la fois dans le sens d'*apaiser* et dans le sens de *payer* (2). Apaiser un créancier, c'était le payer : c'est ainsi que *quittance* a pour forme originale *quietantia*, de *quietus*, tranquille (3).

---

(1) Diez, *Lexicon comparativum*. Columella, VII, 8.

(2) Joinville, éd. Fr. Michel, p. 15 : « Il s'agenoilla devant l'évesque et se tint bin pour paiez. » p. 117 : « que se les dix mil livres ne sont paiés, que vous les facez paier ».

(3) Dans le latin du moyen âge *fredum* signifie « compositio qua

Si nous voulons donc continuer nos recherches, si, non contents d'avoir suivi un mot anglais jusqu'au gothique, nous voulons en connaître la forme à une époque antérieure de son existence, il nous faut rechercher s'il y a des dialectes qui soient par rapport à l'anglais ce que sont l'italien et l'espagnol par rapport au français ; il nous faut rétablir, autant que possible, l'arbre généalogique des différentes familles des langues. Nous entrons par là dans la seconde période de notre science, celle de la classification ; car la généalogie, quand elle est possible, est la forme la plus parfaite de la classification (1).

fisco exsoluto reus pacem a principe exsequitur. » C'est l'allemand *fridu*, paix, avec une forme latine. De là, le français les *frais* et *défrayer*. Voy. Icheler, *Dictionnaire d'étymologie française*.

(1) Si nous possédions un arbre généalogique exact et complet de toute l'humanité, ce serait en groupant d'après leur généalogie les différentes races d'hommes que nous obtiendrions la meilleure classification des différents langages parlés aujourd'hui sur toute la surface du globe; et si toutes les langues mortes, et tous les dialectes intermédiaires et soumis à de lentes modifications devaient être compris dans ce tableau, un tel arrangement serait, je pense, le seul possible. Il pourrait cependant se faire que quelque idiome très-ancien ne se fût que peu modifié, et n'eût donné naissance qu'à peu de langues nouvelles, tandis que tel autre, par suite de la dispersion et de l'isolement où ont ensuite vécu des groupes issus d'une même race, par un naturel effet des différents états de civilisation où sont parvenus ces différents groupes, s'est profondément modifié, et a donné naissance à de nombreux idiomes et dialectes nouveaux. L'importance relative des différences qui sépareraient les langues issues du même tronc, aurait toujours à être exprimée par la subordination d'un groupe à un autre groupe; mais le seul arrangement convenable ou, pour mieux dire, le seul arrangement possible serait toujours l'arrangement généalogique, et cet arrangement serait strictement naturel, car il rattacherait toutes les langues, mortes et vivantes, les unes aux autres, par leurs plus intimes affinités, et il

Avant d'arriver aux résultats qu'ont donnés, dans cette branche de la science du langage, les travaux récents de Schlegel, Humboldt, Pritchard, Bopp, Burnouf, Grimm, Pott, Benfey, Kuhn, Curtius, Schleicher et d'autres savants, il est bon de jeter un coup d'œil sur ce qui avait été accompli avant leur temps, pour la classification des innombrables dialectes de l'humanité.

Les Grecs n'ont jamais songé à appliquer les principes de la classification aux variétés du langage. Ils ne faisaient de distinction qu'entre le grec, d'une part, et, de l'autre, toutes les langues différentes du grec, qu'ils comprenaient sous le nom commode de langues *barbares*. Ils réussirent, il est vrai, à classer quatre de leurs propres dialectes avec assez de précision (1), mais ils appliquèrent si généralement cette dénomination de *barbares* aux autres langues moins étroitement apparentées au grec (les dialectes des Pélasges, des Cariens, des Macédoniens, des Thraces et des Illyriens), qu'il est presque impossible de faire servir à une classification scientifique les renseignements que nous fournissent les écrivains de l'antiquité, sur ces idiomes qu'ils appellent barbares (2). Il est vrai que Platon,

---

donnerait la filiation et l'origine de chaque langue. Darwin, *Origin of species*, p. 422.

(1) Strabon, VIII, p. 833. Τὴν μὲν Ἰάδα τῇ παλαιᾷ Ἀτθίδι τὴν αὐτὴν φαμέν, τὴν δὲ Δωρίδα τῇ Αἰολίδι. Le même auteur, qui vivait au commencement de l'ère chrétienne, fait la remarque suivante sur les nombreux dialectes parlés en Grèce : σχεδὸν δ' ἔτι καὶ νῦν, κατὰ πόλεις, ἄλλοι ἄλλως διαλέγονται · δοκοῦσι δὲ δωρίζειν ἅπαντες διὰ τὴν συμβᾶσαν ἐπικράτειαν. Voyez *Romaic and Modern Greek*, par James Clyde, 1855, p. 28.

(2) Hérodote (VII, 94, 509) dit que *Pélasges* était l'ancien nom des Éoliens et des Ioniens du Péloponnèse et des îles. Il conclut cepen-

dans le *Cratyle* (c. 36), laisse entendre que les Grecs avaient peut-être reçu leurs mots des barbares, puisdant (I, 57) du dialecte parlé de son temps par les Pélasges des villes de Kreston, de Plakia et de Skylake, que les anciens Pélasges parlaient une langue barbare (βάρβαρον τὴν γλῶσσαν ἱέντες). Il est, par conséquent, obligé d'admettre que la race attique, d'origine pélasgique, avait oublié sa langue (τὸ Ἀττικὸν ἔθνος ἐὸν Πελλασγικόν, ἅμα τῇ μεταβολῇ τῇ ἐς Ἕλληνας, καὶ τὴν γλῶσσαν μετέμαθε). Voy. Diefenbach, *Origines Europææ*, p. 59. Denys d'Halicarnasse (I, 17) évite cette difficulté en déclarant que les Pélasges furent dès l'origine une race hellénique ; ce n'est là, cependant, qu'une hypothèse qui lui est propre. Les Cariens sont appelés βαρβαρόφωνοι, par Homère (*Il.*, V. 867) ; mais Strabon (XIV, 662) a bien soin de faire observer qu'il ne faut pas pour cela les considérer comme βάρβαροι. Il distingue entre βαρβαροφωνεῖν, c'est-à-dire κακῶς ἑλληνίζειν, et καριστὶ λαλεῖν, καρίζειν καὶ βαρβαρίζειν. Mais le même Strabon dit que les Cariens étaient appelés anciennement Λέλεγες (XII, p. 572), et il regarde ces Lélèges, ainsi que les Pélasges et les Caucones, comme ayant été les premiers habitants *barbares* de la Hellade. Dans un autre passage (VII, p. 321), il considère avec Aristote et Denys d'Halicarnasse les Locriens comme descendants des Lélèges, bien que les Locriens pussent à peine être appelés barbares.

Les *Macédoniens* sont cités par Strabon (X, p. 460) parmi « les autres Hellènes. » Démosthène parle d'Alexandre comme d'un barbare ; Isocrate en parle comme d'un Héraclide. A en juger d'après quelques mots qui nous en restent, le macédonien a dû être un dialecte grec (Diefenbach, *Orig. Europ.*, p. 62). Justin (VII, 1) dit des Macédoniens : « Populus Pelasgi, regio Pæonia dicebatur. » Une tradition disait que le pays occupé par les Macédoniens avait appartenu autrefois en partie à des Thraces ou à des Piériens (Thuc., II, 99 ; Strabon, VII, p. 321), en partie à des Thessaliens (*ibid.*).

Hérodote (V, 3) appelle les *Thraces* le plus grand peuple après les Indiens. Strabon les distingue des Illyriens (Diefenbach, p. 65) et des Celtes (*ibid.*) ; Thucydide les distingue des Scythes (II, 96). Tout ce que nous savons sur leur langue repose sur ce que nous dit Strabon (VII, 303, 305) que les Thraces parlaient la même langue que les Gètes, et que la langue des Gètes était identique avec celle des Daces. Nous avons quelques débris de la langue dacique dans les noms de botanique recueillis par Dioscoride ; et ces noms, d'après l'interprétation de Grimm, sont évidemment aryens quoiqu'ils ne soient pas

que ces derniers étaient plus anciens que les Grecs : mais il ne pouvait voir lui-même toute la portée de cette remarque. Il fait seulement observer que certains mots, tels que les noms du *feu*, de l'*eau*, et du *chien*, étaient identiques en phrygien et en grec, et il suppose que les Grecs les avaient empruntés aux Phrygiens (*ibid.*, c. 26); mais l'idée que la langue des Grecs et celle des barbares pouvaient avoir une source commune, ne s'est jamais présentée à son esprit. Il est extraordinaire qu'un génie aussi vaste que celui d'Aristote n'ait pas aperçu dans les langues un peu de cette règle et de cet ordre qu'il tâchait de découvrir dans tous les règnes de la nature : mais il n'est pas étonnant qu'un fait qui avait échappé à Aristote n'ait frappé personne pendant deux mille ans. Les Romains, en tout ce qui concernait les sciences, n'étaient que les imitateurs des Grecs. Après avoir été appelés barbares eux-mêmes, ils s'habituèrent bientôt à donner le

grecs. Strabon donne le nom de barbares aux Daces, ainsi qu'aux Illyriens et aux Épirotes (VII, p. 324).

Aux yeux des Grecs, les *Illyriens* passaient pour des barbares ; maintenant ils sont considérés comme une branche indépendante de la famille aryenne. Hérodote rattache les Vénètes aux Illyriens (I, 196); et les Vénètes, selon Polybe (II, 17) qui les connaissait, parlaient une langue différente de celle des Celtes : il ajoute qu'ils étaient une race antique, et qu'ils ressemblaient aux Celtes pour les mœurs et pour le costume. C'est pourquoi ils ont été, à tort, pris pour des Celtes par des écrivains qui négligeaient le criterium du langage, sur lequel Polybe s'appuie comme il devait le faire. Les Illyriens étaient une race très-répandue ; on comprenait au nombre des Illyriens les Pannoniens, les Dalmates et les Dardaniens, dont vient le nom des Dardanelles (Diefenbach, *Origines Europææ*, p. 74, 75). C'est peine perdue que de chercher à tirer aucun renseignement positif de ce que nous disent les Grecs et les Romains concernant la race et la langue de leurs voisins barbares.

même nom à toutes les autres nations, excepté, bien entendu, aux Grecs leurs maîtres. Or *barbare* est une de ces épithètes d'application facile, qui, en semblant tout dire, ne disent, en réalité, absolument rien ; et ce terme fut prodigué autant que celui d'*hérétique* au moyen âge. Si les Romains n'avaient pas reçu tout fait ce nom commode de barbare, ils auraient traité leurs voisins, les Celtes et les Germains, avec plus d'égards et de sympathie : en tous cas, ils les auraient considérés avec plus d'attention, et, s'ils l'avaient fait, ils auraient découvert que, malgré les différences apparentes, ces barbares étaient pour eux, après tout, d'assez proches parents. La langue de César ressemblait autant à celle des barbares qu'il combattait en Gaule et en Germanie, qu'à la langue d'Homère ; et c'est ce qu'un homme de la sagacité de César n'aurait pas manqué de voir, s'il n'avait pas été aveuglé par la phraséologie traditionnelle. Pour prouver qu'il n'y a rien d'exagéré dans mon assertion, prenons un exemple : si nous examinons un verbe d'un usage aussi fréquent que le verbe *avoir,* nous en trouverons les paradigmes presque identiques en latin et en gothique :

	En latin :	En gothique :
j'ai,	habeo,	haba,
tu as,	habes,	habais,
il a,	habet,	habaith,
nous avons,	habemus,	habam,
vous avez,	habetis,	habaith,
ils ont,	habent,	habant.

Il fallait assurément être aveugle ou plutôt sourd, pour ne pas remarquer une telle ressemblance, et je suis convaincu que la cause unique en était le seul mot *barbare*. Ce n'est que quand ce mot fut rayé du dictionnaire de l'humanité et remplacé par celui de *frère;* quand on reconnut le droit qu'ont toutes les nations du monde à être regardées comme faisant partie d'un même genre ou plutôt d'une même espèce, que put naître notre science : ce changement est dû au christianisme. Pour les Hindous, tout homme qui n'était pas né deux fois, c'est-à-dire qui n'était pas de haute caste, était un *mlechchha;* pour les Grecs, celui qui ne parlait pas leur langue était un barbare; pour les Juifs, les incirconcis étaient des gentils; pour les Musulmans, tous ceux qui ne croyaient pas en Mahomet étaient des *kiâfirs,* incrédules, ou des *ghiaours,* infidèles adorateurs du feu. C'est par le christianisme que furent abaissées les barrières qui séparaient les Juifs et les gentils, les Grecs et les barbares, la race blanche et la race noire. L'*humanité* est un mot que vous chercheriez en vain dans Platon ou dans Aristote : l'idée de l'humanité formant une seule famille, composée des enfants d'un même Dieu, est une idée chrétienne, et, sans le christianisme, la science de l'humanité et des langues qu'elle parle n'aurait jamais pris naissance. Quand on eut appris à regarder tous les hommes comme des frères, alors, et alors seulement, la variété du langage humain se présenta comme un problème qui exigeait une solution aux yeux des observateurs intelligents, et c'est là ce qui fait que je date du premier jour de la Pentecôte le début réel de la science du langage. A partir de ce jour où les langues de feu se séparèrent et descendirent sur les apôtres, une lumière jusqu'alors inconnue se répand dans le monde et jette ses clartés sur des objets qui étaient restés invisibles pour l'antiquité. De vieux mots prennent un sens nouveau, de vieux problèmes un nouvel intérêt, et de vieilles sciences un nouvel objet. L'origine commune de l'humanité, les différences entre les races et les langues, la possibilité pour toutes les nations d'arriver au plus haut degré de la culture intellectuelle, sont des problèmes qui, dans le monde nouveau où nous vivons, préoccupent les savants par cela même qu'ils sont d'un intérêt supérieur à la science. Ce n'est pas une objection sérieuse que de rappeler le long espace de temps qui s'écoula avant que l'esprit dont le christianisme a animé toutes les recherches scientifiques ait produit des résultats apparents. Dans la flotte de chêne qui vogue sur l'Océan, notre pensée sait retrouver le petit gland qui fut confié à la terre il y a plusieurs siècles, et c'est ainsi que dans la philosophie d'Albert le Grand (1), venu près de douze cents ans après la mort de Jésus-Christ, dans les aspirations de Kepler (2), et dans les travaux

---

(1) Albert, comte de Bollstädten, ou Albert le Grand, ainsi qu'on l'appelle généralement, qui fut le pionnier des sciences physiques modernes, écrivait : « Dieu a donné à l'homme son esprit et en même temps l'intelligence, afin que l'homme s'en serve pour arriver à la connaissance de Dieu. L'âme trouve Dieu par la foi que lui donne la Bible, et par l'intelligence que lui donne la nature. » Et ailleurs : « C'est pour la gloire de Dieu et pour le bien de nos frères que nous étudions la nature des choses créées. Dans l'univers tout entier, non-seulement dans l'harmonie des organisations individuelles, mais aussi dans la variété des formes différentes, nous pouvons et nous devons admirer la majesté et la sagesse de Dieu. »

(2) Voici la conclusion de l'*Harmonie du monde*, de Kepler : « O toi qui, par la lumière de la nature, nous as fait soupirer après la lumière de ta grâce, afin de nous révéler la lumière de ta gloire, je

des plus grands philosophes de notre époque, nous reconnaissons l'écho de cette parole que fit entendre te rends grâces, mon Créateur et mon Dieu, de ce que tu me permets d'admirer et d'aimer tes œuvres. J'ai maintenant terminé le travail de ma vie avec la force d'intelligence que tu m'as accordée. J'ai raconté aux hommes la gloire de tes œuvres aussi bien que mon esprit en a pu comprendre l'infinie majesté. Mes sens se sont éveillés pour chercher la vérité, autant qu'il m'a été possible, avec droiture et avec sincérité. Si moi, qui ne suis qu'un ver à tes yeux, et né dans les liens du péché, j'ai rien avancé qui soit contraire à tes desseins, que ton esprit m'inspire pour que je le corrige. Si la merveilleuse beauté de tes ouvrages a enflé mon âme, et si j'ai cherché mon propre honneur parmi les hommes à mesure que j'avançais dans le travail qui n'était destiné qu'à te glorifier, pardonne-moi dans ta bonté et dans ta miséricorde, et fais par ta grâce que mes écrits tendent à ta gloire et contribuent au bien de tous les hommes. Louez le Seigneur, ô harmonies célestes, et vous qui comprenez les nouvelles harmonies, louez le Seigneur. Que mon âme loue mon Créateur pendant toute ma vie. C'est par lui et en lui que tout existe, le monde matériel comme le monde spirituel, tout ce que nous savons et tout ce que nous ne savons pas encore, car il nous reste beaucoup à faire que nous laissons inachevé. »

Je termine par un extrait d'un des plus distingués des naturalistes contemporains : « L'archéologue reconnaît tout d'abord les traces de l'intelligence dans les ruines d'une antique civilisation. Peut-être lui sera-t-il impossible de préciser l'âge de ces monuments, ou de déterminer l'ordre dans lequel ils ont été construits successivement, mais le caractère de l'ensemble lui révèle que ces restes des siècles passés sont des ouvrages d'art, sortis des mains d'hommes semblables à lui-même. C'est ainsi que le naturaliste intelligent aperçoit immédiatement, dans les tableaux que lui offre la nature, l'empreinte d'une intelligence supérieure : dans les cellules délicatement creusées des conifères, si différentes de celles des autres plantes, il lit les hiéroglyphes d'une époque particulière ; dans leurs feuilles en forme d'aiguilles, les armes d'une dynastie particulière ; dans la facilité avec laquelle ils se prêtent aux milieux les plus variés, une adaptation qui suppose la réflexion et qui l'éveille. Il contemple, il est vrai, les œuvres d'un être qui, comme lui, a la pensée ; mais il sent, en même temps, qu'il est aussi inférieur à l'intelligence suprême, en sagesse, en puissance et en bonté, que les œuvres de l'art le sont

pour la première fois l'apôtre des gentils : « Car les perfections invisibles de Dieu, sa puissance éternelle et sa divinité, sont devenues visibles depuis la création du monde, par la connaissance que ses créatures nous en donnent (1). »

Mais nous verrons que le christianisme a fait plus encore pour la science du langage, et qu'il ne s'est pas contenté de lui donner la première impulsion. Les pionniers de notre science ont été ces mêmes apôtres qui reçurent l'ordre de prêcher dans le monde entier, et leurs successeurs, les missionnaires de toute l'Église chrétienne ; et encore aujourd'hui les traductions de la Bible et de l'oraison dominicale dans toutes les langues de la terre fournissent à la philologie comparée ses plus précieux matériaux. Tant qu'on ne connut qu'un petit nombre de langues, on ne songea guère à les ranger par groupes ou familles, car le besoin d'une classification ne se fait sentir que quand l'esprit se perd dans la multiplicité des faits. Lorsqu'on n'étudiait que le grec, le latin et l'hébreu, on pouvait se contenter de la simple division en langue sacrée et langues profanes, ou en langues classiques et langues orientales. Mais, dès que les théologiens eurent étendu leurs études à l'arabe, au chaldéen et au syriaque, on avait fait un grand pas vers l'établissement d'une

---

aux merveilles de la nature. Que les naturalistes étudient le monde avec cette idée, et ils verront de toutes parts éclater la preuve que toutes les créatures sont l'expression de la pensée de cet Être que nous connaissons, que nous aimons et que nous adorons bien que nous ne le voyions pas. »

(1) *Épître aux Romains*, I, 20. V. Locke, *Essai sur l'entendement humain*, IV, 10, 7.

classe ou d'une famille de langues (1). Il était évident pour tout le monde que ces langues étaient très-étroi-

(1) Hervas (*Catologo*, I, 37) cite les ouvrages suivants, publiés au seizième siècle, et qui avaient pour objet la science du langage : — *Introductio in Chaldaicam linguam, Syriacam, atque Armenicam, et decem alias linguas*, a Theseo Ambrosio, Papiæ, 1539, in-4°. *De Ratione communi omnium Linguarum et Litterarum Commentarius*, a Theodoro Bibliandro, Tiguri, 1548, in-4°. Ce dernier ouvrage contient l'oraison dominicale en quatorze langues. Bibliander dérive du grec la langue du pays de Galles et celle de Cornouailles ; le grec aurait été porté dans ces contrées de Marseille, en traversant la France. Il nous assure que l'arménien diffère peu du chaldéen, et il cite Postel qui faisait venir les Turcs des Arméniens parce que le turc était parlé en Arménie. Il regarde les Perses comme des descendants de Sem, et il rattache leur langue au syriaque et à l'hébreu : pour lui le serbe et le géorgien ne sont que des dialectes du grec.

Voici les titres de quelques autres ouvrages sur le langage, qui furent publiés au seizième siècle : — Perion, *Dialogorum de Linguæ Gallicæ origine ejusque cum græca cognatione, libri quatuor*, Parisis, 1554. Il dit que le français n'étant pas compris parmi les soixante-douze langues sorties de la tour de Babel, il doit dériver du grec. Il cite César (*de Bello Gallico*, VI, 14), pour prouver que les Druides parlaient le grec, d'où il fait ensuite venir le français moderne !

Les travaux de Henri Étienne (1528-1598) ont une base bien autrement solide. On l'a accusé injustement d'avoir prétendu dériver le français du grec : voyez son *Traiclé de la conformité du Langage françois avec le grec*, publié vers 1566. Ce livre contient principalement des remarques de syntaxe et de grammaire, et il a pour objet de montrer que des tournures et des expressions grecques qui semblent irrégulières et difficiles se comprennent parfaitement bien quand on les rapproche d'expressions analogues en français.

L'oraison dominicale avait été publiée en 1548, en quatorze langues, par Bibliander ; elle fut publiée en 1591, en vingt-six langues, par Roccha (*Bibliotheca Apostolica vaticana*, a fratre Angelo Roccha, Romæ, 1591, in-4°) ; en 1592, en quarante langues, par Megiser (*Specimen XL Linguarum et Dialectorum ab Hieronymo Megisero a diversis auctoribus collectorum quibus oratio Dominica est ex-*

tement apparentées les unes avec les autres, et qu'elles différaient du grec et du latin sur tous les points où elles s'accordaient entre elles. Dès 1606, nous voyons Guichard, dans son *Harmonie étymologique*, ranger à part l'hébreu, le chaldéen et le syriaque comme formant une famille séparée, et distinguer en outre les dialectes romans des dialectes teutoniques (1).

Toutefois, ce qui empêcha pendant longtemps les progrès de la science du langage, ce fut la conviction que l'hébreu avait été la langue primitive de l'humanité, et que, par conséquent, toutes les autres langues ont dû dériver de l'hébreu. Sur ce point les Pères de l'Église n'avaient jamais exprimé le moindre doute. Saint Jérôme dit dans une de ses épîtres à Damasus : « L'antiquité tout entière (universa antiquitas) nous

pressa, Francofurti, 1592); en 1593, en cinquante langues, par le même auteur (*Oratio Dominica L diversis linguis*, curâ H. Megiseri, Francofurti, 1593, in-8°).

(1) Au commencement du dix-septième siècle, parut le *Trésor de l'Histoire des Langues de cet univers*, par Claude Duret, 2ᵉ édition, Iverdon, 1619, in-4°. Hervas reproche à Duret de répéter les erreurs de Postel, de Bibliander, et d'autres écrivains du seizième siècle.

Duret avait été précédé par Estienne Guichard : *L'Harmonie étymologique des langues hébraïque, chaldaïque, syriaque, — grecque, — latine, française, italienne, espagnole, — allemande, flamande, anglaise*, etc., Paris, 1606.

Hervas n'en connaît que la seconde édition, Paris, 1618, et il pense que la première fut publiée en 1608. Le titre de cet ouvrage montre que Guichard distinguait quatre classes de langues auxquelles nous donnerions aujourd'hui les noms de sémitique, hellénique, italique et teutonique : il fait, cependant, dériver le grec de l'hébreu.

J.-J. Scaliger, dans *Diatriba de Europæorum Linguis* (*Opuscula varia*, Parisiis, 1610), p. 119, distingue onze classes de langues : le latin, le grec, le teuton, le slave, l'épirote ou l'albanais, le tartare, le hongrois, le finnois, l'irlandais, le breton parlé dans le pays de Galles et en Bretagne, et le basque ou le cantabre.

apprend que l'hébreu, qui est la langue de l'Ancien Testament, fut le commencement de tout langage humain (1). » Origène de même, dans sa onzième homélie sur le livre des Nombres, ne craint pas d'affirmer que « la langue hébraïque, qui avait été donnée primitivement à l'homme en la personne d'Adam, se conserva dans cette partie du genre humain, que Dieu garda pour son héritage et qu'il n'abandonna pas à un de ses anges (2). » Quand donc on s'occupa d'abord de la classification des langues, voici sous quelle forme le problème se présenta à des savants tels que Guichard et Thomassin : l'hébreu étant, sans aucun doute, l'origine de toutes les autres langues, comment expliquer le procédé par lequel il s'est scindé en tant de dialectes divers, et comment faire remonter tous ces dialectes, comme le grec, le latin, le copte, le persan et le turc, à l'hébreu, leur source commune ?

On ne se figure pas tout ce qu'il a été dépensé de science et de talent sur cette question, au dix-septième et au dix-huitième siècle, et tout cela en pure perte. Nous ne pouvons, peut-être, trouver rien d'analogue que dans les constructions et les calculs laborieux des anciens astronomes qui avaient à rendre compte des mouvements des corps célestes, en supposant toujours que la terre restait immobile au centre

---

(1) « Initium oris et communis eloquii, et hoc omne quod loquimur, Hebræam esse linguam qua vetus Testamentum scriptum est, universa antiquitas tradidit. » Et dans un autre passage (*Isaïa*, c. 7), il dit : « Omnium enim fere linguarum verbis utuntur Hebræi. » Voir aussi *Journal asiatique*, juillet, p. 20.

(2) « Mansit lingua per Adam primitus data, ut putamus, Hebræa, in ea parte hominum, quæ non pars alicujus angeli, sed quæ Dei portio permansit. »

de notre système planétaire. Mais, quoique nous sachions maintenant que les travaux de ces philologues n'ont été et n'ont pu être que stériles, ce serait une manière bien peu encourageante d'envisager le progrès de l'humanité que de considérer les efforts de nos illustres devanciers, alors même qu'ils étaient engagés dans une fausse direction, comme n'ayant été que vanité et torture d'esprit. Il ne faut pas oublier que l'échec d'hommes aussi éminents contribua, plus que tout le reste, à faire porter l'attention sur le fond même de la question, jusqu'à ce qu'enfin un génie plus hardi retourna le problème, et par là le résolut. Quand livres après livres eurent été composés pour montrer comment le grec, le latin, ainsi que toutes les autres langues, étaient dérivés de l'hébreu, et que chaque système dut être abandonné successivement, on finit par se demander pourquoi toutes les langues devaient *nécessairement* être dérivées de l'hébreu, et cette seule question trancha la difficulté (1). Nous pouvons comprendre parfaitement bien que les théologiens du quatrième et du cinquième siècle, dont beaucoup ne connaissaient ni l'hébreu ni aucune autre langue, excepté la leur, aient supposé que l'hébreu était la source de tout langage; mais il n'y a pas, ni dans l'Ancien ni dans le Nouveau Testament, un seul mot d'où cette doctrine découle nécessairement. Concernant la langue d'Adam, nous ne savons absolument rien; mais si l'hébreu, sous sa forme actuelle, est né de la confusion des langues à la tour de Babel, il est

---

(1) Guichard allait jusqu'à soutenir que l'hébreu étant écrit de droite à gauche, et le grec de gauche à droite, on peut faire remonter les mots grecs à l'hébreu en les lisant de droite à gauche.

difficile d'admettre que ce fut la langue d'Adam ou de toute la terre, « alors que toute la terre n'avait encore qu'un seul parler (1). »

C'est pourquoi, si les savants sémitisants du dix-septième siècle ont rendu certains services à la classification des langues, ils ont d'un autre côté retardé les progrès de cette classification, en la dépouillant de son caractère purement scientifique, et en propageant des idées erronées dont l'influence se fait encore sentir de nos jours.

Le premier qui se défit réellement du préjugé qui faisait de l'hébreu l'origine de tout langage, fut Leibniz, le contemporain et l'émule de Newton (2). Il y a autant de raison, disait-il, pour regarder l'hébreu comme la langue primitive de l'humanité, que pour adopter l'opinion de Goropius qui publia un ouvrage à Anvers, en 1580, pour prouver que le hollandais fut

---

(1) Parmi les différents systèmes d'exégèse rabbinique, il y en a un qui réduit toutes les lettres en hébreu à leur valeur numérique, et qui explique ensuite les mots par d'autres mots représentant la même quantité ; ainsi de ce passage : « Et tous les habitants de la terre ne parlaient qu'une même langue » (Gen., XI, 1), on déduit qu'ils parlaient tous l'hébreu, שָׂפָה étant remplacé par son synonyme, לָשׁוֹן et הַמָּוֶשׁ (5 + 100 + 4 + 300 = 409) est substitué à son équivalent אֶחָת (1 + 8 + 400 = 409). *Coheleth*, édit. Ginsburg, p. 31. V. Quatremère, *Mélanges*, p. 138.

(2) Comme on m'a plusieurs fois pris à partie pour avoir écrit *Leibniz* sans *t*, il me sera permis de dire, pour ma défense personnelle, que, si j'ai adopté cette orthographe, ce n'a été ni par négligence, ni par ignorance, ni par affectation, reproches qui m'ont tous été adressés, mais par la simple raison que *jamais Leibniz* lui-même, ni dans ses lettres ni dans ses ouvrages imprimés, n'écrivit son nom *Leibnitz*. V. Die Werke von Leibniz, ed. Onno Klopp, Hanovre, 1864, tome I, p. XXIV.

la langue parlée dans le Paradis (1). Dans une lettre à Tenzel, Leibniz dit : « Appeler l'hébreu la langue primitive, c'est comme si l'on appelait primitifs des troncs d'arbres, ou que l'on dît que dans certaines contrées il pousse des troncs au lieu d'arbres. De telles idées se peuvent concevoir, mais elles ne sont pas en harmonie avec les lois de la nature ni avec l'ordre de l'univers, c'est-à-dire avec la sagesse divine (1). »

Mais Leibniz ne se contenta pas de débarrasser le seuil de notre science de ce grand obstacle. Le pre-

---

(1) *Hermathena Joannis Goropii Becani :* Antuerpiæ, 1580. *Origines Antverpianæ*, 1569. Dans son ouvrage sur la langue du paradis, André Kempe soutient que Dieu parla à Adam en suédois, qu'Adam répondit en danois, et que le serpent parla à Ève en français.

Chardin raconte que, d'après la tradition persane, trois langues furent parlées dans le paradis, l'arabe par le serpent, le persan par Adam et Ève, et le turc par l'archange Gabriel.

J.-B. Erro dans son *El Mundo primitivo*, Madrid, 1814, veut que le basque ait été la langue d'Adam.

Il y a environ deux cents ans, il s'engagea dans le chapitre métropolitain de Pampelune une discussion curieuse, dont voici les conclusions conservées dans les minutes du chapitre : — 1. Le basque a-t-il été la langue primitive de l'humanité? Les savants membres avouent que, quelle que soit à cet égard leur intime conviction, ils n'osent donner à cette question une réponse affirmative. — 2. Le basque a-t-il été la seule langue parlée dans le paradis par Adam et Ève? Sur ce point, les opinants déclarent qu'il ne saurait exister de doute dans leur esprit, et « qu'il est impossible d'avancer contre cette opinion aucune objection sérieuse ou raisonnable. » V. Hennequin, *Essai sur l'analogie des langues*, Bordeaux, 1838, p. 60.

(1) « Linguam Hebraicam primigeniam dicere idem est ac dicere truncos arborum esse primigenios, seu regionem dari ubi trunci pro arboribus nascantur. Talia fingi possunt, sed non conveniunt legibus naturæ et harmoniæ rerum, id est, sapientiæ divinæ. » (*Leibn. Opera*, Genevæ, 1760, VI, 232).

mier, il appliqua les principes d'une induction rigoureuse à un sujet que jusqu'alors on avait étudié sans méthode. Il signala la nécessité de commencer par recueillir le plus grand nombre possible de faits (1). Il s'adressa aux missionnaires, aux voyageurs, aux ambassadeurs, aux princes et aux empereurs pour leur demander leur concours à une œuvre qui lui tenait tant au cœur. Les jésuites en Chine durent travailler pour lui. Witsen, le voyageur, lui envoya un présent d'un prix inestimable, la traduction de l'Oraison dominicale dans le jargon des Hottentots (2). Après avoir fait la connaissance de Pierre le Grand, Leibniz lui

(1) Guhrauer, *Vie de Leibniz*, vol. II, p. 127. Dans sa *Dissertation sur l'origine des nations*, 1710, Leibniz dit : « L'étude des langues ne doit être dirigée que par les principes des sciences exactes. Pourquoi, en effet, commencer par l'inconnu plutôt que par le connu? Il est manifeste que nous devons étudier d'abord les langues modernes qui sont à notre portée, afin de les comparer les unes avec les autres pour en découvrir les différences et les affinités, passer ensuite aux langues qui les ont précédées, afin d'établir leur filiation et leur origine, et remonter ainsi de proche en proche jusqu'aux dialectes les plus anciens dont l'analyse nous donnera les seuls résultats certains. »

[Voici le titre complet de cette dissertation : *Brevis designatio meditationum de originibus gentium ductis potissimum ex indicio linguarum*. Cette dissertation commence par cette phrase remarquable : « Cum remotæ gentium origines historiam transcendant, linguæ nobis præstant veterum monumentorum vicem. » Leibniz semble avoir ici prévu et indiqué d'avance quels secours la science moderne emprunterait à la philologie comparée pour éclaircir les obscures questions d'origine, et pour remonter avec certitude jusqu'à ces époques primitives où nous font défaut et les monuments écrits et la tradition même. Tr.]

(2) Nicolas Witsen, bourgmestre d'Amsterdam; voyagea en Russie, 1666-1672; en 1677, il publia ses *Voyages* qu'il dédia à Pierre le Grand. Une seconde édition parut en 1705. Cet ouvrage contient de nombreuses listes de mots.

écrivit la lettre suivante datée de Vienne, 26 octobre 1713 :

« Je me suis permis de suggérer que les nombreuses langues, jusqu'ici presque entièrement inconnues et non étudiées, qui se parlent dans l'empire de Votre Majesté et sur ses frontières, soient mises par écrit ; je voudrais aussi que l'on réunît des dictionnaires ou tout au moins de petits vocabulaires, et que l'on se procurât dans ces idiomes des traductions des dix Commandements, de l'Oraison dominicale, du Symbole des Apôtres, et d'autres parties du Catéchisme, *ut omnis lingua laudet Dominum*. Tout cela augmenterait la gloire de Votre Majesté, qui règne sur tant de nations, et qui désire si vivement les voir marcher dans la voie du progrès ; en même temps, en comparant ces différents langages, nous serions mis à même de découvrir l'origine de ces nations qui, de la Scythie qui vous est soumise, s'avancèrent dans d'autres pays. Mais surtout cela aiderait à répandre le Christianisme parmi les nations qui parlent ces dialectes, et, dans cette idée, j'ai écrit sur le même sujet au révérendissime Métropolitain (1). » Leibniz dressa une liste des termes les plus simples et les plus usités, qui devraient être pris comme points de comparaison entre les différentes langues. Dans sa propre patrie, pendant qu'il était occupé de ses recherches historiques, il recueillit tout ce qui pouvait jeter quelque lumière sur l'origine de la langue allemande, et il encouragea Eccard et d'au-

---

(1) *Catherinens der grossen Verdienste um die vergleichende Sprachkunde*, von F. Adelung, Pétersbourg, 1815. Une autre lettre de Leibniz au vice-chancelier, le baron Schaffiroff, est datée de Pirmont, 22 juin 1716.

tres savants au même travail. Il fit ressortir l'importance des dialectes et même des patois locaux, pour éclaircir les questions relatives à l'origine des langues et à l'étymologie de leurs mots (1). Leibniz n'entreprit jamais une classification systématique de tout le domaine du langage, et il ne fut pas heureux quand il voulut classer les dialectes qu'il avait pu étudier. Il distingua, il est vrai, une classe japhétique et une classe araméenne, la première occupant le nord, et la seconde le midi des deux continents, de l'Asie et de l'Europe; il crut à l'origine commune des langues et à la migration de la race humaine de l'Orient à l'Occident; mais il ne sut pas déterminer les degrés exacts de parenté entre les langues, et il confondit avec les langues japhétiques plusieurs dialectes touraniens, tels que le finnois et le tartare. Si Leibniz avait eu le temps d'exécuter tous les plans conçus par son vaste et fertile génie, ou s'il avait été compris et soutenu par les savants contemporains, la science du langage, en tant que science inductive, aurait pu être fondée un siècle plus tôt. Mais un tel esprit, qui s'occupait en même temps et avec un égal succès, de l'érudition, de la théologie, de la jurisprudence, de l'histoire, de la philosophie et des mathématiques, ne pouvait guère que donner des aperçus sur la méthode à suivre dans l'étude du langage. Leibniz découvrit le calcul différentiel, et il fut un des premiers à observer, à l'aide de la géologie naissante, les couches terrestres. Il construisit une

---

(1) *Collectanea Etymologica*, II, 255. « Malim sine discrimine Dialectorum corrogari Germanicas voces. Puto quasdam origines ex superioribus dialectis melius apparituras; ut ex Ulfilæ Pontogothicis, Otfridi Franciscis. »

machine à calculer, dont la première idée lui était venue dans son enfance, et il élabora un projet d'expédition en Égypte, qu'il soumit à Louis XIV afin de détourner son attention des frontières de l'Allemagne. Le même homme entretint une longue correspondance avec Bossuet pour amener une réconciliation entre les protestants et l'Église de Rome, et, dans sa *Théodicée* et d'autres ouvrages, il s'efforça de défendre la cause de la vérité et de la religion contre les envahissements de la philosophie matérialiste qui tendait à se développer en France et en Angleterre. On a prétendu que les découvertes de Leibniz n'ont jamais été fécondes en résultats, et qu'il a fallu, presque toujours, les refaire; mais cela n'est certainement pas vrai pour ce qui concerne la science du langage. La curiosité qu'il éveilla pour l'étude des langues ne s'est jamais éteinte depuis lors, et n'a cessé de devenir plus vive et plus ardente. Depuis qu'on a reconnu combien il importe de réunir, si l'on peut ainsi parler, comme un herbier complet des langues de l'humanité, les missionnaires et les voyageurs ont toujours regardé comme un devoir de former des listes de mots et de composer des grammaires, chaque fois qu'ils se sont trouvés en contact avec une race nouvelle. Les deux grands ouvrages du commencement de notre siècle, qui nous présentent les résultats de ces recherches (je veux parler du *Catalogue des langues,* par Hervas, et du *Mithridate* d'Adelung), relèvent directement de l'influence de Leibniz. Hervas avait lu Leibniz avec le plus grand soin, et, bien qu'il en diffère sur certains points, il reconnaît pleinement tout ce que lui doit l'étude philosophique des langues. Du *Mithridate* d'Adelung, et des obligations qu'il a eues à Leibniz, nous aurons bientôt à nous occuper.

Hervas, né en Espagne en 1735, mourut en 1809. Il entra dans la société des jésuites, et tandis qu'il prêchait l'Évangile, comme missionnaire, parmi les Indiens d'Amérique qui parlent d'innombrables dialectes, son attention se porta sur une étude systématique des langues. A son retour, il résida ordinairement à Rome, au milieu des nombreux missionnaires jésuites, qui, à cette époque, avaient été rappelés de toutes les parties du monde, et les renseignements qu'ils lui fournirent sur les dialectes des peuples, à la conversion desquels ils venaient de travailler, lui furent d'un précieux secours dans ses recherches.

La plupart de ses ouvrages furent écrits en italien et traduits ensuite en espagnol. Il nous est impossible de nous occuper ici de tous ses travaux littéraires qui embrassent les plus vastes sujets, et dont il voulait former une sorte de *Cosmos* auquel il donna le titre de *Idea del Universo*. Ce qui est intéressant pour nous, ce sont les ouvrages où il traite de l'homme et du langage comme faisant partie de l'univers, et surtout son *Catalogue des langues* en six volumes, publié en espagnol en l'année 1800.

Si nous comparons l'ouvrage d'Hervas avec un autre du même genre qui fit grand bruit vers la fin du siècle dernier, je veux parler du *Monde primitif* (1) de Court de Gébelin, dont, aujourd'hui encore, le nom est plus connu que celui d'Hervas, nous verrons immédiatement toute la supériorité du jésuite espagnol sur le

(1) *Monde primitif analysé et comparé avec le monde moderne.* Paris, 1773.

philosophe français. Gébelin regarde le persan, l'arménien, le malais et le copte comme des dialectes de l'hébreu ; il parle du basque comme si c'était une branche du celtique, et il tâche de découvrir des mots hébreux, grecs, anglais et français dans les idiomes de l'Amérique. Hervas, au contraire, bien que comprenant dans son catalogue cinq fois plus de langues que n'en connaissait Gébelin, a le plus grand soin de ne jamais se laisser aller à aucune théorie qui ne repose sur des faits. Il est facile maintenant de citer des erreurs et des inexactitudes dans Hervas, mais il me semble que ses plus sévères critiques ont été ceux qui avaient le plus sujet de reconnaître les obligations qu'ils lui avaient. Ce n'était pas un service sans importance que de réunir des spécimens et des notices de plus de trois cents langues; mais Hervas ne s'en tint pas là : il composa lui-même les grammaires de plus de quarante idiomes (1), et il fut le premier à montrer que la véritable affinité des langues doit être déterminée surtout par les faits grammaticaux, et non par une simple ressemblance des mots (2). Il prouva,

---

(1) *Catalogo*, I, 63.

(2) « Mas se deben consultar gramáticas para conocer su caracter proprio por medio de su artificio gramatical. » — *Catalogo*, I, 65. Le même principe fut posé par lord Monboddo, vers 1795, dans *Ancient Metaphisics*, vol. IV, p. 326. « Voici maintenant ma dernière observation, c'est que le mécanisme d'une langue étant moins arbitraire et mieux réglé que la prononciation ou que la signification des mots, nous y trouvons un excellent criterium pour déterminer l'affinité des langues entre elles. C'est pourquoi, quand nous voyons deux langues employer de la même manière ces grands procédés du langage, la dérivation, la composition et l'inflexion, nous pouvons, à mon avis, en conclure avec certitude que l'une dérive de

par un tableau comparatif des déclinaisons et des conjugaisons, que l'hébreu, le chaldéen, le syriaque, l'arabe, l'éthiopien et l'amharique ne sont tous que des dialectes d'une même langue primitive, et composent une même famille de langues, la famille sémitique (1). Il rejeta bien loin l'idée de dériver tous les idiomes de l'humanité de l'hébreu. Il avait découvert des traces évidentes d'affinité entre le hongrois, le lapon et le finnois, trois dialectes qui sont maintenant rangés dans la famille touranienne (2). Il avait prouvé, contrairement à l'opinion commune, que le basque n'était pas un dialecte celtique, mais une langue indépendante que parlaient les premiers habitants de l'Espagne, ainsi que le prouvent les noms des montagnes et des rivières de cette contrée (3). Bien plus, une des belles découvertes de la science du langage, l'établissement de la famille des langues malaises et polynésiennes s'étendant sur 208 degrés de longitude, depuis l'île de Madagascar, à l'est de l'Afrique, jusqu'à l'île de Pâques, à l'ouest de l'Amérique, fut faite par Hervas longtemps avant d'être annoncée au monde par Humboldt (4).

l'autre, ou qu'elles sont toutes deux des dialectes d'une même langue primitive. »

(1) *Catalogo*, II, 468.

(2) *Catalogo*, I, 49. Dans une lettre à Leibniz, datée du 22 mai 1698, Witsen fait également allusion à l'affinité entre le tartare et le mongol. « On m'a dit que ces deux langues (la langue moegale et la langue tartare) sont différentes à peu près comme l'allemand l'est du flamand, et qu'il est de même des Kalmucs et Moegals. » *Collectanea etym.*, II, 363.

(3) Leibniz soutenait la même opinion (voir Hervas, *Catalogo*, I, 50), bien qu'il considérât les Celtes d'Espagne comme des descendants des Ibères.

(4) *Catalogo*, I, 30. « Verá que la lengua llamada *malaya*, la

Hervas n'ignorait pas non plus la grande conformité grammaticale qui unit le sanscrit et le grec; mais les renseignements incomplets que put lui donner son ami, le missionnaire carmélite Fra Paolino a Santo Bartholomeo, auteur de la première grammaire sanscrite, publiée à Rome en 1790, ne lui permirent pas de connaître toute la portée de cette découverte. Nous pouvons comprendre combien Hervas approcha de la vérité, quand nous le voyons comparer des mots comme *Theos*, Dieu, en grec, et *Deva*, Dieu, en sanscrit. Il reconnut l'identité du verbe auxiliaire grec *eimi, eis, esti,* je suis, tu es, il est, avec le sanscrit *asmi, asi, asti;* il montra même que les désinences des trois genres, en grec, *os, ē, on,* sont les mêmes que le sanscrit *as, á, am* (1); mais, comme il croyait que la philosophie et la mythologie grecques avaient eu leur source dans l'Inde, il supposa que les Grecs avaient

qual se habla en la península de Malaca, es matriz de innumerables dialectos de naciones isleñas, que desde dicha península se extienden por mas de doscientos grados de longitud en los mares Oriental y Pacífico. »

Catalogo, II, 10. « De esta península de Malaca han salido enjambres de pobladores de las islas del mar Indiano y Pacífico, en las que aunque parece haber otra nacion, que es de negros, la *malaya* es generalmente la mas dominante y extendida. La lengua malaya se habla en dicha península, continente del Asia, en las islas Maldivas, en la de Madagascar (perteneciente al Africa), en las de Sonda, en las Molucas, en las Filipinas, en las del archipiélago de San-Lázaro, y en muchísimas del mar del Sur desde dicho archipiélago hasta islas, que por su poca distancia de América se creian pobladas por Americanos. La isla de Madagascar se pone á 60 grados de longitud, y á los 268 se pone la isla de Pasquau ó de Davis, en la que se habla otro dialecto malayo; por lo que la extension de los dialectos malayos es de 208 grados de longitud. »

(1) *Catalogo*, II, 134.

aussi emprunté aux Hindous quelques-uns de leurs mots, et même l'art de distinguer les genres (1).

Le second ouvrage qui représente la science du langage au commencement de ce siècle, et qui est dû bien plus encore à l'impulsion donnée par Leibniz, c'est le *Mithridate* d'Adelung (2). L'ouvrage d'Adelung est fondé en partie sur le *Catalogue* d'Hervas, en partie sur les listes de mots recueillies sous les auspices du gouvernement russe, grâce aux instigations de Leibniz. Quoique Pierre le Grand n'eût ni le loisir ni le goût de s'occuper d'études philologiques, le gouvernement de Russie ne perdit jamais de vue le projet d'une vaste collection de tous les idiomes de l'empire (3). La science du langage devait cependant voir des jours encore meilleurs : elle avait eu le patronage de César à Rome, mais elle trouva une protectrice bien autrement dévouée dans la grande czarine du Nord, la grande Catherine (1762-1796). Lorsque Catherine n'était encore que grande-duchesse, elle donna toutes ses pensées à la compilation d'un dictionnaire universel, d'après le plan proposé par Leibniz. Elle encouragea Daniel Dumaresq, chapelain de la factorerie anglaise

---

(1) *Catalogo*, II, 135.

(2) Le premier volume parut en 1806. Adelung mourut avant la publication du second volume que Vater fit paraître en 1809. Les volumes III et IV suivirent en 1816 et 1817 ; ils eurent pour éditeurs Vater et le fils d'Adelung.

(3) Nous en trouvons la preuve dans l'ouvrage de Strahlenberg, *le Nord et l'Est de l'Europe et de l'Asie*, 1730, avec table polyglotte ; dans Messerschmidt, *Voyages en Sibérie*, de 1729 à 1739 : dans Bachmeister, *Idea et desideria de colligendis linguarum speciminibus*, Petropoli, 1773; dans Güldenstädt, *Voyage dans le Caucase*, etc.

à Saint-Pétersbourg, à entreprendre ce travail, et on dit qu'il publia, sur son invitation, un *Vocabulaire comparatif des langues orientales,* in-quarto. Toutefois, si cet ouvrage a jamais existé, il est complétement perdu aujourd'hui. L'auteur supposé mourut à Londres, dans une vieillesse avancée, en 1805. Quand Catherine monta sur le trône, ses études philologiques l'occupèrent presque autant que ses projets de conquête; et elle s'enferma une fois pendant près d'une année, pour se consacrer tout entière à son dictionnaire comparatif. On pourra lire avec intérêt une lettre qu'elle écrivit, à cette époque, à Zimmermann, et qui est datée du 9 mai 1785 :

« Votre lettre m'a tirée de la solitude dans laquelle près de neuf mois je m'étais presque confinée, et dont j'ai eu de la peine à sortir. Vous ne vous douteriez guère de ce que j'y faisais : pour la rareté du fait, je vous le dirai. J'ai fait un registre de deux à trois cents mots radicaux de la langue russe; ceux-ci, je les ai fait traduire dans autant de langues et jargons que j'ai pu trouver; le nombre déjà en dépasse la seconde centaine. Tous les jours je prenais un de ces mots, et je l'écrivais dans toutes les langues que je pouvais ramasser. Ceci m'a appris que le *celte* ressemble à l'*ostiaque;* que ce qui veut dire *ciel* dans une langue signifie *nuage, brouillard, voûte,* dans d'autres; que le mot *Dieu,* dans de certains dialectes, signifie le trèshaut ou le bon, dans d'autres, le soleil ou le feu. *Dieses Steckenpferdchens wurde ich überdrüssig, nachdem das Buch von der Einsamkeit durchgelesen war* (1). Mais

---

(1) « Je me suis fatiguée de mon dada, après avoir lu votre livre sur la Solitude. »

comme cependant j'aurais eu du regret de jeter au feu une si grande masse de papier; la salle de dix toises de long, que j'habitais en guise de cabinet dans mon ermitage, était d'ailleurs assez chaude; je fis prier le professeur Pallas de venir chez moi, et, après la confession exacte de ma part de ce péché, nous sommes convenus de rendre par l'impression ces traductions utiles à ceux qui auraient envie de s'occuper de l'ennui d'autrui; on n'attend plus pour cet effet que quelques dialectes de la Sibérie orientale. Y verra ou n'y verra pas qui voudra des choses lumineuses de plus d'un genre, cela dépendra de la disposition d'esprit respective de ceux qui s'en occuperont, et ne me regarde pas du tout. »

Quand une impératrice a un *dada* (qu'on nous passe le mot, il rend exactement l'expression allemande dont se sert Catherine), il ne manque pas de gens pour l'aider à se mettre en selle. Non-seulement tous les ambassadeurs russes furent invités à rassembler des matériaux, non-seulement des professeurs d'Allemagne fournirent des grammaires et des dictionnaires (1); mais Washington lui-même, pour faire plaisir à l'impératrice, envoya sa liste de mots à tous les gouverneurs et à tous les généraux des États-Unis, avec l'ordre d'en donner les équivalents dans les dialectes américains. En 1787, parut le premier volume du dictionnaire impérial, contenant une liste de deux cent quatre-vingt-cinq mots, en cinquante et une langues de l'Europe et en cent quarante-neuf langues de

---

(1) L'impératrice écrivit à Nicolaï, à Berlin, pour lui demander un catalogue de grammaires et de dictionnaires. Le manuscrit de ce travail fut envoyé à Catherine, de Berlin, en 1785.

l'Asie (1). Sans méconnaître tout le mérite de Catherine, il est juste de ne pas oublier le philosophe qui, près de cent ans auparavant, sema la graine qui était tombée dans une bonne terre.

Comme collections de mots, les ouvrages d'Hervas, de l'impératrice Catherine et d'Adelung ont une grande valeur, et pourtant la science de la classification des langues a fait de tels progrès, depuis cinquante ans, que peu de personnes les consultent de nos jours. Le principe sur lequel est fondé leur travail de classification mérite à peine d'être appelé scientifique, puisqu'ils adoptèrent la division géographique, distribuant les langues en langues de l'Europe, de l'Asie, de l'Afrique, de l'Amérique et de la Polynésie, tout en reconnaissant cependant des affinités naturelles entre les dialectes parlés à deux cent huit degrés l'un de l'autre. Les différents idiomes semblaient flotter comme des îles sur l'océan du langage humain; ils ne s'aggloméraient pas pour se former en plus vastes continents. C'est là une période fort critique dans l'histoire de toute science; et s'il n'était pas survenu un heureux accident qui, comme une étincelle électrique, fit cristalliser en formes régulières tous ces éléments flottants, il est plus que douteux que ces longues

---

(1) *Glossarium comparativum Linguarum totius Orbis*, Pétersbourg, 1787. Une seconde édition, dans laquelle les mots sont rangés par ordre alphabétique, fut publiée en quatre volumes en 1790-91, par Jankiewitsch de Miriewo. Cet ouvrage contient 279 langues, à savoir : 171 pour l'Asie, 55 pour l'Europe, 30 pour l'Afrique et 23 pour l'Amérique. Selon Pott, *Ungleichheit*, page 230, il contient 277 langues, 185 pour l'Asie, 22 pour l'Europe, 28 pour l'Afrique et 15 pour l'Amérique ; ce qui donnerait 280. C'est un livre fort rare.

listes de langues et de dialectes énumérés et décrits dans les ouvrages d'Hervas et d'Adelung eussent pu continuer à exciter longtemps l'intérêt des philologues. Cette étincelle électrique fut la découverte du sanscrit.

Le sanscrit est l'antique langue des Hindous, qui cessa d'être parlée au moins trois cents ans avant Jésus-Christ. A cette époque, les habitants de l'Inde parlaient différents dialectes qui étaient à l'ancien sanscrit védique ce qu'est l'italien au latin. Quelques-uns de ces dialectes (car il y en avait plusieurs dans diverses contrées de l'Inde) nous sont connus par les inscriptions que le célèbre roi Asoka fit graver sur les rochers de Dhauli, de Girnar et de Kapurdigiri, et qui ont été déchiffrées par Prinsep, Norris, Wilson et Burnouf. Nous pouvons suivre le développement de ces dialectes locaux dans le *pâli*, langue sacrée du bouddhisme dans l'île de Ceylan, et autrefois idiome populaire du pays qui fut le berceau de cette religion ; c'est le Behár moderne, l'ancien Magadha (1). Nous retrouvons les mêmes dialectes dans ce qu'on appelle les idiomes prâkrits, employés plus tard dans le drame

---

(1) Dans la littérature primitive des Bouddhistes de Ceylan, la langue des livres sacrés admis dans leur canon est appelée simplement *Jina-Vachana*, la parole de Bouddha. C'est seulement des écrivains ceylanais plus modernes qui appellent cette même langue la langue de Magadha, parce que ce fut de Magadha que Mahinda apporta à Ceylan les livres sacrés. Chez les Bouddhistes, le mot *Pâli*, quelle que fût sa signification première, en est venu à être employé dans le sens de texte, par opposition au commentaire, et un autre mot d'origine obscure, *Panti*, est employé par eux dans le même sens. Voyez Barthélemy St-Hilaire dans son rapport sur la *Collection de manuscrits*, publié dans le *Journal des Savants* de 1866 (p. 26 du tirage à part).

indien, dans la littérature sacrée des Djainas, et dans un petit nombre de compositions poétiques ; et nous voyons enfin tous ces dialectes se modifier, au contact des différents conquérants de l'Inde, par l'adoption de mots arabes, persans, mongols et turcs, et par la corruption de leur système grammatical, jusqu'à ce qu'ils deviennent à la longue l'hindoui, l'hindoustani, le mahratte et le bengali, langues modernes de la péninsule. Pendant toute cette période, le sanscrit resta la langue littéraire des brahmanes. De même que le latin, cette langue n'expira pas, en donnant naissance à ses nombreux rejetons, et aujourd'hui encore un brahmane lettré écrit plus couramment en sanscrit qu'en bengali. Le sanscrit a été absolument ce que furent le grec à Alexandrie et le latin au moyen âge : c'est à la fois la langue sacrée et la langue classique des brahmanes, dans laquelle furent composés leurs hymnes sacrés, les Védas, ainsi que les ouvrages postérieurs, tels que les lois de Manou et les Purânas.

De tout temps on a connu l'existence de la langue qui avait été l'ancien idiome de l'Inde et l'instrument d'une riche littérature ; et, s'il reste encore sur son antiquité et son authenticité quelques doutes, comme en exprima Dugald Stewart dans ses *Conjectures concernant l'origine du sanscrit* (1), il suffit pour les lever de jeter un regard sur l'histoire de l'Inde, et sur les récits que nous ont laissés les auteurs des différentes nations qui connurent le langage et la littérature de cette contrée.

Le fait que presque tous les noms de personnes et

---

(1) *Works*, vol. III, 72.

de lieux mentionnés par les auteurs grecs et latins sont du pur sanscrit a déjà été si complétement mis en lumière par l'érudition moderne, que sur ce point nous ne saurions rien ajouter.

La plus ancienne nation, après les Grecs, chez laquelle nous trouvions la connaissance de la langue et de la littérature de l'Inde, ce sont les Chinois. Bien que le bouddhisme n'ait pas été reconnu comme une troisième religion d'État antérieurement à l'an 65 avant Jésus-Christ, sous l'empereur Ming-ti (1), des missionnaires bouddhistes étaient venus de l'Inde en Chine, dès le troisième siècle avant notre ère. Dans les annales de la Chine, il est fait mention d'un missionnaire bouddhiste en l'année 217 ; et vers l'an 120 avant Jésus-Christ, un général chinois, après avoir mis en déroute les tribus barbares, au nord du désert de Gobi, rapporta, comme trophée de sa victoire, une statue d'or, la statue de Bouddha. Le nom même de Bouddha, changé en chinois en Fo-t'o et Fo (2), est du sanscrit tout pur, et vient de l'Inde, ainsi que chaque mot et chaque pensée de cette religion. C'était le sanscrit que les pèlerins chinois allaient étudier dans l'Inde, afin d'avoir la clef de la littérature sacrée du bouddhisme. Ils appellent cette langue *fan;* mais *fan*, comme M. Stanislas Julien l'a démontré, est une abréviation de *fan-lan-mo*, la seule traduction possible en chinois du sanscrit *brahmâ* (3). On raconte que l'em-

---

(1) Max Müller, *Buddhism and Buddhist Pilgrims*, p. 23.

(2) *Méthode pour déchiffrer et transcrire les noms sanscrits qui se rencontrent dans les livres chinois, inventée et démontrée*, par M. Stanislas Julien ; Paris, 1861, p. 103.

(3) « Fan-chou (brahmâkshara), les caractères de l'écriture in-

pereur Ming-ti, de la dynastie des Han, envoya Tsaï-in et d'autres hauts fonctionnaires dans l'Inde, pour s'y instruire de la doctrine de Bouddha. Avec l'assistance de deux savants bouddhistes, Matânga et Tchou-falan, ils traduisirent en chinois quelques-uns des ouvrages les plus importants du bouddhisme. Les relations intellectuelles entre la péninsule indienne et les régions septentrionales de l'Asie continuèrent sans interruption, pendant plusieurs siècles. Des savants étaient envoyés de la Chine dans l'Inde, pour en étudier la géographie, la religion, l'état politique et social; mais c'était, avant tout, la religion de Bouddha qui faisait l'objet de leurs études et qui attirait les pèlerins chinois au-delà de l'Himalaya.

Ce fut environ trois cents ans après que le bouddhisme eut été publiquement reconnu par l'empereur Ming-ti, que les flots des pèlerins bouddhistes commencèrent à se porter de la Chine dans l'Inde. La plus ancienne relation de ces pèlerinages qui nous soit parvenue, se trouve dans le *voyage* de Fa-hian, qui visita l'Inde vers la fin du quatrième siècle de notre ère (1). Après Fa-hian nous avons les voyages de Hoeï-seng et de Song-yun, qui furent envoyés dans l'Inde, en 518, par ordre de l'impératrice, pour y recueillir des reliques et des livres sacrés. Puis vint Hiouen-thsang, dont la vie et les voyages, de 629 à 645, ont été rendus si populaires par l'excellente traduction de M. Stanislas Julien. Après Hiouen-thsang les principaux ou-

---

dienne, inventée par Fan, c'est-à-dire Fan-lan-mo (Brahmâ). » — Stanislas Julien, *Voyages des pèlerins bouddhistes,* vol. II, p. 505.

(1) Nous devons à M. A. Rémusat une traduction française de cet ouvrage.

vrages des pèlerins chinois, ce sont l'itinéraire des cinquante-six moines, publié en 730, et les voyages de Khi-nie, qui visita l'Inde en 964, à la tête de trois cents pèlerins. Que pendant toute cette période le sanscrit était la langue savante de l'Inde, c'est un fait qui nous est prouvé, non-seulement par les noms propres et tous les termes de philosophie et de théologie cités dans les voyages des pèlerins chinois, mais aussi par un court paradigme de déclinaison et de conjugaison sanscrites que Hiouen-thsang a inséré dans son journal.

Aussitôt après l'entrée des mahométans dans l'Inde, nous voyons traduire des ouvrages sanscrits en persan et en arabe (1). Dès le règne du second calife abasside Almansour (2), en l'année 773 de J.-C., un Indien versé dans l'astronomie visita la cour du calife, apportant avec lui des tables des équations des planètes, calculées d'après les mouvements moyens, et aussi des observations relatives aux éclipses du soleil et de la lune, ainsi qu'au lever des signes du zodiaque, qu'il disait avoir puisées dans les tables astronomiques d'un prince indien, que l'auteur arabe appelle Phíghar. Le calife, s'empressant de profiter de cette bonne fortune, ordonna qu'on traduisît le traité indien, afin qu'il servît de guide aux Arabes dans leur étude des astres.

---

(1) Sir Henri Elliot, *Historians of India*, p. 259.

(2) Colebrooke, *Miscellaneous Essays*, II, p. 504, cite la préface des tables astronomiques de Ben-al-Adami, publiées par son continuateur, Al-Cásem, en 920 de J.-C. Sur les chiffres sanscrits, Voir Strachey, *Asiatic Researches*, XII, 184, et Colebrooke, *Algebra*, p. LII. [Une excellente étude sur l'histoire des chiffres indiens et sur la manière dont ils se sont propagés a été donnée par M. Wœpke, *Journal asiatique*, 1863. Tr.]

Cette traduction, due à Mohammed-ben-Ibrahim-Alfazári, est connue des astronomes sous le titre de grand Sind-hind ou Hind-sind, car on rencontre le mot écrit des deux manières (1).

Vers la même époque, Yacoub, fils de Tharec, composa un traité d'astronomie fondé sur le Sind-hind (2). Haroun-al-Rashid (786-809) avait à sa cour deux médecins indiens, Manka et Saleh. Manka traduisit du sanscrit en persan le traité classique de médecine, intitulé Suśruta (3), et un traité des poisons, attribué à Châṇakya (4). Sous le calife Al-Mámoum, un traité

---

(1) Selon Ben-al-Adami, sindhind signifie la révolution des siècles; Casiri le traduit par *perpetuum æternumque*. Colebrooke propose de lire siddhânta, et suppose que l'original fut l'ouvrage de Brahmagupta, *Brahmasiddhânta*. M. Reinaud, dans son *Mémoire sur l'Inde*, p. 312, cite le passage suivant du *Taryk-al-Hokama* : « En l'année 156 de l'hégire (773 de J.-C.), il arriva de l'Inde à Bagdad un homme fort instruit dans les doctrines de son pays. Cet homme possédait la méthode du Sindhind, relative aux mouvements des astres et aux équations calculées au moyen de sinus de quart en quart de degré. Il connaissait aussi diverses manières de déterminer les éclipses, ainsi que le lever des signes du zodiaque. Il avait composé un abrégé d'un ouvrage relatif à ces matières qu'on attribuait à un prince nommé Fygar. Dans cet écrit, les Kardagia (i. e. Kramajyâ; V. *Sûryasiddhânta*, éd. Burgess et Whitney, p. 57 et p. 59) étaient calculés par minutes. Le khalife ordonna qu'on traduisît le traité indien en arabe, afin d'aider les musulmans à acquérir une connaissance exacte des étoiles. Le soin de la traduction fut confié à Mohammed, fils d'Ibrahim-al-Fazary, le premier entre les musulmans qui s'était livré à une étude approfondie de l'astronomie : on désigna plus tard cette traduction sous le titre de Grand Sindhind. » Albirouni place cette traduction en 771.

(2) Reinaud, *Mémoire sur l'Inde*, p. 314.

(3) V. Steinschneider. *Wissenschaftliche Blätter*, vol. I, p. 79.

(4) V. M. Flügel, dans le *Journal de la Société asiatique allemande*, XI, p. 148 et 325. Steinschneider, *Wissenschaftliche Blätter*, vol. I, p. 65, cite un traité en hébreu sur les poisons, attribué

célèbre d'algèbre fut traduit du sanscrit en arabe par Mohammed-ben-Musa (1).

Abou-Rihan-al-Birouni (né en 970, mort en 1038) passa quarante ans dans l'Inde, et composa son excellent ouvrage, le Taríkhu-l'Hind, qui nous présente un fidèle tableau de la littérature et des sciences des Hindous à cette époque. Le sultan de Khawarazm adjoignit Albirouni à une ambassade qu'il envoya à Mahmoud le Ghaznévide et à Masoud de Lahore, et dont le savant Avicenne refusa de faire partie. Albirouni dut posséder à fond la langue sanscrite, car, non-seulement il traduisit du sanscrit en arabe deux traités, dont l'un sur la philosophie Sânkhya, et l'autre sur la philosophie Yoga, mais encore il fit passer deux ouvrages de l'arabe en sanscrit (2).

Vers 1150, Abu Saleh traduisit du sanscrit en arabe un écrit sur l'éducation des rois (3).

On raconte que deux siècles plus tard, après la prise de Nagarcote, Firoz Shah fit traduire par Maulána

---

à l'Indien Zanick. Dans Albirouni, il est fait mention de l'Indien Kankah, astrologue d'Haroun-al-Rashid (Reinaud, *Mémoire sur l'Inde*, p. 315). On lui donne également le titre de médecin. Un autre médecin indien d'Haroun-al-Rashid se nommait Mankba. (*Idem, ibid.*)

(1) M. F. Rosen en a donné une édition en 1831.

(2) Elliot, *Historians of India*, p. 96. Albirouni connaissait le Harivansa, et fixe la date des cinq Siddhàntas. C'est M. Reinaud qui le premier indiqua la grande valeur de l'ouvrage d'Albirouni, dans son excellent *Mémoire sur l'Inde*, Paris, 1849.

(3) Dans l'ouvrage persan *Mujmalu-t-Tawarikh*, il y a des chapitres traduits de l'arabe d'Abu-Saleh-ben-Shib-ben-Jawa, qui lui-même les avait extraits, en les abrégeant, d'un ouvrage sanscrit intitulé l'*Éducation des rois* (*Ràjaniti?*). Le traducteur persan était postérieur d'un siècle à Abou Saleh. V. Elliot, *ibid*.

Izzu-d-din Khalid Khani, plusieurs traités de philosophie composés en sanscrit. En 1381, on traduisit également du sanscrit un traité de médecine vétérinaire, attribué à Sâlotar, qui aurait été précepteur de Suśruta (1). La Bibliothèque royale de Lucknow possédait un exemplaire de cet ouvrage.

En descendant de deux autres siècles, nous arrivons au règne d'Akbar (1556-1605), et nous pouvons dire que jamais homme plus extraordinaire n'occupa le trône de l'Inde. Après avoir été élevé dans le mahométisme, il renonça à la religion du Prophète comme étant une vaine superstition, et consacra toute sa vie à la recherche de la vérité (2). Il appela à sa cour des brahmanes et des adorateurs du feu, et leur ordonna

---

(1) On ne sait si Sâlotar est bien réellement l'auteur de ce traité. Dans Râja Râdhakant se rencontre Sâlotârîya au lieu de Śâlâturîya; mais Śâlâturîya est un nom de Pâṇini, et l'on dit que le précepteur de Suśruta se nommait Divodâsa. Le professeur Weber dans son *Catalogue de Manuscrits sanscrits*, p. 298, a indiqué Sâlihotra, qui est mentionné dans le *Panchatantra* comme enseignant l'art vétérinaire, et qui est cité par Garga dans le *Aśvâyurveda*. *Salotri* est le terme usuel pour médecin vétérinaire, dans l'hindoui et l'urdû. Le professeur Aufrecht a découvert un traité de médecine par Sâlihotra dans la bibliothèque de l'*East India House*, à Londres. Dans le *Catalogue des Manuscrits sanscrits du collége du Fort William*, nous trouvons un ouvrage de médecine par Sâlinâtha. Hadji Chalfa, voir p. 59, fait mention d'un traité de médecine vétérinaire composé en sanscrit par Chànakya. Une traduction du Charaka, du sanscrit en persan et du persan en arabe, est citée dans le Fihrist (terminé en 987) et aussi par Albirouni (Reinaud, *Mémoire sur l'Inde*, p. 316); cette traduction fut entreprise, dit-on, pour les Barmécides. Les noms des personnes qui sont supposées avoir transmis les doctrines contenues dans ce traité, doivent être rétablis dans Albirouni de la manière suivante : Brahman, Prajâpati, les Aśvinau, Indra, les fils d'Atri, Agniveśa. V. *Ashṭangahṛidaya*, introd. (Ms. Wilson, 298).

(2) Cf. Vans Kennedy, *Notice respecting the religion introduced*

de discuter, en sa présence, les preuves de leur religion avec les docteurs mahométans. Quand il apprit la présence des jésuites à Goa, il les invita à se rendre dans sa capitale, et, pendant bien des années, on pensa qu'il s'était converti en secret au christianisme. Mais, en réalité, il ne fut qu'un déiste, et il déclara lui-même qu'il n'avait jamais rien cru, en dehors de ce que sa raison pouvait comprendre. La religion dont il fut le fondateur et qu'on a appelée *Ilahi* est simplement le déisme auquel il ajouta le culte du soleil, considéré comme le plus pur et le plus noble emblème de la divinité (1). Bien qu'Akbar lui-même ne sût ni lire ni écrire, sa cour fut le rendez-vous des savants de toutes les croyances (2). Tous les livres, dans quelque langue qu'ils fussent écrits, dont il pouvait espérer tirer quelque lumière pour éclaircir les problèmes qui lui tenaient le plus au cœur, étaient traduits par son ordre en persan. Il avait des traductions du Nouveau Testament (3), du *Mahâbhârata*, du *Râ-*

by Akbar, dans les *Transactions of the literary Society of Bombay*, 1820, vol. II, p. 242-270.

(1) Elliot, *Historians of India*, p. 249.

[Voir sur ces sectaires, très-nombreux encore de nos jours dans l'Iran, de Gobineau, *Trois ans en Asie*, pag. 338 et suivantes. On trouve, jusque dans l'Anatolie, désignés là par le nom de *Kisil-Bachi*, des groupes mystérieux qui paraissent se rattacher aux religions secrètes de l'Iran. (Cf. G. Perrot, *Souvenirs d'un voyage en Asie Mineure*, pp. 433 à 431.) Ces religions secrètes remontent vraisemblablement plus haut qu'Akbar, lequel semble avoir été plutôt encore un *Soufi*, ou libre penseur, qu'un véritable novateur religieux. Tr.]

(2) Mülbauer, *Geschichte der katholischen Missionen Ostindiens*, p. 134.

(3) Elliot, *Historians of India*, p. 248.

máyana, de l'*Amarakosha* (1), et d'autres ouvrages classiques de la littérature sanscrite : mais, malgré tout son désir de posséder les livres sacrés des différentes nations, il ne paraît pas qu'il ait réussi à obtenir des brahmanes une traduction des védas. Il est vrai que Hadji Ibrahim Sirhindi traduisit pour l'empereur l'*Atharva-veda* (2) ; mais outre que ce Véda n'a jamais joui de la même autorité que les trois autres, il est même douteux que par *Atharva-veda* on ait entendu autre chose que les *Upanishads*, dont plusieurs ont pu être composés pour l'édification d'Akbar. La légende suivante nous montre de quelle façon les brahmanes gardaient le dépôt sacré de leur religion sous les empereurs mogols. On raconte que, prières et menaces n'ayant pu arracher aux brahmanes le secret de leur religion, Akbar résolut d'avoir recours à la ruse. Par ses ordres on fit confier aux soins de ces prêtres un jeune enfant du nom de *Fiezi*, qu'on prétendit être un pauvre orphelin de la caste sacerdotale, laquelle seule

---

(1) Elliot, p. 259, 560. Le *Tarikh-i-Badauni*, ou *Muntakhabu-t-Tawárikh*, composé par Mulla Abd-ul-Kádir Maluk, shah de Badáún, et terminé en 1595, est une histoire générale de l'Inde depuis l'époque des Ghaznevides jusqu'à la quarantième année d'Akbar. L'auteur est un mahométan fanatique, et il juge sévèrement Akbar qui, cependant, avait été pour lui un bienfaiteur généreux. Akbar l'avait chargé de faire des traductions de l'arabe et du sanscrit en persan; c'est ainsi qu'il traduisit le *Rámáyana*, deux des dix-huit sections du *Mahábhárata*, et une histoire abrégée du Cachemire. Ces traductions furent faites sous la direction de Faizi, frère du ministre Abou-l-Fazl. « Aboulfacel, ministro de Akbar, se valió del Amarasinha y del Mahabhárata, que traduxo en persiano el año de 1586. » *Hervas*, II, 136.

(2) Voir Max Müller, *History of Ancient sanskrit Literature*, p. 327.

peut être initiée à leurs rites sacrés. Fiezi, ayant été préparé au rôle qu'il devait jouer, fut conduit secrètement à Bénarès, le centre des études dans l'Hindoustan ; là il fut accueilli dans la maison d'un savant brahmane qui l'éleva comme s'il avait été son fils. Quand le jeune homme eut passé dix ans dans l'étude, Akbar voulut le rappeler auprès de lui : mais il s'était épris de la fille de son maître. Le vieux brahmane vit cet attachement sans déplaisir, car il aimait Fiezi, et il lui offrit sa fille en mariage. Partagé quelque temps entre l'amour et la reconnaissance, le jeune homme se décida enfin à tout avouer, et, se jetant aux pieds du brahmane, il lui dévoila le stratagème auquel il s'était prêté, en le suppliant de lui pardonner son offense. Le prêtre, sans lui adresser de reproches, saisit un poignard qu'il portait à sa ceinture, et le lui aurait plongé dans le cœur, si Fiezi n'avait retenu son bras. Le jeune homme chercha par tous les moyens à le fléchir, se déclarant prêt à tout pour expier sa perfidie. Le brahmane, fondant en larmes, promit de lui pardonner à condition qu'il ferait serment de ne jamais traduire les *Védas* ou livres sacrés, et de ne jamais révéler à personne au monde le symbole de la religion de Brahma. Fiezi fit le serment sur-le-champ : l'histoire ne dit pas jusqu'à quel point il y fut fidèle, mais toujours est-il, ajoute l'auteur à qui nous empruntons ce récit, que jusqu'à présent « les livres sacrés des Indiens n'ont jamais été traduits (1). »

Nous venons de constater l'existence du sanscrit

(1) *Histoire des établissements des Européens dans les Indes orientales et occidentales*, publiée au dernier siècle, par l'abbé Raynal.

comme langue de la littérature et de la religion de l'Inde, depuis l'époque d'Alexandre jusqu'au règne d'Akbar. Cent ans après Akbar, le fils aîné du shah Jehan, l'infortuné Dárá, s'adonna aux études religieuses avec l'ardeur qui avait distingué son ancêtre. Il apprit le sanscrit, et, en 1657, un an avant d'être mis à mort par son jeune frère le fanatique Aurengzebe, il traduisit en persan les *Upanishads*, ces traités philosophiques qui font suite aux *Védas*. La traduction de ce prince fut retraduite en français par Anquetil Duperron, en 1795, et pendant longtemps elle fut la source principale où les savants d'Europe puisaient leur connaissance de la littérature sacrée des brahmanes.

Au temps où nous sommes maintenant arrivés, c'est-à-dire sous le règne d'Aurengzebe (1657-1708), le contemporain et l'émule de Louis XIV, l'existence de la langue et de la littérature sanscrites était connue, sinon des savants de l'Europe, tout au moins des Européens qui résidaient dans l'Inde et surtout des missionnaires ; mais quel est le premier Européen qui ait appris le sanscrit, c'est ce qu'il est difficile de déterminer. Quand Vasco de Gama débarqua à Calicut, le 9 mai 1498, le P. Pedro commença immédiatement à prêcher aux Indiens, et il avait souffert le martyre avant que l'explorateur de ces lointains parages fût de retour à Lisbonne. Chaque vaisseau qui arrivait dans l'Inde amenait de nouveaux missionnaires ; mais, pendant longtemps, leurs lettres et leurs rapports ne font aucune mention du sanscrit ni de la littérature sanscrite. Le premier qui organisa la grande œuvre de la prédication de l'Évangile dans l'Inde fut saint François Xavier (1542); et tels furent son zèle, son dévouement et son succès à gagner tous les cœurs, ceux des riches comme ceux des pauvres, qu'entre autres dons miraculeux ses amis lui attribuèrent le don des langues (1). Néanmoins, ce n'est qu'en l'année 1559 que nous voyons les missionnaires, à Goa, étudier, avec l'assistance d'un brahmane converti, la littérature théologique et philosophique du pays, et défier les brahmanes à des disputes publiques (2).

De 1581 à 1588 vécut à Goa un savant italien, Filippo Sassetti, qui occupait une place éminente parmi les érudits de l'époque. Ses lettres ont été récemment publiées à Florence, et dans l'une d'entre elles il affirme que tous les livres de science que possèdent les Indiens sont écrits dans une seule et même langue, qui porte le nom de *Sanscruta*. Ce terme, ajoute-t-il, signifie « une langue bien articulée ». On l'apprend, poursuit-il, comme nous apprenons le grec et le latin, et il faut six ou sept ans pour arriver à la posséder. Personne ne sait quand cette langue a été parlée, mais

---

(1) Müllbauer, p. 67.
(2) Müllbauer, p. 80. Selon Roberto de Nobili, ces brahmanes appartenaient à une classe inférieure et n'étaient pas initiés à la littérature sacrée. Ils ignoraient, dit-il, « les livres *Smarta*, *Apostamba* et *Sutra*. » (Müllbauer, p. 188.) Robert lui-même, dans sa défense, cite l'*Âpastamba-sûtra*, ibid., p. 192. Il cite aussi *Scanda Purâna*, p. 193; *Kadambari*, p. 193. Kircher (*China illustrata*, 1667, p. 152) cite un ouvrage de Roberto de Nobili; mais cet ouvrage ne paraît avoir existé qu'en manuscrit. Kircher dit : « Legat, qui volet, librum quem de Brahmanum theologia P. Robertus Nobilis Societatis Jesu, missionis Madurensis in India Malabarica fundator, nec non linguæ et Brahmanicæ genealogiæ consultissimus, summa sane eruditione... conscripsit. » Cet ouvrage pourrait être encore d'un grand intérêt, et il serait à désirer qu'on en retrouvât le manuscrit.

elle a beaucoup de mots qui lui sont communs avec les idiomes parlés dans le pays et même avec l'italien. Ce dernier rapport est frappant surtout pour les noms de nombre 6, 7, 8, 9, pour les termes qui désignent Dieu, le serpent, et pour bien d'autres mots encore. Puis il ajoute : « J'aurais dû venir ici à dix-huit ans, afin de retourner en Europe avec quelque connaissance de toutes ces belles choses (1). »

Le premier missionnaire européen qui ait réellement possédé à fond la langue sanscrite, appartient à une période plus récente, qu'on peut appeler l'époque de Roberto de Nobili, pour la distinguer de celle que domine le génie de François Xavier. Roberto de Nobili se rendit dans l'Inde en 1606. Étant lui-même de noble famille et d'un esprit délicat et cultivé, il comprit facilement l'éloignement qu'éprouvaient les castes supérieures, et en particulier les brahmanes, pour les communautés chrétiennes établies à Madura et ailleurs, et presque entièrement composées de pauvres gens sans éducation ni culture d'esprit. Il conçut alors le projet hardi de se présenter comme brahmane, afin d'avoir accès auprès des savants et des grands du pays. Il s'enferma pendant des années, se livrant à une étude approfondie non-seulement du tamoul et du teluga, mais aussi du sanscrit; et quand, après une étude patiente de la langue et de la littérature des brahmanes, il se sentit de force à lutter avec ses antagonistes, il se montra en public, avec le costume des brahmanes,

---

(1) *Lettere edite e inedite di Filippo Sassetti, raccolte e annotate da Ettore Marcucci*, Firenze, 1855, p. 417. Je dois de connaître Sassetti à l'obligeance du professeur Maggi de Milan, qui m'a envoyé un exemplaire de ses lettres.

portant leur ceinture et leur marque au front, suivant leur régime de vie, et se soumettant même aux mille observances de leur caste. Malgré les persécutions des brahmanes, qui le redoutaient, et de ses compagnons, qui ne savaient pas le comprendre, ses efforts furent couronnés de succès. Sa vie dans l'Inde, où il mourut aveugle et dans un âge avancé, est pleine d'intérêt pour le missionnaire ; mais ici il ne peut nous occuper que comme étant le premier Européen qui ait surmonté toutes les difficultés du sanscrit. Celui qui pouvait citer *Manou*, les *Purânas* et même des écrits tels que les *Âpastamba Sûtras*, qui ne sont encore connus, de notre temps, que par le petit nombre d'indianistes qui peuvent lire les manuscrits sanscrits, a dû avoir une connaissance bien étendue de la langue et de la littérature des brahmanes ; et quand il annonça qu'il venait prêcher un nouveau et quatrième Véda qui avait été perdu (1), cette idée prouvait combien il connaissait le fort et le faible du système théologique qu'il voulait renverser. C'est un fait surprenant que les mémoires qu'il adressa à Rome pour se défendre de

---

(1) L'*Ezour-Véda* n'est pas de Roberto de Nobili, mais probablement de quelque brahmane qu'il avait converti. Ce poëme, écrit en vers sanscrits, dans le style des Purânas, offre un étrange amalgame des idées hindoues et des idées chrétiennes. La traduction française en fut envoyée à Voltaire, et publiée par lui en 1778, sous ce titre, l'*Ezour-Vedam traduit du sanscritam par un Brame*. Voltaire déclara que l'original était de quatre siècles antérieur à l'époque d'Alexandre, et que c'était le don le plus précieux que l'Orient eût jamais fait à l'Occident. M. Ellis découvrit l'original en sanscrit à Pondichéry (*Asiatic Researches*, vol. XIV). Rien ne prouve que cet ouvrage doive être attribué à Roberto, et il n'en est pas fait mention dans la liste de ses œuvres. (Bertrand, *la Mission du Maduré*, Paris, 1847-50, t. III, p. 116 ; Müllbauer, p. 205, *note*.)

l'accusation d'idolâtrie formée contre lui, et dans lesquels il fit un fidèle tableau de la religion, des coutumes et de la littérature des brahmanes, n'aient pas attiré l'attention des savants. La question des accommodements, comme on l'appelait, occupa les cardinaux et les papes pendant des années, mais personne d'entre eux ne semble avoir compris l'intérêt extraordinaire qui s'attachait à une antique civilisation assez vivace et assez puissante pour que même les missionnaires de Rome crussent devoir user de ménagements envers elle. A un moment où la découverte d'un seul manuscrit grec eût été saluée avec joie par tous les savants de l'Europe, la découverte de toute une grande littérature passa inaperçue. L'heure du sanscrit n'était pas encore sonnée.

Il y a un autre missionnaire jésuite du dix-septième siècle qui réussit à apprendre le sanscrit, Heinrich Roth. Tandis qu'il était fixé à Agra, il parvint, à force d'instances, à se faire enseigner par un brahmane les éléments du sanscrit; après six ans de laborieuses études, il arriva à posséder à fond cette langue difficile. Il était à Rome dans l'année 1666, et ce fut lui qui rédigea cet intéressant compte-rendu de l'alphabet sanscrit qu'Athanasius Kircher publia dans sa *China illustrata* (1667).

Nous approchons maintenant du dix-huitième siècle (1), et c'est alors enfin que nous voyons les savants européens commencer à porter leur attention sur cette découverte extraordinaire dont il n'y avait plus moyen de douter, sur la découverte de l'existence

(1) En 1677, un certain M. Marshall passe pour avoir poussé très loin l'étude du sanscrit. Elliot, *Historians of India*, p. 265.

dans l'Inde d'une riche littérature, littérature dont l'antiquité paraissait dépasser celle de toute autre littérature connue. Les jésuites français que Louis XIV envoya dans l'Inde après le traité de Ryswick entretinrent une correspondance littéraire avec des membres de l'Académie des inscriptions et belles-lettres. Des questions leur furent adressées par des membres de ce corps savant, et leurs réponses furent imprimées soit dans les *Mémoires de l'Académie* (ancienne série), soit dans les *Lettres édifiantes*. Les réponses que le Père Cœurdoux, en 1767, fit aux questions que lui avait posées l'abbé Barthélemy, et la correspondance qu'il entretint ensuite avec Anquetil Duperron, contiennent beaucoup de matériaux intéressants (1). Nous aurons à reparler de ce savant missionnaire comme de l'un des premiers qui saisirent le véritable caractère de la ressemblance entre l'ancienne langue de l'Inde et les différents idiomes de l'Europe. Un de ses collègues, le Père Calmette, dans une lettre datée de Vencataguiry, dans le royaume de Carnate, le 24 janvier 1733, nous informe (2) qu'à cette époque les jésuites avaient des missionnaires qui non-seulement possédaient bien les éléments du sanscrit classique, mais qui même étaient en état de lire quelques parties des Védas. Ils étaient en train de former une bibliothèque orientale dont ils commençaient, dit-il, à tirer grand parti dans l'intérêt de leur propagande religieuse. C'est de cet arsenal du paganisme qu'ils tiraient les armes qui faisaient aux brahmanes les plus profondes blessures. Ils pos-

---

(1) *Mémoires de littérature de l'Académie royale des Inscriptions*, t. XLIX, p. 647.

(2) *Lettres édifiantes* (Paris, 1781), vol. XIII, p. 390.

sédaient leur philosophie, leur théologie, et particulièrement les quatre *Védas* qui contiennent la loi des brahmanes, et que les Indiens, depuis un temps immémorial, regardaient comme leurs livres sacrés, comme des livres d'une autorité irréfragable, et inspirés par Dieu lui-même.

« Depuis qu'il y a des missionnaires dans l'Inde, » continue-t-il, « on n'a jamais cru qu'il fût possible de trouver ce livre si respecté des Indiens. Et, en effet, nous n'aurions jamais pu en venir à bout, si nous n'avions eu des brames chrétiens cachés parmi eux. Car comment l'auraient-ils communiqué à l'Europe et surtout aux ennemis de leur culte, eux qui, à la réserve de leur caste, ne le communiquent pas à l'Inde même?... Ce qu'il y a de merveilleux, c'est que la plupart de ceux qui sont les dépositaires du Védam, n'en comprennent pas le sens; car il est écrit dans une langue très-ancienne, et le *Samouscroutam*, qui est aussi familier aux savants que le latin l'est parmi nous, n'y atteint pas encore, s'il n'est aidé d'un commentaire, tant pour les pensées que pour les mots, qu'ils appellent *Maha bachiam*, ou « le grand commentaire ». Ceux qui font leur étude de cette dernière sorte de livres sont parmi eux les savants du premier ordre. Tandis que les autres brames font le salut, ceux-ci leur donnent la bénédiction. »

Plus loin (p. 437) il dit encore : « Depuis que le *Vedam*, qui contient leurs livres sacrés, est entre nos mains, nous en avons extrait des textes propres à les convaincre des vérités fondamentales qui ruinent l'idolâtrie; car l'unité de Dieu, les caractères du vrai Dieu, le salut et la réprobation, sont dans le Vedam; mais les vérités qui se trouvent dans ce livre, n'y sont répandues que comme des paillettes d'or sur des monceaux de sable... »

Dans une autre lettre, datée du 16 septembre 1737, le même missionnaire écrit : « Je pense comme vous, mon Révérend père, qu'il eût été à propos de consulter avec plus de soin les livres originaux de la religion des Indes; mais jusqu'ici ces livres n'étaient pas entre nos mains, et l'on a cru longtemps qu'il n'était pas possible de les trouver, surtout les principaux qui sont les quatre Védan. Ce n'est que depuis cinq ou six ans qu'à la faveur d'un système de bibliothèque orientale pour le roi, on me chargea de rechercher des livres indiens qui pussent la former. Je fis alors des découvertes importantes pour la religion, parmi lesquelles je compte les quatre Védan ou livres sacrés. Mais ces livres, qu'à peine les plus habiles docteurs entendent à demi, qu'un brame n'oserait nous expliquer de peur de s'attirer quelque fâcheuse affaire dans sa caste, et dont l'usage du Samscroutam ou de la langue savante ne donne pas encore la clef, parce qu'ils sont écrits en une langue plus ancienne, ces livres, dis-je, sont à plus d'un titre des livres scellés pour nous. On en voit pourtant des textes expliqués dans leurs livres de théologie. Quelques-uns sont intelligibles à la faveur du Samscroutam, particulièrement ceux qui sont tirés des derniers livres du Védan, qui, pour la différence de la langue et du style, sont postérieurs aux premiers de plus de cinq siècles. »

Quelques années après Calmette, le père Pons chercha à présenter, dans un tableau d'ensemble, l'indication de tous les trésors littéraires des brahmanes, et son rapport, daté de Karikal, dans le Maduré, 23 novembre 1740, et adressé au père Du Halde, fut publié dans les *Lettres édifiantes* (1). Le père Pons y donne une description fort intéressante et, en général, très-exacte des différentes branches de la littérature sanscrite, des quatres Védas, des traités grammaticaux, des six systèmes de philosophie, et de l'astronomie des Hindous. Il devance, sur plusieurs points, les recherches de sir William Jones.

Les lettres des pères Pons, Cœurdoux, Calmette et autres excitèrent un vif intérêt, mais cet intérêt devait nécessairement rester stérile tant qu'on n'avait ni grammaires, ni dictionnaires, ni textes qui permissent d'étudier le sanscrit comme on étudiait le grec et le latin. L'abbé Barthélemy, en 1763, avait demandé au père Cœurdoux de lui envoyer, avant toute autre chose, une grammaire de la langue sanscrite, quoique alors déjà, à ce qu'il semble, la Bibliothèque royale de Paris possédât une grammaire sanscrite écrite en latin, et qui donnait les mots sanscrits en caractères bengalis. La seule partie qui manquât était la syntaxe, et, postérieurement, cette lacune fut comblée par le père Cœurdoux. A Rome aussi il semble avoir existé dans la bibliothèque du Collége romain les matériaux d'une grammaire sanscrite, dus à la plume de H. Roth (2); les documents de même nature se seraient aussi trouvés parmi les précieux papiers qu'avait laissés le

---

(1) *Lettres édifiantes*, Paris 1781, vol. XIV, p. 65. Voyez un excellent résumé de cette lettre dans un article de M. Biot, au *Journal des savants* de 1861, ainsi que dans Hervas, *Catalogo de las lenguas*, II, p. 125.

(2) Hervas, *Catologo de las lenguas*.

jésuite J. Hanxleden, auquel renvoient souvent Paulinus a Santo-Bartholomeo, Hervas (1) et autres. Le premier toutefois qui réussit à publier en Europe une grammaire sanscrite, ce fut un carmélite allemand, Johann Philip Wesdin, plus connu sous le nom de Paulinus a Santo-Bartholomeo. Il habita l'Inde de 1776 à 1789, et il publia à Rome la première grammaire sanscrite en 1790. Quelques années plus tard il imprima une grammaire plus complète et il écrivit aussi plusieurs essais sur les antiquités, la mythologie et la religion de l'Inde; dans tous ses écrits il se servit des papiers laissés par Hanxleden, qui, à en juger par les citations que donne Hanxleden, doit avoir eu du sanscrit une connaissance très-profonde (2). Quoiqu'on n'ait pas épargné les critiques à ce travail, et qu'on ne le consulte plus guère, il est juste de nous rappeler que la première grammaire de n'importe quelle langue est incomparablement plus difficile à composer que toutes celles qui la suivent (3).

Nous avons donc vu que l'existence de la langue et

---

(1) Hervas, *Catologo de las lenguas*, II, p. 132. « Este jesuita, segun me ha dicho el referido Fray Paulino, llegó á hablar la lengua malabar, y á entender la samscreda con mayor perfeccion que los Brahmanes, come lo demuestran sus insignes manuscritos en dichas lenguas. »

(2) *Vyacarana seu locupletissima Samscrdamicæ linguæ institntio*, a P. Paulino a S. Bartholomæo. Romæ, 1804.

(3) *Sidharubam seu Grammatica Samscrdamica*, cui accedit dissertatio historico-critica in linguam samscrdamicam, vulgo samscret dictam, in qua hujus linguæ existentia, origo, præstantia, antiquitas, extensio, maternitas ostenditur, libri aliqui in ea exarati critice recensentur, et simul aliquæ antiquissimæ gentilium orationes liturgicæ paucis attinguntur et explicantur autore Paulino a S. Bartholomæo. Romæ, 1790.

de la littérature sanscrites était connue depuis la première découverte de l'Inde par Alexandre et son armée. Mais ce qu'on ne savait pas, c'était que cette langue, telle qu'elle était parlée au temps d'Alexandre et au temps de Salomon, et pendant des siècles avant lui, était étroitement apparentée au grec et au latin, et leur était exactement ce qu'est le français à l'italien et à l'espagnol. L'histoire de ce qu'on peut appeler la philologie sanscrite chez les Européens date de la fondation de la Société asiatique à Calcutta en 1784 (1). Quoique quelques-uns des anciens missionnaires paraissent avoir eu du sanscrit une connaissance bien plus sérieuse qu'on ne le supposait jadis, ce furent pourtant les travaux de William Jones, de Carey, de Wilkins, de Forster, de Colebrooke, et d'autres membres de cette illustre compagnie, qui ouvrirent aux savants de l'Europe l'accès de la langue et de la littérature des brahmanes, et il serait difficile de dire si ce fut la langue ou bien la littérature qui excita l'intérêt le plus profond et le plus durable.

Il était impossible, même après le regard le plus rapide jeté sur les déclinaisons et les conjugaisons, de ne pas être frappé de la ressemblance extraordinaire, ou, parfois, de la parfaite identité entre les formes

---

(1) Les premières publications de la Société furent la *Bhagavadgîtâ*, traduite par Wilkins, 1785 : le *Hitopadeśa*, traduit par Wilkins, 1787 ; et la *Śakuntalā*, traduite par W. Jones, 1789. Des grammaires originales, sans parler des simples compilations, furent publiées par Colebrooke, 1805 ; par Carey, 1806 ; par Wilkins, 1808 ; par Forster, 1810 ; par Yates, 1820 ; par Wilson, 1841. En Allemagne, Bopp publia ses grammaires en 1827, 1832, 1834, 1863 ; Benfey, en 1852, 1855 et 1863.

grammaticales en sanscrit, en grec et en latin. Nous avons vu que dès 1588 Filippo Sassetti avait été frappé par la ressemblance des noms de nombre de l'italien et du sanscrit, ainsi que des termes qui désignaient Dieu, le serpent, et beaucoup d'autres choses. La même remarque doit avoir été faite par d'autres, mais jamais cette ressemblance ne fut mieux mise en lumière que par le père Cœurdoux. Dans l'année 1767, ce jésuite français écrivit de Pondichéry à l'abbé Barthélemy à Paris, qui lui avait demandé une grammaire et un dictionnaire du sanscrit, ainsi que des renseignements généraux sur l'histoire et la littérature de l'Inde, et il ajouta à sa lettre un mémoire, qu'il désirait voir mettre sous les yeux de l'Académie. Ce mémoire portait le titre suivant : *Question proposée à M. l'abbé Barthélemy et aux autres membres de l'Académie des Belles-Lettres et Inscriptions :* « *D'où vient que dans la langue sanscroutane il se trouve un grand nombre de mots qui lui sont communs avec le latin et le grec, et surtout avec le latin ?* » Le missionnaire jésuite cite d'abord ses faits, dont quelques-uns sont très-intéressants. Il compare, par exemple, *deva* et *deus,* dieu ; *mrityu* et *mors,* mort ; *janitam* et *genitum,* produit ; *jânu* et *genu,* genou ; *vidhavâ,* de *vi,* sans, et *dhava,* homme, avec *vidua,* veuve ; *na* et *non,* pas ; *madhya* et *medius,* moyen ; *dattam* et *datum,* donné ; *dânam* et *donum,* don, ainsi que beaucoup d'autres rapprochements qu'ont faits de nouveau les philologues postérieurs. Quelques-unes de ses comparaisons, il faut l'avouer, sont mal fondées ; mais, à tout prendre, cette note méritait plus d'attention qu'elle ne semble en avoir obtenu de l'Académie. Les rapprochements qu'il fait entre les formes grammaticales, particulièrement, lui font honneur. Il compare l'indicatif et le subjonctif du verbe auxiliaire en sanscrit et en latin :

Sanscrit.	Latin.	Sanscrit.	Latin.
asmi	sum	syâm	sim
asi	es	syâs	sis
asti	est	syât	sit
smas	sumus	syâma	simus
stha	estis	syâta	sitis
santi	sunt	santu	sint.

Parmi les pronoms il compare *aham* et *ego*, *me* et *me*, *mahyam* et *mihi*, *sva* et *suus*, *tvam* et *tu*, *tubhyam* et *tibi*, *kas* et *quis*, *ke* et *qui*, *kam* et *quem*. Il fait aussi ressortir les analogies frappantes que présentent les noms de nombre, de un à cent, en sanscrit, en grec et en latin.

Mais, ne se contentant pas d'établir ces concordances, il procède à l'examen des différentes hypothèses qui se présentent à l'esprit pour expliquer ces faits; il montre que ni le commerce, ni les relations littéraires, ni le prosélytisme, ni la conquête, ne suffiraient à rendre compte de ce fonds commun de mots qui se trouve dans le sanscrit, le grec, et le latin ; il conclut en disant qu'il faut regarder ces mots communs comme des restes du langage primitif de l'humanité, restes conservés par les différentes tribus dans leurs migrations vers le nord et le sud, après la grande catastrophe de la confusion des langues à Babel.

Quand on songe que cet essai a été écrit il y a une centaine d'années, on est confondu qu'il ait excité si peu d'attention, et qu'il n'ait été, en fait, jamais remarqué et cité jusqu'au moment où M. Michel Bréal l'a déterré dans les Mémoires de l'Académie des Inscriptions, et a réclamé pour ce modeste missionnaire l'honneur qui lui appartient certainement, d'avoir devancé, au moins de cinquante ans, quelques-uns des plus importants résultats de la philologie comparée.

Dès 1778, Halhed signalait ces rapports dans la préface de sa grammaire du bengali (1) : « J'ai été bien étonné, disait-il, de rencontrer cette similitude entre des mots sanscrits, et des mots persans et arabes, et même latins et grecs; et cela, non pas dans des termes techniques ou métaphoriques dont on pourrait expliquer la présence par des emprunts faits aux arts ou aux sciences d'autres pays; mais dans le fond même de la langue, dans des monosyllabes, dans les noms de nombre et dans les noms de ces choses qui ont dû recevoir une appellation distincte à l'aurore même de la civilisation. » Sir William Jones (mort en 1794) déclara, après le premier coup d'œil qu'il donna au sanscrit, que, quelle que fût son antiquité, cette langue avait un mécanisme merveilleux; qu'elle était plus parfaite que le grec, plus abondante que le latin, plus polie et plus délicate que ces deux langues avec lesquelles, pourtant, elle avait une grande affinité. « Aucun philologue, dit-il, ne saurait examiner le sanscrit, le grec et le latin, sans penser qu'ils sont issus d'une source commune, laquelle, peut-être, n'existe plus. Il y a une raison du même genre, quoique moins évidente, pour supposer que le gothique et le celtique ont eu la

---

(1) Halhed avait publié, en 1776, le *Code des lois Gentoo*, digeste des plus célèbres recueils de lois sanscrites, que onze brahmanes avaient composé par ordre de Warren Hastings et que Halhed traduisit sur une traduction persane de l'original.

même origine que le sanscrit. Nous pouvons aussi comprendre l'ancien persan dans cette famille. »

Mais comment expliquer cette affinité? C'était la question à laquelle personne n'était préparé à répondre. Les théologiens n'auguraient rien de bon des études nouvelles; les humanistes affectaient l'incrédulité; les philosophes se livraient aux conjectures les plus extravagantes, afin d'échapper à la seule conséquence qui pût être déduite des faits connus, mais qui menaçait de renverser leurs petits systèmes sur l'histoire du monde. Lord Monboddo venait d'achever son fameux ouvrage (1), dans lequel il tire tout le genre humain d'un couple de singes, et tous les dialectes du monde d'une langue formée dans l'origine par des dieux de l'Égypte (2), quand la nouvelle de la découverte du sanscrit arriva comme un coup de foudre. A son honneur, cependant, il faut dire qu'il comprit sur-le-champ l'extrême importance de cette découverte. C'eût été lui demander beaucoup que de le faire renoncer à ses singes primordiaux ou à ses idoles égyptiennes; mais, à cela près, les conclusions qu'il sut tirer des faits nouveaux que lui fit connaître son ami M. Wilkins, auteur de l'une de nos premières grammaires

---

(1) *On the Origin and Progress of Language*, 6 vol.; 2ᵉ éd. Édimbourg, 1774.

(2) « J'ai supposé que le langage n'a pu être inventé sans un secours surnaturel, et, en conséquence, j'en ai attribué l'invention aux dieux de l'Égypte, lesquels étant supérieurs à la nature humaine ont commencé par apprendre à articuler des mots, et ont ensuite enseigné aux hommes l'art du langage. Mais je suis persuadé que ce langage primitif a dû se perfectionner par degrés, et qu'une langue telle que le sanscrit n'aurait pu être créée tout d'un coup. »
— Monboddo, *Ancient Metaphysics*, vol. IV, p. 357.

sanscrites, honorent bien certainement la perspicacité du juge écossais. « Il existe, dit-il en 1792 (1), chez les brahmanes de l'Inde, une langue qui est plus riche et plus belle, sous tous les rapports, que même le grec d'Homère. Tous les autres dialectes de l'Inde ont une grande ressemblance avec cette langue qu'on appelle le sanscrit, et dont ils sont tous dérivés. Sur ces faits et certains autres qui s'y rapportent, j'ai reçu de l'Inde des renseignements si précis, que si je vis assez longtemps pour terminer l'histoire de l'homme commencée dans le troisième volume de mon ouvrage sur la *Métaphysique ancienne*, je pourrai prouver clairement que le grec est dérivé du sanscrit, l'ancien idiome de l'Égypte, lequel fut porté par les Égyptiens dans l'Inde, en même temps que tous leurs arts, et dans la Grèce par les colonies qu'ils y établirent. »

Quelques années plus tard, en 1795, nous le trouvons avec des notions plus exactes sur le rapport entre le sanscrit et le grec : « M. Wilkins, dit-il (2), a démontré invinciblement une telle ressemblance entre le grec et le sanscrit, qu'il faut que l'un soit un dialecte de l'autre, ou qu'ils dérivent tous deux d'une langue originale. Or le grec n'est certainement pas un dialecte du sanscrit, ni le sanscrit du grec. Ce sont donc des dialectes d'une même langue, laquelle ne peut être que la langue de l'Égypte, qui fut portée dans l'Inde par Osiris, et dont, sans aucun doute, le grec est dérivé, ainsi que je pense l'avoir prouvé. »

Nous n'avons pas à discuter ici les théories de lord

---

(1) *Origin and Progress of Language*, vol. VI, p. 97.
(2) *Ancient Metaphysics*, vol. IV, p. 322.

Monboddo sur l'Égypte et sur Osiris, mais on nous permettra de citer un dernier passage de cet auteur, afin de montrer avec quelle sagacité il savait démêler la vérité à travers tous les faits qui l'enveloppaient, alors qu'il n'était pas égaré par quelques-unes de ses théories favorites :

« Appliquons maintenant ces observations aux ressemblances que M. Wilkins a découvertes entre le sanscrit et le grec. Je commencerai par les mots qui ont dû être des mots primitifs dans toutes les langues, les choses qu'ils signifient ayant été, nécessairement, connues et nommées dès le commencement de toute société ; si bien qu'une langue n'a pu les emprunter à une autre langue, à moins qu'elle n'en soit dérivée. Tels sont les noms des nombres, des membres du corps humain, des parents, comme père, mère et frère. Prenons d'abord les nombres, dont les dix premiers se disent en sanscrit : *ek, dwee, tree, chatoor, panch, shat, sapt, aght, nava, das :* l'affinité n'est-elle pas évidente entre ces mots et les mots latins et grecs qui y correspondent? Le sanscrit dit ensuite dix et un, dix et deux, et ainsi de suite jusqu'à vingt, car la numération des Indiens est décimale, comme la nôtre. Vingt se dit en sanscrit *vinsati;* trente, *trinsat,* dans la composition duquel entre le mot qui exprime trois, ainsi que cela a lieu dans l'équivalent grec et latin. Nous voyons les mots signifiant quarante, cinquante, etc., formés de la même manière, jusqu'à ce que nous arrivions à cent, qui se dit *sat,* et qui diffère du nom grec et latin. Mais il y a une particularité bien digne de remarque, c'est que, dans aucune des trois langues, rien dans le nom signifiant *vingt* ne rappelle *deux,* qui, multiplié par dix, donne ce nombre : en effet, ce nom, en grec, est *eikosi*, qui n'exprime aucun rapport avec deux, pas plus que le latin *viginti* (1), lequel se rapproche davantage du sanscrit *vinsati*. C'est ainsi que, jusque dans leurs anomalies, nous apercevons la conformité du grec et du latin avec le sanscrit. »

Lord Monboddo rapproche le sanscrit *pada* du grec *pous, podos ;* le sanscrit *nâsa* du latin *nasus ;* le sanscrit *deva*, dieu, du grec *theos* et du latin *deus ;* le sanscrit *ap,* eau, du latin *aqua ;* le sanscrit *vidhavâ* du latin *vidua,* veuve. Il cite des mots sanscrits, tels que *gonia* pour angle, *kentra* pour centre, *hora* pour heure, comme étant évidemment d'origine grecque, et comme ayant passé du grec en sanscrit. Il énumère ensuite les points de ressemblance entre la grammaire du sanscrit et celles des langues classiques. Il fait remarquer des mots composés, tels que *tripada,* de *tri,* trois, et *pada,* pied, un trépied. Il appuie sur le fait extraordinaire de l'emploi de l'*a* privatif en sanscrit de même qu'en grec ; et il cite enfin, comme étant le don le plus précieux que M. Wilkins eût pu lui faire, les formes sanscrites *asmi,* je suis, *asi,* tu es, *asti,* il est, *santi,* ils sont, qui ont incontestablement la même origine que les formes correspondantes *eimi, eis, esti,* en grec, et *sunt,* en latin.

Un autre philosophe écossais, Dugald Stewart, n'accueillit pas d'aussi bonne grâce la découverte nouvelle. Il fallait assurément un grand effort pour qu'un homme accoutumé toute sa vie à regarder le latin et

---

(1) Voir, sur l'erreur que commet ici lord Monboddo, notre deuxième leçon, page 53-54.

le grec comme des langues primitives ou comme des modifications de l'hébreu, acceptât la doctrine révolutionnaire qui établissait une étroite parenté entre les langues classiques et un jargon de sauvages; car, à cette époque, on ne se faisait pas une autre idée des sujets du Grand-Mogol. Toutefois Dugald Stewart avait l'esprit trop juste pour ne pas voir que, si l'on admettait les faits allégués concernant le sanscrit, il fallait de toute nécessité admettre les conséquences qui en étaient déduites : il nia donc complétement l'existence de la langue sanscrite, et il écrivit l'essai que nous avons déjà cité pour prouver que cette langue avait été composée, sur le modèle du grec et du latin, par d'astucieux brahmanes, et que toute la littérature sanscrite était une fourberie insigne. Je mentionne ce fait parce qu'il montre, mieux que tout ce que je pourrais dire, quel coup la découverte du sanscrit vint porter à un des plus chers préjugés des hommes instruits, auprès desquels les arguments les plus absurdes trouvaient faveur pendant quelque temps, pourvu qu'ils leur permissent d'échapper à cette pénible conclusion, que le grec et le latin étaient de la même famille que la langue des noirs habitants de l'Inde.

Le premier qui, au grand jour de la science européenne, osa regarder en face les faits nouveaux et toutes leurs conséquences fut le poëte allemand Frédéric Schlegel. S'étant rendu en Angleterre, pendant la paix d'Amiens (1801-1802), il avait reçu les premières notions de sanscrit de M. Alexandre Hamilton. Après avoir poursuivi ses études à Paris, il publia, en 1808, son livre *Sur la langue et la sagesse des Indous,* qui devint la base de la science du langage. Quoique publié deux ans seulement après le premier volume du *Mithridate* d'Adelung, l'ouvrage de Schlegel en est séparé de toute la distance qu'il y a entre le système de Copernic et celui de Ptolémée. Schlegel n'était pas un grand savant; beaucoup de ses assertions étaient erronées, et rien ne serait plus facile que d'analyser son essai et de le tourner en ridicule; mais c'était un homme de génie, et quand il s'agit de créer une science nouvelle, l'imagination du poëte y est encore plus nécessaire que l'exactitude du savant. Il fallait assurément le regard du génie pour embrasser d'un seul coup d'œil les langues de l'Inde, de la Perse, de la Grèce, de l'Italie et de l'Allemagne, et pour les comprendre toutes sous la simple dénomination d'indo-germaniques. Telle fut l'œuvre de Schlegel, et, dans l'histoire de l'intelligence, on l'a appelée en toute vérité « la découverte d'un nouveau monde ».

Dans notre prochaine leçon, nous verrons de quelle façon l'idée de Schlegel fut accueillie et poursuivie en Allemagne, et comment elle eut pour résultat presque immédiat la classification généalogique des principales langues de l'humanité.

CINQUIÈME LEÇON.

CLASSIFICATION GÉNÉALOGIQUE DES LANGUES.

Travaux de Bopp, A. Schlegel, Humboldt, Pott, Grimm, Rask, Burnouf. — Révolution opérée dans l'étude de la classification des langues par la découverte du sanscrit. La grammaire comparée. La classification généalogique des langues : pourquoi cette classification ne s'applique pas nécessairement à toutes les langues. — Table généalogique de la famille des langues aryennes. 1° Branche *teutonique*. Le bas-allemand, auquel appartiennent les dialectes frisons, le hollandais et le flamand. Le haut-allemand, dont l'histoire se divise en trois périodes : le nouveau, le moyen et l'ancien haut-allemand. Le gothique : vie d'Ulfilas, sa traduction de la Bible en gothique. Les dialectes scandinaves : le suédois, le danois, l'islandais. L'Edda poétique et l'Edda de Snorri Sturluson, les plus anciens monuments du langage scandinave. La littérature en Islande : les scaldes. — 2° Branche *italique*. Les six langues romanes : le français, l'italien, l'espagnol, le portugais, le valaque et le romanche. — 3° Branche *hellénique*. — 4° Branche *celtique*. Le kymri qui comprend le gallois, le cornique et l'armoricain. Le gadhélique qui comprend l'irlandais, le gaélique d'Écosse et le manx ou dialecte de l'île de Man. — 5° Branche *slave* ou *windique*. Le lette, le lithuanien. Le russe, le bulgare, le serbe, le croatien, le slovénien. Le polonais, le bohémien, le lusatien. — L'albanais. — 6° Branche *indienne*. Le sanscrit, les dialectes pråkrits, l'hindoui, l'hindoustani, le mahratte, le bengali. — 7° Branche *iranienne*. Le zend, le pehlvi, le parsi, le persan moderne. — Berceau primitif de la famille aryenne.

Dans notre dernière leçon nous avons exposé les diverses tentatives faites pour arriver à une classification des langues, jusqu'en 1809, l'année où parut l'essai de Frédéric Schlegel sur *la Langue et la Sagesse des Indiens*. De même qu'une baguette magique, cet ouvrage indiqua l'endroit où l'on devait ouvrir une mine nouvelle; et bientôt, plusieurs des premiers savants de l'époque se mirent avec ardeur à fouiller cette mine et à en arracher les trésors.

Pendant quelque temps, tous ceux qui voulaient apprendre le sanscrit durent venir en Angleterre. Bopp, Schlegel, Lassen, Rosen, Burnouf, y firent tous quelque séjour, copiant des manuscrits dans la bibliothèque de la Compagnie des Indes orientales, et recevant les conseils de Wilkins, de Colebrooke, de Wilson et d'autres membres distingués de l'ancienne administration civile de l'Inde. C'est à François Bopp que l'on dut, en 1816, la première comparaison détaillée et vraiment scientifique qui ait été établie entre la grammaire du sanscrit et celle du grec, du latin, du persan et de l'allemand (1). Ce travail fut suivi d'autres essais du même savant, et en 1833 parut le premier volume de sa *Grammaire comparée du sanscrit, du zend, du grec, du latin, du lithuanien, de l'ancien slave, du gothique et de l'allemand,* qui ne fut terminée que près de vingt ans plus tard, en 1852 (2), et qui restera toujours la base solide et inattaquable sur laquelle repose l'édifice de la philologie comparée. Auguste-Guillaume Schlegel, frère de Frédéric Schlegel, exerça l'influence qu'il s'était acquise comme poëte, pour populariser en Allemagne l'étude du sanscrit.

(1) *Conjugationssystem*, Frankfurt, 1816.
(2) [Une nouvelle édition, avec de nombreuses améliorations, a été publiée en 1856, et traduite en français par M. Michel Bréal. Paris, Hachette, 1866. Tr.]

Son *Indische Bibliothek* fut publiée de 1819 à 1830, et bien que spécialement destiné à la littérature sanscrite, ce recueil consacra aussi plusieurs articles à la philologie comparée. La nouvelle science trouva bientôt un protecteur plus puissant encore dans Guillaume de Humboldt, le digne frère d'Alexandre de Humboldt, et à cette époque l'un des premiers hommes d'État de la Prusse. Ses essais sur la philosophie du langage attirèrent l'attention du public pendant sa vie; et il laissa un monument plus durable de ses études dans son grand ouvrage sur la langue kawi, qui ne fut publié qu'après sa mort, en 1836. Un autre savant que nous devons citer parmi les fondateurs de la philologie comparée est M. Pott, dont les *Recherches étymologiques* parurent d'abord en 1833 et en 1836 (1). Nous ne pouvons pas oublier non plus l'œuvre vraiment colossale de Grimm, sa *Grammaire teutonique*, plus spéciale dans son objet, mais fondée sur les mêmes principes généraux, et dont la publication a pris près de vingt années, de 1819 à 1837. C'est ici également le lieu de rappeler le nom d'un éminent Danois, Érasme Rask, qui se livra à l'étude des langues du nord de l'Europe. Il partit pour la Perse et l'Inde en 1816, et fut le premier qui trouva la clef du zend, la langue du Zend-Avesta; mais il mourut avant d'avoir eu le temps de publier tous les résultats de ses savantes recherches. Il avait prouvé, toutefois, que la langue sacrée des Parsis avait de grands rapports avec la langue sacrée des brahmanes, et qu'elle

---

(1) Seconde édition, 1859 et 1861. Voir aussi les ouvrages du même auteur, *la Langue des bohémiens*, 1846, et *les Noms propres*, 1856.

avait conservé, ainsi que le sanscrit, plusieurs des formes primitives du langage indo-européen. Ces recherches sur l'ancienne langue de la Perse furent continuées par un des plus grands savants que la France ait jamais produits, Eugène Burnouf. Les livres de Zoroastre avaient déjà été traduits par Anquetil Duperron, mais cette traduction avait été faite sur une traduction persane de l'original. Ce fut Burnouf qui, à l'aide de sa connaissance du sanscrit et de la grammaire comparée, déchiffra le premier le texte original de l'ouvrage attribué au fondateur de l'antique religion de la lumière. Le premier aussi, il appliqua la même clef, avec un véritable succès, aux inscriptions cunéiformes de Darius et de Xerxès; et sa mort prématurée sera longtemps déplorée, non-seulement par ceux qui, comme moi, ont été assez heureux pour le connaître personnellement et pour suivre ses leçons, mais encore par tous ceux qui ont à cœur les intérêts de la littérature et de la philologie orientales.

Il serait trop long d'énumérer ici tous les savants qui ont marché sur les traces de Bopp, Schlegel, Humboldt, Grimm et Burnouf. On ne peut se faire une meilleure idée des progrès qu'a faits la science du langage et des fruits merveilleux qu'elle a portés, qu'en parcourant des yeux la bibliothèque d'un linguiste. Depuis dix ans, il se publie en Allemagne un journal spécial de philologie comparée. La Société philologique de Londres fait paraître chaque année un volume d'excellents mémoires; et dans la plupart des universités de l'Europe nous trouvons un professeur de sanscrit, dont les leçons portent en même temps sur la grammaire comparée et sur la science du langage.

Ici on peut fort naturellement se demander comment il se fait que la découverte du sanscrit ait opéré un changement aussi complet dans l'étude de la classification des langues. Si le sanscrit avait été la langue primitive de l'humanité ou, au moins, la source du grec, du latin et de l'allemand, on comprendrait que la découverte de cette langue ait dû amener les savants à classer ces idiomes autrement qu'ils ne l'avaient fait jusqu'alors. Mais la langue sanscrite n'est pas au grec, au latin, au gothique, au celtique et au slavon ce qu'est le latin au français, à l'italien et à l'espagnol; elle ne saurait être appelée leur mère, mais seulement leur sœur aînée, et elle occupe à l'égard des langues classiques une situation analogue à celle qu'occupe le provençal à l'égard des dialectes romans modernes. Toutes ces observations sont parfaitement justes, mais il est facile d'y répondre : ce fut précisément la nécessité de déterminer d'une manière nette et exacte les rapports du sanscrit avec les autres membres de la même famille, qui produisit ces importants résultats, et qui fit découvrir, en particulier, les lois des changements phonétiques, par lesquelles seules nous pouvons constater sûrement les degrés exacts de parenté entre des dialectes congénères, et rétablir de la sorte l'arbre généalogique du langage humain. Une fois qu'on eut déterminé la vraie place que le sanscrit doit occuper dans la série, et qu'on se fut familiarisé avec cette idée qu'il a dû exister un idiome plus ancien que le sanscrit, que le grec et que le latin dont cet idiome primitif avait été la souche commune ainsi que des branches teutonique, celtique et slave, toutes les langues semblèrent prendre, comme d'elles-mêmes, leur rang véritable. La clef de la difficulté était trouvée; tout le reste n'était plus qu'affaire de temps et de patience. On comprit que les arguments par lesquels on avait prouvé que le sanscrit et le grec s'étaient développés parallèlement, s'appliquaient avec non moins de force à la position relative du latin et du grec; et quand on eut montré que dans bien des cas le latin avait un caractère plus primitif que le grec, il était facile de voir que les langues teutoniques, celtiques et slaves contenaient aussi nombre de formes qu'il était impossible de dériver du sanscrit, du grec ou du latin. Il devenait dès lors manifeste que toutes ces langues devaient être regardées comme des branches collatérales issues d'une seule et même tige.

Le premier service que la découverte du sanscrit rendit à l'étude de la classification des langues, fut donc d'empêcher les savants de se contenter, comme ils l'avaient fait jusqu'alors, d'une certaine affinité vague et générale, et de leur faire préciser les divers degrés de parenté existant entre les différents membres d'une même classe. Au lieu de *classes* de langues, on entendit parler, pour la première fois, de *familles* bien déterminées.

Ce premier progrès fut suivi par un autre qui en était la conséquence naturelle. Tandis que pour constater, d'une manière générale, l'origine commune de plusieurs langues, il avait suffi de comparer entre eux les noms de nombre, les pronoms, les prépositions, les adverbes, les substantifs et les verbes les plus usités, on trouva bientôt qu'il fallait un criterium plus exact pour reconnaître tous les degrés de parenté de ces langues entre elles. Ce criterium fut la grammaire comparée, c'est-à-dire la comparaison des formes grammaticales des langues qu'on supposait être congénères, cette comparaison étant faite d'après certaines lois qui régissent les permutations phonétiques des lettres.

Tout cela nous paraîtra beaucoup plus clair si nous jetons les yeux sur l'histoire de nos langues modernes. On ne pouvait douter que les dialectes appelés romans, l'italien, le valaque, le provençal, le français, l'espagnol et le portugais, ne fussent apparentés de très-près les uns aux autres, et il était non moins évident qu'ils dérivaient tous du latin. Mais un des plus grands philologues de la France, Raynouard, qui a contribué plus que personne à faire connaître l'histoire de la littérature et des langues romanes, soutenait que la langue provençale seule était fille du latin, et que toutes les autres étaient filles du provençal. Il prétendait que du septième au neuvième siècle il y eut pour le latin une période de transition, dans laquelle cette langue devint le roman dont il s'efforçait de prouver l'identité avec le provençal du midi de la France, la langue des troubadours. Selon Raynouard, ce n'est qu'après avoir subi cette métamorphose uniforme représentée par la langue romane ou provençale, que le latin a donné naissance aux divers dialectes romans de l'Italie, de la France, de l'Espagne et du Portugal. Cette théorie qui fut attaquée vigoureusement par Auguste-Guillaume Schlegel, et combattue ensuite dans tous ses détails par Cornewall Lewis, ne peut être réfutée que par la comparaison de la grammaire provençale avec celle des autres dialectes romans.

Si vous prenez le verbe auxiliaire *être*, pour en comparer les formes en provençal et en français, vous verrez au premier coup d'œil que plusieurs personnes ont conservé en français une forme qui reste bien plus près du latin que la forme correspondante en provençal, et que par conséquent la langue française ne saurait être classée comme fille du provençal et petite-fille du latin. Nous trouvons en provençal :

   sem, répondant au français *nous sommes,*
   etz,   —   — *vous êtes,*
   son,   —   — *ils sont,*

et ce ne serait rien moins qu'un miracle grammatical si des mots estropiés tels que *sem, etz* et *son* avaient pu reprendre les formes plus saines, plus primitives et plus latines de *sommes, êtes,* et *sont; sumus, estis, sunt.*

Si maintenant nous appliquons le même criterium au sanscrit, au grec et au latin, nous verrons que nous pouvons déterminer leurs relations généalogiques par la comparaison de leurs formes grammaticales. Il est tout aussi impossible de dériver le latin du grec, ou le grec du sanscrit, que de regarder le français comme une modification du provençal. Pour ne nous occuper que du verbe auxiliaire *être,* nous trouvons que *je suis* se dit en

sanscrit :	grec :	lithuanien :
asmi,	*esmi,*	*esmi,*

la racine étant *as,* et la désinence *mi.*

Or la désinence de la seconde personne est *si,* ce qui, ajouté à *as* ou *es,* donnerait

   as-si,   *es-si,*   *es-si.*

Mais à quelque époque de son histoire que nous remontions, nous trouvons que le sanscrit a réduit *assi* à *asi;* et il est impossible de supposer que la forme parfaite ou organique, ainsi qu'on l'appelle quelquefois, du grec et du lithuanien *essi* ait pu sortir de la forme mutilée du sanscrit *asi*.

La troisième personne est la même en sanscrit, en grec et en lithuanien, *as-ti* ou *es-ti*; et en laissant tomber l'*i* final, nous reconnaissons le latin *est*, le gothique *ist* et le russe *est'*.

De ce même verbe auxiliaire nous pouvons également tirer la preuve que le latin n'a jamais pu traverser la période grecque ou pélasgique, comme on disait autrefois, et que le grec et le latin sont tous deux des modifications indépendantes d'une même langue originale. Au singulier, le latin est moins primitif que le grec, car *sum* est pour *es-um*, *es* pour *es-is*, *est* pour *es-ti*. De même à la première personne du pluriel *sumus* est pour *es-umus*; c'est le grec *es-mes*, le sanscrit *'smas*. La seconde personne *es-tis*, qui équivaut au grec *es-te*, est une forme plus primitive que le sanscrit *stha*. Mais, à la troisième personne du pluriel, la forme latine est plus primitive que la grecque. La forme régulière serait *as-anti*, devenu en sanscrit *santi*; le grec a laissé tomber l's initiale, et l'éolien *enti* a fini par se réduire à *eisi*; le latin, au contraire, a conservé l's du radical, et il serait complétement impossible de dériver *sunt* du grec *eisi*.

Les formes *I am*, *thou art*, *he is*, de l'anglais moderne, ne sont que des modifications secondaires du même verbe primitif. Nous trouvons en gothique :

im, pour *ism*,
is, — *iss*,
ist.

L'anglo-saxon change l's en *r*, et nous donne ainsi

au singulier : *eom*, pour *eorm*, au pluriel : *sind*, pour *isind*.
— *eart*, — *ears*, — *sind*,
— *is*, — *sind*.

En soumettant toutes les langues à cette même épreuve, les fondateurs de la philologie comparée arrivèrent bientôt à diviser les principales langues de l'Europe et de l'Asie en certaines familles, dans chacune desquelles ils purent distinguer différentes branches composées à leur tour de nombreux dialectes tant anciens que modernes.

Toutefois il y a encore beaucoup de langues qui n'ont pu être classées par familles, et quoique nous ayons tout lieu de penser que plusieurs d'entre elles trouveront un jour leur place dans un système de classification généalogique, il est bon de nous mettre en garde, dès le début, contre cette supposition très-commune, mais purement gratuite, que le principe de la classification généalogique doive nécessairement pouvoir s'appliquer à toutes les langues. Cette classification est assurément la plus parfaite de toutes, mais il y a bien peu de branches des sciences physiques où on puisse l'adopter, excepté sur une très-petite échelle. Dans la science du langage, la classification généalogique doit être fondée principalement sur les éléments grammaticaux ou *formels*, lesquels ne peuvent être conservés que par une tradition non interrompue, une fois qu'ils ont subi l'altération phonétique. Nous savons que l'italien, le français, l'espagnol et le portugais ont dû avoir une même origine, parce qu'ils ont en commun des formes grammaticales qu'aucun de ces dialectes n'aurait pu créer avec ses propres ressources, et qui n'y ont plus de signification, ni, en quelque sorte, de vie. La désinence de l'imparfait *ba* en espagnol, *va* en italien, par laquelle *canto*, je chante, se change en *cantaba* et *cantava*, n'a pas de signification ni d'existence indépendantes dans ces deux dialectes modernes. L'espagnol et l'italien n'ont pu la tirer de leur propre fond, et elle a dû venir de quelque époque précédente dans laquelle un sens s'attachait à cette syllabe *ba*. Il nous est facile de la faire remonter au latin *bam* de *cantabam*, et nous pouvons alors prouver que *bam* était dans l'origine un verbe auxiliaire indépendant que nous retrouvons dans le sanscrit *bhavâmi*, et dans l'anglo-saxon *beom*, je suis. La classification généalogique ne s'applique donc proprement qu'aux langues qui dépérissent, aux langues dont le développement grammatical a été arrêté par l'influence de la culture littéraire, qui n'augmentent guère leurs richesses et gardent le plus longtemps possible ce qu'elles possèdent déjà, et dans lesquelles, enfin, ce que nous appelons développement ou histoire n'est plus que la marche de la corruption phonétique. Mais, avant de dépérir, les langues ont eu leur période de croissance, et les linguistes semblent avoir négligé ce fait important que les dialectes qui sont arrivés pendant cette période à une existence indépendante, doivent naturellement échapper à la classification généalogique. Si vous vous rappelez la manière dont le pluriel, par exemple, a été formé en chinois et dans d'autres langues que nous avons examinées dans une leçon précédente, vous verrez que quand chaque dialecte a pu choisir son propre terme pour exprimer la pluralité, soit *masse, classe, espèce, troupeau, nuage,* etc., il serait déraisonnable de s'attendre à trouver des ressemblances entre les terminaisons grammaticales de ces langues, après que la corruption phonétique a réduit les termes précités à n'être plus que des exposants de pluralité. Mais on serait tout aussi peu en droit d'induire de telles dissemblances que ces langues n'ont pu avoir une même origine : car il est manifeste que, si des dialectes ayant une origine commune ont adopté, dès leur première séparation de la langue-mère, des mots différents pour exprimer les cas, les nombres, les personnes, les temps et les modes, la philologie comparée aura beau analyser leurs désinences grammaticales, elle n'en pourra jamais tirer aucune preuve de la fraternité de ces dialectes. Leur classification généalogique est donc, par la nature même des choses, tout simplement une impossibilité, du moins si cette classification doit reposer principalement sur les formes grammaticales.

On pourrait, cependant, supposer que ces langues, tout en différant entre elles par le mécanisme de leur grammaire, révéleraient néanmoins leur communauté d'origine par l'identité de leurs radicaux ou de leurs racines; et effectivement, c'est ce qui arrivera bien souvent. Les noms de nombre, plusieurs des pronoms, quelques-uns des mots les plus usuels de la vie seront probablement identiques dans ces diverses langues : mais, même sur ces points, il ne faut pas s'attendre à rencontrer des ressemblances nombreuses, ni s'étonner si l'on en trouve bien moins encore qu'on n'espérait. Nous avons déjà vu combien le mot *père* varie dans les différents dialectes frisons. Au lieu de *frater,* le mot latin pour frère, nous trouvons en espagnol *hermano*, de même que le latin *ignis* a été remplacé en français par *feu*, et en italien par *fuoco*. Personne ne doute que l'allemand et l'anglais n'aient eu une origine commune, et pourtant le nombre ordinal anglais, *the first*, que nous retrouvons dans *Fürst*, *princeps*, prince, ne rappelle aucunement l'allemand *der erste*, pas plus que *the second* ne rappelle *der zweite;* et il n'y a nulle connexité entre le pronom possessif *its* et l'allemand *sein*. Cette liberté dans l'adoption des mots est bien autrement grande et puissante dans des idiomes anciens et sans littérature; et plus on aura étudié avec soin le développement naturel des dialectes, moins on s'étonnera de voir des langues qui ont eu une origine commune différer non-seulement dans leur structure grammaticale, mais aussi dans beaucoup de ces mots dont on a bien raison de se servir, comme de points de comparaison, pour découvrir la parenté des langues littéraires. Nous verrons plus tard jusqu'à quel point il est possible de constater les rapports de parenté qui existent entre ces langues : pour le présent, mon but aura été atteint si j'ai pu montrer clairement que le principe de la classification généalogique ne s'applique pas nécessairement à toutes les langues, et qu'en second lieu, l'impossibilité de comprendre certaines langues dans une même table généalogique ne prouve nullement que ces langues n'aient pas eu une origine commune. Les linguistes qui s'en vont répétant que l'impossibilité de dresser une table généalogique de toutes les langues démontre clairement que le langage humain n'a pas pu avoir une origine commune, ne font là qu'une de ces assertions dogmatiques qui entravent, plus que tout le reste, la libre marche de la science indépendante.

Voyons maintenant quels progrès ont été faits dans la classification généalogique des langues, et en combien de familles il a été possible de diviser le vaste règne du langage humain. Mais, d'abord, rappelons-nous ce qui nous avait suggéré la nécessité d'une classification généalogique. Nous voulions connaître le sens primitif et la raison d'être de certains mots et de certaines formes grammaticales en anglais, et nous avons vu qu'avant de chercher à découvrir l'origine du *d* dans *I loved,* il fallait commencer par remonter à la forme la plus ancienne de ce mot. En portant les yeux sur l'histoire des dialectes romans, nous avons remarqué qu'un même mot conserve souvent dans un de ces dialectes une forme plus primitive que dans les autres, et, par suite, nous avons compris toute l'importance qu'il y a à établir, pour les autres langues, ces rapports de parenté qui réunissent le français, l'italien, l'espagnol et le portugais dans une même famille.

En prenant la langue actuelle de l'Angleterre, nous n'avons pas eu de peine à la rattacher à l'anglo-saxon; ce qui nous conduit au septième siècle après Jésus-Christ, car c'est à cette date que Kemble et Thorpe placent le vieux poëme épique anglais, le Beowulf : il nous est impossible de remonter au-delà du septième siècle, si nous restons sur le sol anglais. Mais nous savons que les Saxons, les Angles et les Jutes sont venus en Angleterre du continent, et de nos jours leurs descendants, sur la côte du nord de l'Allemagne, parlent encore le bas-allemand ou *Nieder-Deutsch,* que plus d'un matelot anglais a pris pour un patois corrompu de son pays, en l'entendant parler dans les ports d'Anvers, de Brème et de Hambourg (1). Le bas-allemand comprend beaucoup de dialectes du nord ou des basses-terres de l'Allemagne ; mais dans l'Allemagne propre ces dialectes ne sont presque jamais employés pour des compositions littéraires. Au bas-allemand appartiennent les dialectes frisons ainsi que le hollandais et le flamand. Le frison a eu sa littérature dès le douzième siècle ou peut-être plus tôt (2). Le hollandais, qui est encore une langue nationale et littéraire, bien que parlée sur un espace fort limité, possède des monuments écrits du seizième siècle. A cette même époque, le flamand était la langue parlée à la cour de Flandres et de Brabant, et il subsiste encore aujourd'hui malgré les envahissements de la langue officielle de la Hollande et de celle de la Belgique. La plus ancienne œuvre littéraire du bas-allemand, sur le continent, est le poëme épique chrétien, le *Heljand* (Hel-

---

(1) « Het echt engelsch is oud nederduitsch, » le véritable anglais est de l'ancien bas-allemand. — Bildeqryk. V. Delfortrie, *Analogie des Langues*, p. 13.

(2) « Quoique les monuments de l'ancien frison se rapportent, pour la date, à l'allemand de l'époque moyenne plutôt qu'à l'ancien allemand, la langue dans laquelle ils sont écrits se rapporte évidemment à une période bien plus primitive qui se rapproche beaucoup de l'ancien haut-allemand. L'isolement politique des Frisons et leur noble attachement à leurs droits héréditaires ont imprimé à leur langue un caractère conservateur. Après le quatorzième siècle, nous voyons le frison se dépouiller rapidement de toutes ses flexions, tandis qu'au treizième et au douzième siècle, elles n'y étaient pas moins nombreuses que dans l'anglo-saxon du neuvième et du dixième. » Grimm, *Grammaire allemande*, 1re édition, vol. I, p. LXVIII.

jand = Heiland, « le Sauveur »), qui nous a été conservé dans deux manuscrits du huitième siècle, et qui fut composé, à cette époque, pour les Saxons nouvellement convertis. A partir du huitième siècle jusqu'au dix-septième, nous pouvons découvrir des traces de compositions littéraires écrites en saxon ou bas-allemand, mais il en est bien peu qui soient parvenues jusqu'à nous, et la traduction de la Bible en haut-allemand par Luther fut un coup de mort porté à la littérature du bas-allemand.

La véritable langue littéraire de l'Allemagne a toujours été, depuis le temps de Charlemagne jusqu'à nos jours, le haut-allemand dont les divers dialectes se parlent par tout le pays (1). Son histoire se divise en trois périodes : le *nouveau* haut-allemand date de Luther ; le *moyen* remonte depuis le seizième siècle jusqu'au douzième, et l'*ancien* depuis le douzième siècle jusqu'au septième.

Nous voyons donc qu'il nous est possible de suivre ces deux rameaux du langage teutonique, le haut et le bas-allemand, jusqu'au septième siècle de notre ère ; mais il ne faut pas supposer qu'avant cette époque il y ait eu une langue teutonique commune, parlée par toutes les tribus germaniques, et qui se scinda plus tard en deux branches principales. Il n'a jamais existé de langue teutonique commune à toute la race germanique, et rien ne prouve qu'il y ait jamais eu un haut-allemand ou un bas-allemand uniformes, d'où leurs dialectes respectifs seraient sortis par la suite. Il est

---

(1) Il y a les dialectes de la Bavière et de l'Autriche, de la Souabe (l'alémanique), de la Franconie sur les bords du Mein, de la Saxe, etc.

impossible de dériver l'anglo-saxon, le frison, le flamand, le hollandais et le *platt-deutsch* de l'ancien bas-allemand tel que nous le trouvons, au neuvième siècle, dans le saxon du continent. Nous pouvons seulement dire que ces divers dialectes du bas-allemand, en Angleterre, en Hollande, dans la Frise et dans la basse Allemagne, ont passé, à différentes époques, par les mêmes phases, ou par les mêmes degrés de développement grammatical. Nous pouvons ajouter qu'à mesure que nous remontons dans le passé, la convergence de ces dialectes devient de plus en plus marquée; mais rien ne nous autorise à admettre l'existence historique d'un dialecte bas-allemand primitif et unique, qui aurait été la source de tous les autres; c'est là une pure invention de grammairiens à qui la multiplicité des langues paraît incompréhensible sans l'existence d'un type commun. Ces mêmes grammairiens voudraient également nous faire croire à un dialecte haut-allemand primitif d'où seraient venus non-seulement l'ancien, le moyen et le nouveau haut-allemand, mais encore tous les dialectes locaux de l'Autriche, de la Bavière, de la Souabe et de la Franconie; et ils nous demandent d'admettre qu'à une époque antérieure il y a eu une véritable langue teutonique, qui n'était encore ni le haut ni le bas-allemand, mais qui contenait déjà les germes de ces deux dialectes. Ce système peut être commode pour les objets de l'analyse grammaticale, mais il devient dangereux dès qu'on essaye de prêter à de telles abstractions une réalité historique. De même qu'il y a eu des familles, des peuplades et des confédérations de tribus avant qu'il y ait eu une nation; de même la langue nationale a été précédée par les dialectes. Le grammairien qui pose comme un fait historique l'existence d'un seul type primitif pour toutes les langues teutoniques, n'a pas de fondement plus solide pour sa croyance que l'historien qui croit à *Francus*, petit-fils d'Hector et prétendu ancêtre de tous les Francs, ou à *Brutus*, père mythique de tous les Bretons. Quand les races germaniques descendirent, les unes après les autres, des bords de la Baltique ou du Danube pour s'emparer de l'Italie et des provinces romaines ; quand les Goths, les Lombards, les Vandales, les Francs et les Bourguignons, sous la conduite de leurs rois respectifs, et différant entre eux par les lois et par les mœurs, vinrent s'établir en Italie, en Gaule et en Espagne, pour prendre part au dénoûment de la tragédie romaine, nous n'avons aucunement lieu de supposer qu'ils parlaient tous un seul et même dialecte. Si nous avions entre les mains des documents écrits de ces vieilles races germaniques, nous y verrions bien certainement qu'elles parlaient toutes des idiomes différents dont les uns devaient se rapprocher du bas-allemand et les autres du haut-allemand. Cette assertion n'est pas fondée sur une pure conjecture, car un hasard heureux nous a conservé la traduction gothique de la Bible par l'évêque Ulfilas, dans laquelle nous pouvons étudier le dialecte d'un de ces peuples.

Je ne puis prononcer le nom d'Ulfilas sans dire quelques mots de cet homme remarquable. Les historiens ecclésiastiques sont bien loin de s'accorder sur les dates et sur les principaux événements de sa vie ; ces obscurités proviennent en grande partie de ce qu'Ulfilas était un évêque arien, de sorte que les récits de sa vie sont fournis par des hommes des deux camps opposés, par des historiens ariens et par des historiens orthodoxes. Si nous avions à porter un jugement sur son caractère, il nous faudrait nécessairement peser tous ces témoignages contradictoires ; mais quand il s'agit seulement de dates et de simples faits, il semble juste de supposer que les amis ont dû posséder des renseignements plus exacts que les adversaires : c'est donc dans les écrits des partisans d'Ulfilas que nous chercherons la chronologie et les événements les plus importants de sa vie.

Les principaux auteurs à consulter sont Philostorge et Auxence, dont le premier nous a été conservé par Photius, et le second par Maximin dans un manuscrit récemment découvert par M. Waitz dans la Bibliothèque impériale de Paris (supplément latin, n° 594) (1), et dans lequel sont également contenus certains écrits de saint Hilaire, les deux premiers livres de saint Ambroise *de Fide,* et les actes du concile d'Aquileja (381). Sur la marge de ce manuscrit, Maximin a recopié le commencement des actes du concile d'Aquileja, en y ajoutant ses propres remarques pour montrer combien saint Ambroise avait été injuste pour Palladius. Il exprime ses propres idées sur la doctrine d'Arius, et (fol. 282, seq.) il nous donne une vie d'Ulfilas écrite par un de ses disciples, Auxence, évêque de Dorostorum (Silistria sur le Danube). Puis viennent quelques dissertations de Maximin, et (fol. 314-327) un traité adressé à saint Ambroise par un semi-arien, sectateur

---

(1) *Ueber das Leben und die Lehre des Ulfila,* Hannover, 1840 ; *Ueber das Leben des Ulfila,* von Dr Bessell, Göttingen, 1860.

d'Eusèbe, et qui pourrait bien être Prudence lui-même; ce traité est copié par Maximin, et un peu abrégé en certains endroits, pour les besoins de sa cause.

C'est Auxence qui nous apprend qu'Ulfilas mourut à Constantinople, où il avait été convié par l'empereur à une discussion théologique. Cet événement n'a pu être postérieur à l'année 381, car le même Auxence nous apprend qu'Ulfilas mourut après quarante ans d'épiscopat, et nous savons par Philostorge qu'il avait été sacré évêque par Eusèbe. Or 341 est l'année de la mort d'Eusèbe de Nicomédie, et comme Philostorge nous dit qu'Ulfilas fut sacré par « Eusèbe et les évêques qui étaient avec lui », on a fait cette supposition fort vraisemblable, que son sacre avait eu lieu au commencement de l'année 341, alors qu'Eusèbe présidait le synode d'Antioche. Puisqu'Ulfilas avait trente ans quand il fut élevé à l'épiscopat, nous devons prendre l'année 311 comme date de sa naissance, et puisqu'il avait soixante-dix ans quand il mourut à Constantinople, sa mort doit être placée en 381.

M. Waitz, en rapportant la mort d'Ulfilas à l'année 388, se fonde sur ce fait rapporté par Auxence, que d'autres évêques ariens avaient accompagné Ulfilas dans son dernier voyage à Constantinople, et qu'ils venaient d'obtenir des empereurs la promesse d'un nouveau concile, quand leurs adversaires eurent assez d'influence pour faire promulguer une loi nouvelle défendant toute espèce de discussion sur les matières de foi, soit en public, soit en particulier. A propos de ce passage, Maximin, à qui nous devons la relation d'Auxence, cite deux lois du code théodosien qui se rapportent, selon lui, à cette controverse, et qui sont datées de 388 et de 383 ; ce qui prouve que Maximin lui-même n'était pas bien fixé sur la date précise. Mais M. Bessell a démontré clairement que ces deux lois n'ont rien de commun avec la controverse des évêques ariens ; ce rapprochement n'est donc qu'une erreur de Maximin. Si nous rapportions la mort d'Ulfilas à l'année 388, il nous faudrait abandonner le fait important rapporté par Philostorge du sacre d'Ulfilas par Eusèbe, et supposer qu'en 388, Théodose était encore en pourparler avec les Ariens : nous savons, au contraire, qu'après l'année 383, quand Théodose eut échoué dans ses dernières tentatives de réconciliation, on ne garda plus de ménagements avec le parti d'Ulfilas et de ses amis.

Si, au contraire, Ulfilas est mort à Constantinople en 381, il a très-bien pu y être appelé par l'empereur Théodose, pour assister, non pas à un concile, mais à une dispute (*ad disputationem*), selon la conjecture ingénieuse du docteur Bessell, contre les Psathyropolistæ, qui venaient de former à Constantinople une nouvelle secte arienne (1). Vers la même époque, en 380, Sozomène rappelle les efforts des Ariens pour gagner la faveur de Théodose (2). Il s'accorde avec Auxence pour dire que tous ces efforts furent vains, et qu'une loi fut publiée pour interdire toute discussion sur la nature de Dieu. Nous trouvons cette loi dans le code théodosien, à la date du 10 janvier 381. Mais ce qu'il importe surtout de remarquer, c'est que cette loi

---

(1) V. Bessell, *loc. cit.*, p. 38.
(2) Sozomenus, *Historia ecclesiastica*, VII, 6.

révoque un rescrit que les hérétiques ariens avaient obtenu par fraude, et vient confirmer par là le témoignage d'Auxence au sujet du nouveau concile que l'empereur lui avait promis, ainsi qu'à son parti.

Revenons maintenant à Ulfilas, qui est né, ainsi que nous l'avons vu, en 311. Au dire de Philostorge, ses parents étaient originaires de la Cappadoce, et ils avaient été emmenés en captivité par les Goths, d'un endroit nommé Sadagolthina, près de la ville de Parnassos. Ce fut sous Valérien et Gallien (vers 267) que les Goths firent cette incursion en Galatie et en Cappadoce, et les captifs chrétiens qu'ils ramenèrent avec eux furent les premiers qui portèrent la lumière de l'Évangile sur les bords du Danube. Comme Philostorge était lui-même Cappadocien, nous avons tout lieu de croire que ce qu'il rapporte concernant les parents d'Ulfilas est exact. Ulfilas naquit chez les Goths, et le gothique fut la langue de son enfance, bien que plus tard il ait su parler et écrire le latin et le grec. Après avoir rapporté la mort de Crispus (326), et avant de raconter les dernières années de Constantin, Philostorge nous dit que ce fut « vers cette même époque » qu'Ulfilas fit traverser le Danube à ses Goths, et les mena sur les terres de l'empire romain. Les persécutions auxquelles ils étaient en butte depuis leur conversion au christianisme les avaient forcés à quitter leur patrie, et Ulfilas, qui s'était mis à leur tête, vint porter leurs griefs aux pieds de Constantin. Tout ceci a dû se passer avant 337, l'année de la mort de Constantin; peut-être était-ce en 328, après la victoire remportée sur les Goths par cet empereur; et bien qu'Ulfilas n'eût que dix-sept ans en 328, ce ne serait pas là une raison suffisante pour rejeter le témoignage de Philostorge qui raconte que Constantin traita Ulfilas avec le plus grand respect, et l'appela le Moïse de son temps. Comme il avait fait traverser le Danube à sa bande fidèle et l'avait conduite en Mésie, il pouvait fort bien être comparé par l'empereur à Moïse qui avait fait sortir les Israélites de l'Égypte et leur avait fait traverser la mer Rouge. Il est vrai qu'Auxence établit cette même comparaison entre Ulfilas et Moïse, après avoir raconté qu'Ulfilas fut reçu avec les plus grands honneurs par Constance, successeur de Constantin. Mais le récit d'Auxence concerne évidemment la réception faite à Ulfilas en 348, quand il était déjà depuis sept ans évêque chez les Goths, et ne saurait infirmer en rien le témoignage de Philostorge concernant les relations antérieures entre Ulfilas et Constantin. Sozomène distingue nettement le premier passage du Danube par les Goths sous la conduite d'Ulfilas, des attaques postérieures d'Athanaric contre Fridigern ou Fritiger, attaques qui amenèrent l'établissement définitif des Goths dans l'empire romain (1). Nous devons supposer qu'après avoir passé le Danube, Ulfilas résida pendant quelque temps au milieu de son peuple ou à Constantinople. Auxence raconte qu'il remplit d'abord les fonctions de lecteur, et qu'il ne fut sacré évêque par Eusèbe qu'en 341, quand il eut atteint l'âge de trente ans, exigé par les lois ecclésiastiques. Les sept premières années de son épiscopat furent passées chez les Goths, et les trente-trois dernières *in solo Romaniæ*, où il avait accompagné Fritiger et les Thervingi. Il y a

---

(1) *Historia ecclesiastica*, VI, 3, 7.

une certaine confusion dans les dates des différentes migrations des Goths, mais il paraît fort probable qu'Ulfilas servit de guide à ses compatriotes en plus d'une occasion.

Tels sont à peu près tous les renseignements qu'il est possible de recueillir sur Ulfilas. Nous ne pouvons accepter les jugements de quelques historiens ecclésiastiques sur les motifs qui l'auraient porté à abandonner la foi dans laquelle il avait été élevé, pour embrasser la doctrine d'Arius : lui-même nous assure qu'il n'avait jamais eu d'autre croyance que l'arianisme (*semper sic credidi*). L'assertion de Socrate, d'après laquelle Ulfilas aurait assisté au synode de Constantinople en 360, peut être vraie, quoique Auxence et Philostorge ne fassent aucune mention de ce fait. L'auteur des Actes de Nicétas cite Ulfilas comme ayant été présent au concile de Nicée, en compagnie de Théophile. Il est vrai que Théophile signa les actes de ce concile, comme évêque des Goths, mais il semble assez douteux qu'il fût accompagné d'Ulfilas qui n'avait à cette époque que quatorze ans.

A l'exception des livres des Rois, Ulfilas traduisit toute la Bible, l'Ancien Testament sur la version des Septante, et le Nouveau sur le texte grec, mais ce texte différait un peu de celui que nous avons aujourd'hui. Malheureusement la plus grande partie de sa traduction est perdue ; il ne nous en reste que des fragments étendus des Évangiles, toutes les épîtres canoniques de saint Paul moins quelques passages, et quelques parties d'un Psaume, du livre d'Esdras, et du livre de Néhémie (1).

(1) Voici en quels termes Auxence parle d'Ulfilas (*Waitz*, p. 19.):

Quoique Ulfilas appartînt aux Goths occidentaux, sa traduction fut adoptée par toutes les tribus de cette

« Et [ita praedic]ante et per Cristum cum dilectione Deo patri gratias agente, haec et his similia exsequente, quadraginta annis in episcopatu gloriose florens, apostolica gratia Graecam et Latinam et Goticam linguam sine intermissione in una et sola eclesia Cristi predicavit... Qui et ipsis tribus linguis plures tractatus et multas interpretationes volentibus ad utilitatem et ad aedificationem, sibi ad aeternam memoriam et mercedem post se dereliquit. Quem condigne laudare non sufficio et penitus tacere non audeo; cui plus omnium ego sum debitor, quantum et amplius in me laboravit, qui me a prima etate mea a parentibus meis discipulum suscepit et sacras litteras docuit, et veritatem manifestavit et per misericordiam Dei et gratiam Cristi et carnaliter et spiritaliter ut filium suum in fide educavit.

« Hic Dei providentia et Cristi misericordia propter multorum salutem in gente Gothorum de lectore triginta annorum episkopus est ordinatus, ut non solum esset heres Dei et coheres Cristi, sed et in hoc per gratiam Cristi imitator Cristi et sanctorum ejus, ut quemadmodum sanctus David triginta annorum rex et profeta est constitutus, ut regeret et doceret populum Dei et filios Hisdrael, ita et ipse beatus tamquam profeta est manifestatus et sacerdos Cristi ordinatus, ut regeret et corrigeret et doceret et aedificaret gentem Gothorum; quod et Deo volente et Cristo aucsiliante per ministerium ipsius admirabiliter est adinpletum, et sicuti Iosef in Aegypto triginta annorum est manifes[tatus et] quemadmodum dominus et Deus noster Ihesus Cristus filius Dei triginta annorum secundum carnem constitutus et baptizatus, coepit evangelium predicare et animas hominum pascere : ita et iste sanctus, ipsius Cristi dispositione et ordinatione, et in fame et penuria predicationis indifferenter agentem ipsam gentem Gothorum secundum evangelicam et apostolicam et profeticam regulam emendavit et vivere [Deo] docuit, et cristianos, vere cristianos esse, manifestavit et multiplicavit.

« Ubi et ex invidia et operatione inimici thunc ab inreligioso et sacrilego indice Gothorum tyrannico terrore in varbarico cristianorum persecutio est excitata, ut Satanas, qui male facere cupiebat, nolen[s] faceret bene, ut quos desiderabat prevaricatores facere et desertores, Cristo opitulante et propugnante, fierent martyres et confessores, ut persecutor confunderetur, et qui persecutionem patiebantur, coronarentur ut hic, qui temtabat vincere, victus erubesceret,

race et portée par elle en Espagne et en Italie. Le gothique s'éteignit au neuvième siècle, et, après la chute des grands empires fondés par ces barbares, la traduction d'Ulfilas fut perdue et oubliée. Mais on en

et qui temtabantur, victores gauderent. Ubi et post multorum servorum et ancillarum Cristi gloriosum martyrium, imminente vehementer ipsa persecutione, conpletis septem annis tantummodo in episkopatum, supradictus sanctissimus vir beatus Ulfila cum grandi populo confessorum de varbarico pulsus, in solo Romanie a thu[n]c beate memorie Constantio principe honorifice est susceptus, ut sicuti Deus per Moysem de potentia et violentia Faraonis et Egyptorum po[pulum s]uum l[iberav]it [et rubrum] mare transire fecit et sibi servire providit, ita et per sepe dictum Deus confessores sancti filii sui unigeniti de varbarico liberavit et per Danubium transire fecit, et in montibus secundum sanctorum imitationem sibi servire de-[crevit]...eo populo in solo Romaniae, ubi sine illis septem annis triginta et tribus annis veritatem predicavit, ut et in hoc quorum sanctorum imitator erat [similis esset], quod quadraginta annorum spatium et tempus ut multos...re et...an[n]orum...e vita...» « Qu[i] c[um] precepto imperiali, completis quadraginta annis, ad Constantinopolitanam urbem ad disputationem... contra p...ie... [p].t.stas perrexit et eundo in...nn... ne...p... ecias sibi ax...to docerent et contestarent[ur]... abat, et inge.e... supradictam [ci]vitatem, recogitato ei im... de statu concilii, ne arguerentur miseris miserabiliores, proprio judicio damnati et perpetuo supplicio plectendi, statim cœpit infirmari; qua in infirmitate susceptus est ad similitudinem Elisei prophete. Considerare modo oportet meritum viri, qui ad hoc duce Domino obit Constantinopolim, immo vero Cristianopolim, ut sanctus et immaculatus sacerdos Cristi a sanctis et consacerdotibus, a dignis dignus digne [per] tantam multitudinem cristianorum pro meritis [suis] mire et gloriose honoraretur. » — (Bessell, p. 37.)

« Unde et cum sancto Hulfila ceterisque consortibus ad alium comitatum Constantinopolim venissent, ibique etiam et imperatores adissent, adque eis promissum fuisset conci[li]um, ut sanctus Aux[en]tius exposuit, [a]gnita promiss[io]ne prefati pr[e]positi heretic[i] omnibus viribu[s] institerunt u[t] lex daretur, q[uæ] concilium pro[hi]beret, sed nec p[ri]vatim in domo [nec] in publico, vel i[n] quolibet loco di[s]putatio de fide haberetur, sic[ut] textus indicat [le]gis, etc. » — (Waitz, p. 23; Bessell, p. 15.)

avait conservé un manuscrit du cinquième siècle dans l'abbaye de Werden, et vers la fin du seizième siècle, Arnold Mercator, attaché à la maison de Guillaume IV, landgrave de Hesse, tira de l'oubli ce vieux parchemin qui contenait de grands fragments de la traduction d'Ulfilas. Ce manuscrit, connu sous le titre de *Codex argenteus*, fut plus tard déposé à Prague, et lorsque le comte Königsmark s'empara de cette ville en 1648, il emporta le précieux manuscrit à Upsal, en Suède, où il est encore conservé comme un trésor d'un prix inestimable. Le parchemin est pourpre, les lettres d'argent, et la reliure en argent massif.

En 1818, le cardinal Mai et le comte Castiglione découvrirent d'autres fragments de la Bible d'Ulfilas dans le monastère de Bobbio, où ils étaient sans doute restés depuis la destruction de l'empire goth de Théodoric le Grand en Italie.

Ulfilas a dû être un homme d'une rare vigueur d'esprit pour avoir eu, le premier, l'idée de traduire la Bible dans la langue vulgaire de son peuple. De son temps, il n'existait en Europe que deux langues qu'un évêque chrétien dût se croire autorisé à employer, le grec et le latin : toutes les autres passaient encore pour barbares. Il fallait un pressentiment des glorieuses destinées de ces tribus demi-sauvages, et de la chute prochaine des empires de Rome et de Byzance, pour qu'Ulfilas se décidât à traduire la Bible dans le dialecte vulgaire des barbares, ses compatriotes. Peu de temps après sa mort, le nombre des Goths chrétiens avait tellement augmenté dans la capitale de l'empire que saint Jean-Chrysostome, qui occupa le siége de Constantinople de 397 à 405, leur fit bâtir une église où le service devait se faire en langue gothique (1).

La langue d'Ulfilas se rattache par sa structure phonétique à la classe du bas-allemand, mais, *à peu d'exceptions près*, sa grammaire est bien plus primitive que l'anglo-saxon du Beowulf, ou que l'ancien haut-allemand de Charlemagne. Toutefois ces exceptions sont fort importantes, en ce qu'elles prouvent que la grammaire, non moins que l'histoire, nous empêche de dériver soit l'anglo-saxon soit le haut-allemand du gothique (2). Ainsi, pour ne citer qu'un exemple, il serait impossible de regarder la première personne du pluriel de l'indicatif présent, l'ancien haut-allemand *nerjamês*, comme une corruption du gothique *nasjam* ; car nous savons par le sanscrit *masi*, le grec *mes*, le latin *mus*, que c'était bien là la désinence originelle de la première personne du pluriel.

Le gothique n'est qu'un des nombreux dialectes parlés par la race germanique, dialectes dont quelques-uns ont fourni les matériaux des langues littéraires de la Grande-Bretagne, de la Hollande, de la Frise et de la haute et basse Allemagne, tandis que d'autres ont complétement disparu, et que d'autres encore ont continué leur cours à travers les âges, sans être connus même de nom, et sans avoir jamais produit une œuvre littéraire. C'est parce que le gothique est le seul de

---

(1) Theodoret, *H. E.*, V, 30.
(2) Pour des exemples de formes plus primitives en ancien haut-allemand qu'en gothique, V. Schleicher, *Zeitschrift für V. S.*, t. IV, p. 266 ; Bugge, *ibid.*, t. V, p. 59 ; Pott, *Etym. Forsch.*, II, p. 57, note.

ces dialectes que nous puissions faire remonter jusqu'au quatrième siècle, tandis que nous perdons tous les autres de vue dès le septième, que certains linguistes l'ont regardé à tort comme la source de tout le langage teutonique. Mais les arguments dont nous nous sommes servis contre Raynouard pour prouver que la langue provençale n'a pas pu être la mère des six dialectes romans, s'appliquent avec non moins de force à la langue gothique et nous empêchent de lui assigner d'autre rang, parmi les langues teutoniques, que celui d'une sœur aînée.

Il y a même une troisième branche du langage teutonique, dont l'existence indépendante est aussi bien constatée que celle du bas et du haut-allemand, et qui a dû nécessairement se développer parallèlement à ces deux dialectes et au gothique. Je veux parler de la branche *scandinave*, qui comprend actuellement trois dialectes littéraires, ceux de la Suède, du Danemark et de l'Islande, et divers dialectes locaux que l'on trouve surtout dans les vallées retirées de la Norvége dont la langue littéraire est le danois (1).

On suppose communément que jusqu'au onzième siècle l'idiome parlé en Suède, en Norvége et en Danemark était identiquement le même, et que cette langue nous a été conservée presque intacte en Islande, tandis qu'elle s'est modifiée en Suède et a fini par y former deux nouveaux dialectes nationaux (2). Effectivement il est hors de doute que le scalde islandais récitait ses poëmes en Islande, en

---

(1) V. Schleicher, *Deutsche Sprache*, p. 94.
(2) V. *id.*, l. c., p. 60.

Norvége, en Suède, en Danemark et même devant ses compatriotes établis en Angleterre et à Gardariki (1), sans avoir à craindre de ne pas être compris, jusqu'à ce que, nous dit-on, Guillaume eût introduit le gallois, c'est-à-dire le français, en Angleterre, et que les langues slaves eussent envahi l'est de l'Europe (2). Néanmoins, quoique une même langue (appelée alors danois ou norrain) pût être intelligible dans ces diverses contrées, je doute fort que tous les Northmans aient jamais parlé un seul et même idiome, et il me paraît très-probable que les premiers germes du suédois et du danois existaient déjà, bien avant le onzième siècle, dans les dialectes des nombreuses tribus de la race scandinave. Cette race se divise en deux branches bien distinctes, celle des Scandinaves de l'est et celle des Scandinaves de l'ouest, ainsi que les appellent les savants suédois ; l'idiome des premiers serait représenté par l'ancienne langue de la Norvége et de l'Islande, et celui des derniers par le suédois et le danois. Cette séparation des peuples scandinaves avait précédé leur établissement en Suède et en Nor-

(1) [Le Garderige ou royaume des Gaarde (Gaard au singulier signifiant une cour, la *curtis* des Mérovingiens, — la *cour* de nos Normands actuels, c'est-à-dire une maison ou plusieurs maisons d'habitation, avec verger et clôture ; — par extension sans doute ici bourgs, villages habités ; — peut-être pays, contrées ; le royaume des pays, qui comprend les pays) faisait une partie importante de ce que les habitants de la péninsule et de l'Islande, aux dixième, onzième, douzième et treizième siècles, appelaient les pays de l'Est, OEsterlanden, ou OEsterleden. C'est à peu près ce qu'on a appelé ensuite la Grande et la Petite Russie. Cf. Werlauff, *Symbolæ ad geographiam medii ævi*, et Suhm, *Danemarks Historie*, 1ʳᵉ partie, p. 86 et seqq. Tr.]

(2) Weinhold, *Altnordisches Leben*, p. 27 ; *Gunnlaugssaga*, ch. vii.

vége. Les Scandinaves occidentaux s'étant embarqués sur la côte de Russie naviguèrent vers l'ouest, traversèrent la mer Baltique en passant par les îles d'Aland et s'établirent ensuite sur la côte méridionale de la Suède ; tandis que leurs frères longèrent le golfe de Bothnie et arrivèrent par le pays des Finnois et des Lapons jusqu'aux montagnes du nord de la péninsule, d'où ils se répandirent au sud et à l'ouest.

Les plus anciens fragments du langage scandinave nous sont conservés dans les deux *Eddas*, l'Edda poétique composé de vieux poëmes mythiques, et l'Edda de Snorri, qui est de date plus récente et qui résume en prose les récits de l'ancienne mythologie. Les deux Eddas furent composés, non en Norvége, mais en Islande. L'Islande est une île à peu près de la grandeur de l'Irlande ; elle fut révélée à l'Europe par quelques moines irlandais qui s'y établirent au huitième siècle (1). Au neuvième siècle (860-870), Naddodd, Gardar et Fokki firent en Islande des voyages de découverte, et bientôt cette île lointaine servit d'asile aux républicains de la péninsule scandinave, comme plus tard l'Amérique aux Puritains de l'Angleterre. Après avoir vaincu la plupart des rois norvégiens, Harald Haarfagr (850-933) conçut le projet d'asservir les populations libres du nord de la Norvége. Ceux qui étaient trop faibles pour lutter contre lui ou trop fiers pour accepter sa domination, quittèrent leur patrie et émigrèrent en France, en Angleterre et en Islande (874). C'étaient, en grande partie, des nobles et des hommes de condition libre, et ils ne tardèrent

---

(1) V. Dasent, *Burnt Njal, Introduction.*

pas à établir en Islande une république aristocratique ; c'était la forme de gouvernement sous laquelle ils avaient vécu dans leur pays avant le temps de Harald. La petite république fut bientôt florissante, et les Islandais embrassèrent le christianisme en l'an 1000. Ils fondèrent des écoles, érigèrent deux évêchés, et apportèrent à l'étude de la littérature classique la même ardeur que les savants et les historiens de leur patrie avaient mise à réunir et à interpréter leurs lois et leurs poëmes nationaux. Ils se distinguèrent aussi par l'amour des voyages, et non-seulement les principales villes de l'Europe mais encore les saints lieux étaient visités par ces voyageurs hardis. Au commencement du douzième siècle, la population de l'Islande s'élevait à cinquante mille habitants. Leur activité intellectuelle et littéraire dura jusqu'au commencement du treizième siècle, quand l'île fut conquise par Hakon VI, roi de Norvége. En 1380, la Norvége et l'Islande furent réunies au Danemark ; et lorsqu'en 1814 la Norvége fut cédée à la Suède, le Danemark conserva l'Islande qui lui appartient encore de nos jours.

La vieille poésie qui florissait en Norvége au huitième siècle, et qui fut cultivée par les scaldes au neuvième, eût disparu à tout jamais sans les soins jaloux des émigrés d'Islande. La branche la plus importante de leur poésie traditionnelle se compose de courts chants qu'ils appelaient *Hliod* ou *Quida*, et qui célèbrent les gestes de leurs dieux ou de leurs héros. Quelle est la date précise de ces vieux poëmes, c'est ce qu'il nous est impossible de déterminer ; mais nous savons du moins qu'ils existaient déjà avant l'émigration des Norvégiens en Islande, et il paraît même probable qu'on peut les faire remonter jusqu'au septième siècle, date de nos plus anciens fragments d'anglo-saxon et de haut et de bas-allemand. Ces chants furent réunis vers le milieu du douzième siècle par Saemund Sigfusson, qui mourut en 1133. En 1643, un recueil du même genre fut découvert dans des manuscrits du treizième siècle et fut publié sous le titre d'*Edda* ou l'Aïeule. Ce recueil est appelé l'ancien Edda ou l'Edda en vers, pour le distinguer d'un ouvrage plus récent attribué à Snorri Sturluson (mort en 1241), et appelé l'Edda en prose. L'Edda de Snorri se compose de trois parties : la fascination de Gylfi, les discours de Bragi, et le *Skalda*, ou Art poétique (1). Le titre d'*Hérodote de l'Islande* a été donné à Snorri Sturluson, dont l'ouvrage principal, le *Heimskringla* ou Cercle du monde, contient l'histoire des peuples scandinaves depuis les âges mythiques jusqu'au temps du roi Magnus Erlingsson qui mourut en 1177. Ce fut probablement pendant qu'il était occupé à réunir les matériaux de cette histoire, que Snorri Sturluson, comme Cassiodore, Saxo Grammaticus, Paul Diacre et d'autres historiens de la même famille, recueillit les vieux chants de son peuple; car son *Edda,* et en particulier le *Skalda,* sont pleins de fragments des anciens poëmes.

Le *Skalda* et les règles qui y sont données sont

(1) [Un des membres les plus distingués de l'Université de France, M. Bergmann, doyen à la Faculté des lettres de Strasbourg, a consacré aux poèmes islandais des études pleines d'un haut intérêt. Nous citerons surtout *la Fascination de Gulfi, traité de mythologie scandinave;* Strasbourg et Paris, 1861, in-8°. Tr.]

une image fidèle des poëmes du treizième siècle ; et on ne peut rien imaginer de plus artificiel, ni qui rappelle moins la poésie naturelle et vraie de l'ancien *Edda* que cet Art poétique de Snorri Sturluson. Une des règles fondamentales de cette poésie artificielle, c'est que rien ne doit y être appelé par son nom. Les scaldes ne devaient pas parler d'un navire, mais de *la bête de la mer ;* ni du sang, mais de *la rosée de la douleur*, ou de *l'eau que fait jaillir le glaive*. Un guerrier ne s'appelait plus que *l'arbre armé, l'arbre de la bataille ;* et l'épée était remplacée par *la flamme qui blesse*. Cette langue poétique, qui était le langage obligé de tous les scaldes, ne possédait pas moins de cent quinze noms pour Odin, et de cent vingt synonymes pour signifier une île. Les extraits poétiques cités par Snorri sont pris dans les poëmes des scaldes qui vécurent du dixième au treizième siècle, et dont les noms sont bien connus dans l'histoire. Jamais il ne cite aucun des chants contenus dans l'ancien *Edda* (1), soit qu'il les considérât comme appartenant à une époque littéraire, beaucoup plus ancienne et toute différente, ou qu'ils ne pussent servir d'exemples pour éclaircir les préceptes poétiques des scaldes, puisque rien n'eût été plus propre à confondre ces préceptes que la simplicité de la poésie nationale qui exprimait toutes ses pensées sans effort et sans circonlocution.

(1) Le nom d'*Edda* ne se rencontre pas avant le quatorzième siècle. Snorri Sturluson ne connaît ni le mot *Edda*, ni aucun recueil d'anciennes poésies attribué à Saemund ; et quoiqu'il soit possible que Saemund ait été le premier à réunir les chants nationaux, il semble douteux que nous devions le regarder comme l'auteur du recueil qui porte aujourd'hui son nom.

Nous avons donc rattaché les dialectes teutoniques modernes à quatre rameaux principaux : le *haut-allemand*, le *bas-allemand*, le *gothique* et le *scandinave*, lesquels, ainsi que plusieurs idiomes moins importants, ont dû se développer parallèlement dès le commencement, comme autant de variétés du langage teutonique. On peut, pour plus de commodité, parler de ce langage comme ayant eu une existence individuelle, et comme formant une branche de cette grande famille indo-européenne à laquelle nous avons vu qu'il appartient; mais il ne faut pas oublier que ce langage primitif et uniforme n'a jamais eu d'existence historique qui puisse être l'objet de nos recherches ; aussi loin que nous puissions remonter dans son passé, la langue des peuples germaniques, de même que toutes les autres, nous apparaît comme débutant par des dialectes qui ont formé, avec le temps, des langues nationales distinctes.

Il nous faut maintenant laisser de côté les recherches minutieuses, et nous contenter de jeter un coup d'œil rapide sur les langues qui composent, avec la branche teutonique, la grande famille indo-européenne ou aryenne.

Prenons d'abord les langues romanes ou novolatines. Sans parler des dialectes locaux, nous avons à présent six modifications littéraires du latin ou plutôt de l'ancien italien : les langues du Portugal, de l'Espagne, de la France, de l'Italie, de la Valachie (1),

---

(1) Les populations que nous appelons valaques s'appellent elles-mêmes *Romani*, et leur langue *Romania*.

Cette langue romane est parlée en Valachie, en Moldavie, et dans certaines parties de la Hongrie, de la Transylvanie et de la Bessara-

et celle des Grisons de la Suisse, connue sous le nom

bie. Sur la rive droite du Danube, elle est répandue dans une partie de l'ancienne Thrace, de la Macédoine et même de la Thessalie. Elle est divisée par le Danube en deux rameaux, celui du nord ou le *daco-roumain*, et celui du midi ou le *macédo-roumain*; le premier est resté plus pur et a même reçu une certaine culture littéraire ; le second a emprunté un plus grand nombre de mots albanais et grecs, et sa grammaire n'est pas encore bien fixée. La langue valaque moderne est fille de l'idiome parlé dans la province romaine de la Dacie.

Les premiers habitants de la Dacie étaient des Thraces, et leur langue était l'illyrien. De cet ancien illyrien il nous reste à peine quelques débris, et ceux que nous avons sont tout à fait insuffisants pour déterminer à quelle famille de langues nous devons le rattacher. Les Romains s'emparèrent de l'Illyrie en l'an 219, et de la Mésie en l'an 30 avant Jésus-Christ; en l'année 107 de notre ère, l'empereur Trajan fit de la Dacie une province romaine. A cette époque la population thrace avait dû se retirer devant les tribus sarmates, surtout devant les Iazyges. Les colons romains apportèrent avec eux la langue latine, et la Dacie resta colonie de l'empire jusqu'en 272, quand l'empereur Aurélien dut la céder aux Goths, et alors une partie de la population romaine émigra et alla s'établir au sud du Danube.

En 489, les tribus slaves entrèrent en Mésie et en Thrace. Nous les trouvons définitivement établies dans la Mésie en 678, et quatre-vingts ans plus tard une province fut fondée en Macédoine sous le nom de Slavinie.

[Moins connus que leurs frères des Principautés danubiennes, ces Valaques de l'Olympe, du Pinde et de l'Acarnanie seraient très-curieux à étudier, et pour leur langue et pour leurs usages; sans doute dans leur idiome se sont introduits bien des mots étrangers, dus au contact des populations parmi lesquelles ils errent depuis des siècles; mais là où ils emploient le vieux mot roumain, il est souvent plus rapproché de sa forme primitive, plus voisin du mot latin correspondant, que dans le valaque des rives du Danube, modifié par le travail réfléchi des écrivains et soumis d'ailleurs à des influences de voisinage qui se sont exercées d'une manière plus régulière et plus suivie. La cérémonie du mariage a conservé des rites qui reproduisent avec une singulière fidélité quelques-uns des traits les plus frappants des antiques symboles de l'Italie; ainsi, à l'instant où la jeune femme, descendue de sa monture, va entrer dans la maison de

de *romanche* ou *roumanche* (1). Le provençal qui est arrivé de très-bonne heure, dans les poésies des troubadours, à un haut degré de perfection littéraire, n'est plus de nos jours qu'un simple patois (2). On rapporte généralement au dixième siècle le plus ancien poëme provençal, le Chant de Boëce, que Lebeuf faisait remonter seulement au onzième. Mais la découverte récente du Cantique de Sainte-Eulalie nous a donné un monument de la langue d'oïl, ou ancien français du

son époux, on lui présente du beurre ou quelquefois du miel, et elle en frotte la porte, marquant ainsi que sa venue amènera dans la maison douceur et joie; c'est l'*uxor* romaine, « quasi *unxor*, » dit Servius, « quod moris erat, ut nubentes puellæ, simul venissent ad limen mariti, postes, antequam ingrederentur..., oleo ungerent. » Sur ces Valaques du Pinde, qui, au douzième siècle, avaient fait donner à la Thessalie le nom de *Grande Vlakhie*, voir Pouqueville, *Voyage de la Grèce*, t. II, 1. 6, et surtout L. Heuzey, *le Mont Olympe et l'Acarnanie*, pp. 267 et 280. Leur langue a été étudiée dans l'ouvrage intitulé : Golintizanu, *Calĕtorii Romanĕi din Macedonia sin muntele Atos san Santa Agora*. Tr.]

(1) La Société biblique a publié une traduction complète de la Bible en roumanche, pour les Grisons de la Suisse, et aussi en bas-roumanche, ou langue de l'Enggadine; ce dernier idiome parlé sur les frontières du Tyrol, est aussi appelé quelquefois le *ladinique*. Il y a toute une littérature religieuse roumanche du seizième siècle qui consiste surtout en traductions de la Bible, en catéchismes, et en cantiques. Il existe dans la bibliothèque bodléienne une traduction du Nouveau Testament dans cet idiome : Lo Nuof Sainc Testamaint de nos Signer Jesu Christi, prais our delg Latin et our d'otero languax et huossa de nœf mis in drumaunsch três Iachiam Bifrum d'Agnedina. Schquischo ilg an MDLX.

(2) [Les principaux dialectes du provençal nous ont offert, dans ces derniers temps, le curieux spectacle d'une véritable renaissance littéraire, d'une floraison nouvelle aussi brillante qu'inattendue. Il suffira de citer ici deux noms que le succès d'œuvres écrites en languedocien et en provençal a rendus célèbres dans la France entière, Jasmin, le perruquier d'Agen, et Mistral, l'auteur de *Miréio*. Tr.]

nord, antérieur aux plus vieilles poésies que nous possédions en langue d'oc, l'ancien provençal. Une des meilleures préparations à l'étude de la grammaire comparée des langues classiques de la famille aryenne, est la lecture attentive de la *Grammaire comparée des six langues romanes*, par le professeur Diez (1).

Bien qu'il soit possible, d'une manière générale, de faire remonter au latin ces six idiomes romans, nous avons cependant déjà fait observer que le latin classique ne saurait nous fournir l'explication complète de leur origine. C'est dans les anciens dialectes de l'Italie et de ses provinces qu'il faut chercher beaucoup des éléments des langues novo-latines. Avant la fondation et l'agrandissement de Rome, plus d'un dialecte du latin était parlé en Italie, et des inscriptions nous ont conservé des fragments importants de l'ombrien, parlé au nord, et de l'osque, parlé au sud de Rome. L'osque, qui était l'idiome des Samnites, et que nous comprenons aujourd'hui, grâce aux travaux de Mommsen, avait produit une littérature avant le temps de Livius Andronicus (2); et les tables d'Iguvium, qu'Aufrecht et Kirchhoff ont étudiées avec tant de science et de persévérance, nous prouvent qu'il y avait une littérature sacerdotale chez les Ombriens à une époque très-reculée. L'osque était encore parlé sous

(1) [Un jeune savant qui porte dignement un nom célèbre, M. Gaston Paris, a traduit en français l'introduction de cet important ouvrage. Tr.]

(2) [Voir la thèse présentée par M. Rabasté, en 1866, à la Faculté des lettres de Paris, sous ce titre : *De la langue osque d'après les inscriptions, et de ses rapports avec le latin*. Tr.]

les empereurs romains, et il en était de même d'autres dialectes locaux moins importants au sud et au nord de l'Italie. Le moment où la langue littéraire de Rome devint classique et immuable fut le commencement d'une ère nouvelle pour ces dialectes, qui, même au temps de Dante, sont encore appelés *vulgaires* ou *populaires* (1) : c'est à partir de cet instant que commencent à se développer ces idiomes novo-latins. Voici, je n'en doute pas, la principale cause de l'apparente dégradation que présentent ces idiomes, tels qu'ils s'offrent à nous sous la forme la plus ancienne que nous puissions atteindre, vers le huitième siècle ; ce sont bien des dialectes novo-latins, mais des dialectes novo-latins adoptés par des barbares d'origine teutonique, et, par conséquent, ayant subi l'influence de ceux qui se les étaient appropriés ; on y trouve en abondance non-seulement des mots, mais des phrases, des constructions et des idiotismes teutoniques. Le français est du latin de province qui a passé par la bouche des Francs, une des races teutoniques ; et cette même influence du parler barbare s'est fait sentir, bien qu'avec moins de force, dans tous les autres dialectes romans. Il me paraît certain aussi que le fond primitif des langues novo-latines n'était pas le latin classique, mais les dialectes vulgaires et locaux qui étaient parlés dans les provinces, par la bourgeoisie et par les basses classes de l'empire romain. Beaucoup de ces expressions qui donnent au français et à l'italien

---

(1) « E lo primo, che cominciò a dire siccome poeta volgare, si mosse però che volle fare intendere il sue parole a donna, alla quale era malagevole ad intendere versi latini. » — Dante, *Vita nuova; opere minori di Dante Alighieri*, t. III, p. 327. Firenze, 1837.

leur air de ressemblance avec le latin classique, sont des importations bien plus récentes des savants, des jurisconsultes et des théologiens du moyen âge, qui traitèrent les mots latins avec plus de respect que les conquérants teutons n'en avaient eu pour les dialectes populaires qu'ils s'étaient appropriés (1).

(1) [Un phénomène qu'il importe de signaler, c'est que, dans les idiomes novo-latins qui ont reçu une culture littéraire très-profonde, et particulièrement en français, le même mot latin se trouve parfois avoir produit deux dérivés, l'un populaire et souvent en apparence presque méconnaissable, l'autre introduit de propos délibéré dans la langue par quelque savant ou écrivain des trois derniers siècles, et différant à peine du mot latin par le changement de la finale. Ce qui est curieux, c'est que, dans le dérivé populaire, quelque altéré et défiguré que le mot puisse sembler à l'œil le plus expérimenté, la tradition de l'accent latin est toujours fidèlement gardée, et la syllabe qu'il frappait conservée et mise en relief; dans le dérivé moderne, au contraire, dans l'emprunt réfléchi et savant, le mot français étant tiré du latin écrit et non plus du latin parlé, l'accent français passe sur une syllabe qui, le plus souvent, en latin, n'était qu'une finale sur laquelle glissait la voix. Supposé que le latin fût perdu, et que nous connussions seulement, par des grammaires bien faites, les règles de dérivation telles que les ont appliquées chacune des langues novo-latines, il serait en quelque sorte plus facile de remonter au mot latin à l'aide des dérivés anciens et spontanés qu'à l'aide des dérivés réfléchis et modernes. Sur ces deux procédés, sur leurs résultats différents, et sur ce qu'ils ont donné à notre langue, voir Egger, *Notions élémentaires de grammaire comparée*, p. 166 et note 99, et, du même auteur, les *Observations sur un procédé de dérivation très-fréquent dans la langue française et dans les autres idiomes néo-latins* (*Mém. Acad. Inscr.*, 2ᵉ partie). Cette distinction avait déjà été reconnue et signalée par Catherinot, dans l'opuscule, aujourd'hui très-rare, qui a pour titre : *les Doublets de la langue*, Bourges, 1683. M. Siméon Luce prépare un dictionnaire complet des doublets de notre langue, dictionnaire dont il a donné la préface dans le *Journal général de l'instruction publique*, 29 avril et 18 mai 1863. — Nous ne pouvons parler du rôle qu'a joué l'accent latin dans la formation de la langue française, sans citer le remarquable tra-

Nous passons maintenant à une autre branche de la famille indo-européenne, la branche hellénique dont l'histoire nous est bien connue depuis le temps d'Homère jusqu'à nos jours. La seule remarque que la philologie comparée ait à faire sur les idiomes de la Grèce, c'est qu'il serait encore plus absurde de vouloir regarder la langue grecque comme mère du latin, que de dériver l'anglais de l'allemand; en effet, nous trouvons en latin beaucoup de formes plus primitives que les formes correspondantes en grec. L'ancienne hypothèse d'après laquelle les Pélasges auraient été les ancêtres communs des Grecs et des Romains, n'est autre chose qu'un mythe grammatical qui ne demande plus aujourd'hui de réfutation sérieuse.

La quatrième branche de notre famille est celle des langues *celtiques*. Les Celtes semblent avoir été les premiers Aryens qui soient arrivés en Europe; mais les migrations subséquentes, celles surtout des tribus teutoniques, les ont constamment refoulés vers l'occident, et, de nos jours encore, les Celtes d'Irlande traversent l'Atlantique à la recherche d'une nouvelle patrie. Les seuls dialectes celtiques qui se soient conservés jusqu'à nous sont le kymri et le gadhélique. Le kymri comprend le *gallois*, parlé dans le pays de Galles, le *cornique* qui s'est éteint, il y a peu d'années, et l'*armoricain* parlé dans la Bretagne française. Le gadhélique comprend l'*irlandais*, le *gaélique* parlé sur la côte occidentale de l'Écosse, et le *manx,* dialecte de l'*île de*

---

vail où M. Gaston Paris a approfondi cette question. Dans son *Étude sur le rôle de l'accent latin dans la langue française*, l'auteur a consigné les plus importantes découvertes de ses devanciers, en y joignant de précieuses recherches personnelles. Tr.]

Man. Quoique ces langues celtiques soient encore vivantes, les Celtes eux-mêmes ne peuvent plus prétendre à former une nation indépendante, comme la race germanique ou slave. Il fut cependant un temps où les Celtes jouissaient de l'autonomie politique; les Germains et les Romains tremblèrent plus d'une fois devant leurs armées victorieuses. La Gaule, la Belgique et la Bretagne leur appartenaient, et ils formaient la majeure partie de la population du nord de l'Italie. Au temps d'Hérodote, nous trouvons des Celtes en Espagne; et la Suisse, le Tyrol et les contrées au sud du Danube furent, à une époque, les demeures de tribus celtiques. Mais, après avoir fait de fréquentes incursions dans les contrées qui étaient alors le siége de la civilisation, incursions qui familiarisèrent les écrivains grecs et latins avec les titres que portaient alors leurs rois, ils disparaissent entièrement de l'est de l'Europe. On suppose que Brennus signifiait roi, et on l'a identifié avec le gallois *brennin*. Un Brennus se rendit maître de Rome en 390 avant J.-C.; un autre Brennus menaça Delphes en 280. Vers cette même époque, une colonie celtique s'établit en Asie Mineure, dans la *Galatie*, où l'idiome parlé au temps de saint Jérôme était encore celui des Gaulois (1). Il se trouve certainement des mots celtiques en allemand, en slavon et même en latin, mais ils n'y ont été admis que comme

---

(1) [La persistance de l'idiome celtique en Galatie jusqu'au quatrième siècle de notre ère ne repose que sur le témoignage de saint Jérôme, qui ne paraît pas avoir jamais visité cette province; c'est là un fait singulier, que plus d'un indice semble contredire; on peut craindre que saint Jérôme n'ait été trompé par quelque assertion inexacte, ou qu'il n'ait confondu les époques. Voir G. Perrot, *De Galatia provincia* (Paris, 1866, in-8°) in fine. Tr.]

des termes étrangers, et le nombre en est bien moindre qu'on ne le suppose communément. Un nombre beaucoup plus considérable de mots latins et allemands se sont introduits, avec le temps, dans les dialectes celtiques modernes, et ont été pris par certains enthousiastes des études celtiques pour les types originels de ces mêmes mots, que le latin et l'allemand auraient primitivement empruntés au fonds celtique.

La cinquième branche des langues aryennes, qui est ordinairement appelée la branche *slave*, me paraît être désignée plus exactement par le nom de *windique*, le terme *winidæ* étant une des appellations les plus anciennes et les plus générales qui servent aux premiers historiens de l'Europe pour désigner les tribus dont nous avons maintenant à nous occuper. Nous devons diviser ces peuples en *Lettes* et en *Slaves*, et subdiviser ces derniers en *Slaves du sud-est*, et en *Slaves de l'ouest*.

Le rameau *lette* se compose de langues qui ne sont guère connues des littérateurs, mais qui sont pleines d'intérêt et d'une grande importance pour le linguiste. Le *lette* est parlé aujourd'hui dans la Courlande et dans la Livonie. Le *lithuanien* est l'idiome d'une population d'environ 200,000 âmes dans la Prusse orientale, et de plus d'un million dans les parties limitrophes de la Russie. Le plus ancien monument écrit du lithuanien est un petit catéchisme composé en 1547 (1). Dans ce catéchisme, et même dans le parler actuel du paysan lithuanien, nous trouvons quelques formes grammaticales plus primitives, et qui avoisinent plus le sanscrit que les formes corrélatives en grec et en latin.

---

(1) Schleicher, *Beiträge*, I, 19.

L'*ancien prussien*, qui se rapprochait beaucoup du lithuanien, s'est éteint au dix-septième siècle, ne nous laissant d'autre monument écrit qu'un vieux catéchisme.

Le *lette*, ainsi que nous venons de le dire, est l'idiome de la Courlande et de la Livonie : sous le rapport de la grammaire, il est beaucoup plus moderne que le lithuanien, dont cependant il ne dérive pas immédiatement.

Nous arrivons maintenant aux langues *slaves* proprement dites, qui se divisent en deux rameaux distincts, ainsi que nous l'avons fait observer un peu plus haut. Le rameau oriental comprend le *russe* avec divers dialectes locaux, le *bulgare* et l'*illyrien*. Le plus ancien document de ce groupe de langues est la version de la Bible en *ancien bulgare*, appelé aussi quelquefois le *slave ecclésiastique*, faite par Cyrille et Méthodius au milieu du neuvième siècle, et qui est encore adoptée aujourd'hui par toute la race slave (1). Dans l'étude des langues slaves, l'ancien bulgare occupe le même rang et donne les mêmes lumières que le gothique dans l'étude des langues germaniques. Le bulgare moderne, au contraire, est le plus pauvre en formes grammaticales de tous les dialectes de cette classe.

L'*illyrien* est un nom plus ou moins commode pour comprendre le *serbe*, le *croate* et le *slovénien*. Du *slovénien*, il nous reste des fragments qui remontent au dixième siècle (2).

---

(1) Le plus ancien manuscrit de cette traduction qui porte une date est celui qui fut écrit en 1056, pour le prince Ostromir. Il en existe cependant d'autres plus anciens, écrits en lettres glagolitiques. Schleicher, *Beiträge*, vol. I, p. 20.

(2) *Idem, ibid.*, p. 22.

Le rameau occidental des langues slaves comprend les dialectes de la *Pologne*, de la *Bohême* et de la *Lusace*. Le plus ancien monument du polonais, le Psautier de Marguerite, appartient au quatorzième siècle. Naguère encore on croyait posséder des fragments du bohémien du neuvième siècle ; mais aujourd'hui la plupart de ces vieux poëmes bohémiens sont regardés comme apocryphes, et l'on a même élevé des doutes sur l'antiquité d'une ancienne traduction interlinéaire de l'évangile de saint Jean, qui était rapportée au dixième siècle (1).

Le dialecte de la Lusace est parlé par une population d'environ 150,000 âmes, que l'on connaît en Allemagne sous le nom de *Wendes*.

Nous avons maintenant passé en revue tous les dialectes de la famille aryenne qui sont parlés en Europe, à la seule exception de l'*albanais*. On ne peut douter que cet idiome ne soit sorti de la même souche que les autres langues européennes, mais comme des différences bien marquées le séparent du grec, ainsi que de tous les membres reconnus de la famille aryenne, on l'a fait remonter au langage des anciens Illyriens, et on a cru y voir le seul représentant qui soit parvenu jusqu'à nous de ces langues dites barbares, qui étaient parlées sur les frontières de la Grèce, et qui s'infiltrèrent dans les dialectes grecs (2).

(1) Schleicher, *Deutsche Sprache*, p. 77.
(2) [L'ouvrage capital pour l'étude de l'albanais est le livre de J.-G. Hahn, longtemps consul d'Autriche à Janina ; il a été publié en 1854, sous le titre de *Albanesische Studien*, in-8°, 3 parties. Il y a là une grammaire et un dictionnaire de l'albanais, avec ses variétés dialectales, dressés par un homme initié à la vraie méthode philo-

De l'Europe nous devons maintenant passer en Asie, et là nous commencerons à l'extrême sud, par les langues de l'Inde. Comme j'ai exposé sommairement, dans une leçon précédente, l'histoire du sanscrit, je me contenterai aujourd'hui d'en indiquer les différentes périodes. Nous pouvons faire remonter à environ quinze cents ans avant notre ère le dialecte des védas, lequel fut suivi du sanscrit moderne; plus tard, nous trouvons les dialectes vulgaires du troisième siècle avant Jésus-Christ, les dialectes prâkrits, employés dans le drame indien, et enfin les idiomes parlés encore de nos jours, tel que l'hindoui, l'hindoustani, le mahratte et le bengali. Dans la longue histoire du langage de l'Inde, le linguiste peut trouver les plus précieuses lumières, et l'on a dit avec raison que le sanscrit est à la philologie comparée ce que les mathématiques sont à l'astronomie : mais puisque ces leçons doivent seulement servir d'introduction à notre science, le moment n'est pas venu d'étudier dans ses détails l'organisme grammatical de cette langue par excellence.

Il y a, cependant, un point sur lequel il me sera permis de dire quelques mots. On m'a souvent de-

---

logique et bien au courant de la science. Nous ne citerons que pour mémoire un ouvrage plus ancien : *Osservazioni grammaticali della lingua albanese*, del P. Francesco Maria da Lecce ; Rome, 1716, in-4°, 248 pages. Rédigée à une époque où les recherches philologiques étaient encore dans l'enfance, faite d'ailleurs d'après la langue des Albanais établis dans le royaume de Naples, langue déjà altérée sans doute par son contact avec l'italien, cette grammaire ne doit inspirer qu'une médiocre confiance ; mais elle a, si je ne me trompe, le mérite d'être le plus ancien travail dont ce singulier idiome ait été l'objet. Tr.]

mandé : Mais comment pouvez-vous prouver que la littérature sanscrite ait cette antiquité que vous lui supposez? Comment est-il possible de fixer des dates dans l'histoire de l'Inde avant la conquête d'Alexandre? Quelle confiance peuvent inspirer des manuscrits sanscrits qui ont pu fort bien être altérés ou fabriqués à une époque bien postérieure à la date qu'ils portent? — Il est plus facile de faire de telles questions que d'y répondre, et surtout que d'y répondre brièvement et intelligiblement. Pourtant j'espère que l'argument suivant satisfera, en partie, à ces difficultés et prouvera que le sanscrit était la langue parlée de l'Inde, au moins plusieurs siècles avant le temps de Salomon.

Dans les hymnes des védas, qui sont les plus anciennes compositions littéraires en sanscrit, l'horizon géographique des poëtes est presque toujours borné au nord-ouest de l'Inde. Il y a très-peu de passages qui contiennent des allusions à la mer ou à la côte, tandis que les montagnes neigeuses, les rivières du Pendjab et les paysages de la haute vallée du Gange sont des objets familiers aux anciens bardes. En un mot, tout nous montre que la race qui parlait le sanscrit est entrée dans l'Inde par le nord, et s'est ensuite répandue graduellement au sud et à l'est. Or nous pouvons prouver qu'à l'époque de Salomon, le sanscrit avait pénétré au sud jusqu'à l'embouchure de l'Indus.

Vous vous souvenez des navires que Salomon construisait à Ezion-Geber, qui est près d'Eloth, sur la côte de la mer Rouge, dans la terre d'Edom. Cette flotte était montée par les serviteurs de Salomon et par les serviteurs de Hiram, roi de Tyr; elle allait à

Ophir y chercher de l'or, qu'elle rapportait au roi Salomon (*Rois*, I, ch. 9, v. 26-28). Il est dit que de ce même Ophir la flotte de Hiram rapportait non-seulement de l'or, mais une grande quantité de bois d'*algum* et des pierres précieuses (*ibid.*, X, 11). Le port d'où partait la flotte de Salomon est appelé Ezion-Geber, et cet Ezion-Geber a été identifié par la plupart des savants avec le port moderne d'Akala à l'extrémité nord-est de la mer Rouge. Ce fut dans ce même havre de Ezion-Geber que furent brisés ces navires de Tharshish que Josaphat envoyait à Ophir y chercher de l'or (*ibid.*, XXII, 48). Il est difficile de dire ce que désigne l'expression « navires de Tharshish », mais si nous lisons (*ibid.*, X, 22) que Salomon avait sur mer une flotte de Tharshish avec la flotte d'Hiram, et que la flotte de Tharshish venait une fois tous les trois ans apportant non-seulement de l'or, mais de l'argent, de l'ivoire, des singes et des paons, la conclusion naturelle paraît être que Salomon ne possédait qu'un port, celui d'Ezion-Geber, et que c'était de là que partaient ces navires, à la fois pour aller chercher à Ophir de l'or, du bois d'algum et des pierres précieuses, et pour rapporter d'un pays non spécifié de l'or, de l'argent, de l'ivoire et des paons.

Il y a eu de longues discussions sur la situation d'Ophir; mais nous ne pouvons douter que ce ne fût une partie de la côte de l'Inde [1], ou, sur la côte sud-est de l'Arabie, quelque port qui entretint avec l'Inde des relations commerciales, actives

---

[1] Un résumé excellent de toute la controverse se trouve dans les articles *Ophir* et *Tarshish* du *Dictionary of the Bible* de Smith, articles fournis par l'Honorable S. T. B. Twisleton.

et régulières. Les noms employés pour désigner les *singes*, les *paons*, l'*ivoire* et le bois d'*algum* sont en hébreu des mots étrangers, absolument comme *gutta-percha* et *tabac* sont des mots étrangers en français. Or, si nous voulions savoir de quelle partie du monde le *gutta-percha* fut d'abord importé en Europe, nous ne risquerions pas beaucoup de nous tromper en supposant que cette substance a dû nous venir du pays où le mot *gutta-percha* faisait partie de la langue parlée (1). De même, si nous pouvons trouver une langue à laquelle appartiennent ces noms du singe, du paon, de l'ivoire et du bois d'*algum*, qui étaient étrangers en hébreu, nous serons en droit de conclure de là que le pays où cette langue était parlée a dû être l'Ophir de la Bible. Il ne s'ensuivrait pas encore, comme l'a montré M. Twisleton, que les autres denrées, l'ivoire, les singes et les paons, ont dû venir aussi d'Ophir, car la Bible ne dit nulle part qu'elles venaient d'Ophir. Mais s'il arrivait que les noms de ces denrées appartinssent à la langue que l'on peut prouver avoir été la langue d'Ophir, il y aurait, à ce qu'il semble, en l'absence de toute preuve du contraire, de bonnes raisons de supposer que toutes ces denrées devaient venir d'un même pays. La langue où le nom du bois d'*algum,* aussi bien que ceux qui désignent l'*ivoire*, les *singes* et les *paons*, trouvent leur étymologie n'est autre que le sanscrit, et si cette langue était parlée à Ophir et dans un autre endroit non désigné, il est probable qu'Ophir aussi bien que

---

(1) *Gutta* en malais signifie *gomme ; percha* est le nom de l'arbre (*isonandra gutta*), ou d'une île d'où l'arbre fut d'abord importé (*pulo-percha*).

ce pays sans nom étaient situés dans l'Inde et accessibles par mer.

Or le bois d'*algum,* ou, comme on l'appelle ailleurs le bois d'*almug,* serait, à ce qu'on suppose, le bois de sandal. Je suis forcé d'avouer que rien n'était moins prouvé (1) jusqu'au moment où on a découvert que l'un des nombreux noms que porte en sanscrit ce bois est *valguka.* Ce terme « valguka », qui suppose une forme primitive *valgu,* peut aisément avoir été altéré par les marins juifs et phéniciens et changé en *algum,* forme qui, dans un passage au moins de l'Ancien Testament, aurait subi un nouveau degré d'altération, et serait devenue *almug.* Le bois de sandal ne pousse que dans l'Inde, et surtout sur la côte de Malabar.

Si nous n'avions toutefois d'autre indice que le mot *algum,* peut-être ne serions-nous pas encore autorisés à reconnaître dans Ophir un pays où on parlait le sanscrit. Mais si nous examinons les mots employés pour désigner les paons, les singes et l'ivoire, et que nous arrivions au même résultat, c'est-à-dire à reconnaître qu'ils sont étrangers à l'hébreu, et explicables par le sanscrit, les présomptions deviennent bien plus fortes, et nous sommes autorisés non-seulement à supposer que c'est dans l'Inde qu'il faut chercher Ophir, mais encore à admettre comme probable que le pays inconnu d'où provenaient les noms de ces denrées était aussi celui qui fournissait ces denrées, que ce pays était à portée de la flotte d'Ezion-Geber, et pas loin d'Ophir.

---

(1) Voyez l'article de M. Twisleton sur Ophir, dans le *Dictionary of the Bible* de Smith, t. II, p. 640.

Or les *singes* sont appelés en hébreu *koph*, mot dont il est impossible de trouver l'étymologie dans les langues sémitiques, mais qui est presque identique pour le son avec le nom sanscrit du singe, *kapi*.

L'*ivoire* est appelé soit *karnoth-shen*, cornes en dent, soit *shen habbim*. Il est également impossible de trouver en hébreu la dérivation de ce mot *habbim*, qui est fort probablement une corruption du nom sanscrit pour éléphant, *ibha*, précédé de l'article sémitique (1).

Les *paons* sont appelés en hébreu *tukhi-im*, dont nous trouvons l'explication dans l'ancien nom classique du paon, en tamoul, *tôkei*, prononcé vulgairement *tôgei*. Dans le tamoul moderne, *tôkei* ne signifie généralement que la queue du paon ; mais, dans l'ancien tamoul classique, il signifie le paon lui-même (2).

L'ivoire, l'or, les singes et les paons sont indigènes dans l'Inde, bien qu'on pût également les trouver dans d'autres contrées. Mais il n'en est pas de même du bois d'*algum*, du moins si nous devons penser, avec

---

(1) Voir Lassen, *Indische Alterthumskunde*, liv. I, p. 537.

(2) Cf. Caldwell, *Grammaire dravidienne*, p. 66. Ce savant éminent fait observer que *tôkei* ne peut pas être une corruption du sanscrit *sikhin*, crêté, ainsi que je l'avais supposé, attendu que *sikhin* existe en tamoul sous la forme de *sigi*, paon. *Tôgei* ne se rencontre ni dans le canara, ni dans le telinga, ni dans le malayalam. Le docteur Gundart, qui a consacré bien des années à l'étude des langues dravidiennes, dérive *tôgei* d'une racine *tô* ou *tû*. De là, on forme en tamoul, par l'addition de *ngu*, une base secondaire, *tongu*, qui signifie « pendre, être pendant. » De *tongu* vient le tamoul *tongal*, la queue du paon, ornements, etc., et nous trouvons dans le malayalim *tongal*, plumage, pendants d'oreilles, draperie, etc. En ajoutant à la racine *tô* le suffixe *kei* ou *gei*, nous obtenons *tôgei*, ce qui pend, queue, etc. Si cette étymologie est vraie, elle nous fournit une excellente preuve de l'antiquité des langues tamoules, qui furent parlées dans l'Inde avant l'arrivée des Aryas.

les interprètes, que ce mot *algum* ou *almug* signifie le bois de sandal; il n'en est pas de même non plus du paon. Le bois de sandal, comme nous l'avons indiqué, est particulier à l'Inde, ainsi que le paon, suivant la remarque de M. Twisleton (1).

Si donc Ophir, c'est-à-dire le pays du bois d'*algum*, doit être cherché dans l'Inde, et si le point d'où la flotte de Salomon rapportait des paons, des singes et de l'ivoire, doit être aussi cherché dans une contrée où on parlait sanscrit, l'endroit auquel il est le plus naturel de songer, c'est l'embouchure de l'Indus (2). Ce fleuve offrait aux habitants du nord toutes les facilités pour porter jusqu'à la côte leur or et leurs pierres précieuses, et les marchands du sud et du centre de l'Inde pouvaient bien désirer profiter d'un marché aussi avantageusement situé pour y vendre leurs paons, leurs singes et leur bois de sandal. Dans cette même localité, Ptolémée (VII, 1) nous donne le nom d'*Abiria* au-dessus de *Pattalène*, et les géographes hindous y placent une population qu'ils appellent *Abhîra* ou *Âbhîra*. Non loin de là, Mac-Murdo trouva, ainsi qu'il le raconte dans sa description de la province de Cutch, une race d'*Ahirs* (3), qui sont, selon toute probabilité, les descendants de ceux qui vendirent à Hiram et à Salomon leur or et leurs pierres précieuses, leurs singes, leurs paons et leur bois de sandal (4).

(1) Voyez l'article *Tarshish* par M. T., dans le *Dictionnaire de la Bible* de Smith, t. III, p. 1440.
(2) *Rois*, liv. III, ch. x, vers. 11.
(3) Cf., Sir Henry Elliot, *Supplementary Glossary*, au mot *Aheer*.
(4) Dans son *Mémoire sur le pays d'Ophir*, M. Quatremère a cherché à établir qu'Ophir ne pouvait pas être une partie de la côte de l'Inde, mais ses arguments ne sont pas concluants. Il ne connaissait

Si donc, au temps où nous reporte le Véda, le peuple qui parlait le sanscrit était encore établi dans le nord de l'Inde, tandis qu'au temps de Salomon, la langue de ce peuple s'était étendue jusqu'à Coutch et même jusqu'à la côte de Malabar, cela montrera qu'en tout cas le sanscrit n'est pas d'hier, et qu'il est aussi ancien au moins que le livre de Job, où l'or d'Ophir est mentionné (1).

pas la preuve que nous offrent les noms des objets exportés d'Ophir. Je fais cette remarque à cause de la grande autorité qu'ont les opinions de M. Quatremère, et parce que son mémoire sur Ophir vient d'être réimprimé dans la *Bibliothèque classique des célébrités contemporaines*, 1861. L'identification d'Ophir avec un point quelconque de l'Inde n'est pas une conjecture moderne. La *Vulgate* transcrit : « Cela ne peut pas être mis en balance avec l'or d'Ophir » (Sophir chez les Septante, Job, XXVIII, 16) par : « Non conferetur tinctis Indiæ coloribus. » En Copte *Sofir* est le nom de l'Inde ; c'est le mot même par lequel les Septante ont traduit l'Ophir hébreu.

(1) Job, XXII, 24 ; XXVIII, 16. Quelques-uns de mes critiques ont refusé d'admettre cet argument, en alléguant que les Livres des Rois ne sont pas contemporains de Salomon. Ces denrées, toutefois, doivent avoir eu un nom au temps de Salomon, et il n'a jamais été prouvé qu'elles eussent alors des noms sémitiques, et que ces noms eussent été remplacés par des noms d'origine indienne, à une époque postérieure, quand toute relation commerciale avait cessé entre l'Inde et la Palestine. Quant au nom du bois de sandal, mes critiques auraient dû savoir que les deux formes, *algum* aussi bien qu'*almug*, se rencontrent l'une et l'autre dans la Bible. Dans un article qui a paru dernièrement dans le *Dictionnaire biblique* du Dr Smith, M. Twisleton a résumé et discuté avec un soin et une impartialité extrêmes les différentes opinions qui ont été émises sur la position géographique d'Ophir. M. Twisleton lui-même incline à l'avis de ceux qui, avec Michaelis, Niebuhr, Gosselin et Vincent, placent Ophir sur la côte d'Arabie ; et il remarque fort ingénieusement que si Ophir n'a été qu'un simple lieu d'entrepôt, ce fait détruirait immédiatement la principale objection contre l'avis qui lui paraît le plus probable, objection qui est fondée sur ce que l'or et les autres objets rapportés d'Ophir en Palestine ne sont pas indigènes

Très-étroitement apparentée au sanscrit, surtout au

en Arabie. Cela est vrai. Mais pourquoi chercher Ophir en Arabie ? Le seul argument spécieux que l'on puisse invoquer en faveur de cette hypothèse est celui que l'on tire de la table généalogique contenue dans le dixième chapitre de la Genèse, où Ophir est donné comme le onzième des fils de Joktan. J'accepte tous les faits allégués par M. Twisleton ; mais je ne vois aucune difficulté à admettre qu'à une époque très-ancienne, il ait pu y avoir un échange de population entre les rivages du golfe de Coutch et la côte méridionale de l'Arabie. Si Tarshish en Espagne peut être appelé un fils de Javan, pourquoi Ophir, nom d'une population établie dans l'Inde, ne représenterait-il pas un fils de Joktan ? L'expression « de Mesha, quand on vient en Séphar, montagne d'Orient, » sur laquelle appuie fortement M. Twisleton en soutenant qu'elle limite aux côtes de l'Arabie la position géographique de tous les fils de Joktan, cette expression, disons-nous, est très-vague, on ne saurait le nier, et il n'a pas été possible de reconnaître et de placer, dans la sphère si vaguement indiquée par la tradition géographique, tous les noms de la race de Joktan. D'autre part, je ne veux point nier la force des arguments de M. Twisleton. On doit admettre que sur la côte sud-ouest de l'Arabie, ceux qui échangeaient les uns contre les autres les produits de l'Inde et les produits de la Palestine durent nécessairement fonder des entrepôts de commerce. Ces comptoirs existaient au temps de Diodore de Sicile ; après avoir décrit les grandes richesses de Saba en or, en ivoire, et en pierres précieuses, il raconte (III, 47) qu'il y avait tout auprès plusieurs îles, où abordaient des marchands de toutes les parties du monde, et surtout de Potana (Pattana?) qu'Alexandre avait fondée près du fleuve Indus. Νῆσοι δ'εὐδαίμονες πλησίον ὑπάρχουσιν, ἔχουσαι πόλεις ἀτειχίστους.... εἰς ταύτας δ'ἔμποροι πάντοθεν καταπλέουσι, μάλιστα δ'ἐκ Ποτάνας, ἣν Ἀλέξανδρος ᾤκισε παρὰ τὸν Ἰνδὸν ποταμόν, ναύσταθμον ἔχειν βουλόμενος τῆς παρὰ τὸν Ὠκεανὸν παραλίου. Que cette même côte fût le siége d'une civilisation et d'un commerce qui remontent à une très-haute antiquité, c'est ce qu'attestent jusqu'à nos jours des ruines et des inscriptions magnifiques, ainsi que les fragments épars d'une tradition qui s'est répandue au loin et dans différentes directions. Il est inutile, toutefois, d'entrer ici dans une discussion détaillée de tous les points controversés de cette question, car il m'est impossible de voir en quoi les arguments de M. Twisleton peuvent porter atteinte aux conclusions que Lassen et d'autres indianistes ont tirées des noms mêmes des objets rapportés par la flotte de Salomon ; l'*or*, l'*ivoire*, le *bois d'algum*, etc. Tous les

sanscrit des Védas, est l'antique langue du Zend-

bons hébraïsants admettent que ces noms tels qu'ils se rencontrent dans l'Ancien Testament ne sont pas d'origine sémitique. Ce sont des mots étrangers adoptés en hébreu, et sur lesquels ni les dialectes de l'Arabie, y compris l'idiome des inscriptions himyaritiques, ni les langues africaines parlées sur la côte de Mozambique, où certains écrivains pensent qu'Ophir était située, ne nous apprennent absolument rien. On a pu rattacher plusieurs de ces mots au sanscrit et aux idiomes parlés sur la côte de Malabar, dans l'Inde; et quoique leur forme originelle ait été très-altérée dans le parler de matelots ignorants, néanmoins il n'a pas été possible, tout en faisant la plus large part à la corruption phonétique inévitable, de les faire remonter à aucun autre groupe de langues. J'ajouterai que s'il était prouvé qu'Ophir fût seulement un lieu d'entrepôt situé, non dans l'Inde, mais en Arabie ou en Afrique, nous aurions une nouvelle raison de croire à la haute antiquité du sanscrit, en trouvant des mots de cette langue transplantés, à une époque aussi reculée, dans des contrées aussi lointaines, où ils seraient nécessairement venus avec ces produits naturels de l'Inde qu'ils servaient à désigner. Si maintenant on considère qu'aucune langue, excepté le sanscrit, ne peut revendiquer les noms précités; qu'il n'y a aucun pays, excepté l'Inde, où *tous* les objets rapportés par la flotte de Tarshish (qu'elle revînt d'Ophir ou d'ailleurs) soient indigènes; que le bois de *sandal* (ainsi qu'on a interprété le mot *algumêm*, indépendamment de toute théorie sur la position d'Ophir) n'a pu être exporté en Palestine, dans les temps anciens, que de la côte de Malabar seulement; si à ces coïncidences frappantes qui nous reportent toutes à l'Inde on ajoute ce fait signalé par Lassen, que les noms du *coton*, du *nard*, et probablement du *bdellium*, ont également passé du sanscrit en hébreu, on sera disposé, je crois, à admettre, avec Lassen, Ritter et d'autres savants, que des relations commerciales ont existé de très-bonne heure entre l'Inde et la Palestine, et à regarder, jusqu'à preuve du contraire, Abhîra, située à l'embouchure de l'Indus, comme le port où les grandes flottes de Hiram et de Salomon venaient chercher les produits qui étaient propres à l'Inde, et qu'elles n'auraient peut-être pas pu se procurer aussi facilement, ni en aussi grande quantité, dans les marchés situés sur les côtes de l'Arabie, de la Perse ou de l'Afrique.

M. Twisleton prétend que le paon est trop délicat pour pouvoir supporter un si long voyage dans de petits navires. Cette obser-

Avesta (1), le *zend*, ainsi qu'on l'appelle, qui est la langue sacrée des Zoroastriens, adorateurs d'Orzmud. En effet, c'est en grande partie par la connaissance du sanscrit et à l'aide de la philologie comparée que l'on est parvenu à déchiffrer l'ancien dialecte des Parsis ou adorateurs du feu. Les manuscrits de ces livres sacrés avaient été conservés par les prêtres parsis à Bombay, où une colonie d'adorateurs du feu s'était réfugiée au dixième siècle (2), et où leurs descendants

vation est digne d'attention, mais elle ne me paraît pas entourée de preuves suffisantes.

(1) *Zend-Avesta* est le nom usité dans Chaqâni et les autres écrivains mahométans. Les Parsis disent « *Avesta* et *Zend* », en prenant *Avesta* dans le sens de texte, et *Zend* comme le titre du commentaire pehlvi. Je doute cependant que telle ait été la signification originelle du mot *Zend*. Il me semble plus probable que *Zend* est identique avec le sanscrit *chhandas* (scandere), nom donné aux hymnes védiques, et qu'*avesta* a dû avoir en sanscrit son équivalent *avasthâna*, qui ne se rencontre pas, il est vrai, mais qui signifierait un *texte établi, arrêté*. *Avasthita* signifie en sanscrit ce qui est fixé ou établi. Le Zend-Avesta comprend actuellement quatre livres : Yasna, Vispered, Yashts et Vendidad (Vendidad = Vidaeva-dâta ; en pehlvi, Juddivdad). Le docteur Haug, dans son intéressante leçon sur l'*Origine de la religion des Parsis*, Bombay, 1861, pense qu'*Avesta* désigne les plus anciens textes, *Zend* le commentaire, et *Pazend* les notes explicatives, et que toutes les trois parties ont été écrites dans ce que nous continuerons à appeler la langue zende.

(2) « D'après le *Kissa-i-Sanjân*, ouvrage qui n'a toutefois presque aucune valeur comme histoire des premiers siècles du parsisme, les adorateurs du feu se réfugièrent dans le Khorassan, quarante-neuf ans avant l'ère de Yezdegerd (632 de J.-C.), vers l'année 583. Après être restés cent ans dans ce pays, ils en sortirent, en l'année 683, pour se rendre dans la ville d'Hormaz (Ormus, sur le golfe Persique). qu'ils habitèrent pendant quinze ans. En 698, ils émigrèrent dans l'île de Diu, au sud-ouest de Katiawar, et ils y séjournèrent dix-neuf ans, jusqu'en 717, époque où ils quittèrent l'île pour la ville de Sanjan, située à environ huit lieues au sud de Damaun. Après une période de trois cents ans, nous les voyons se répandre dans les villes

possèdent aujourd'hui une influence et des richesses considérables. On trouve d'autres établissements de Guèbres à Yezd et dans diverses parties du Kerman. Ce fut un Français, Anquetil Duperron, qui le premier traduisit le Zend-Avesta; mais sa traduction fut faite sur une version en persan moderne, et non sur le texte original. Le premier Européen qui entreprit de lire les paroles mêmes de Zoroastre fut le Danois Rask, et, après sa mort prématurée, Eugène Burnouf, en France, obtint un des plus glorieux triomphes de la science moderne, en déchiffrant la langue du Zend-Avesta, et en établissant son étroite parenté avec le sanscrit. Les doutes qui avaient été exprimés sur l'antiquité et sur l'authenticité des Védas furent répétés pour le Zend-Avesta par d'illustres orientalistes et même par sir William Jones et Wilson. Mais les arguments de Burnouf, quoique fondés sur les faits grammaticaux seulement, étaient irrésistibles; et la découverte récente des inscriptions cunéiformes de Darius et de Xerxès est venue leur donner une confirmation éclatante.

Bien avant Burnouf, on connaissait l'existence d'un ancien sage nommé Zoroastre. Platon parle d'un philosophe qui enseignait la magie (Μαγεία) de Zoroastre, et il appelle Zoroastre fils d'*Oromasde* (1). Ce nom

voisines du Guzerate, et établir successivement le feu sacré à Barsadah, à Nausari, près de Surat, et à Bombay. » *Bombay Quarterly Review*, 1856, n° VIII, p. 67.

(1) Alc., I, p. 122, a. Ὁ μὲν μαγείαν διδάσκει τὴν Ζωροάστρου τοῦ Ὠρομάζου· ἔστι δὲ τοῦτο θεῶν θεραπεία. Aristote ne connaissait pas seulement Oromasde comme principe du bien, mais aussi Ahriman, le principe du mal, selon la doctrine des mages. Cf. Diog. Laer., I, 8. Ἀριστοτέλης δ'ἐν πρώτῳ Περὶ Φιλοσοφίας καὶ πρεσβυτέρους [τοὺς Μάγους] φησὶν εἶναι τῶν Αἰγυπτίων

d'Oromasde est important, car il est évidemment mis pour *Ormuzd,* dieu des Zoroastriens. Le nom de ce dieu, tel que nous le lisons dans les inscriptions de Darius et de Xerxès, est *Auramazda,* forme qui se rapproche beaucoup de l'Oromasde de Platon (1). Ainsi Darius dit dans un passage : « Par la grâce d'Auramazda, je suis roi ; Auramazda m'a donné le royaume. » Si maintenant nous cherchons à découvrir la signification d'*Auramazda,* nous sommes mis sur la voie par un passage des inscriptions achéménides dans lequel Auramazda est écrit en deux mots, qui sont déclinés tous deux. Nous y trouvons *Aurahya mazdâha,* comme génitif d'*Auramazda.* Mais cette forme est encore inintelligible et n'est, après tout, qu'une corruption phonétique de *Ahurô mazdâo* (nom.), le nom de la divinité suprême, tel que nous le trouvons à chaque page du Zend-Avesta. Les deux parties de ce nom se déclinent aussi ; et au lieu de *Ahurô mazdâo,* nous rencontrons aussi *Mazdâo ahurô* (2). *Ahurô mazdâo,* est représenté dans le Zend-Avesta comme étant le créateur et le gouverneur du monde ; comme étant bon, saint et véridique, et comme luttant contre tout ce qui est mal, ténèbres et mensonge. « Les méchants succombent devant la sagesse et la sainteté de l'esprit sage et vivant. » Dans les plus anciens hymnes, le démon des ténèbres, qui est

καὶ δύο κατ' αὐτοὺς εἶναι ἀρχάς, ἀγαθὸν δαίμονα καὶ κακὸν δαίμονα, καὶ τῷ μὲν ὄνομα εἶναι Ζεὺς καὶ Ὠρομάσδης, τῷ δὲ Ἅιδης καὶ Ἀρειμάνιος. Cf. Bernays. *Die Dialoge des Aristoteles,* Berlin, 1863, p. 95. [Cf. M. Bréal, *De persicis nominibus apud scriptores græcos,* Paris, in-8°, 1863. Tr.]

(1) Dans les inscriptions, nous trouvons ce nom décliné ainsi : N. *Auramazdá,* G. *Auramazdáha,* A. *Auramazdam.*

(2) G. *Ahurahe mazdâo,* D. *mazdái,* A. *mazdam.*

opposé à *Ahurô mazdâo*, n'a pas encore reçu son vrai nom, *Angrô mainyus*, lequel devint plus tard *Ahriman*, mais on en parle comme étant une puissance, comme *Drukhs* ou le mensonge ; et la principale doctrine que Zoroastre était venu prêcher, c'était qu'il nous faut choisir entre ces deux puissances, que nous devons être bons et non méchants. Voici ses paroles :

« Au commencement, il y avait deux jumeaux, deux esprits, ayant chacun leur activité propre : le *bon* et le *méchant* en pensées, en paroles et en actions. Choisissez entre ces deux esprits. Soyez bons et non méchants (1). »

Et ailleurs :

« Ahuramazda est saint et véridique ; il faut l'honorer par la véracité et par de saintes actions... Vous ne pouvez servir les deux esprits. »

Or, si nous voulions prouver que l'anglo-saxon a existé bien réellement, et avant l'anglais, il nous suffirait de comparer ensemble quelques mots tels que *lord* (2) et *hlaford, gospel* et *godspel*. Comme *hlaford* a

(1) Haug, *Lecture on the origin of the parsee religion*, p. 11. Cf. aussi Bunsen, *Ægyptens Stellung*, etc.

(2) Je dois les remarques suivantes sur la signification première de *lord* (le donneur de pain, l'all. *brotherr*), au docteur Bosworth, professeur d'anglo-saxon à l'université d'Oxford :

Lord vient de l'anglo-saxon *hláf-órd*, composé de *hláf* (l'anglais *loaf*) un pain, et de *órd*, — *es*, origine, cause, auteur. C'est ainsi que nous lisons dans Caedmon, au vers 55, *órd moncynnes, origo humani generis*. *Lord* signifie donc l'origine ou la cause du pain ou de la nourriture.

une signification et que *lord* n'en a pas, nous pouvons être assurés que, sans ce composé *hlaford,* nous n'aurions jamais eu le mot *lord.* Nous trouvons un fait analogue en comparant la langue du Zend-Avesta avec celle des inscriptions cunéiformes de Darius. *Auramazdâ* est évidemment une corruption de *Ahurô mazdâo,* et, si la langue où sont écrites les annales de la montagne de Behistoun est une langue véritable, à plus forte raison devons-nous croire à l'existence de la langue du Zend-Avesta, telle qu'elle fut déchiffrée par Burnouf, longtemps avant qu'il déchiffrât celle de Cyrus et de Darius.

Mais que signifie *Ahurô mazdâo?* Le zend ne nous en donne pas l'explication; il nous la faut donc demander au sanscrit, la plus primitive des deux langues, comme nous avons cherché dans l'italien la forme et la signification originelles du mot *feu* français. D'après les lois qui régissent les changements des mots communs au zend et au sanscrit, *Ahurô mazdâo* répond au sanscrit *Asura medhas,* ce qui signifierait l'*Esprit sage,* et rien autre.

Burnouf, Brockhaus, Spiegel et Westergaard ont donné des éditions, des traductions et des commentaires du Zend-Avesta; mais il reste encore beaucoup à faire, et le docteur Haug, qui réside à Pounah, vient de reprendre l'œuvre inachevée de Burnouf. Ce savant

---

Lady dérive de l'anglo-saxon *hlæf-dige, -die, hlæf* ou *hláf* signifiant *pain,* ainsi que nous venons de le voir, et *dige, die,* venant de *dugan, digan, heo dige,* s'occuper de, servir. *Lady* signifie donc celle qui sert le pain à la famille. Au psaume CXXII, 3, nous lisons *hire hlaefdigan* ou *hlefdian, suæ ancillæ.* Robert de Gloucester écrit *leuedie* ou *leuedy* pour *hlaefdie*; Gower et Spencer écrivent *ladie*; l'orthographe moderne est *lady.*

a montré que le texte du Zend-Avesta, tel que nous le possédons, contient des fragments d'époques très-diverses, et dont nous ne pouvons attribuer à Zarathustra que les plus anciens, qui sont appelés les *Gâthâs*. « Cette partie, dit-il dans un discours que nous venons de recevoir de l'Inde, est minime, si on la compare à toute la masse des fragments zends; mais on la distingue nettement du reste, à cause de la différence de dialecte. Les morceaux les plus importants écrits dans ce dialecte particulier sont appelés *Gâthâs* ou chants, et sont divisés en cinq recueils de peu d'étendue : ils sont composés en vers de différents mètres, qui répondent, pour la plupart, aux mètres des hymnes védiques, et ils sont écrits en un dialecte qui se rapproche beaucoup de celui des Védas. » Il est regrettable que dans ce même discours, qui nous fait concevoir de si grandes espérances pour l'avenir, le docteur Haug ait prêté l'autorité de son nom à l'erreur de ceux qui prétendent que Zoroastre ou Zarathustra est mentionné dans le Rigvéda comme Jaradashti. Le dictionnaire sanscrit de l'Académie russe donne la vraie signification qu'a *jaradashti* dans le Rig-Véda, et aucun indianiste ne peut songer sérieusement à traduire ce mot par Zoroastre.

L'époque où vivait Zoroastre est une question plus difficile, qu'il nous est impossible d'examiner aujourd'hui (1). Ce qu'il importait d'établir dès maintenant,

---

(1) Bérose, qui nous a été conservé dans la traduction arménienne d'Eusèbe, mentionne une dynastie mède fondée à Babylone par un roi nommé Zoroastre, longtemps avant Ninus; il aurait vécu vers l'année 2234 avant Jésus-Christ.

Xanthus le Lydien (470 av. J.-C.), cité par Diogène Laërce, place

c'est que Zoroastre a existé bien réellement, ainsi que le zend, la langue qu'il a employée, et que cette langue est antérieure à celle des inscriptions cunéiformes.

En poursuivant notre étude de l'histoire de la langue persane, nous voyons le zend devenir le dialecte dans lequel sont écrites les inscriptions de la dynastie des Achéménides. Ce dialecte se modifie encore et devient le *pehlvi* ou le *huzvaresh* (plus correctement le *hûzuresh*), qui était parlé sous la dynastie des Sassanides (226-651), et qui nous a été conservé dans les traductions du Zend-Avesta et dans la langue officielle des inscriptions et des monnaies sassanides. On trouve en pehlvi un mélange considérable de mots sémitiques qui y avaient probablement été importés de la Syrie. Plus tard, la langue de la Perse se débarrasse de ces éléments étrangers et devient le *parsi*, qui diffère peu de la langue de Firdusi, le grand poëte épique de la Perse, l'auteur du Shâ-nameh (vers l'an 1000 de J.-C.). Depuis cette époque, nous n'avons à constater que le nombre toujours croissant de mots arabes qui pénétrèrent dans la langue de la Perse, après la conquête de ce pays et la conversion de ses habitants à la religion de Mahomet.

Les autres langues asiatiques, dont la grammaire et le vocabulaire témoignent d'une manière générale de

Zoroastre, le prophète en l'an 600 avant la guerre de Troie (1,800 ans av. J.-C.)

Aristote et Eudoxe, selon Pline (*Hist. nat.*, XXX, 1), plaçaient Zoroastre 6,000 ans avant Platon; Hermippe le plaçait 5,000 ans avant la guerre de Troie. (Diog. Laert, *Proœm.*)

Pline (*Hist. nat.*, XXX, 2) dit que Zoroastre vivait plusieurs milliers d'années avant Moïse le Juif, qui fonda une autre sorte de magie.

leur parenté avec le sanscrit et le persan, mais qui portent une empreinte trop distincte et trop nationale pour que nous puissions les ranger parmi les simples dialectes, sont la langue de l'*Afghanistan* ou le *poushtou*, celle des *Kurdes*, celle des *Ossètes*, dans le Caucase, enfin l'*arménien* : la langue de Bokhara n'est qu'un dialecte du persan, et ne mérite pas de figurer séparément dans le tableau des langues aryennes. Il y aurait beaucoup à dire sur chacune de ces langues et sur les titres qu'elles ont à une place parmi les membres indépendants de la famille aryenne; mais notre temps est limité, et d'ailleurs aucune d'elles n'est encore arrivée à l'importance qu'ont les idiomes de l'Inde, de la Perse, de la Grèce, de l'Italie et de l'Allemagne et d'autres rameaux du langage aryen, qui ont été soumis à une analyse critique, et dont on peut étudier l'histoire aux différentes époques de leur existence littéraire.

Il n'y a plus qu'une seule langue aryenne dont nous ayons omis la mention; c'est celle des *Bohémiens* ou, comme on les appelle dans tout l'Orient, des *Tziganes*, et elle appartient également à l'Asie et à l'Europe. Quoique cette langue ait perdu presque toutes ses formes grammaticales, et que son vocabulaire soit composé de mots dérobés à tous les pays que les Tziganes ont traversés, nous reconnaissons encore clairement les liens qui la rattachent à l'Hindoustan, la patrie d'où elle est exilée.

Par le tableau que je vous mets en ce moment devant les yeux (1), vous verrez qu'il est possible de di-

---

(1) Voir l'Appendice de ce volume.

viser la famille aryenne tout entière en deux grandes branches : celle du *sud*, qui comprend les rameaux indien et iranien, et celle du *nord* ou du *nord-ouest*, qui comprend tous les autres. Le sanscrit et le zend ont en commun certains mots et certaines formes grammaticales qui n'existent dans aucune des autres langues de cette famille ; nous pouvons donc en conclure avec certitude que les ancêtres des poëtes védiques et ceux des adorateurs de *Ahurô mazdâo* sont restés ensemble pendant quelque temps, après avoir quitté le berceau primitif de toute la race aryenne ; car comprenons ceci bien clairement : la classification généalogique de ces langues, telle qu'elle est établie dans ce tableau, a un sens historique. Aussi sûrement que les six langues romanes nous reportent à l'idiome des bergers italiens qui s'établirent sur les sept collines de Rome, l'étude comparée de toutes les langues aryennes nous fait remonter à une époque plus primitive du langage, alors que les premiers pères des Indiens, des Persans, des Grecs, des Romains, des Slaves, des Celtes et des Allemands, habitaient ensemble dans les mêmes enclos et sous le même toit. Il y eut un moment où, sur le grand nombre de vocables possibles pour signifier *père, mère, frère, sœur, chien, vache, ciel* et *terre,* les noms que nous trouvons dans toutes les langues aryennes furent formés, et l'emportèrent dans cette lutte pour arriver à la vie qui n'existe pas moins dans le domaine du langage que dans le règne végétal et le règne animal. Jetez les yeux sur le tableau comparatif du verbe auxiliaire AS, être, dans les diverses langues aryennes. Le choix de AS, entre toutes les racines qui auraient aussi bien pu exprimer l'idée de l'existence, et l'addition à cette racine d'une série de désinences personnelles qui étaient toutes originairement des pronoms personnels, ont été des actes individuels, ou, si vous le voulez, des faits historiques. Ils se sont accomplis un jour, à une certaine date et en un certain lieu; et, puisque nous trouvons ces mêmes formes chez tous les membres de cette famille, il s'ensuit qu'avant que les ancêtres des Indiens et des Perses se fussent dirigés vers le sud, et que ceux des Grecs, des Romains, des Celtes, des Teutons et des Slaves eussent fait leur première étape vers les rivages de l'Europe, il existait un petit clan d'Aryas établis probablement sur le plus haut plateau de l'Asie centrale, et parlant un langage qui n'était encore ni le sanscrit, ni le grec, ni l'allemand, mais qui contenait les germes de tous ces dialectes. Ces Aryas étaient agriculteurs et étaient déjà parvenus à un certain degré de civilisation; ils avaient reconnu les liens du sang, et consacré les liens du mariage : et ils invoquaient l'Être qui donne au ciel la lumière et la vie, sous le même nom que l'on entend encore aujourd'hui dans les temples de Bénarès et dans nos églises chrétiennes.

Quand cette petite peuplade se dispersa, les aïeux des Indiens et des Zoroastriens ont dû rester ensemble pendant quelque temps dans leurs migrations ou leurs nouveaux établissements ; et je crois que ce fut la réforme de Zoroastre qui amena enfin la rupture entre les adorateurs des dieux védiques et les adorateurs d'Ormuzd. Serait-il maintenant possible de déterminer par le même criterium (la communauté de certains mots et de certaines formes) les époques successives où les Teutons se séparèrent des Slaves, les

Celtes des Italiens ou les Italiens des Grecs ? C'est ce qui me paraît plus que douteux. Les savants qui ont cherché à résoudre ce problème sont arrivés à des résultats différents et nullement satisfaisants (1). Le plus sage, quant à présent, est de remonter, pour chacun des groupes qui forment la classe septentrionale, à la forme la plus ancienne et la plus pure de son idiome national; quant aux ressemblances plus marquées que l'on trouve entre les langues slaves, par exemple, et les langues teutoniques, on les expliquera en admettant que les ancêtres de ces races conservèrent, dès le commencement, certaines particularités dialectales qui existaient avant aussi bien qu'après la dispersion de la famille aryenne.

(1) Cf. Schleicher, *Deutsche Sprache,* p. 81.

SIXIÈME LEÇON.

LA GRAMMAIRE COMPARÉE.

Objet de la grammaire comparée. — Distinction entre les *racines* et les *formes* du langage. — Théories diverses sur l'origine des formes grammaticales. Les désinences ne sont ni des excroissances produites par une végétation intime du langage ni des signes de convention inventés pour modifier le sens des mots : la grammaire comparée démontre qu'elles ont été originairement des mots indépendants qui se sont altérés avec le temps et se sont agglutinés à la fin des mots auxquels ils étaient juxtaposés. Formation de certains cas dans les langues aryennes : le locatif, le génitif, le datif. Formation des désinences des verbes : le futur français, le futur latin, le prétérit anglais. — Hypothèse pour montrer comment les formes grammaticales peuvent prendre naissance. — Principaux résultats donnés par la grammaire comparée des langues aryennes. — Lumière inattendue jetée sur les temps antéhistoriques par l'étude comparative de ces langues. — Tableau de la civilisation chez les Aryens avant leur dispersion, d'après les mots communs aux différents membres de la famille. — Pourquoi le nom d'*aryennes* a été donné aux langues indo-européennes. — Signification du nom Arya; ses pérégrinations à travers le monde. — Région habitée par les Aryas.

La classification généalogique de la famille aryenne fut fondée, ainsi que nous l'avons vu, sur la comparaison détaillée des principales formes grammaticales de chacun de ses membres; et des ouvrages tels que la *Grammaire comparée* de Bopp ont pour objet de démontrer que le mécanisme grammatical du sanscrit, du zend, du grec, du latin et des dialectes celtiques, teutoniques et slaves, fut produit une fois pour toutes ; et que les dissemblances apparentes entre les désinences sanscrites, grecques et latines, doivent trouver leur explication dans les lois de l'altération phonétique, particulières à chaque dialecte, lesquelles ont modifié l'antique type aryen et l'ont transformé en un si grand nombre de langues nationales. Il semblerait donc que l'œuvre de la grammaire comparée fût achevée, dès qu'elle aurait déterminé d'une manière exacte la filiation généalogique des différentes langues et leurs rapports de parenté entre elles; et les philosophes qui ne se préoccupaient que des plus hauts problèmes de la science du langage, n'ont pas hésité à déclarer qu'à leur sens les déclinaisons, les nombres, les cas et les genres des noms ne sauraient fournir matière à des discussions sérieuses et fécondes. Nous reconnaissons sans peine que la grammaire comparée n'est qu'un instrument, et qu'elle nous a déjà donné, du moins en ce qui concerne la famille aryenne, à peu près tout ce que nous pouvons en attendre; mais nous espérons bien, néanmoins, que dans la science du langage, elle ne perdra jamais cette importance qu'elle doit aux admirables travaux des Bopp, des Grimm, des Pott, des Benfey, des Curtius, des Kuhn et de tant d'autres philologues distingués. — La grammaire comparée ne s'en tient pas, d'ailleurs, à un simple travail de comparaison. Sans doute rien ne serait plus facile que de mettre en regard les paradigmes des déclinaisons et des conjugaisons en sanscrit, en grec, en latin, ainsi que dans les autres dialectes aryens, et d'en noter les différences et les analogies. Mais quand cela est fait, et que nous avons ensuite découvert les lois phonétiques qui ont conduit la langue, du type arien primitif, à cette variété d'idiomes nationaux que nous admirons dans le sanscrit, dans le grec et dans le latin, alors nous voyons surgir des problèmes d'un intérêt bien plus grand encore.

Nous savons que ces terminaisons que nous appelons maintenant désinences grammaticales étaient à l'origine des mots indépendants qui avaient leur signification propre. Est-il possible, après que la grammaire comparée a reconstitué les formes originelles des désinences aryennes, de retrouver en elles des mots indépendants, et d'en pénétrer le sens primitif? Vous vous rappellerez que cette question fut notre point de départ dans notre étude du langage. Nous nous sommes demandé comment le *d* final dans le prétérit anglais *I loved*, avait pu changer un acte présent en un acte passé; et nous avons vu qu'avant de résoudre ce problème, il nous fallait retrouver la forme la plus primitive de cette désinence, en la faisant remonter de l'anglais au gothique, et ensuite, si cela était nécessaire, du gothique au sanscrit. Nous revenons maintenant à notre première question : Qu'est-ce donc que le langage pour qu'un simple changement de forme, tel que celui qui nous frappe dans le passage de *I love* à *I loved*, puisse avoir des conséquences aussi importantes?

D'abord rendons-nous bien compte de la distinction que nous voulons établir entre les éléments radicaux et les éléments formels d'une langue ; et par éléments formels j'entends non-seulement les désinences des déclinaisons et des conjugaisons, mais aussi toutes les lettres, toutes les syllabes qui servent à marquer la dérivation, tout ce qui, en un mot, n'est pas un radical. Notre théorie de l'origine du langage devra dépendre en grande partie de l'idée que nous nous ferons de ces éléments formels, en tant qu'opposés aux éléments radicaux du langage. En effet ceux qui regardent le langage comme un signe artificiel ou un produit de convention fondent leurs principaux arguments sur ces éléments formels. Les flexions des mots, nous disent-ils, sont la meilleure preuve que le langage articulé a été inventé d'un commun accord par certains hommes, afin de suppléer à l'insuffisance du *langage naturel* de l'humanité, c'est-à-dire des gestes du corps, du jeu de la physionomie, et des différents cris que nous arrache la douleur ou la joie. Pour ces philosophes, toutes les flexions ne sont que des lettres ou des syllabes dénuées de signification propre ; et quand on leur demande pourquoi un *d* ajouté à *I love* change un amour présent en un amour passé, ou pourquoi l'*ai* qui termine les futurs français indique qu'il est question de l'avenir, ils répondent que c'est parce que, à une époque très-reculée de l'histoire du monde, certaines personnes, ou certaines familles, ou certaines petites peuplades, étaient tombées d'accord pour vouloir qu'il en fût ainsi.

D'autres penseurs ont pris le langage comme un tout organique, doué en quelque sorte d'une vie propre, et ils ont expliqué ses éléments formels comme étant produits par une végétation intérieure et naturelle. Les langues, disent-ils, doivent être comparées, non au cristal qui se forme par agglomération autour d'un noyau, mais au germe qui se développe par sa force intime. Toutes les parties essentielles du langage existaient dans le germe primitif aussi réellement (quoique seulement à l'état embryonnaire), que les pétales existent dans le bouton avant que la fleur s'épanouisse à l'air et au soleil (1). Cette hypothèse fut proposée pour la première fois par Frédéric Schlegel, et elle est encore en grande faveur auprès de beaucoup de personnes pour qui les phrases poétiques tiennent lieu du raisonnement solide et sévère (2).

La science du langage n'adopte ni l'une ni l'autre

---

(1) Farrar, *Origine des langues*, p. 35.

(2) « Beaucoup de grammairiens, dit l'auteur d'un Mémoire dans les *Transactions of the Philological Society*, regardent ces désinences comme sortant du corps des mots par quelque évolution mystérieuse, ainsi que les branches sortent du tronc de l'arbre, ou bien comme des éléments dépourvus de signification propre, mais employés arbitrairement ou conventionnellement pour modifier le sens des mots. Les langues à flexions, dit Schlegel, sont des langues organiques, parce qu'elles contiennent un principe vivant de développement et d'accroissement, et que seules elles ont, si je puis m'exprimer ainsi, une végétation féconde et abondante. Le merveilleux mécanisme de ces langues apparaît en ce que, après avoir créé une variété infinie de mots, elles peuvent marquer la connexion des idées qu'ils expriment, à l'aide d'un petit nombre de syllabes, *lesquelles, prises séparément, n'ont aucune signification,* mais qui déterminent avec précision le sens des mots auxquels on les attache. En modifiant les lettres radicales, et en ajoutant aux racines certaines syllabes formatives, on obtient des dérivés de diverses sortes, d'où on peut encore tirer d'autres dérivés. En réunissant plusieurs racines, on forme des mots composés pour exprimer les idées complexes. Enfin c'est aussi à l'aide de désinences dépourvues de toute signification propre, que les substantifs, les adjectifs et les pronoms, sont déclinés avec leurs genres à leurs différents cas et nombres, et que les verbes sont conjugués à toutes leurs voix, à tous leurs modes, à tous leurs temps et à toutes leurs personnes. De telle sorte qu'on a ce grand avantage d'énoncer en un seul mot l'idée principale, si complexe qu'elle puisse être, avec toutes les modifications qu'y apportent les idées accessoires et les relations mobiles qui l'accompagnent. » — *Transactions of the Philological Society*, vol. II, p. 39.

de ces deux hypothèses. Quant à celle qui nous représente un groupe d'hommes discutant ensemble sur les exposants qu'il conviendrait d'employer pour exprimer les rapports marqués par le nominatif, le génitif, le singulier, le pluriel, l'actif et le passif, le simple bon sens semble nous dire que si des questions aussi abstruses avaient pu être traitées dans une langue dépourvue de flexions, on n'avait plus de motif pour imaginer un moyen de communication plus parfait. Quant à l'autre supposition, d'après laquelle il existerait dans le langage, c'est-à-dire dans les noms et dans les verbes, un principe de végétation intérieure, tout ce que nous pouvons dire, c'est qu'une telle conception s'évanouit dès qu'on y regarde d'un peu près. Nous pouvons concevoir le langage comme étant un produit, mais nous ne pouvons le concevoir comme étant une substance douée elle-même de la faculté de produire. D'ailleurs la science du langage n'a pas à s'occuper de simples hypothèses, qu'elles se puissent ou non concevoir. Elle recueille des faits, et son seul objet est d'en découvrir la raison, et l'explication, en tant que cela est possible. Au lieu de regarder les flexions en général comme des signes de convention ou des excroissances naturelles, elle prend chaque désinence séparément, et quand, au moyen de la comparaison, elle en a rétabli la forme la plus ancienne, elle traite cette syllabe primitive comme elle traiterait n'importe quelle partie du langage, c'est-à-dire comme un mot qui a eu dans le principe sa signification propre. Quant à la possibilité de saisir la pensée qui a présidé à la création première de chacun des éléments du langage, c'est là une tout autre question; et il faut bien reconnaître que beaucoup de formes grammaticales échappent encore à nos explications même après que nous en avons retrouvé le type le plus primitif. Mais puisqu'une induction pénétrante nous révèle toujours de plus en plus les secrets intimes du langage, et que chaque année de nouvelles découvertes viennent couronner les travaux des linguistes, nous n'avons aucune raison de douter que l'analyse grammaticale ne donne avec le temps des résultats aussi certains et aussi complets que l'analyse chimique. Sans doute, quand nous considérons la grammaire telle que l'a faite le travail de tant de siècles, elle nous paraît parfois bien compliquée et bien obscure; mais elle était à l'origine beaucoup plus simple et plus claire qu'on ne le suppose communément. Qu'est-ce que la grammaire, après tout, si ce n'est la déclinaison et la conjugaison? et, originairement, la déclinaison n'a pu être autre chose que la juxtaposition, à la fin d'un nom, de quelque autre mot exprimant le nombre et le cas. Dans une leçon précédente, nous avons vu comment on exprima les nombres : la formation des cas résulta d'un procédé entièrement analogue.

En chinois le cas locatif est formé de diverses manières; par exemple, en ajoutant au nom certains mots tels que *ćung*, « le milieu », ou *néi*, « intérieur » (1). Ainsi on trouve *kuŏ-ćung*, « dans l'empire », *i sŭi ćung*, « dans l'espace d'une année ». Le cas instrumental est formé à l'aide de la préposition *ỹ*, qui est une vieille racine signifiant *se servir*. Ainsi le chinois dit *ỹ ting*, « avec un bâton, » là où le latin emploierait l'ablatif

---

(1) Endlicher, *Chinesische Grammatik*, p. 172.

et le grec le datif. Or, quelque compliquées que soient en grec et en latin les déclinaisons régulières et irrégulières, nous pouvons être certains qu'elles ont été formées dans le principe par ce simple procédé de la juxtaposition.

Dans toutes les langues aryennes il y a eu primitivement un cas marquant le lieu et que les grammairiens ont appelé le *locatif*. En sanscrit tout substantif a son locatif, aussi bien que son génitif, son datif et son accusatif. Ainsi, *cœur* se dit en sanscrit *hṛid;* dans e *cœur* se dit *hṛidi*. Ici donc la désinence du locatif est tout simplement un *i* bref. Cet *i* bref est une racine démonstrative, et selon toute probabilité la racine même qui a donné en latin la préposition *in*. Le sanscrit *hṛidi* représente donc un ancien mot composé, signifiant *cœur-dedans,* et cette désinence, en s'agglutinant au nom, finit par prendre place parmi les cas reconnus des substantifs terminés par une consonne. En nous reportant au chinois (1), nous trouvons qu'on y forme le locatif de la même manière, mais en ayant le choix entre plusieurs mots pour exprimer le lieu. Nous avons vu que *dans l'empire* se dit *kŭŏ-ćung,* et que *dans l'espace d'une année* se dit *i sŭi ćung :* mais on peut aussi remplacer *ćung* par d'autres termes; par exemple, par *néi*, intérieur.

On nous objectera peut-être que la formation d'un cas aussi primitif que le locatif n'offre guère de difficulté, mais que ce procédé de la juxtaposition ne saurait expliquer l'origine de cas plus abstraits, tels que le génitif, le datif et l'accusatif. En effet, si c'est à la

---

(1) Endlicher, *Chinesische Grammatik*, p. 172.

grammaire générale ou philosophique qu'on demande l'intelligence des différents cas, il sera difficile d'admettre qu'un procédé aussi simple que celui que nous venons d'indiquer, ait pu réaliser toutes les abstractions qui sont censées exprimées par les désinences du génitif, du datif et de l'accusatif. Mais rappelons-nous bien que ce ne sont là que des catégories générales dans lesquelles les philosophes et les grammairiens se sont efforcés de ranger tous les faits du langage. Les hommes primitifs, au milieu desquels le langage prit naissance et se développa, n'ont jamais connu ni le datif, ni l'accusatif, car tout ce qui est abstrait aujourd'hui dans le langage a été concret à l'origine. Là où nous dirions le Roi de Rome, ils auraient dit le Roi à Rome, en employant naturellement le cas que nous avons appelé le locatif; tandis que l'idée plus abstraite du génitif ne serait jamais entrée dans leur système de pensée. Bien plus, nous pouvons prouver qu'en fait le locatif s'est quelquefois substitué au génitif. En latin, par exemple, l'ancien génitif des noms terminés par *a* était en *as*, ainsi que nous le voyons dans *pater familiās*, au lieu de *pater familiai* ou *pater familiæ*. L'ombrien et l'osque ont toujours conservé l'*s* comme signe du génitif des noms terminés par *a*. L'*æ* du génitif latin de la première déclinaison était primitivement *ai*, c'est-à-dire l'ancien locatif en *i*. *Rex Romæ* signifiait donc en réalité *Roi à Rome*. Et ici vous remarquerez que la grammaire, qui devrait être la plus logique de toutes les sciences, en est souvent la plus illogique. L'enfant apprend au collége que s'il veut traduire en latin cette phrase, « je demeure à Rome », il devra mettre Rome au génitif. Ce n'est pas à nous à demander comment le grammairien peut torturer le sens du génitif de façon à lui faire exprimer le repos en un lieu : quoi qu'il en soit, l'élève emploiera nécessairement, dans des circonstances analogues, le génitif de Carthage (*Carthaginis*) ou celui d'Athènes (*Athenarum*), et alors il faudra lui dire que ces génitifs ne peuvent pas être employés comme le génitif des noms en *a*. Nous ne savons comment la grammaire générale explique cette contradiction, mais la grammaire comparée lève immédiatement toute la difficulté. Elle nous apprend que le locatif ne s'est substitué au génitif que dans la première déclinaison seulement ; tandis que *Carthaginis* et *Athenarum*, étant de véritables génitifs, n'auraient jamais pu être employés pour désigner le lieu. Un cas particulier, tel que le locatif, peut être généralisé et exprimer de la sorte l'idée plus générale du génitif, mais le phénomène inverse ne saurait se produire.

Quand j'ai adopté l'opinion de feu le docteur Rosen et de M. Bopp, qui voient dans la terminaison latine du génitif singulier des noms féminins en *a* une ancienne terminaison du locatif, je n'ignorais pas les objections que l'on avait opposées à cette manière de voir ; mais je ne me sentais pas ébranlé par ces objections, pas plus que M. Bopp, qui, dans la seconde édition de sa *Grammaire comparée*, maintient l'explication qu'il a d'abord donnée de ce cas. Que la relation exprimée par le génitif puisse être rendue par un locatif, c'est là un point qu'on ne saurait contester, car il est bien connu qu'au duel une seule terminaison, en sanscrit, sert pour les deux cas, le locatif et le génitif. Comme il serait difficile de soutenir qu'un véritable génitif primitif ait pu être employé pour donner l'idée d'un rapport de lieu, il semblerait s'ensuivre que la terminaison du locatif et génitif duel en *os* exprimait originairement un rapport de lieu, et que graduellement elle a pris un sens attributif plus général. Il n'y a point à douter que le latin n'ait possédé, comme le grec, le génitif régulier en *s*, car il s'est conservé dans certaines phrases faites, telles que *pater familiās*. Très-vraisemblablement cette terminaison *ās* est une contraction de *āis*, qui correspond au sanscrit *âyâs*, quoiqu'on l'ait aussi expliquée simplement comme une combinaison de la finale *ā* avec l's du génitif. Les génitifs latins en *ais* sont rares, mais Ritschl en a pourtant prouvé l'existence au moyen des plus anciennes inscriptions : ainsi l'on trouve *Proserpnais* au lieu de *Proserpinæ* (voyez Kuhn's *Zeitschrift*, t. XII. p. 234, t. XIII, p. 445). Des formes affaiblies en *aes*, telles que *Dianaes*, *Juliaes*, sont beaucoup plus fréquentes, et continuent à se rencontrer dans les inscriptions, même sous les derniers empereurs (voyez Corssen, *Aussprache der Lateinischen Sprache*, p. 183). Mais tandis que le passage de *āis* à *āes* et *ās* n'offre aucune difficulté, il est impossible d'expliquer la terminaison *āi* et *æ* par la simple chute de la finale *s*. Jamais *familiās* n'a pu perdre en latin sa finale *s* et devenir *familiā*. Sans doute le *s* latin est sujet à tomber, mais, autant que nous en pouvons juger dans l'état actuel de nos connaissances, il ne peut le faire qu'après les voyelles brèves (1). C'est ainsi que nous trouvons *ŏ* au lieu de

(1) Je ne puis accepter l'explication que propose mon savant ami, le professeur Kuhn, de Berlin, dans l'essai qu'il vient de publier (1866)

us (Schleicher, *Compendium*, § 159), *amare* au lieu de *amaris*, *pote* au lieu de *potis;* mais nous ne trouvons jamais *mensī* au datif ou *mensā* à l'accusatif pluriel au lieu de *mensīs* ou de *mensās*. Si *āis* pouvait perdre sa finale *s*, cette terminaison pourrait peut-être devenir *äï* ou *āe*, mais jamais *āī*. Le seul cas où on suppose qu'un *s* final aurait été perdu après une voyelle longue, c'est le nominatif pluriel de la seconde déclinaison. Ici également, on ne saurait douter que des formes telles que *magistreis* n'aient existé dans le latin archaïque, au lieu de *magistrī*. Mais que la forme régulière *magistrī* ait dû son origine à la chute du *s* final, c'est ce qui n'a jamais été prouvé. En sanscrit aussi, nous trouvons au nominatif pluriel des formes telles que *pārvās* et *pūrve*, l'une à côté de l'autre (voyez *Grammaire sanscrite*, § 282). Les formes latines en *eis* correspondent aux formes sanscrites en *ās*, les formes latines en *ī* aux formes sanscrites en *e*, mais personne ne penserait à essayer d'expliquer l'*e* sanscrit comme une corruption phonétique de *ās*.

Ce seul exemple vous montre comment ce que les grammairiens appellent un génitif fut formé par le même procédé de composition que nous pouvons étudier dans le chinois, et dont nous pouvons prouver l'existence dans le langage originel des Aryens. Le datif fut formé exactement de la même manière. Si l'on

sous ce titre : « *Einige Genitiv- und Dativbildungen.* » Sa théorie me paraît contredire trois règles phonétiques bien établies : 1° Qu'aucun *s* final du sanscrit ne se perd devant une consonne sourde; 2° qu'aucun *s* final en latin ne se perd après une voyelle longue; 3° qu'aucun *s*, au milieu d'un mot, en sanscrit, ne se perd devant *y*. Le verbe *ojáyate* ne constitue pas une exception à cette dernière règle, car le thème réel en est *oja*, et non *ojas*.

dit à un enfant que le datif exprime une relation d'un objet à un autre, moins directe que celle qui est marquée par l'accusatif, il aura sans doute de la peine à comprendre cette hiérarchie de rapports ; mais il sera plus surpris encore si, quand il aura saisi cette abstraction grammaticale, on lui dit que pour rendre en grec l'idée très-bien définie de l'existence en un lieu, il doit mettre certains noms au datif ; qu'il doit dire, par exemple, *Salamini* dans la traduction de cette phrase « je demeure à Salamine ». Si vous cherchez la raison de cette règle, la grammaire comparée peut seule vous la donner. La désinence du datif grec en *i* était originellement celle du locatif. Le locatif peut très-bien exprimer une des relations que le datif réunit un peu confusément dans son domaine assez mal déterminé ; mais les traits effacés du datif ne peuvent jamais rendre la signification si nette et si accusée du locatif. Le datif *Salamini* a été d'abord un locatif. « Je demeure à Salamine » n'a jamais signifié « je demeure vers ou dans la direction de Salamine ». Le datif, au contraire, dans une phrase telle que « je le donne au père », a été originairement un locatif ; et après avoir commencé par exprimer la relation, pour ainsi dire, palpable de « je le donne, je le place sur ou dans le père », ce cas finit par revêtir peu à peu le caractère plus général, et moins précis et déterminé que les logiciens et les grammairiens attribuent à leurs datifs (1).

Si l'explication que nous venons de donner de certains cas en grec et en latin paraît trop artificielle ou

---

(1) « Les Algonquins n'ont qu'un seul cas, qu'on peut appeler le locatif. » — Du Ponceau, p. 158.

trop forcée, nous n'avons qu'à regarder le français pour voir le même procédé s'appliquer encore sous nos yeux. Les rapports les plus abstraits du génitif et du datif, comme dans *l'immortalité de l'âme,* et dans cette phrase *je me fie à Dieu,* sont exprimés par les deux prépositions *de* et *ad* qui signifiaient en latin « en naissant de, en sortant de », et « vers, du côté de », comme les prépositions *of* et *to,* qui ont remplacé dans l'anglais les désinences germaniques *s* et *m* marquaient aussi à l'origine un rapport de direction. La seule différence entre nos cas et ceux des langues anciennes, consiste en ce que l'élément déterminatif est placé maintenant devant le mot, tandis qu'il s'ajoutait à la fin du mot dans le langage originel des Aryens.

Ce qui est vrai des cas des noms ne l'est pas moins des terminaisons des verbes. Il peut paraître difficile de retrouver, dans les désinences des différentes personnes des verbes grecs et latins, les pronoms mêmes qui furent ajoutés à un thème verbal pour exprimer *j*'aime, *tu* aimes, *il* aime; mais notre raison nous dit qu'à l'origine ces désinences ont dû être, dans toutes les langues, des pronoms personnels. Nous pouvons également être embarrassés par les terminaisons de *thou lovest, he loves,* et il n'est guère facile d'identifier *st* et *s* avec le *thou* et le *he* modernes; mais nous n'avons qu'à placer en regard tous les dialectes aryens pour voir au premier coup d'œil qu'ils nous reportent à une série unique de désinences dont nous pouvons, sans peine, pénétrer le sens et découvrir l'origine.

Examinons d'abord quelques formes modernes, afin d'avoir plus de lumière pour suivre la marche obscure et parfois capricieuse du langage : ou, mieux encore, commençons par un exemple imaginaire, par ce que nous pourrons appeler une langue de l'avenir, afin de comprendre clairement de quelle manière peuvent prendre naissance certaines formes que nous appellerions des formes grammaticales.

Supposons que l'heure de la délivrance sonne enfin pour les esclaves d'Amérique, et que, fuyant bien loin de leurs persécuteurs, ils retournent dans la patrie de leurs pères, et s'établissent tous ensemble dans quelque contrée de l'Afrique centrale, où, mettant à profit ce qu'ils auraient appris jadis dans la terre de leur captivité, ils pourraient, avec le temps, élaborer une civilisation à eux. Il serait très-possible que quelques siècles plus tard, un nouveau Livingstone découvrît chez leurs descendants une langue, une littérature, des lois et des mœurs ayant une ressemblance frappante avec celles de son pays. Quel problème intéressant s'offrirait alors aux historiens et aux ethnologues futurs ! Eh bien ! dans l'histoire du monde antique il y a des problèmes non moins intéressants, dont la science du langage nous donne ou nous donnera un jour la solution. Dans l'hypothèse que je faisais tout à l'heure, je suis convaincu que l'étude attentive de la langue parlée par les descendants de ces esclaves d'Amérique suffirait pour constater avec une complète certitude les principaux faits de leur histoire, quand même aucun document écrit ni aucune tradition n'auraient conservé le souvenir de leur captivité et de leur délivrance. Au premier abord on se trouverait, sans doute, en face de difficultés qui sembleraient insurmontables. Un missionnaire ou un voyageur surprendrait les savants d'Europe en envoyant une notice sur cette nouvelle langue africaine. « Cette langue, dirait-il peut-être, est fort imparfaite et d'une pauvreté telle qu'elle n'a souvent qu'un seul et même mot pour exprimer les idées les plus disparates : c'est ainsi que le son *raït*, sans le moindre changement d'accent, y signifie vrai, cérémonie, artisan et écrire (*right, rite, wright, write*). Quant aux flexions grammaticales, elle en est presque aussi dénuée que le chinois ; et elle n'attribue jamais de genre aux choses inanimées, excepté dans un nombre extrêmement restreint de cas, comme par exemple, en parlant d'un *navire* ou d'une *locomotive* qui sont toujours du genre féminin. Un fait très-curieux à relever, c'est que ces Africains, bien que n'ayant pas de désinences particulières pour le masculin et pour le féminin, attachent néanmoins une terminaison masculine ou une terminaison féminine à la particule affirmative, selon qu'ils s'adressent à un homme ou à une femme ; ils disent dans le premier cas *yesr*, et dans le second *yesm*. »

Si absurde que tout cela vous paraisse, il y a parfois, je puis vous l'assurer, quelque chose de plus bizarre encore dans les descriptions que nous donnent missionnaires et voyageurs de la langue des tribus sauvages avec lesquelles ils se trouvent en contact pour la première fois. Voyons maintenant ce que le linguiste aurait à faire si des formes telles que *yes'r* et *yes'm* étaient soumises pour la première fois à son examen. Il devrait d'abord les faire remonter historiquement à leurs types les plus primitifs, et s'il parvenait à les rattacher à *yes sir* et à *yes ma'm*, il ferait observer que c'est surtout dans un dialecte vulgaire que l'on doit s'attendre à trouver de semblables contractions. Après avoir rapporté le *yesr* et le *yesm* des nègres d'Afrique à l'idiome des Américains, les maîtres de leurs ancêtres, l'étymologiste aurait ensuite à se demander comment ces expressions étaient venues à être usitées sur le continent d'Amérique.

Comme il n'y trouverait rien d'analogue dans les dialectes des aborigènes de l'Amérique, il serait amené par une simple comparaison des mots, d'abord aux langues de l'Europe, et puis à celle de l'Angleterre. Quand même tous les documents historiques auraient péri, les mots, à eux seuls, prouveraient que la race blanche, dont les ancêtres de nos Africains avaient adopté le langage pendant leur captivité, était venue originairement d'Angleterre ; et dans de certaines limites, il serait même possible de déterminer l'époque de son arrivée en Amérique. Cette émigration a dû être postérieure au temps de Chaucer, car nous trouvons chez ce poëte deux particules affirmatives, *yea* et *yes*, et il ne les emploie pas indistinctement. Il ne met *yes* qu'après les interrogations qui contiennent une négation : par exemple, pour répondre à cette question, « n'y va-t-il pas ? » il dirait *yes*. Partout ailleurs il emploie *yea*. Chaucer fait la même distinction entre *no* et *nay*, répondant par la première de ces particules aux interrogations accompagnées d'une négation, et par la seconde à toutes les autres. Cette distinction s'est effacée peu de temps après l'époque de sir Thomas More (1), et il faut qu'on ait cessé de l'observer avant que *yes sir* et *yes madam* aient pu devenir des expressions consacrées par l'usage pour tous les cas.

---

(1) Marsh, p. 779.

Mais ces mots nous fournissent encore d'autres renseignements historiques. Le mot *yes*, étant anglo-saxon et identique avec l'allemand *ja*, nous apprend que cette race blanche qui a traversé l'Atlantique après le temps de Chaucer, avait traversé la Manche à une époque antérieure, lorsqu'elle quitta la patrie des Angles et des Saxons sur le continent d'Europe. *Sir* et *madam* sont des mots normands, et ils n'ont pu être imposés aux Anglo-Saxons de la Grande-Bretagne que par des conquérants normands. Mais ce n'est pas tout : ces Normands ou Northmans parlaient dans l'origine un dialecte teutonique étroitement apparenté à l'anglo-saxon, et dans ce dialecte les mots *sir* et *madam* n'auraient jamais pu prendre naissance. Nous arrivons alors à cette conclusion qu'avant la conquête normande, les Northmans teutons ont dû faire dans une des anciennes provinces de l'empire romain un séjour assez long pour oublier leur propre langue et adopter celle de cette province.

Nous pouvons maintenant rattacher le normand *madam* au français *madame* où nous reconnaissons une corruption du latin *mea domina*. *Domina* a donné *domna*, *donna*, et *dame*, et ce même mot *dame* a aussi été employé au masculin, dans le sens de «seigneur», comme corruption de *domino, domno* et *donno*. Celui qui anciennement tenait des terres d'un évêché, à condition de défendre le temporel de l'évêque, et de commander ses troupes, était appelé *vidame*, comme le vidame de Chartres, etc. L'interjection *dame!* signifie simplement *seigneur!* *Dame-Diex*, cette exclamation si fréquente dans le vieux français, est *Seigneur-*

Dieu (1)! De *domina* on tira le dérivé *dominicella* d'où nous viennent le français *demoiselle* et l'anglais *damsel.* Plus tard on substitua au nom masculin *dame*, forme altérée de *domino*, le latin *senior*, qui était une traduction du mot germanique *elder*, plus âgé. *Elder* était un titre d'honneur et nous le retrouvons encore dans *alderman* et dans l'anglais *earl* (le norrois *jarl*), qui est un comparatif analogue à l'anglo-saxon *ealdor*. Le titre de *senior*, qui signifiait originairement « plus âgé, » n'était donné que rarement aux dames (2). *Senior* se changea en *seigneur*, *seigneur* en *sieur*, d'où l'on tira ensuite l'anglais *sir*.

Nous voyons de cette sorte comment dans deux simples expressions telles que *yesr* et *yesm*, on peut lire de longues pages d'histoire. Quand même tous les documents historiques et tous les livres seraient détruits, ainsi que cela s'est vu en Chine sous l'empereur Thsin-chi-hoang-ti (213 av. J.-C.), le langage, si dégénéré qu'il fût, conserverait encore les secrets du passé, et ferait connaître aux générations futures la patrie et les migrations de leurs ancêtres depuis les Indes Orientales jusqu'aux Indes Occidentales.

Au premier abord il peut paraître étrange de trouver aux deux extrémités des migrations aryennes ce

---

(1) Dame-Dieu :

« Ia dame Dieu non vuelha
Qu'en ma colpa sia' l departimens. »
(Que jamais le Seigneur Dieu ne veu
Qu'en ma faute soit la séparation.)

« Grandes miracles fit dames Dex par lui. » (*Roman de Garin*, Du Cange, t. II, col. 16, 19.) — Raynouard. *Lexique*, au mot *Don*.

(2) Dans le vieux portugais, Diez cite *Senhor rainha, mia sennor formosa*, ma belle maîtresse.

même nom des *Indes* orientales et des *Indes* occidentales ; mais ces noms contiennent aussi leur enseignement historique. Ils nous disent que les races qui ont peuplé l'occident de l'Europe, les plus vigoureuses et les plus entreprenantes de toutes les races aryennes, ont appelé *Indes* ces régions que, dans leurs rêves qui embrassaient le monde entier, elles croyaient être un prolongement de l'Inde elle-même ; que plus tard elles reconnurent leur erreur et distinguèrent alors les Indes occidentales des Indes orientales ; qu'elles formèrent de vastes États dans l'ouest ; et que dans le lointain Orient un puissant empire fut fondé par l'une d'entre elles, à qui il a été donné de saluer les lieux mêmes où habitait la famille aryenne dans son unité encore indivise, avant qu'elle se séparât pour aller à la découverte du monde. Tous ces faits et bien d'autres encore, nous pourrions les retrouver dans les riches archives du langage. Le nom même de l'Inde nous donne plus d'une leçon, car ce n'est pas un nom indigène. Il nous vient des Romains, qui le tenaient des Grecs, lesquels à leur tour l'avaient reçu des Perses. Mais comment savons-nous que ce nom a passé de la Perse en Grèce? parce que c'est dans l'ancien perse seulement qu'un *s* initial se change en *h;* les Grecs ont laissé tomber cet *h* selon leur habitude. C'est seulement dans le vieil idiome de l'Iran que le pays du *Sindhu* (*sindhu* est le mot sanscrit pour rivière), ou des *sept sindhus*, a pu être appelé *Hindia* ou *India* au lieu de *Sindia*. Ainsi n'était-ce que les disciples de Zoroastre prononçaient tous les *s* comme des *h*, nous n'aurions jamais entendu parler des Indes occidentales !

Maintenant que nous avons vu par un exemple imaginaire ce que nous devons nous attendre à trouver dans le développement du langage, il nous sera plus facile de comprendre pourquoi il faut poser comme principe fondamental de la grammaire comparée, qu'aucune partie du langage ne doit être considérée comme purement formelle jusqu'à ce que la science ait échoué dans toutes ses tentatives, pour faire remonter ces éléments formels à leurs types primordiaux et substantiels. En supposant que l'anglais n'eût jamais été écrit avant le temps où fut composée la *Vision de Piers Ploughman*, comment pourrions-nous nous rendre compte de la forme *nadistou* (1), au lieu de *ne hadst thou*, ou de l'expression *ne rechi* au lieu de *I reck not*? Dans le dialecte du Dorsetshire nous trouvons *al ô'm* pour *all of them*; *I midden* pour *I may not*; *I cooden* pour *I could not*. Ce sont là sans doute des altérations bien sensibles; mais les altérations que le sanscrit a subies avant de devenir une langue fixée par l'écriture, ont dû être bien plus profondes encore (2).

Examinons maintenant les langues classiques modernes, telles que le français et l'italien, où la plupart des désinences grammaticales sont les mêmes qu'en latin, à part les modifications apportées par la corruption phonétique. *J'aime* répond à *ego amo*, *tu aimes* à *tu amas*, *il aime* à *ille amat*; cette troisième personne du singulier était terminée dans l'ancienne langue

---

(1) Marsh, p. 387. Barnes, *Poems in Dorsetshire Dialect*.
(2) Nous trouvons en anglo-saxon *not*, pour *ne wot*, je ne connais pas; *nist*, pour *he did not know*; *nisten*, pour *they did not know*; *nolde*, pour *ne wolde*, *I would not*, je ne voudrais pas; *nyle*, pour *I will not*; *naebbe*, pour *I have not*; *naefth*, pour *ne has not*; *naeron*, pour *they were not*; etc.

française par un *t* qui reparaît encore dans *aime-t-il*. De même l'imparfait français répond à l'imparfait latin, et le passé défini au parfait latin ; mais quand nous arrivons au futur, nous ne trouvons plus aucune analogie entre *amabo* et *j'aimerai*. Voici donc une nouvelle forme grammaticale, que nous avons, pour ainsi dire, vue venir au monde sous nos yeux, ou qui, tout au moins, est née au grand jour de l'histoire. Eh bien, cette désinence *rai* est-elle sortie du corps du mot ainsi que les fleurs s'épanouissent au printemps? ou bien, quelques esprits supérieurs se sont-ils réunis pour créer cette terminaison nouvelle et pour convenir de l'employer, à partir de ce jour, au lieu de l'ancienne terminaison du futur latin? Assurément il ne s'est rien passé de semblable. Nous voyons d'abord que dans toutes les langues romanes les désinences du futur sont identiques avec celles du présent de l'indicatif du verbe auxiliaire avoir (1). Ainsi nous avons en français :

j'ai	et	je chanterai	nous avons	et	nous chanterons
tu as	et	tu chanteras	vous avez	et	vous chanterez
il a	et	il chantera	ils ont	et	ils chanteront.

En espagnol et en provençal nous rencontrons la désinence apparente du futur, employée comme mot indépendant non encore incorporé avec l'infinitif. En espagnol, au lieu de *lo hare*, je le ferai, nous trouvons la forme plus primitive *hacer lo he*, c'est-à-dire *facere id habeo;* et en provençal *dir vos ai* au lieu de *je vous dirai*, et *dir vos em* au lieu de *nous vous dirons*.

(1) *Survey of Languages*, p. 24.

Il est donc hors de doute que l'on forma originairement le futur des verbes romans en attachant à l'infinitif le verbe auxiliaire *avoir;* et l'expression *j'ai à dire* ou *je dire ai* en est venue facilement à rendre l'idée que nous exprimons aujourd'hui par *je dirai* (1).

Cet exemple nous montre bien clairement comment les formes grammaticales prennent naissance. Un Français qui ne s'est jamais occupé d'études philologiques regarde les terminaisons de ses futurs comme des formes purement grammaticales, et il ne lui vient pas à l'idée de les identifier avec le présent de l'indicatif du verbe *avoir*. Les Romains ne soupçonnaient pas davantage que *amabo* fût un mot composé, et pourtant ce temps était formé à l'aide d'un verbe auxiliaire aussi sûrement que l'est le futur français. Le futur latin succomba aux ravages de l'altération phonétique. Quand les lettres finales perdirent leur prononciation distincte, il devint impossible de ne pas confondre l'imparfait *amabam* avec le futur *amabo*. Le procédé que nous avons déjà appelé le *renouvellement dialectal* fournit alors un futur nouveau; en effet *habeo* se rencontrait quelquefois, en latin, uni à un infinitif, comme, par exemple, dans *habeo dicere*, et l'union de ces mots est arrivée insensiblement à exprimer l'idée du futur(2). De quelque côté que nous jetions les yeux, nous voyons le futur exprimé au moyen de la composition. L'anglais emploie *I shall* et *I will,* « je dois » et « je veux. »

(1) Le premier, si je ne me trompe, qui ait ainsi expliqué l'origine du futur roman, c'est Castelvedro dans sa *Correttione* (Bâle, 1577). Il dit : « Ciò è con lo 'nfinito del verbo, e col presente del verbo Ho, come Amare Ho, Amare Hai, Amare Ha, Leggere Ho, Leggere Hai, Leggere Ha, e così gli altri ». P. III.

(2) Fuchs, *Romanische Sprachen*, p. 344.

L'allemand forme son futur à l'aide de *werden* (le gothique *vairthan*) qui signifiait primitivement « aller, se diriger vers »; le grec moderne à l'aide de *thelō*, « je veux, » comme dans *thelō dōsei*, je donnerai; et le roumain à l'aide de *vegnir*, venir, comme dans *veng a vegnir*, je viendrai; tandis qu'en français cette expression *je viens de dire* équivaut à un passé. Je *vais dire* est presque un futur, bien que cette expression vienne originairement de *vado dicere*. Le verbe *to go*, « aller, » est employé dans un sens tout à fait analogue dans le dialecte du Dorsetshire, comme dans cette phrase : *I be gwâin to goo a-pickèn stuones*, je vais ramasser des pierres. Il est non moins certain que dans les deux dernières lettres de *amabo* nous retrouvons l'ancien auxiliaire *bhû*, « devenir » de même que dans σω, désinence du futur en grec, nous retrouvons l'ancien auxiliaire *as* être (1).

(1) Le futur se dit en grec ὁ μέλλων, et le verbe μέλλω est employé en grec comme auxiliaire pour former certains futurs. Ce verbe a des significations diverses, mais on peut les rattacher toutes au sanscrit *man* (*manyate*), penser. De même que *anya*, autre, se change en ἄλλος, ainsi *manye*, je pense, se retrouve dans μέλλω. *Il.*, II, 39 : θήσειν ἔτ' ἔμελλεν ἐπ' ἄλγεά τε στοναχάς τε Τρωσί τε καὶ Δαναοῖσι, « il pensait encore à causer des maux et des souffrances aux Troyens et aux Grecs. » *Il.*, XXIII, 544 : μέλλεις ἀφαιρήσεσθαι ἄεθλον, « tu penses que tu m'aurais enlevé le prix. » *Od.*, XIII, 293 : οὐκ ἄρ' ἔμελλες λήξειν; « ne pensais-tu pas à t'arrêter? c'est-à-dire n'allais-tu pas t'arrêter? » Ou bien encore dans cette phrase : *Il.*, II, 36, τὰ οὐ τελέεσθαι ἔμελλον, « ces choses ne devaient pas s'accomplir, » littéralement, « ces choses ne voulaient pas être accomplies. » Ainsi on employait μέλλω en parlant de choses qui devaient probablement arriver, comme si ces choses voulaient elles-mêmes s'accomplir ou ne pas s'accomplir. Et quand plus tard les Grecs oublièrent la signification originelle de μέλλω, ce verbe devint un simple auxiliaire marquant la probabilité. Μέλλω et μέλλομαι, dans le sens d'*hésiter*, trouvent également leur explication dans le

Nous retournons maintenant sur nos pas et nous nous adressons pour la dernière fois cette question dont nous avons dû différer la solution jusqu'à présent : Comment se fait-il que la simple addition du *d* dans le prétérit anglais *I loved*, ait pu exprimer la transformation d'un amour présent en un amour passé? Puisque la langue anglaise dérive de l'anglo-saxon, et qu'elle est étroitement apparentée au saxon du continent et au gothique, nous nous reportons immédiatement au prétérit gothique, afin de voir si nous n'y pouvons pas découvrir quelques traces de la manière dont ce temps fut composé dans l'origine; car après tous les exemples qui nous ont passé sous les yeux, nous devons bien nous attendre à ce que, dans ce cas-ci comme dans les autres, les désinences grammaticales ne soient que des débris de mots indépendants.

Il y a en gothique un verbe *nasjan*, nourrir, qui fait au prétérit de l'indicatif :

singulier	duel	pluriel
nas-i-da	nas-i-dêdu	nas-i-dêdum
nas-i-dês	nas-i-dêtuts	nas-i-dêduth
nas-i-da	—	nas-i-dêdun.

Le même verbe fait au prétérit du subjonctif :

nas-i-dêdjau	nas-i-dêdeiva	nas-i-dêdeima
nas-i-dêdeis	nas-i-dêdeits	nas-i-dêdeith
nas-i-dêdi		nas-i-dêdeina.

sanscrit *man*, penser ou considérer. L'ancien norrois formait également le futur à l'aide de *mun*, « se proposer, vouloir. »

[Dans tout le centre de la France, les paysans font un usage fréquent de vouloir pour exprimer le futur. Des phrases comme *il ne veut pas mourir encore, elle ne veut pas nous quitter*, sont constamment employées pour dire : « il ne mourra pas encore, elle ne nous quittera pas. » Tr.]

En anglo-saxon ces deux temps ont été réduits de la manière suivante :

Prétérit de l'indicatif

singulier	pluriel
ner-ë-de	ner-ë-don
ner-ë-dest	ner-ë-don
ner-ë-de	ner-ë-don.

Prétérit du subjonctif.

ner-ë-de	ner-ë-don
ner-ë-de	ner-ë-don
ner-ë-de	ner-ë-don.

Voyons maintenant le prétérit du verbe auxiliaire *to do* en anglo-saxon :

singulier	pluriel
dide	didon
didest	didon
dide	didon.

Si nous ne connaissions que le prétérit anglo-saxon *nerëde* et l'anglo-saxon *dide,* il ne serait pas très-facile de constater l'identité de ce dernier mot avec le *de* de *nerëde.* Mais ici vous remarquerez combien le gothique l'emporte sur tous les autres dialectes teutoniques pour tout ce qui tient à la comparaison et à l'analyse grammaticales. Ce n'est qu'en gothique, et encore aux personnes du pluriel seulement, que nous trouvons le verbe auxiliaire avec ses formes pleines et entières *dêdum, dêduth, dêdun;* car les formes du singulier, *nasida, nasidês, nasida* sont mises pour *nasideda, nasidedês, nasideda.* Cette même contraction a eu lieu en anglo-saxon, non-seulement au singulier, mais aussi au pluriel. Pourtant telle est la similitude entre le gothique et l'anglo-saxon qu'il n'y a point à douter que leurs prétérits n'aient été coulés dans le même moule. Si nous pouvons avoir foi au raisonnement par induction, il a dû y avoir originairement un prétérit anglo-saxon (1) ainsi constitué :

singulier	pluriel
ner-ë-dide	ner-ë-didon
ner-ë-didest	ner-ë-didon
ner-ë-dide	ner-ë-didon.

Et de même que *ner-ë-dide* s'est réduit à *nerëde*, ainsi *nerëde* donnerait *nered* en anglais moderne. Par conséquent, le *d* du prétérit qui change *I love* en *I loved*, était dans l'origine le verbe auxiliaire *to do*, et *I loved* équivaut à *I love did,* ou *I did love.* Dans certains patois anglais, comme par exemple dans celui du Dorsetshire, on forme le prétérit à l'aide de *did* (2), quand on veut exprimer une action qui dure ou qui est souvent répétée; on distingue ainsi entre «*'e died eesterdae,* il est mort hier. » et « *the vo'ke did die by hundreds,* on mourait par centaines, » bien que *died* soit originairement identique avec *die did.*

Ici nous devons aller au-devant d'une question qui se présentera tout naturellement à l'esprit, et expliquer comment a été formé le prétérit anglais *did* (l'anglo-saxon *dide*), et comment il est venu à signifier le passé. Dans *dide* la syllabe *de* n'est pas une désinence, mais la racine elle-même, dont *di* est un redoublement. Effectivement les prétérits de tous les verbes anciens

---

(1) Bopp, *Grammaire comparée,* § 620 ; Grimm, *Grammaire allemande,* II, 845.

(2) Barnes, *Dorsetshire Dialect,* p. 39.

ou *forts,* ainsi que les appellent les grammairiens modernes, étaient formés dans les langues teutoniques de même qu'en grec et en sanscrit, au moyen du redoublement, qui est un des principaux procédés grammaticaux pour donner à une racine la force d'un verbe (1). La racine *do* en anglo-saxon est la même que la racine *the* dans le grec *tithemi,* et que la racine sanscrite *dhâ* dans *dadhâmi.* L'anglo-saxon *dide* répondrait donc au sanscrit *dadhau,* je plaçai.

C'est de cette manière que la plupart des formes grammaticales dans les langues aryennes ou indo-européennes ont été rattachées à des mots indépendants, et que les plus légers changements, tels que celui de *foot* en *feet,* ou de *find* en *found,* qui à première vue semblaient devoir échapper à toute analyse, ont reçu leur explication claire et complète. Nous voyons donc maintenant ce qu'on entend par la grammaire comparée, qui est l'analyse scientifique des éléments *formels* du langage, précédée par l'étude comparative de toutes les formes diverses qu'a revêtues une seule et même désinence dans les nombreux dialectes d'une même famille de langues. Les dialectes qui sont du plus précieux secours pour la grammaire comparée de la famille aryenne, sont le sanscrit, le grec, le latin et le gothique; mais bien souvent le zend et les dialectes celtiques ou slaves répandent un jour inattendu sur certaines formes qui resteraient obscures et inintelligibles, si on ne pouvait les étudier que dans les quatre langues principales. Les résultats obtenus par

---

(1) Voir Max Müller, *Letter on the Turanian Languages,* pages 44, 46.

des travaux tels que la *Grammaire comparée* de Bopp peuvent se résumer en quelques mots. Les lignes essentielles de la grammaire indo-européenne étaient fixées avant que la famille aryenne se fût brisée en nationalités distinctes. C'est pourquoi les grands faits grammaticaux, la dérivation, la déclinaison et la conjugaison, sont en réalité les mêmes dans le sanscrit, le grec, le latin, le gothique et les langues congénères; les dissemblances apparentes trouvent leur explication dans les particularités phonétiques propres à chaque nation, et, ainsi que nous l'avons fait observer dans une leçon précédente, ce qu'on appelle l'histoire ou le développement des langues aryennes n'est après tout que la marche de la corruption phonétique. Lorsqu'on est parvenu à faire remonter les désinences grammaticales de toutes ces langues à leur forme la plus primitive, il est possible, dans bien des cas, d'en retrouver la signification originelle. Toutefois ces découvertes ne peuvent reposer que sur des inductions seulement, car la période durant laquelle les parties constitutives de la grammaire aryenne primitive gardèrent, dans le parler et dans l'esprit des Aryens, cette existence distincte que nous avons observée dans le futur provençal *dir vos ai*, cette période était arrivée à son terme avant que le sanscrit fût le sanscrit ou que le grec fût le grec. Quant à la réalité de cette période antéhistorique, il nous est tout aussi impossible d'en douter que de l'existence des antiques forêts qui ont formé ces épaisses couches de houille que nous semblons ne jamais devoir épuiser.

Mais nos inductions nous permettent de pénétrer plus profondément dans la vie de ces premiers âges.

En supposant qu'il ne nous restât aucun fragment du latin, et que le nom même de Rome et celui de l'idiome qui s'y parlait nous fussent inconnus, la comparaison des six dialectes romans nous permettrait d'affirmer qu'il y eut un temps où tous ces dialectes se confondaient en une langue parlée par une peuplade peu nombreuse; et en rassemblant les mots qui sont communs à ces dialectes, nous pourrions, dans une certaine mesure, reconstruire le langage originel, et tracer un tableau de la civilisation des Romains telle que nous la trouverions reflétée par ces mots communs. C'est ainsi que la comparaison du sanscrit, du grec, du latin, du gothique, du celtique et du slave, nous révèle la situation matérielle, politique et morale de nos ancêtres. Les mots qui ont, autant que cela est possible, la même forme et la même signification dans toutes les langues indo-européennes, ont dû exister avant la dispersion de la famille aryenne, et si nous les interprétons avec soin, ils nous feront connaître le degré de civilisation qu'avaient atteint les Aryens avant de quitter leur patrie commune. Le langage seul suffit pour prouver qu'à l'époque dont nous parlons, les Aryens menaient la vie d'agriculteurs nomades, semblable à celle que nous dépeint Tacite dans son *De moribus Germaniæ*. Ils connaissaient le labourage, le tissage et la couture; ils savaient faire des routes, et bâtir des maisons et des navires; ils avaient compté au moins jusqu'à cent. Ils avaient rendu domestiques les animaux les plus utiles, la vache, le cheval, la brebis et le chien; ils connaissaient les principaux métaux, et ils se servaient de haches de fer, soit pour la guerre, soit pour les travaux de la paix. Ils avaient reconnu les liens du sang et du mariage; ils obéissaient à des chefs ou rois; et ils avaient sanctionné par des coutumes et par des lois la distinction entre le bien et le mal. Ils avaient conçu l'idée de la divinité et ils l'invoquaient sous des noms divers. Tous ces faits nous sont révélés par le langage. Car si nous trouvons dans le grec, le latin, le gothique, le celtique ou le slave qui, une fois détachés de la souche commune, n'ont guère eu de contact avec le sanscrit, le même mot que dans cette dernière langue pour exprimer le *fer*, n'est-ce pas la preuve péremptoire que le fer était connu avant la séparation de la famille aryenne ? Or *fer* se dit en gothique *ais* et en sanscrit *ayas*, et puisque ce mot n'a pu être emprunté par les Indiens aux Germains, ni par les Germains aux Indiens, il s'ensuit nécessairement qu'il existait au temps où les ancêtres de ces deux peuples vivaient en commun. Nous ne rencontrerions pas le même nom pour *maison* en sanscrit, en grec, en latin, en slave et en celtique (1), si les maisons n'avaient pas été connues avant la séparation de ces dialectes. C'est en procédant de la sorte qu'il a été possible de tirer de l'étude attentive du langage une histoire de la civilisation aryenne remontant bien au-delà des temps où les documents historiques peuvent atteindre (2).

Le nom même d'*Arya* appartient à cette histoire, et je consacrerai le reste de cette leçon à raconter l'ori-

---

(1) Sc. *dama*; grec δόμος ; lat. *domus*; slav. *domü*; celt. *daimh*.
(2) Voir Max Müller, *Essay on Comparative Mythology*, *Oxford Essays*, 1856 ; traduit en français, Paris, A. Durand, 1859. [Cf. aussi Adolphe Pictet, *Origines européennes ou Aryas primitifs, essai de paléontologie linguistique*, 8°, 2 vol. 1829 et 1862. Tr.]

gine de ce vieux mot et comment il s'est répandu dans le monde. Si le temps me l'eût permis, j'aurais voulu dire quelques mots aujourd'hui de la *Mythologie comparée,* cette branche de notre science qui fait pour les mots altérés ce que fait la grammaire comparée pour les désinences, en découvrant leur forme et leur signification primitives : mais ces explications nous entraîneraient trop loin ; et comme on m'a souvent demandé d'où est venu le nom d'*aryenne* à la famille de langues dont nous venons de nous occuper, je sens qu'il est de mon devoir d'entrer à ce sujet dans certains détails.

Arya est un mot sanscrit, et dans le sanscrit de l'époque que nous appellerons moderne il signifie *noble, de bonne famille.* Mais originairement c'était un nom national, et nous le trouvons encore avec cette signification dans le recueil des lois des Mânavas, où l'Inde est appelée *Ârya-âvarta,* la demeure des Âryas (1). Dans le sanscrit archaïque, dans les hymnes des védas, *ârya* se rencontre fréquemment comme le nom d'une nation, comme un titre d'honneur, qui désigne les adorateurs des dieux qu'invoquent les brahmanes, et qui les distingue de leurs ennemis ; ceux-ci sont appelés dans les védas *Dasyus.* Ainsi dans le *Rig-veda,* I, 57, 8, nous lisons l'invocation suivante à l'un des dieux, *Indra,* qui, sous certains rapports, répond bien au grec Zeus : « Connais les Âryas, ô Indra, et ceux qui sont Dasyus ; punis les impies, et livre-les aux mains de ton serviteur ! Sois le puissant auxiliaire de ceux qui adorent, et je célébrerai tes bienfaits aux jours de fête. »

---

(1) Ârya-bhûmi, et Ârya-deśa, sont usités dans le même sens.

Dans la littérature dogmatique des derniers temps de l'âge védique, Ârya est le nom distinctif des trois premières classes, les Brahmanes, les Kshatriyas et les Vaiśyas, pour les séparer de la quatrième classe, les Sûdras. Dans la *Śatapatha-Brâhmana* il est écrit en termes précis : « Les Brahmanes, les Kshatriyas et les Vaiśyas sont seuls Âryas, car ils sont admis aux sacrifices. Ils n'adresseront pas la parole à tout le monde, mais seulement au Brahmane, au Kshatriya, et au Vaiśya. S'ils ont à parler avec un Śûdra, qu'ils disent à un autre homme : *Dis ceci à ce Śûdra*. Telle est la loi. »

Dans l'*Atharva-veda* (IV, 20, 4; XIX, 62, 1) nous rencontrons cette expression « voyant toutes choses, le Śûdra comme l'Âyra », où Śûdra et Âyra sont mis pour le genre humain tout entier.

Ce mot *ârya* avec un *â* long est dérivé de *arya* avec un *a* bref, et dans le sanscrit moderne ce nom de *arya* avec *a* bref s'applique au Vaiśya ou membre de la troisième caste (1). Ce qu'on appelle la troisième caste a dû se composer à l'origine de la grande majorité de la société brahmanique, puisque tous ceux qui n'étaient ni soldats ni prêtres étaient des Vaiśyas. On comprend donc facilement qu'un nom qui s'appliquait primitivement aux propriétaires et aux cultivateurs du sol, ait pu être usité par la suite pour désigner tous les Aryens en général (2). Mais d'où ce nom

---

(1) *Pânini*, III, 1, 103.

(2) Dans un des védas, *arya* avec un *a* bref, est employé comme *ârya* et opposé à *śûdra*. Nous lisons (*Vâj. san*, XX, 17) : « Quelque faute que nous ayons commise dans le village, dans la forêt, dans la maison, en plein air, contre un Śûdra, contre un Ârya, tu es notre salut. »

de *arya* était-il venu dans le principe, c'est là une question dont l'examen approfondi nous demanderait trop de temps. Pour le présent je dois me contenter de dire que la signification étymologique d'Arya semble être « celui qui laboure ou cultive », et que ce mot se rattache à la racine de *arare* (1). Il semblerait que les Aryens eux-mêmes firent choix de ce nom pour se distinguer des races nomades, les *Touraniens*, dont le nom primitif *Toura* exprime la vitesse du cavalier.

Dans l'Inde, ainsi que nous l'avons vu, ce nom d'Ârya, en tant que nom national, tomba plus tard dans l'oubli, et ne fut conservé que dans le mot Âryâvarta, le séjour des Aryens. Mais il a été gardé plus fidèlement par les Zoroastriens qui émigrèrent de l'Inde vers le nord-ouest, et dont nous pouvons étudier les doctrines religieuses dans les fragments du *Zend-Avesta*, qui sont parvenus jusqu'à nous. Or en zend le mot *Airya* signifie vénérable, et il est en même temps le nom du peuple (2). Au premier chapitre du *Vendidâd*, dans lequel Ahouramazda explique à Zarathoustra l'ordre dans lequel il créa les différentes parties de la terre, nous trouvons l'énumération de seize contrées qui étaient toutes pures et parfaites au sortir des mains d'Ahouramazda, mais qui furent souillées successivement par *Angro mainyus* ou Ahriman. La première de ces contrées est appelée *Airyanem vaêjo*, *Arianum semen*, la semence ou la souche des Aryens,

(1) [D'autres savants ont indiqué pour le mot *Arya* des étymologies différentes de celles que propose ici M. Müller. Voir Lassen, *Indische Alterthumskunde*, t. I; Benfey, article *Indien* dans l'*Encyclopédie d'Ersch et Gruber*; E. Burnouf, *Commentaire sur le Yaçna*, etc. Tr.]

(2) Lassen, *Ind. Alt.*, t. I, p. 6.

et l'on suppose qu'elle était située sur les versants occidentaux du Belour-tagh et du Mustagh, près des sources de l'Oxus et de l'Iaxarte, sur le plus haut plateau de l'Asie centrale (1). De cette contrée qui est appelée leur souche, les Aryens, d'après leurs propres traditions, se dirigèrent vers le sud et vers l'ouest; et dans le *Zend-Avesta* toute la région occupée par les Aryens est également appelée *Airyâ*. L'horizon général du monde zoroastrien serait marqué par une ligne qui, partant de l'Inde, suivrait la chaîne du Paropamise à l'est, et après avoir remonté vers le nord entre l'Oxus et l'Iaxarte (2) longerait la mer Caspienne de façon à comprendre l'Hyrcanie et le Râgha, et qui descendrait ensuite vers le sud-est par les frontières de la Nisæa, de l'Arie (c'est-à-dire Haria) et des contrées arrosées par l'Étymander et l'Arachotos. Ce serait là ce qui est appelé dans le quatrième *cardé* du Yasht de Mithra « toute la région de l'Arie », *vispem airyô-sayanem* (totum Ariæ situm) (3). Le Zend-Avesta distingue les contrées aryennes des contrées non-aryennes (*anaîryâo dainhâvô* (4), et nous trouvons le vestige de ce nom dans les Ἀναριάκαι qui habitaient sur les frontières de l'Hyrcanie (5). Les géographes grecs

(1) Lassen, *Ind. Alt.*, t. I, p, 526.

(2) Ptolémée connaît les Ἀριάκαι, près de l'embouchure de l'Iaxarte. Ptol. VI, 14; Lassen, *loc. cit.*, I, 6.

(3) Burnouf, *Yaçna*, Notes, 61. Le *Zend-Avesta* emploie, dans le même sens, l'expression « provinces aryennes », *airyanâm dasyunâm*, gén. plur., ou *airyâo dainhâvô*, provincias Arianas. Burnouf, Yaçna,; 442; et *Notes*, p. 70.

(4) Burnouf, *Notes*, p. 62.

(5) Strabon, XI, 7, 11; Plin., *Hist. nat.*, VI, 19; Ptol., VI, 2; De Sacy, *Mémoires sur diverses antiquités de la Perse*, p. 48; Lassen, *Indische Alterthumskunde*, I, 6.

donnent au nom d'Ariana une signification encore plus étendue que le Zend-Avesta. Tout le pays entre l'océan Indien au sud, l'Indus à l'est, l'Hindou-Koush au nord, les Portes caspiennes, la Caramanie et l'embouchure du golfe Persique à l'ouest, est compris par Strabon (XV, 2) sous le nom d'Ariana; c'est ainsi qu'il a pu appeler la Bactriane « l'ornement de toute l'Ariana » (1). La religion de Zoroastre s'étant répandue vers l'ouest, la Perse, l'Élymaïde et la Médie tinrent à honneur de s'appeler *aryennes*. Hellanicus, qui écrivait avant Hérodote, cite *Arya* comme un nom de la Perse (2). Hérodote (VII, 62) nous apprend que les Mèdes s'appelaient Arii ; et Étienne de Byzance nous a conservé le nom d'Ariana (non pas Aria) pour l'Atropatène, la partie septentrionale de la Médie. Quant à l'Élymaïde, on l'a fait venir de *Ailama* qu'on a supposé être une corruption de *Airyama* (3). Les habitants de la Perse, de la Médie, de la Bactriane et de la Sogdiane parlaient tous à peu près le même

---

(1) Strabon, XI, 11 ; Burnouf, *Notes*, p. 110. « Dans un autre passage, Ératosthène est cité comme prenant pour limite occidentale une ligne qui séparerait la Parthiène de la Médie, et la Caramanie de la Parétacène, comprenant ainsi la ville de Yezd et le Kerman, mais non pas la province de Fars. » — Wilson, *Ariana antiqua*, p. 120.

(2) Hellanicus, fragm. 166, éd. Müller : Ἄρια Περσικὴ χώρα.

(3) Joseph Müller, *Journal asiatique*, 1839, p. 298. Lassen, ouvrage cité, I, 6. C'est de ce mot que vient l'Élam de la Genèse. Voir *Mélanges asiatiques*, I, p. 623. Dans les inscriptions cunéiformes qui reproduisent la prononciation du persan sous la dynastie des Achéménides, la lettre *l* manque complètement ; elle est remplacée par un *r* dans les noms de Babylone et d'Arbela. Mais le *l* reparaît dans les inscriptions des Sassanides où l'on rencontre Ailán et Airán, Anilán et Anirán.

idiome (1); il n'est donc pas extraordinaire qu'ils aient voulu avoir une dénomination commune qui les réunît contre les tribus hostiles du Touran.

Les inscriptions cunéiformes de Darius nous fournissent la preuve évidente que le nom d'*Aryen* était donné comme titre d'honneur dans l'empire des Perses. Darius lui-même s'appelle *Ariya* et *Ariya-chitra*, «aryen» et « de descendance aryenne »; et dans la traduction touranienne de l'inscription de Behistoun, Ahouramazda ou Auramazda, ainsi que l'appelle Darius, est rendu par « le dieu des Aryens ». Ce même mot se retrouve dans beaucoup des noms historiques des Perses. Dans les inscriptions l'aïeul de Darius est appelé Ariyârâmna, le grec *Ariaramnēs* (Hérod. VII, 90). Ariobarzanēs (c'est-à-dire Euergetēs), Ariomanēs (c'est-à-dire Eumenēs), Ariomardos nous reportent tous à la même origine (2).

Dans un passage cité par Damascius, Eudémus, disciple d'Aristote et presque contemporain des inscriptions de Darius, emploie cette expression « les Mages et toute la race *aryenne* » (3), évidemment dans le même sens que le Zend-Avesta donne à « toute la région d'Arie ».

---

(1) Heeren, *Ideen*, I, p. 337: ὁμόγλωττοι παρὰ μικρόν. Strabon, p. 1054.

(2) Chez les Mèdes, une des classes était appelée Ἀριζάντιοι, où nous retrouvons peut-être le mot *áryajantu*. Herod., I, 101.

(3) Μάγοι δὲ καὶ πᾶν τὸ Ἄρειον γένος, ὡς καὶ τοῦτο γράφει ὁ Εὔδημος, οἱ μὲν τόπον, οἱ δὲ χρόνον καλοῦσι τὸ νοητὸν ἅπαν καὶ τὸ ἡνωμένον· ἐξ οὗ διακριθῆναι ἢ θεὸν ἀγαθὸν καὶ δαίμονα κακὸν ἢ φῶς καὶ σκότος πρὸ τούτων, ὡς ἐνίους λέγειν. Οὗτοι δὲ οὖν καὶ αὐτοὶ μετὰ τὴν ἀδιάκριτον φύσιν διακρινομένην ποιοῦσι τὴν διττὴν συστοιχίαν τῶν κρειττόνων, τῆς μὲν ἡγεῖσθαι τὸν Ὠρομάσδην, τῆς δὲ τὸν Ἀρειμάνιον. Damascius, *Quæstiones de primis Principiis*, ed. Kopp, 1826, cap. 125, p. 384.

Et lorsque, après avoir subi pendant de longues années l'invasion et l'occupation étrangères, la Perse recouvra son indépendance sous le sceptre des Sassanides, nous voyons les nouveaux rois nationaux, adorateurs de Masdanes, prendre dans les inscriptions déchiffrées par De Sacy. (1) le titre de « Rois des Aryens et des non-Aryens »; en pehlvi, *Irân va Anirân;* en grec, Ἀριάνων καὶ Ἀναριάνων.

Le nom moderne de la Perse, *Irán*, rappelle encore cet ancien titre.

On a supposé que le nom de l'*Arménie* contient le même élément *Arya* (2). Toutefois Arménie ne se rencontre pas dans le zend, et le nom d'*Armina* qui désigne l'Arménie dans les inscriptions cunéiformes est d'étymologie douteuse (3). Dans la langue de l'Arménie, *ari* est employé dans le sens le plus étendu pour signifier Aryen ou Iranien; il a aussi le sens de brave et il s'applique particulièrement aux Mèdes (4). Nous voyons donc que, tout en admettant que le mot *arya*

---

(1) De Sacy, *Mémoire*, p. 47 ; Lassen, *Ind. Alt.*, I, 8.

(2) Burnouf, *Yaçna, Notes*, 107 ; Spiegel, *Beiträge zur vergl. Sprachf.*, I, 31. Anquetil n'a aucune autorité pour traduire le zend *Airyaman* par Arménie.

(3) Bochart montre (*Phaleg.*, I, 1, ch. 3, col. 20) que le paraphraste chaldaïque traduit le Mini de Jérémie par Har Mînî, et, comme le même pays est appelé Minyas par Nicolas Damascène, il en infère que la première syllabe est le sémitique *har* montagne. (Voir Rawlinson, *Glossary*, à ce mot.)

(4) Lassen, *Ind. Alt.*, I, 8, note. *Arikh* est aussi usité en arménien pour désigner les Mèdes, et il a été rattaché par Joseph Müller à Aryaka, un des noms de la Médie (*Journal asiatique*, 1839, p. 298). Si, comme Quatremère l'affirme, les Mèdes et les Perses sont appelés tantôt *ari* et tantôt *anari*, l'emploi de ce dernier nom est une méprise manifeste et ne peut dater que d'une époque beaucoup plus récente où l'on en avait oublié la signification primitive.

n'entre pas dans la composition du nom de l'Arménie, nous ne pouvons douter qu'il ait existé dans la langue arménienne comme nom national et comme titre d'honneur.

A l'ouest de l'Arménie, sur les bords de la mer Caspienne, nous trouvons le vieux nom d'*Albania*. Les Arméniens appellent les Albaniens *Aghovan*, et comme *gh* est mis en arménien pour *r* ou *l*, Boré a cru retrouver dans *Aghovan* le nom de l'*Arie*. Cette conjecture laisse beaucoup à désirer; mais dans les vallées du Caucase nous trouvons une race aryenne parlant un idiome aryen, l'*os* des Ossètes qui s'appellent eux-mêmes *Iron* (1).

Sur les rivages de la mer Caspienne et dans la région baignée par l'Oxus et l'Iaxarte, des peuplades aryennes et non-aryennes vécurent côte à côte pendant des siècles. Quoique les Aryens et les Touraniens fussent ennemis et constamment en guerre les uns avec les autres, ainsi que nous l'apprend le grand poëme épique persan, le Shâ-námeh, il ne s'ensuit pas que toutes les hordes nomades qui infestaient les établissements des Aryens aient été tartares de sang et de langage. Dans les épopées indiennes de l'époque moderne, Tourvasa et ses descendants qui représentent les Touraniens, sont maudits et privés de leur héritage dans l'Inde; mais dans les Védas, Tourvasa est un adorateur des dieux aryens. Même dans le Shâ-námeh, des héros persans passent aux Touraniens et

---

(1) Sjogren, *Grammaire ossète*, p. 396. Scylax et Apollodore connaissent, au sud du Caucase, un peuple et un pays qu'ils appellent Ἄριοι et Ἀριάνια. Pictet, *Origines*, 67; Scylax, *Perip.*, p. 213., éd. Klausen; *Apollodori Biblioth.*, p. 443, éd. Heyne.

les conduisent contre Iran, à peu près comme Coriolan marcha contre Rome avec les Samnites. Ceci nous explique pourquoi un si grand nombre des noms touraniens ou scythes mentionnés par les auteurs grecs, portent l'empreinte évidente de leur origine aryenne. *Aspa* était le mot perse signifiant *cheval*, et il n'est guère possible de ne pas reconnaître ce mot dans les noms scythes *Aspabota, Aspakara* et *Asparatha* (1). Le nom même des monts Aspasiens, placés par Ptolémée en Scythie, nous reporte à la même étymologie. Le mot *Arya* n'est pas inconnu au-delà de l'Oxus, où nous trouvons un peuple appelé les *Ariacæ* (2), et un autre appelé les *Antariani* (3). Au temps de Darius il y avait un roi des Scythes, nommé *Ariantēs*. Un contemporain de Xerxès est connu sous le nom d'*Aripithēs* (le sanscrit *aryapati*; le zend *airyapaiti*); et *Spargapithēs* ne semble pas sans rapport avec le sanscrit *svargapati* « maître du ciel ».

Nous avons ainsi suivi à la trace le mot Arya depuis l'Inde jusqu'à la Perse et à la Médie, depuis l'Aryâvarta jusqu'à l'Ariana; nous y avons rattaché les noms de certaines tribus nomades de la Transoxiane et des *Iron* du Caucase; et nous avons vu que quelques écrivains croient le retrouver dans *Arménie* et dans *Albania*. A mesure que nous approchons de l'Europe, les vestiges de ce mot s'effacent davantage sans cependant disparaître entièrement.

(1) Burnouf, *Notes*, p. 105.
(2) Ptol., VI, 2, et VI, 14. Il y a des Ἀναριάκαι sur les frontières de l'Hyrcanie. Strabon, XI, 7; Pline, *Hist. nat.*, VI, 19.
(3) Sur les *Arismapi* et les *Aramæi*, Cf. Burnouf, *Notes*, p. 105; Plin., VI, 9.

Deux routes s'ouvraient aux Aryens de l'Asie dans leurs migrations vers l'Occident. L'une, partant du Khorassan (1) dans la direction du nord, passait par le sud de la Russie et menait de là aux rivages de la mer Noire et de la Thrace. L'autre, partant de l'Arménie et suivant les défilés du Caucase ou traversant la mer Noire, arrivait au nord de la Grèce d'où, en longeant le Danube, elle remontait ensuite vers la Germanie. Sur la première de ces deux routes, les Aryens laissèrent la marque de leur passage dans l'ancien nom de la Thrace qui était Arya (2); sur la seconde, nous rencontrons dans l'est de l'Allemagne, près de la Vistule, une peuplade germanique appelée les *Arii*, et de même qu'en Perse nous avons trouvé beaucoup de noms propres dans la composition desquels *Arya* entrait pour une part notable, de même dans l'histoire de la Germanie nous retrouvons des noms comme celui d'*Arioviste* (3).

Nous chercherions en vain des traces de cet antique nom national chez les Grecs et chez les Romains, mais certains savants ont cru le retrouver au terme même des migrations aryennes vers l'occident, dans le nom de l'*Irlande*. L'interprétation commune du mot *Erin*, « l'île de l'ouest », est donnée par ceux qui le font venir de *iar-innis*, *iar-in*, la terre de l'ouest : mais cette étymologie est évidemment fausse (4). Dans l'an-

(1) *Qairizam*, dans le Zend-Avesta, *Uvárazmis*, dans les inscriptions de Darius.
(2) Étienne de Byzance.
(3) Grimm, *Rechtsalterthümer*, p. 292, fait remonter *Arii* et *Ariovistus* au gothique *harji*, armée. Si cette étymologie est bonne, nous devons renoncer à cette partie de notre argument.
(4) Pictet, *les Origines indo-européennes*, p. 31. « *Iar*, l'ouest, ne

cien irlandais, la forme de ce mot au nominatif est toujours *Ériu* qui se changera plus tard en *Éire :* un *n* final paraît aux cas obliques, de même que dans le latin *regio, regionis*. On a donc pensé que *Erin* dérive de *Er* ou *Eri* que l'on suppose avoir été l'ancien nom des Celtes irlandais, lequel serait conservé dans le nom anglo-saxon de leur pays, *Iraland* (1). O'Reilly prétend que *er* est usité en irlandais dans le sens de *noble,* absolument comme le sanscrit *ârya ;* mais cette assertion est combattue par d'autres écrivains (2).

s'écrit jamais *er* ou *eir*, et la forme *Iarin* ne se rencontre nulle part pour Érin. » Zeuss donne *iar-rend,* insula occidentalis ; mais *rend* (plus correctement *rind*) fait *rendo* au génitif singulier.

(1) Dans l'ancien norrois, nous trouvons *irar*, des Irlandais ; en anglo-saxon, *ira*, un Irlandais.

(2) Quoique j'avance ces faits d'après l'autorité de M. Pictet, je dois y ajouter la note suivante, qu'un savant, fort versé dans ces matières, a bien voulu m'envoyer :

« Le nom ordinaire de l'Irlande, dans les plus vieux manuscrits irlandais, est (*h*)*ériu*, gén. (*h*)*érenn*, dat. (*h*)*érinn*. Le *h* initial est souvent omis. Avant de chercher l'étymologie de ce mot, il faut d'abord tâcher d'en reconstituer la forme dans l'ancien celtique. De tous les noms anciens de l'Irlande qui se rencontrent dans les auteurs grecs et latins, le seul qui puisse être représenté par *hériu* est *Hiberio*, dont nous trouvons l'ablatif singulier, *Hiberione,* dans le livre d'Armagh, manuscrit latin du commencement du neuvième siècle. Le même manuscrit nous apprend également qu'un des noms du peuple irlandais était *Hyberionaces,* qu'il n'est pas difficile de dériver du radical *Hiberio*. Si maintenant nous nous rappelons que les anciens copistes irlandais mettaient souvent un *h* devant les mots commençant par une voyelle (comme dans *h-abunde, h-arundo, h-erimus, h-ostium*), et qu'ils écrivaient souvent *b* au lieu de *v* (comme dans *bobes, fribulas, corbus, fabonius*) ; si nous observons en outre que les noms de l'Irlande en gallois et en breton, *Ywerddonn* et *Iverdon*, nous reportent à un mot de l'ancien celtique commençant par IVER, nous n'aurons pas de peine à donner à *Hiberio*

Il s'en faut de beaucoup que ces recherches sur le nom primitif de la famille aryenne aboutissent toutes

sa forme latine correcte, c'est-à-dire *Iverio*, dont la forme correspondante, dans l'ancien celtique, serait *Iveriu*, gén. *Iverionos*, de même que la forme de *Fronto*, dans l'ancien celtique, était *Frontû*, ainsi que nous le savons par l'inscription gauloise de Vieux-Poitiers. Comme le *v* entre deux voyelles disparaît toujours en irlandais, *Iveriû* aurait donné *ieriu*, et, les deux premières voyelles s'étant fondues en une seule, il ne serait plus resté que *ériu*. Quant au double *n*, dans les cas obliques de *ériu*, le génitif *érenn*, par exemple, est à *Iverionos* dans un rapport analogue à celui qui existe entre l'ancien irlandais *anmann*, « noms », et le sanscrit *námâni*, latin *nomina*. Le redoublement du *n* vient peut-être de l'accent dans l'ancien celtique. Quelle étymologie pouvons-nous maintenant offrir pour *Iveriû*? J'incline à penser qu'il se rattache (de même que le latin *Avernus* et le grec Ἄϝερ-νος) au sanscrit *avara*, postérieur, occidental. C'est ainsi que l'irlandais *des*, le gallois *deheu*, droit, sud, est le sanscrit *dakshina*, « dexter »; et l'irlandais *áir* (dans *an-áir*), s'il est mis pour *páir*, orient, est le sanscrit *púrva*, « antérieur ».

« M. Pictet regarde l'Ἰουέρνια (Ivernia) de Ptolémée comme le nom qui se rapproche le plus de la forme du mot en question dans l'ancien celtique. Il croit trouver dans la première syllabe ce qu'il appelle l'irlandais *ibh*, terre, peuplade, et il pense qu'il doit y avoir une connexion entre cet *ibh* et le védique *ibha*, famille, et même l'ancien haut allemand *eiba*, district. Mais je ferai remarquer d'abord que, d'après les lois phonétiques de l'irlandais, *ibha* aurait donné *eb* dans l'ancien irlandais et *eabh* dans le moderne. En second lieu, l'*ei* de *eiba* est une diphthongue qui équivaut au gothique *ai*, à l'irlandais *ói*, *óe*, au sanscrit *é*; et, par conséquent les formes *ibh* et *ibha* ne sauraient être identifiées avec *eiba*. En troisième lieu, le mot *ibh* n'existe pas comme nominatif singulier, bien qu'on le trouve dans le dictionnaire d'O'Reilly, où l'on peut lire aussi, entre beaucoup d'autres erreurs, son explication du préfixe intensif *er*, qu'il traduit par « noble. » Sans doute il est possible de citer des phrases où se rencontre cette forme *ibh*, mais ce n'est autre chose que le datif pluriel, de date très-récente, de *úa*, descendant. Les districts de l'Irlande recevaient souvent les noms des clans qui les occupaient, et les clans eux-mêmes étaient souvent appelés « les descendants (*huí hí, í*) d'un tel ». De là l'erreur de ce lexicographe. » Whitley Stokes.

à un résultat également certain, et j'ai eu soin d'indiquer les points faibles de la chaîne qui rattache le nom de l'antique Arie à celui de l'Irlande moderne; mais les principaux anneaux en sont solides et peuvent nous inspirer toute confiance. Rien n'est plus vivace et plus durable que les noms des pays, des peuples, des rivières et des montagnes, et bien souvent ils demeurent alors que de grandes cités et des nations tout entières disparaissent sans quelquefois laisser de trace de leur existence. Rome porte encore aujourd'hui, et elle portera probablement toujours, le nom qui lui fut donné par les premiers colons latins et sabins; et partout où nous rencontrons ce mot, soit dans *Roumania*, ainsi que les Valaques appellent leur pays; dans *roumansch*, l'idiome des Grisons; dans la dénomination des langues *romanes;* dans le nom de *Roumæi*, donné par les Arabes aux Grecs; ou dans *Roumélie*, grande province de l'empire ottoman, nous savons que nous devons pouvoir remonter de là à la Rome de Romulus et de Rémus, qui servit d'abri aux vieux guerriers du Latium. La ville dont on voit les ruines près de l'embouchure du Grand Zab, et qu'on nomme généralement aujourd'hui Nimroud, est appelée *Athur* par les géographes arabes, et dans Athur nous reconnaissons l'ancien nom de l'Assyrie que Dion Cassius écrit Atyria, en faisant observer que les barbares changeaient le Σ en T. L'Assyrie est appelée Athurâ dans les inscriptions de Darius (1). Lorsque nous lisons le récit des batailles entre les Anglais et les Sikhs sur les rives du *Sutledge,* nous ne songeons

---

(1) Cf. Rawlinson, *Glossary*, à ce mot.

guère qu'elles ont été données presque sur les lieux où Alexandre défit autrefois les rois du Pendjâb. Pourtant le *Sutledge* est bien l'*Hesudrus* d'Alexandre et le *Satadru* des Indiens, et parmi les plus anciens hymnes des védas composés environ 1500 ans avant notre ère, nous trouvons un chant de guerre qui célèbre un combat livré sur les deux bords de la même rivière.

Il y a danger, sans aucun doute, à fonder des arguments sur une simple ressemblance de noms. Il se peut que Grimm ait raison quand il dérive les Arii de Tacite de Harii, et qu'il nie toute connexité entre ces Arii et notre Arya. Mais puisque des deux côtés on ne peut produire que des conjectures, cette question doit encore rester indécise. Cependant, dans la plupart des cas, l'observation étroite des lois phonétiques particulières à chaque langue mettra fin à toute incertitude. Grimm, dans son *Histoire de la Langue allemande* (p. 228), suppose que *Hariva*, le nom de *Hérat* dans les inscriptions cunéiformes, doit être rattaché à Arii, le nom donné par Hérodote aux Mèdes : mais cette hypothèse est inadmissible, car l'aspiration initiale de *Hariva* présuppose un mot commençant en sanscrit par *s* et non pas par une voyelle, comme Arya. Les remarques suivantes feront mieux ressortir l'importance de cette observation.

La ville de *Hérat* porte aussi le nom de *Heri* (1), et la rivière sur laquelle elle est bâtie est appelée *Heri-rud*. Cette rivière est appelée par Ptolémée Ἀρείας (2), par d'autres auteurs *Arius;* et *Aria* ou l'Arie est le nom

---

(1) W. Ouseley, *Oriental Geography of Ebn Haukal*. Cf. Burnouf, *Yaçna*, Notes, p. 102.
(2) Ptol., VI, ch. 17.

donné à la contrée située entre la Parthie (Parthuwa) à l'ouest, la Margiane (Marghush) au nord, la Bactriane (Bakhtrish) et l'Arachosie (Harauwatish) à l'est, et la Drangiane (Zaraka) au sud. Cette *Aria,* bien qu'écrite sans un *h* initial, n'est pas l'*Ariana* décrite par Strabon, mais une région indépendante qui en fait partie. On a cru retrouver dans *Aria* l'*Haraiva* (Hariva) des inscriptions cunéiformes, mais cette conjecture est très-incertaine. Dans le Zend-avesta, ce pays est mentionné sous le nom de Harôyu (1), comme étant la sixième contrée créée par Ormuzd. Il nous est possible de faire remonter ce nom précédé du *h* initial, au-delà du temps de Zoroastre. Les Zoroastriens étaient une colonie partie de l'Inde, et pendant quelque temps ils cohabitèrent avec le peuple dont les chants sacrés nous sont parvenus dans les hymnes védiques. Puis une rupture eut lieu, et les Zoroastriens émigrèrent vers l'ouest et s'établirent dans l'Arachosie et dans la Perse. Dans leurs migrations ils firent ce qu'ont fait les Grecs quand ils établissaient de nouvelles colonies, et les Américains, quand ils fondaient de nouvelles

---

(1) On a supposé que *harôyûm*, dans le Zend-Avesta, est mis pour *haraêvem*, et que le nominatif n'était pas *Harôyu*, mais *Haraêvô* (Oppert, *Journal asiatique*, 1851, p. 280). Tout en reconnaissant que cette supposition peut être vraie, car elle est confirmée jusqu'à un certain point par l'accusatif *vidôyûm*, de *vidaêvo*, ennemi des Divs, je ne vois aucune raison pour ne pas regarder *Harôyûm* comme l'accusatif régulier de *Harôyu*, l'*û* de l'accusatif étant rendu long par la nasale finale. (Burnouf, *Yaçna*, Notes, p. 103.) *Harôyu* serait au nominatif une forme aussi régulière que *sarayu* en sanscrit, et même plus régulière, attendu que *harôyu* présupposerait un mot sanscrit, *sarasyu* ou *saroyu*, de *saras*. On trouve aussi *sarayû* avec un *u* long. V. Wilson, s. v. M. Oppert a raison d'identifier les habitants d'*Haraiva* avec les Ἀρεῖοι, et non avec les Ἄριοι comme le fait Grimm.

villes. Ils donnèrent à leurs nouveaux établissements et aux rivières qui les baignaient les noms qui leur étaient familiers et qui leur rappelaient la patrie qu'ils venaient de quitter. Or, comme un *h* en persan présuppose un *s* en sanscrit, *Harôyu* serait en sanscrit *Saroyu*. Effectivement, une des rivières sacrées de l'Inde, qui est citée dans les Védas et célébrée dans les poëmes épiques, comme étant la rivière d'Ayodhyâ, une des plus anciennes capitales de l'Inde (aujourd'hui *Acwadh* ou *Hanuman-Garhi,* la ville que nous connaissons sous le nom d'Oude), porte le nom de *Sarayu,* le *Sardju* moderne (1).

Comme la philologie comparée a pu de cette manière suivre à la trace l'antique nom d'*Ârya* depuis l'Inde jusqu'à l'Europe, et constater que c'était le titre originel pris par les Ariens avant leur dispersion, il est tout naturel qu'elle ait choisi ce nom comme désignation distinctive de cette famille de langues qu'on appelait auparavant la famille indo-germanique, indo-européenne, caucasienne, ou japhétique.

(1) Ce nom est dérivé de la racine *sar* ou *sri*, aller, courir, d'où *saras,* eau, *sarit,* rivière, et *Sarayu,* la rivière d'Oude, qui coule près de la capitale du royaume. Il est probable que de Sarayu ou Sarasyu sont venus Arius ou Heri, et Ἀρία, ou Hérat. En tout cas, Ἀρία, comme nom de Hérat, ne se rattache aucunement à Ἀρία, la vaste région des Âryas.

SEPTIÈME LEÇON.

LES ÉLÉMENTS CONSTITUTIFS DU LANGAGE.

Horne Tooke indique le premier le caractère véritable des désinences grammaticales. — Les éléments constitutifs du langage sont les racines attributives et les racines démonstratives. Définition du terme *racine*. Racine AR, *árya, arare,* ἀροῦν, *aratrum,* ἄροτρον, *aratio,* ἄροσις, ἔρα, *earth, armentum,* ἄρουρα, *arvum, ars, artis.* — Racine SPAC. *Respectable, spectare, speccre, spy, espion,* σκέπτομαι, σκεπτικός, ἐπίσκοπος, *évêque, respect, répit, dépit, soupçon, auspice, espiègle, espèce, épice, épicier.* — Classes de racines : racines *premières, secondaires, tertiaires.* — Nombre des racines en sanscrit, en hébreu, en gothique, en allemand moderne. Nombre des mots en chinois, dans les inscriptions cunéiformes de Perse, dans les inscriptions hiéroglyphiques de l'Égypte, en anglais, dans Shakespeare, Milton, l'Ancien Testament. — Modification du sens des mots chinois, selon leur place dans la proposition. — Désinence τέρος, sanscrit, *tara, trans, très.* — Origine du *s*, terminaison de la troisième personne singulière de l'indicatif présent des verbes anglais. — Toutes les langues, sans aucune exception, qui nous sont connues, composées des deux mêmes éléments constitutifs. — Problème de l'origine du langage si obscur pour les anciens philosophes, beaucoup plus clair pour nous.

L'analyse à laquelle nous avons soumis quelques désinences de noms et de verbes dans la famille des langues aryennes ou indo-européennes, nous a montré que, si mystérieuses et compliquées que paraissent à première vue ces formes grammaticales, elles résultent en réalité d'un procédé fort simple. Au premier abord il semble presque vain de demander pourquoi la terminaison *ai* ajoutée à *aimer* donne l'idée de l'amour à venir, ou pourquoi la simple addition d'un *d* au verbe anglais *I love* change un amour présent en un amour passé : mais dès qu'on les place sous la loupe de la grammaire comparée, toutes ces formes se présentent sous un aspect très-différent et bien plus facile à saisir.

En effet, n'avons-nous pas vu que les désinences grammaticales, ainsi qu'on les appelle aujourd'hui, furent originairement des mots indépendants, lesquels se sont agglutinés à la fin d'autres mots qu'ils étaient destinés à modifier, et se sont réduits peu à peu à n'être plus que de simples syllabes ou de simples lettres, sans signification par elles-mêmes, mais révélant encore leur ancienne force et indépendance par les modifications qu'elles continuent d'apporter au sens des mots auxquels on les ajoute? Cette explication de la nature véritable de nos désinences fut donnée pour la première fois par un philosophe dont nous ne prétendons pas justifier toutes les théories hasardées, mais qui, du moins, entrevit souvent la vie et le développement réels du langage : je veux parler de Horne Tooke. Voici ce qu'il dit des terminaisons : « Bien que je pense avoir de bonnes raisons pour croire qu'on peut remonter également à l'origine de toutes les terminaisons, et que, quelque artificielles qu'elles nous paraissent aujourd'hui, elles n'étaient pas primitivement l'effet d'un *art* prémédité et réfléchi, mais des mots distincts qui se sont altérés avec le temps et se sont fondus dans les mots dont on les regarde maintenant comme les terminaisons ; cependant, cette conjecture était moins facile à faire pour les autres langues que pour la nôtre, et ceux qui l'auraient faite auraient eu à parcourir une route bien plus longue et plus difficile que nous, pour arriver au terme de leurs recherches, vu que l'altération de ces langues est beaucoup plus profonde et plus ancienne que celle de l'anglais (1). »

Cependant Horne Tooke, bien qu'il vît la vraie route à suivre pour remonter à l'origine des désinences grammaticales, était lui-même dépourvu des moyens d'atteindre le terme de cette recherche. La plupart de ses explications sont complétement insoutenables, et il est curieux d'observer, en lisant son livre, comment un homme d'un esprit lucide, pénétrant et vigoureux, qui part de principes justes et solides, peut néanmoins, par suite de sa connaissance imparfaite des faits, arriver à des conclusions directement opposées à la vérité.

En voyant qu'on peut faire remonter les terminaisons grammaticales à des mots indépendants, nous avons appris que les éléments constitutifs du langage qui restent dans notre creuset après une analyse grammaticale complète, sont de deux espèces, *les racines attributives* et *les racines démonstratives*.

Nous appelons *racine* ou *radical* tout ce qui, dans une langue ou famille de langues, ne peut se réduire à une forme plus simple ou plus primitive. Il peut être bon de donner ici quelques exemples comme éclaircissements. Mais, au lieu de prendre un certain nombre de mots en sanscrit, en grec et en latin, et de remonter jusqu'à leur source commune, il sera plus instructif de commencer par une racine déjà connue et de la suivre dans ses pérégrinations à travers les différentes

---

(1) *Diversions of Purley*, p. 190.

langues d'une même famille. Je prends la racine AR, d'où vient le mot Arya, et dont j'ai parlé dans notre dernière leçon : en examinant ses ramifications, nous apprendrons pourquoi ce nom fut choisi par les agriculteurs nomades, ancêtres de la race aryenne.

Cette racine AR (1) signifie *labourer*, ouvrir le sol. De là nous viennent le latin *ar-are*, le grec *ar-oun*, l'irlandais *ar*, le lithuanien *ar-ti*, le russe *ora-ti*, le gothique *ar-jan*, l'anglo-saxon *er-jan*, et l'anglais moderne *to ear*. Shakspeare dit (*Richard II*, a. III, sc. 2) : « to *ear* the land that has some hope to grow » ; et la traduction anglaise du Deutéronome, XXI, 4 : « a rough valley which is neither *eared* nor sown ».

De là nous vient aussi le nom de la charrue, l'instrument du labour : en latin, *ara-trum*; en grec, *aro-tron*; en bohémien, *oradlo*; en lithuanien, *arkla-s*; en cornique, *aradar*; en gallois, *arad* (2); dans l'ancien norrois, *ardhr*. Cependant, dans cette dernière langue, *ardhr*, qui signifiait originairement « la charrue », en est venu plus tard à signifier le « gain ou la richesse » ; la charrue ayant été, dans les premiers âges, la propriété la plus importante et le meilleur gagne-pain. De même le mot latin pour argent, *pecunia*, était dérivé de *pecus*, bétail ; le mot anglais *fee*, qui ne s'emploie plus que pour les honoraires payés à un médecin ou à un homme de loi, était dans le vieil

---

(1) On peut faire remonter AR à la racine sanscrite *ri*, aller (Pott, *Etymologische Forschungen*, I, 218); mais pour ce qui nous occupe en ce moment la racine AR suffit.

(2) Si, comme on l'a supposé, ces deux mots du cornique et du gallois étaient des altérations du latin *aratrum*, ils auraient donné *areuder* et *arawd*.

anglais *feh*, et en anglo-saxon *feoh*, signifiant bétail et richesse; car *feoh*, et le gothique *faihu*, sont en réalité le même mot que le latin *pecus*, et que l'allemand moderne *Vieh*.

Le labourage est appelé *aratio* en latin, *arosis* en grec : et je crois que *arôma*, dans le sens de parfum, avait la même origine. Dériver *arôma* de la racine *ghrâ*, sentir, présente des difficultés, parce qu'il n'y a pas d'autres cas analogues où un *gh* initial soit tombé et ait été remplacé en grec par un *a*. Mais *arôma* ne se trouve pas employé seulement pour désigner des herbes odorantes; ce mot indique parfois les fruits des champs en général, ainsi l'orge et d'autres céréales. Il est possible toutefois que le sens général du mot ait été peu à peu restreint par l'usage, comme celui du mot *épices*, qui n'est à l'origine qu'un synonyme d'*espèces* : ainsi *arômata*, les herbes des champs, particulièrement celles que l'on offrait dans les sacrifices, aurait peu à peu pris le sens d'herbes odorantes (1).

Un dérivé plus primitif de la racine *ar* semble être le grec *era*, terre, le sanscrit *ira*, l'ancien haut-allemand *ëro*, le gaélique *ire*, *irionn*. Ce qui signifiait dans le principe *terre labourée* est venu ensuite à signifier la terre en général. Même le mot anglais *earth*, le go-

---

(1) Je retire une conjecture que j'avais mise en avant dans les éditions précédentes, et d'après laquelle *arōma* aurait désigné primitivement l'odeur d'un champ labouré. Que l'odeur d'un champ fraîchement labouré était appréciée par les anciens, c'est ce dont témoignent les paroles que la Bible met dans la bouche de Jacob (*Genèse*, XXVII, 27): « L'odeur de mon fils est comme l'odeur d'un champ que le Seigneur a béni. » Mais il est clair qu'*arōmata* désignait d'abord certaines substances avant de prendre le sens moderne d'odeur. Voyez *Thesaurus linguæ Græcæ*, ed. Didot, s. v.

thique *airtha* (1), l'anglo-saxon *eorthe,* ont dû primitivement être pris dans le sens de terre labourée ou cultivée. Le dérivé *ar-mentum,* formé comme *ju-mentum,* se serait naturellement dit de tout animal, propre au labourage et aux autres travaux des champs, soit le bœuf, soit le cheval.

Comme l'agriculture était le travail principal dans ces premiers temps de la société où il faut supposer que la plupart de nos mots aryens se sont formés et ont reçu leurs significations précises, il nous est facile de comprendre comment un mot qui désignait dans l'origine un genre particulier de travail, en est venu par la suite à signifier le travail en général. C'est surtout en passant du sens particulier au sens général que les mots tendent naturellement à modifier et à développer leur signification; c'est ainsi que *regere* et *gubernare,* qui signifiaient primitivement gouverner un vaisseau, en sont venus à signifier *gouverner* dans tous les sens. *Équiper* (*esquif,* de *schifo,* barque) signifiait dans le principe pourvoir un vaisseau, et signifie maintenant *pourvoir* en général. Dans l'allemand moderne, *Arbeit* signifie simplement le travail ; *arbeitsam* signifie laborieux. Dans le gothique aussi, *arbaiths* n'est employé

---

(1) Grimm remarque avec justesse que *airtha* ne saurait dériver de *arjan,* à cause de la différence des voyelles. Mais *airtha* est une forme beaucoup plus ancienne, et vient de la racine *ar*, qui, elle-même, était originairement *ri* ou *ir* (Benfey, *Kurze Gr.,* p. 27). De cette racine primitive *ri* ou *ir,* il faut dériver le sanscrit *irâ* ou *idâ,* et le gothique *airtha*. Cette dernière forme répondrait au sanscrit *rita*. On n'a jamais découvert le véritable sens du sanscrit *idâ*. Les brahmanes le traduisent par *prière;* mais ce n'est pas là sa signification primitive. [V. sur la signification de *idâ*, E. Burnouf, Bhâgavata-Purâna, t. III, préface, p. LXVI et suiv. Tr.]

que pour signifier le travail et la peine en général. Mais, dans l'ancien norrois, *erfidhi* signifie principalement le *labourage*, et plus tard le travail en général; et le même mot en anglo-saxon, *earfodh* on *earfedhe*, veut dire le travail. Bien entendu, nous pourrions également supposer que le mot qui désignait d'abord le laboureur, après avoir signifié travailleur en général, est venu à avoir le sens particulier de celui qui travaille à la terre, et que de même *Arbeit*, après avoir signifié le travail d'une manière absolue, est venu à s'appliquer dans l'ancien norrois au travail de la charrue (1). Mais, comme la racine de *erfidhi* semble être *ar*, notre première explication est la plus plausible. En outre, la forme simple *ar* signifie dans l'ancien norrois labourage et travail, et l'ancien haut-allemand *art* a également le sens de labourage (2).

On doit rapporter le grec *aroura* et le latin *arvum*, champ, à la racine *ar*, labourer : et, comme le labourage n'était pas seulement le premier genre de travail, mais encore un des premiers arts, je ne doute nullement que le latin *ars, artis*, notre mot *art*, ne signifiât originairement l'art des arts, le premier qui ait été enseigné aux hommes par la déesse de toute sagesse, l'art

(1) [De la même façon, « traire, qui dans tout l'ancien français a le sens général de tirer, a fini par prendre le sens particulier de faire sortir le lait ». Littré, *Histoire de la langue franç.*, I, 90. Tr.]

(2) Grimm dérive directement *arbeit*, le gothique *arbaiths*, l'ancien haut-allemand *arapeit*, le nouveau haut-allemand *arbeit*, du gothique *arbja*, héritier ; mais il admet une parenté entre *arbja* et la racine *arjan*, labourer. Il établit l'identité de *arbja* avec le slave *rab*, serviteur, esclave, et de *arbeit* avec *rabota*, corvée, supposant que les fils et les héritiers étaient les premiers esclaves naturels. Il suppose même une parenté entre *rabota* et le latin *labor*. (Dictionnaire allemand, au mot *Arbeit*.)

de cultiver la terre. Dans l'ancien haut-allemand, *arunti* (en anglo-saxon *aerend*), signifie simplement *travail;* mais ces deux mots aussi ont dû signifier dans le principe le travail de l'agriculture, et, dans l'anglais *errand* et *errand-boy,* le même mot existe encore.

Mais *ar* ne signifiait pas seulement labourer, ou tracer des sillons sur la terre ; de très-bonne heure on lui a donné le sens de sillonner la mer, ou ramer. C'est ainsi que Shakspeare dit :

> Make the sea serve them; which they *ear* and wound
> With keels.

En français, *faucher le grand pré* veut dire ramer ou faire une trouée dans la verte mer (1).

De même nous trouvons que le sanscrit dérive de *ar* le substantif *aritra,* non pas dans le sens de charrue, mais dans le sens de gouvernail. En anglo-saxon, nous trouvons la forme simple *âr,* l'anglais *oar* « rame, » pour ainsi dire le soc qui sillonne l'eau. Le grec a aussi employé la racine *ar* dans le sens de ramer; car *eretēs* (2) en grec est un rameur, et leur mot *tri-ēr-ēs* signifiait originairement une galère à trois rames, ou à trois rangs de rames, une trirème (3).

Ce rapprochement de labourer et de ramer est très-fréquent dans les langues anciennes. Le mot anglais *plough,* le slave *ploug,* a été identifié avec le sanscrit

---

(1) Pott, *Studien zur Mythologie,* p. 321.

(2) Le latin *remus* (ancien irlandais *rám*) pour *resmus* se rattache à ἐρετμός. De ἐρέτης viennent ἐρέσσω et ὑπηρέτης, serviteur, aide. *Rostrum* vient de *rodere.*

(3) Cf. Eur., *Hec.,* 455, κώπη ἀλιήρης, ἀμφήρης, signifie « qui a des rames des deux côtés ».

plava (1) « vaisseau, » et le grec *ploion* qui a la même signification. Comme les Aryens parlaient d'un vaisseau sillonnant la mer, ils parlaient aussi d'une charrue voguant sur un champ, et c'est ainsi que les mêmes mots étaient employés dans les deux cas (2). Dans certains patois anglais, on emploie encore *plough* ou *plow* dans le sens général de chariot ou moyen de transport (3).

Nous pourrions observer encore d'autres rejetons de cette racine *ar*, mais le nombre de mots que nous avons examinés dans différentes langues suffira pour montrer ce que nous entendons par une racine significative. Dans tous ces mots *ar* est l'élément radical, tout le reste n'est qu'une série d'éléments formels, employés pour modifier en diverses manières le sens de la racine. On appelle la racine *ar* racine *attributive*, parce que, dans quelque composé qu'elle entre, elle attribue à l'être qu'elle désigne une même qualité première, elle traduit, elle rappelle une seule et même conception, l'idée de la charrue ou du gouvernail, du

---

(1) Du sanscrit *plu*, πλέω: Rapp. flotte, flotter, et l'anglais *fleet*, *float*.

(2) Voici d'autres rapprochements : Plutarque fait venir ὄνις et ὕνις, soc de charrue, de ὕς, cochon, la charrue étant appelée « un groin de cochon ». Le latin *porca*, champ labouré, est dérivé de *porcus*, pourceau; et l'allemand *furicha*, sillon, se rattache à *farah*, porc. Le sanscrit *vrika*, loup, de *vrasch*, déchirer, est employé pour signifier la charrue (*Rv.* I, 117, 21). *Godarana*, qui déchire la terre, est un autre nom pour la charrue en sanscrit. Le gothique *hoha*, charrue, répond bien au sanscrit *koka*, loup. Voyez Grimm, *Deutsche Sprache*, et Kuhn, *Indische Studien*, vol. I, p. 321.

(3) Dans la vallée de Blackmore, chariot se dit *plough* ou *plow;* et *zull* (l'anglo-saxon *syl*) est usité pour *aratrum*. (Barnes, *Dorset Dialect*, p. 369.)

bœuf ou du champ. Même dans un mot comme *artistique*, on peut encore apercevoir la force attributive de la racine *ar*, mais seulement, si l'on me permet cette image, à l'aide d'un puissant télescope. Les brahmanes qui s'appelaient Âryas dans l'Inde ne connaissaient pas plus la véritable origine de ce nom et sa dérivation des travaux de l'agriculture, que l'artiste qui de notre temps parle de *son art* comme étant une inspiration divine, ne soupçonne que le mot dont il se sert s'appliquait exclusivement, dans l'origine, à un art aussi primitif que celui du labourage.

Nous examinerons maintenant une autre famille de mots afin de voir par quel procédé on a d'abord découvert les éléments radicaux des mots.

Prenons le mot *respectable*. C'est un mot d'origine latine et non saxonne. Dans *respectabilis* nous distinguons facilement le verbe *respectare*, et la terminaison *bilis*. Nous retranchons ensuite le préfixe *re*, ce qui nous laisse *spectare*, et nous faisons remonter *spectare* au verbe latin *spicere* ou *specere* qui signifie voir, regarder, *spectare* n'étant qu'un verbe fréquentatif tiré, par un procédé dont le mécanisme est connu, du verbe simple qui l'a précédé. Puis, dans *specere* nous distinguons la terminaison mobile *ere* de la partie invariable *spec*, que nous nommons la racine. Cette racine, nous nous attendons à la trouver en sanscrit et dans les autres langues aryennes, et nous l'y trouvons en effet. En sanscrit la forme la plus ordinaire est *paś*, voir, sans le *s* initial ; mais nous trouvons aussi *spaś* dans *spaśa*, espion, dans *spashta* et dans *vi-spashta*, clair, manifeste, et dans le védique *spaś*, gardien. Dans la famille teutonique nous trouvons *spëhôn* en ancien haut-allemand avec la signification de voir, épier, contempler; et *spëha*, l'anglais *spy* et le français *espion* (1). En grec, la racine *spek* s'est changée en *skep*, qui existe dans *skeptomai*, je regarde, j'examine; d'où *skeptikos*, qui examine ou qui s'informe, en langage philosophique, sceptique; et *episcopos*, qui surveille, évêque. Examinons maintenant les différentes ramifications de cette racine. Commençant par *respectable*, nous avons trouvé qu'il signifiait dans l'origine digne de *respect*, le *respect* signifiant le *regard jeté en arrière*. Nous passons près des choses ou des personnes ordinaires sans les remarquer, mais nous nous retournons pour considérer celles qui méritent notre admiration, nos regards, notre respect. Telle était la signification primitive de *respect* et de *respectable*, et cela ne nous paraîtra pas surprenant si nous réfléchissons que *noble*, le latin *nobilis*, n'exprimait originairement d'autre idée que celle d'une personne digne d'être connue; car *nobilis* est mis pour *gnobilis*, comme *nomen* pour *gnomen*, ou *natus* pour *gnatus*.

La locution anglaise *with respect to*, où nous voyons la même image que dans le français *concernant*, est devenue une sorte de préposition. Car « with respect to this point I have no more to say », revient à dire « I have no more to say on this point ». « Concernant ou sur ce point je n'ai plus rien à dire. »

En outre, comme, en jetant les yeux en arrière, nous distinguons un individu de la foule, l'adjectif *respectif* et l'adverbe *respectivement* sont presque synonymes des mots particulier et spécialement.

(1) Pott, *Etymologische Forschungen*, p. 267; Benfey, *Griechisches Wurzelwörterbuch*, p. 236.

L'anglais *respite* est la modification normande de *respectus*, le français *répit*. Répit signifiait primitivement l'action de regarder en arrière, de revoir toute la procédure. On accordait à un prévenu tant de jours *ad respectum*, pour examiner l'affaire à nouveau. Plus tard, on dit qu'il avait été donné un répit à un prisonnier, c'est-à-dire qu'on lui permettait de subir un nouvel interrogatoire; et enfin on dit qu'une personne était *répitée*, et on forma le verbe anglais *to respite*.

Comme *specere*, regarder, précédé de la préposition *re*, en est venu à exprimer le respect, ainsi, avec la préposition *de*, du haut de, il a formé le latin *despicere*, regarder d'en haut, l'anglais *despise* (1). Le français *dépit* (en vieux français *despit*) ne signifie plus mépris, quoiqu'il vienne du latin *despectus*, mais chagrin mêlé de colère. *Se dépiter* signifie concevoir du dépit, se fâcher. *En dépit de lui*, qui signifiait primitivement « fâché contre lui », est venu à signifier « malgré lui »; et le substantif anglais *spite*, l'adjectif *spiteful*, la locution *in spite of*, ne sont que des abréviations de *despite, despiteful, in despite of*.

Comme *de* signifie d'en haut, *sub* signifie d'en bas, et ce mot placé devant *specere*, regarder, nous donne *suspicere, suspicari*, regarder d'en bas, dans le sens de suspecter, soupçonner (2). De là aussi *suspicion, suspect*, et *soupçon*, même dans le sens familier de la plus

---

(1) [*Despiter* était usité dans le vieux français dans le sens de mépriser. Tr.]

(2) Le grec ὑπόδρα, avec un regard en dessous, est dérivé de ὑπὸ, et δρα, qui se rattache à δέρκομαι, je vois; le sanscrit *driś*. En sanscrit, cependant, la racine primordiale *dṛi* ou *dar*, a également été conservée, et se trouve souvent surtout en composition avec la préposition *á*; *tad ádṛitya*, concernant ceci.

petite quantité possible d'une chose, comme dans la phrase « un soupçon de thé ».

Comme *circum* signifie à l'entour, *circonspect* signifie nécessairement prudent, qui prend garde.

Avec *in*, signifiant dans, *specere* donne *inspicere*, inspecter ; d'où *inspecteur, inspection*.

Avec *ad*, vers, *specere* devient *adspicere*, regarder : d'où *aspect*, vue d'une personne ou d'une chose, ou manière dont une personne ou une chose s'offre à la vue.

Ainsi avec *pro*, en avant, *specere* est devenu *prospicere*, d'où notre mot *prospectus*, programme qui donne à l'avance des renseignements sur un ouvrage ou sur un établissement. Avec *per*, à travers, *specere* donne *perspicere*, d'où *perspective, perspicace, perspicacité*. Nous avons déjà vu, en parlant de *respectable*, qu'un nouveau mot *spectare* s'était formé du participe de *spicere*, et avait donné, à l'aide de *ex*, le latin *expectare*, d'où *expectant, expectative*.

Auspice est un autre mot où nous retrouvons notre racine. Le latin *auspicium* est une abréviation de *avispicium*, et signifiait la manière de connaître l'avenir d'après le vol ou le chant des oiseaux ; et par suite on entend par *heureux* ou *fâcheux auspices* les circonstances qui présagent quelque succès ou quelque revers. *Haru-spex* était le devin qui prédisait l'avenir en consultant les entrailles des victimes.

De plus, de *specere* on a fait *speculum* signifiant miroir, et de là *speculari*, d'où nous viennent *spéculer, spéculatif, spéculateur, spéculation*.

Mais il y a bien d'autres rejetons de cette racine. Ainsi le latin *speculum*, miroir, est devenu *specchio* en italien; et, par un long détour, le même mot a pénétré en français, sous la forme de l'adjectif *espiègle*. L'origine de ce mot est curieuse. Il existe en allemand un recueil célèbre de facéties et de tours que débite ou joue un personnage demi-historique et demi-mythique nommé *Eulenspiegel,* ou Miroir des chouettes. Ces facéties furent traduites en français, et le héros fut connu d'abord sous le nom de Ulespiègle, qui contracté en Espiègle, en est venu à signifier plaisant, et se dit aujourd'hui d'enfants ou de jeunes gens qui font de petites malices.

Comme le français a fait des emprunts non-seulement au latin, mais aussi aux langues teutoniques, nous y trouvons, à côté des dérivés du latin *specere*, l'ancien haut-allemand *spëhôn*, sous le léger déguisement de *épier*, l'italien *spiare*. Le mot allemand pour espion est *spëha*, en vieux français *espie*.

Une des ramifications les plus fécondes de la même racine est le latin *species*. Soit qu'avec Jussieu nous prenions *species* dans le sens d'une succession perpétuelle d'individus semblables dans des générations continues, ou que nous le comprenions avec Agassiz comme une catégorie de la pensée, ce mot n'était originairement que la traduction littérale du grec *eidos* opposé à *genos* ou *genus*. Les Grecs classaient primitivement les choses d'après le *genre* et la *forme*, et, bien qu'Aristote ait plus tard défini ces termes en langage technique, leur sens étymologique est en réalité leur signification propre. On peut ranger des choses dans la même classe, soit à cause de leur identité de genre, c'est-à-dire d'origine, et c'est ce qui nous donne une classification généalogique; soit parce qu'elles ont une même apparence, *eidos* ou *forme*, sans leur attribuer une origine commune, et c'est ce qui nous donne une classification que nous appellerons *morphologique*, de μορφή, forme. C'était cependant dans son sens aristotélique, et non pas étymologique, que le grec *eidos* fut traduit en latin par *species* signifiant la subdivision d'un genre, la classe d'une famille. De là viennent le substantif *espèce*, et l'adjectif *spécial*, ce qui est exclusivement déterminé à quelque chose en particulier. Dans ces locutions, un *train spécial*, un *messager spécial*, on ne songe point d'abord à chercher la racine *spaś*, voir ; mais la connexion, quoique non apparente, peut être rétablie avec une certitude parfaite. Nous entendons souvent le mot *spécifier*. Un homme spécifie par un contrat les choses qu'il veut garder. Que signifie cette expression ? Le latin du moyen âge *specificus* est une traduction littérale du grec *eidopoios*, signifiant ce qui fait ou constitue un *eidos* ou une espèce. Or, dans la classification, ce qui constitue une espèce, c'est cette qualité particulière qui, surajoutée à d'autres qui appartiennent en commun à tous les individus d'un genre, distingue une classe de toutes les autres. Ainsi le caractère spécifique qui distingue l'homme de tous les autres animaux, c'est la raison ou le langage. *Spécifique* a donc fini par avoir le sens de distinctif, et *spécifier* a fini par vouloir dire : « exprimer en particulier, en détail ». Je termine par *épicier*, nom donné dans le principe à celui qui vendait des drogues. On appelait avec un certain air de science les différents genres de drogues que le droguiste avait à vendre, *species ;* ce n'était pas l'idée de drogues en général, mais celle de substances dont chacune avait son rôle à part et son utilité spéciale. C'est pourquoi pharmacien se dit encore en italien *speziale*, et une pharmacie *speziera* (1). En français le mot *species*, qui avait donné régulièrement *espèce*, prit une nouvelle forme pour exprimer les drogues et devint *épices*; l'anglais *spices*, et l'allemand *Spezereien*. De là aussi le célèbre *pain d'épice* et enfin l'*épicier*. Si maintenant, du point où nous sommes arrivés, vous reportez les yeux jusqu'à la racine *specere*, vous comprendrez cette merveilleuse puissance du langage qui avec quelques éléments simples a créé une variété de mots que surpasse à peine l'inépuisable fécondité de la nature elle-même (2).

J'ai dit « quelques éléments », car le nombre de ce que nous appelons racines attributives, comme *ar*, labourer, ou *spaś*, regarder, est fort limité.

Une racine est nécessairement monosyllabique (3). On peut toujours prouver que les racines composées de plus d'une syllabe sont dérivées, et même dans les racines monosyllabiques il faut distinguer ce que nous appellerons les racines premières, secondaires et tertiaires :

Les racines premières se composent :

1° D'une voyelle ; par exemple *i*, aller ;

2° D'une voyelle et d'une consonne ; par exemple, *ad*, manger ;

---

(1) *Generi coloniali*, denrées coloniales. *Marsh*, p. 253. En espagnol, *generos*, marchandises.

(2) Nous pourrions ajouter une longue liste de dérivés, comme *spécimen, spectateur, spectacle, spécieux, spectre*, etc.

(3) Cf. W. von Humboldt, *Verschied.*, p. 376; Pott, *Etymolog. Forschungen*, II, pp. 216, 311.

3° D'une consonne et d'une voyelle; par exemple, *dâ*, donner.

Les racines secondaires se composent :

D'une consonne, une voyelle et une consonne; par exemple, *tud*, frapper.

Dans ces racines la première ou la dernière consonne est modificative, c'est-à-dire sert, par les modifications qu'elle subit, à marquer les différentes nuances du sens général que conserve l'idée première que rappelle la racine en question.

Les racines tertiaires se composent :

1° D'une consonne, une consonne et une voyelle; par exemple, *plu*, couler;

2° D'une voyelle, une consonne et une consonne; par exemple, *ard*, blesser;

3° D'une consonne, une consonne, une voyelle et une consonne; par exemple, *spaś*, regarder;

4° D'une consonne, une consonne, une voyelle, une consonne et une consonne; par exemple, *spand*, trembler.

Les racines premières sont les plus importantes pour l'histoire des commencements du langage; mais leur force d'affirmation étant généralement trop indéterminée pour satisfaire aux progrès de la pensée, elles ont bientôt été envahies et presque supplantées par les racines secondaires et tertiaires.

Dans les racines secondaires nous pouvons souvent observer que l'une des consonnes, et généralement la finale, dans les langues aryennes, est sujette à changement. La racine conserve sa signification générale qui est légèrement modifiée et déterminée par les changements de cette consonne. Ainsi, outre *tud* (*tudati*), nous avons en sanscrit *tup* (*topati, tupati*, et *tumpati*), signifiant frapper ; le grec *typ-tō*. Nous trouvons aussi *tubh* (*tubhnâti, tubhyati, tobhate*), frapper, et, selon les grammairiens sanscrits, *tuph* (*tophati, tuphati, tumphati*). Puis, il y a une racine *tuj* (*tunjati, tojati*), frapper, exciter ; une autre racine *tur* (*tutorti*) à laquelle on attribue la même signification ; une autre *tûr* (*tûryate*), blesser. Il y a ensuite le dérivé *turv* (*tûrvati*), frapper, conquérir ; *tuh* (*tohati*), affliger, chagriner ; et *tuś* (*tośate*) qui selon les grammairiens sanscrits aurait le sens de frapper.

Bien que nous puissions donner le nom de racines à tous ces thèmes verbaux, elles sont par rapport à la première classe à peu près ce que sont les racines sémitiques trilitères aux racines bilitères plus primitives (1).

Dans la troisième classe nous trouverons que l'une des deux consonnes est toujours une semi-voyelle, nasale ou sifflante, attendu que ces consonnes sont plus mobiles que les autres ; et nous pouvons presque toujours en indiquer une comme étant d'origine plus récente et ajoutée à une racine à deux consonnes pour en particulariser la signification. Ainsi, outre *spaś*, nous avons *paś*, que Pott a même fait remonter à une racine plus primitive *aś*. De même *vand* n'est qu'une forme plus forte de la racine *vad*, comme *mand* de *mad*, et *yu-na-j* et *yu-n-j* de *yuj*. La racine *yuj*, joindre, et *yudh*, combattre, indiquent toutes deux une racine *yu*, se mêler, et cette racine

(1) Benloew, *Aperçu général*, p. 28 seq. [E. Renan, dans son *Histoire des langues sémitiques*, s'écarte tout à fait, sur ce point, de M. Max Müller. Tr.]

simple s'est conservée en sanscrit. Il nous est facile de comprendre qu'une racine avec la signification générale de se mêler ou être ensemble, fût employée pour exprimer le serrement amical des mains et la mêlée dans les combats ; mais nous pouvons également comprendre que le langage dans sa progression vers la clarté et la précision, désirant une distinction entre ces deux sens, ait aimé à la marquer par les deux dérivés *yuj* et *yudh* (1).

Les grammairiens sanscrits ont attribué à dix-sept cent vingt racines toute la floraison si riche et si variée de leur langue ; c'est là le nombre de radicaux irréductibles qu'ils ont cru reconnaître, et desquels ils prétendent tirer, selon leur système de dérivation grammaticale, tous les noms, verbes, adjectifs, pronoms, prépositions, adverbes et conjonctions qui se rencontrent en sanscrit (2). Mais, d'après la définition que nous avons donnée de ce qu'il faut appeler une racine, ce nombre devrait être considérablement ré-

---

(1) [M. Max Müller pénètre ici plus profondément dans les couches primitives du langage qu'on ne l'avait fait avant lui. Peut-être la science du langage n'est-elle pas encore assez avancée pour que ce classement des racines en racines premières, secondaires et tertiaires, paraisse à l'abri de toute contestation. Ce qui est certain, c'est que nous trouvons des racines déjà composées de trois et quatre lettres, à l'époque la plus reculée que l'observation philologique puisse atteindre. Nous citerons *star*, étendre ; *ster-nere*, στορ-έννυμι ; *skand*, marcher, *scend-ere* ; *vart*, tourner, *vert-ere*, *werd-en*, lithuanien *wart-an*. Tr.]

(2) Benfey ; *Grammatik*, § 147 :

Racines des classes 2, 3, 5, 7, 8, 9 230
Racines des classes 1, 4, 6, 10 1490
                                              ———
                                              1720

Comprenant 150 de la 10ᵉ classe.

duit, et, tout en ajoutant quelques racines nouvelles qui ont échappé aux grammairiens sanscrits, le nombre de sons primitifs ayant des significations définies et nécessaires pour l'analyse étymologique de tout le dictionnaire sanscrit ne s'élèverait pas au tiers de celui qui a été donné.

Les racines de l'hébreu ont été réduites à environ cinq cents (1), et je doute qu'il en faille davantage pour le sanscrit. Ce fait prouve une sage économie dans le langage primitif, car la facilité de créer de nouvelles racines pour toutes les impressions nouvelles était presque infinie. Même en ne prenant que vingt-quatre lettres, le nombre possible des racines bilitères et trilitères monterait à quatorze mille quatre cents (1); et le chinois, bien que n'admettant ni la composition ni la dérivation, et demandant par conséquent plus de racines qu'aucune autre langue, s'est contenté d'environ quatre cent cinquante (2). Avec ces quatre cent

---

(1) Renan, *Histoire des langues sémitiques*, p. 138. — Selden a compté cinq mille six cent quarante-deux mots hébreux et chaldaïques dans l'Ancien Testament. Benloew évalue à six cents les racines nécessaires du gothique, et à deux cent cinquante celles de l'allemand moderne (p. 22). Pott pense que chacune de ces langues a environ mille racines (*Etymol. Forsch.*, II, p. 73). Grimm a dressé, pour la famille teutonique, une liste de quatre cent soixante-deux verbes forts. (Cf. *Grammatik*, I, 4030; Pott, *Etym. Forsch.*, II, p. 75.) — Dobrowksy (*Instit. ling. Slavicæ*, p. 256) donne pour les langues slaves mille six cent cinq racines.

(2) Leibniz (*De arte combinatoria*, Opp., t. II, pp. 387-388, édit. Dutens : Quoties ortus litterarum in alphabeto sit variabilis) : 23 litterarum linguæ latinæ variationes sunt 25,852,016, 738,884,976, 640,000 ; 24 litterarum germanicæ linguæ, 620,448,401,733, 239,439,360,000. (Cf. Pott, *Etym. Forsch.*, II, p. 9; Jean-Paul, *Leben Fibels*, p. 160.)

(3) Morrison donne le chiffre de 411, Edkins celui de 532, dif-

cinquante sons, que la diversité d'accents et d'intonations a portés à douze cent soixante-trois, les Chinois ont créé un vocabulaire de quarante à cinquante mille mots (1).

Il est clair, cependant, qu'outre ces racines attributives, il nous faut une autre classe d'éléments radicaux pour nous permettre d'expliquer l'entier développement du langage. Avec ces quatre ou cinq cents racines à sa disposition, le langage n'eût pas été embarrassé pour donner des noms à toutes les choses qui peuvent tomber sous notre connaissance. La parole humaine est comme une bonne ménagère : considérez la multiplicité d'idées qu'elle a exprimées par la seule racine *spas*, et vous verrez qu'avec cinq cents racines pareilles elle arriverait à former un dictionnaire suffisant pour satisfaire aux exigences, même excessives,

férence qui provient surtout de ce que Morrison ne compte pas les mots aspirés à part des non-aspirés. Le nombre de ces mots serait beaucoup plus grand si le *m* final et les lettres initiales douces, *g*, *d*, *b*, *v*, existaient encore, comme sous la dynastie mongole. Il y aurait alors au moins 700 radicaux. Les sons attachés aux caractères chinois dans le treizième siècle sont exprimés alphabétiquement dans les vieux manuscrits mongols. Edkins, *Mandarin Grammar*, pp. 44, 45.

(1) Le nombre exact dans le Dictionnaire impérial de Khang-hi en est de quarante-deux mille sept cent dix-huit. Un quart environ a vieilli, et la moitié du reste ne s'emploie que rarement, ce qui laisse seulement environ quinze mille mots pour l'usage actuel. « Le nombre exact des caractères classiques est de quarante-deux mille sept cent dix-huit, dont un grand nombre ne sont plus usités dans la langue moderne, mais se trouvent dans les livres canoniques et classiques. Ils s'emploient quelquefois dans les documents officiels où l'on cherche à imiter le vieux style. Ce sont principalement des noms de personnes, de lieux, de montagnes, de rivières, etc. Les candidats au poste d'historien impérial étaient tenus de connaître neuf mille caractères, qui étaient contenus dans un manuel séparé. » — Stanislas Julien.

de l'esprit humain, aux besoins duquel elle a été chargée de pourvoir. Si chaque racine donnait cinquante dérivés, nous aurions vingt-cinq mille mots. Or un ecclésiastique de campagne nous assure que plusieurs de ses humbles paroissiens n'avaient pas un vocabulaire composé de plus de trois cents mots (1). Les inscriptions cunéiformes de Perse ne contiennent que trois cent soixante-dix-neuf mots dont cent trente et un sont des noms propres. Le vocabulaire des anciens Sages de l'Égypte, autant du moins que nous le connaissons par les inscriptions hiéroglyphiques, ne monte qu'à environ six cent cinquante-huit mots (2). Le *libretto* d'un opéra italien offre rarement une plus grande variété (3). Un Anglais de bonne société, qui

(1) *The Study of the English language*, by A. d'Orsey, p. 15.
(2) C'est le nombre des mots dans le vocabulaire donné par Bunsen, dans le premier volume de son *Égypte*, pp. 453-491. Cependant plusieurs de ces mots, bien qu'identiques pour le son, doivent être distingués pour l'étymologie, et des recherches postérieures en ont encore augmenté le nombre. Le nombre de groupes hiéroglyphiques dans les *Egyptian Hieroglyphics* de Sharpe, 1861, s'élève à deux mille trente.
(3) Marsh, *Lectures*, p. 182. — M. Thommerel a donné le nombre des mots contenus dans les dictionnaires anglais de Robertson et de Webster comme étant de quarante-trois mille cinq cent soixante-six. On dit cependant que l'édition du dictionnaire de Johnson par Todd contient cinquante-huit mille mots, et les dernières éditions de Webster ont donné jusqu'à soixante-dix mille mots, y compris les participes présents et passés comme vocables indépendants. Flügel évaluait à quatre-vingt-quatorze mille quatre cent soixante-quatre les mots de son dictionnaire, dont soixante-cinq mille quatre-vingt-cinq simples et vingt-neuf mille trois cent soixante-dix-neuf composés. C'était en 1843, et il exprimait alors son espoir que dans sa prochaine édition le nombre des mots dépasserait de beaucoup cent mille. C'est ce que M. Marsh appelle le *copia vocabulorum* en anglais. (Voyez *Saturday Review*, 2 nov. 1861.)
Adamantinos Koraïs a trouvé, dans la cinquième édition du *Diction-*

a été au Collége et à l'Université, qui lit sa Bible, son Shakspeare, le *Times,* et se tient au fait de la littérature courante, n'emploie guère dans la conversation plus de trois ou quatre mille mots. Les personnes qui aiment les pensées exactes et les raisonnements serrés, et qui, écartant les expressions vagues et générales, ne se contentent que du mot propre, ont une provision beaucoup plus grande de mots, et des orateurs éloquents en peuvent avoir dix mille à leur disposition. Shakspeare, qui a probablement déployé une plus grande variété d'expression qu'aucun autre auteur dans aucune langue, a composé toutes ses pièces avec environ quinze mille mots. Nous n'en trouvons qu'environ huit mille dans les ouvrages de Milton; et l'Ancien Testament dit tout ce qu'il a à dire avec cinq mille six cent quarante-deux (1).

Cinq cents racines, vu leur fécondité et leur souplesse, étaient donc plus que suffisantes pour le dictionnaire de nos premiers ancêtres. Et cependant il leur fallait encore quelque chose. S'ils avaient une racine exprimant la lumière et l'éclat, elle pouvait être la racine attributive dans les noms du soleil, de la

---

naire de l'Académie, vingt-neuf mille sept cent douze mots; trente-six mille sept cent quatre-vingt-quatre dans le *Dictionnaire anglais* de Johnson; cinquante mille dans un vocabulaire de la langue arménienne, et jusqu'à cent cinquante mille dans l'édition de Londres du *Thesaurus* d'Henri Étienne. (Cf. Pott, *Etym. Forsch.*, II, 78; Varron, *L. L.*, VI, 35 : Horum verborum si primigenia sunt ad mille, ut Ciconius scribit, eorum declinationibus verborum discrimina quingenta millia esse possunt, ideo quia singulis verbis primigeniis circiter quingentæ species declinationibus fiunt. Primigenia dicuntur verba ut lego, scribo, sto, sedeo et cetera, quæ non sunt ab alio quo verbo, sed suas habent radices.)

(1) Renan, *Histoire des langues sémitiques,* p. 138.

lune, des étoiles, du ciel, du jour, du matin, de l'aurore, du printemps, de la joie, de la beauté, de la majesté, de l'amour, de l'amitié, de l'or, de la richesse, etc. Mais, s'ils avaient voulu dire *ici* et *là, qui, quoi, ceci, cela, tu, lui,* il leur eût été impossible de trouver des racines attributives pour le faire. On a cherché, il est vrai, à faire remonter ces mots à des racines attributives ; mais, si on nous dit que la racine démonstrative *ta,* ceci ou là, peut être dérivée d'une racine attributive *tan,* étendre, nous trouvons que, même dans nos langues modernes, les pronoms et les particules démonstratives sont d'une nature trop primitive et trop indépendante pour qu'une interprétation aussi artificielle soit acceptable. Le son *ta* ou *sa,* exprimant ceci ou là, est une expression aussi involontaire, aussi naturelle et aussi indépendante qu'aucune racine attributive, et, bien qu'on puisse faire remonter à une racine attributive quelques-unes de ces racines démonstratives, pronominales ou locales (car toutes ces dénominations leur ont été données), il faut admettre une petite classe de racines indépendantes, non pas attributives dans le sens ordinaire du mot, mais indiquant ou exprimant simplement l'existence dans certaines limites plus ou moins définies de temps ou d'espace.

Il convient de donner au moins un exemple d'une racine pronominale et de son influence sur la formation des mots.

Dans certaines langues, et surtout en chinois, la même racine attributive peut être employée comme verbe, comme nom, comme adjectif ou comme adverbe. Ainsi le son chinois *ta* signifie, sans aucun changement de forme, grand, grandeur et être grand (1). S'il est placé devant un substantif, c'est un adjectif : ainsi *ta jin* signifie « un grand homme; » s'il est après un substantif, c'est un verbe : *jin ta* (ou *jin ta ye*) signifierait « l'homme est grand (2). » De la même manière, *jin ngŏ, li pŭ ngŏ*, signifierait «homme mauvais, loi non mauvaise. » Ici nous voyons qu'il n'y a pas la moindre distinction extérieure entre une racine et un mot, et qu'un substantif n'est distingué d'un verbe que par sa place dans la proposition.

Dans d'autres langues, cependant, et particulièrement dans les langues aryennes, aucune racine attributive ne peut à elle seule former un mot. Ainsi, il y a en latin la racine *luc*, briller. Pour avoir un substantif, comme lumière, il fallait ajouter une racine pronominale ou démonstrative qui déterminât le sujet général auquel était attribuée la qualité marquée par la racine. Ainsi par l'addition de l'élément pronominal *s* nous avons le nom latin *luc-s*, lumière, littéralement brillant-là. Introduisons-y un pronom personnel, et nous avons le verbe *luc-e-s*, brillant-tu, tu brilles. Ajoutons d'autres dérivés pronominaux, et nous obtenons les adjectifs *lucidus, luculentus, lucerna, etc.*

---

(1) Endlicher, *Chinesische Grammatik*, § 128.

(2) Deux mots employés comme substantifs peuvent être placés l'un à côté de l'autre, le premier déterminant le second. Ainsi *jin ta* pourrait signifier la grandeur de l'homme, mais dans ce cas il est plus ordinaire de dire *jin tci ta*.

« Autre exemple : *chen*, signifie vertu; *jin tchi chen*, la vertu de l'homme : *chen*, vertueux; *chen jin*, l'homme vertueux : *chen*, approuver; *chen tchi*, le trouver bon; *chen*, bien; *chen ko*, chanter bien. » — Stanislas Julien.

Ce serait cependant une grande erreur que de supposer qu'on puisse faire remonter à des racines pronominales tous les éléments formatifs, tout ce qui reste d'un mot après qu'on en a dégagé la racine attributive. Nous n'avons qu'à regarder quelques-uns de nos dérivés modernes pour nous convaincre que beaucoup d'entre eux étaient originairement des racines attributives qui se sont soudées à la racine attributive principale et qui ont fini par se réduire à n'être plus que de simples suffixes. Ainsi le suffixe *scape* dans l'anglais *landscape*, et la forme plus moderne *ship* dans *hardship*, dérivent également de la même racine que nous avons en gothique, *skapa*, *skôp*, *skôpum*, créer ; en anglo-saxon *scape*, *scôpe*, *scôpon* (1). C'est le même mot que le dérivé allemand *schaft*, dans *Gesellschaft*, etc. De même *dom* dans *wisdom* ou *christendom*, dérive de la même racine que nous avons dans *to do*. C'est l'allemand *thum* dans *Christenthum*, l'anglo-saxon *dôm* dans *cyningdom*, *Königthum* (2). Quelquefois il peut sembler douteux si un élément formel était dans l'origine simplement démonstratif ou bien attributif. Ainsi la désinence du comparatif en sanscrit est *tara*, le grec *teros*, qu'on pourrait à première vue prendre pour un élément démonstratif; mais c'est en réalité la racine *tar*, qui signifie *aller au delà*, que nous retrouvons dans le latin *trans*. Ce *trans* sous sa forme française *très* est

---

(1) Grimm, *Deutsche Grammatik*, liv. II, s. 521.

(2) Spenser, *Shepheard's calender*, Februarie, v, 85 (éd. Collier, I, p. 25) :

> Cuddie, I wote thou kenst little good
> So vainly t'advaunce thy headlesse hood :

for thy headlessness ; *hood* is a termination denoting estate, as manhood. — T. Warton.)

placé devant les adjectifs pour exprimer un degré plus élevé ou transcendant, et la même racine convenait bien pour former le comparatif dans les anciennes langues aryennes. Il faut également reconnaître cette racine dans une des terminaisons des adverbes de lieu, qui est *tra* en sanscrit; par exemple, de *ta*, racine démonstrative, nous formons *ta-tra*, là, primitivement par ce chemin, *anya-tra*, par un autre chemin, comme en latin, nous formons *ali-ter* de *aliud;* composés qui ne sont pas plus extraordinaires que le français *autrement* et l'anglais *otherwise*.

La plupart des désinences des déclinaisons et des conjugaisons sont des racines démonstratives, et nous pouvons prouver, par exemple, que le *s* qui termine les troisièmes personnes du singulier de l'indicatif présent des verbes anglais, était dans l'origine le pronom démonstratif de la troisième personne. C'était primitivement un *t* et non pas un *s*. Ici quelques explications deviennent nécessaires : la terminaison de la troisième personne du singulier de l'indicatif présent est *ti* en sanscrit; ainsi *dâ*, donner, devient *dadâti*, il donne : *dhâ*, placer, *dadhâti*, il place. En grec ce *ti* s'est changé en *si*, de même que le sanscrit *tvam* (le latin *tu*) apparaît en grec avec la forme *sy*. Le grec *didōsi* répond donc au sanscrit *dadâti; tithēsi* à *dadhâti*. Avec le temps, cependant, les sigma placés entre deux voyelles dans une terminaison se sont élidés ; ainsi *genos* ne forme pas le génitif *genesos*, comme le latin *genus, genesis* ou *generis*, mais *geneos, genous;* le datif n'est pas *genesi* (latin *generi*), mais *geneï, genei :* de même tous les verbes réguliers ont *ei* pour terminaison de la troisième personne du singulier : mais cet *ei* remplace *esi; typtei* est pour *typtesi*, qui lui-même est mis pour *typteti*.

Le latin laisse tomber l'*i* final, et au lieu de *ti* a *t*. Nous obtenons ainsi *amat, dicit*.

Or, d'après cette loi de Grimm, dont j'ai déjà parlé, les muettes douces du latin sont représentées en gothique par les fortes du même ordre, et les fortes par les aspirées. Nous devons donc nous attendre à voir le *t* remplacé par *th* : effectivement nous trouvons en gothique *habaith*, au lieu du latin *habet*. Nous retrouvons également cette aspiration en anglo-saxon, où « il aime », *he loves* de l'anglais moderne, se dit *lufath*; et aujourd'hui encore nous la rencontrons en poésie, dans la traduction de la Bible et dans le style élevé où cette troisième personne est très-souvent terminée par *th* : ce n'est que dans l'anglais moderne que cette terminaison s'est changée en *s*. Dans le *s* de *he loves* nous avons donc une racine démonstrative, agglutinée à la racine attributive *love*, et qui est originairement le sanscrit *ti*, qu'il faut rattacher à la racine démonstrative *ta*, ceci ou là, laquelle existe dans le pronom démonstratif sanscrit *tad*, le grec *to*, le gothique *thata*, l'anglais *that*, et se retrouve encore dans le latin *talis*, *tantus, tunc, tam*, et même dans *tamen*, ancien adverbe de lieu en *men*. Nous voyons donc que ce que nous appelons la troisième personne du singulier de l'indicatif présent est en réalité un composé d'une racine attributive et d'une racine démonstrative. C'est un composé comme tout autre, si ce n'est que la seconde partie n'en est pas attributive, mais simplement démonstrative. De même que dans le composé anglais *pay-master*, payeur, nous attribuons l'action de payer à *master*, ainsi dans *dadâ-ti, donne-t-il*, les premiers créateurs du langage attribuaient simplement l'action de donner à une troisième personne, et cette proposition synthétique *donne-t-il* est ce que nous appelons maintenant la troisième personne du singulier de l'indicatif présent de la voix active (1).

Nous nous sommes nécessairement borné, dans notre analyse du langage, à cette famille de langues qui comprend la nôtre et celles que nous connaissons le mieux : mais ce qui est vrai pour le sanscrit et pour les autres membres de la famille aryenne l'est également pour tout le domaine du langage. Toutes les langues, sans aucune exception, qui ont passé par le creuset de la grammaire comparée, se sont trouvées composées de ces deux éléments constitutifs, les racines attributives et les racines démonstratives. Dans la famille sémitique, ces deux éléments sont même plus faciles encore à distinguer qu'en sanscrit et en grec. Avant la découverte du sanscrit et la naissance de la philologie comparée, les savants versés dans la connaissance des langues sémitiques avaient dérivé tout le Dictionnaire hébreu et arabe d'un petit nombre de racines, et, comme dans ces langues chaque racine se compose de trois consonnes, on a quelquefois donné aux langues sémitiques le nom de trilitères.

Mais dans la famille touranienne, les éléments constitutifs apparaissent bien mieux encore, à la surface, pour ainsi dire, du langage. C'est un des traits caractéristiques de ces langues que, quel que soit le nombre des préfixes et des suffixes, la racine doit toujours être

---

(1) Chaque verbe grec, conjugué à toutes ses voix et à tous ses temps, modes et personnes, donne, y compris les participes, environ treize cents formes.

en relief et n'être jamais obscurcie par son contact avec les éléments formels.

Il y a une langue, le chinois, dans laquelle aucune analyse n'est requise pour en dégager les éléments. C'est une langue où nulle fusion de racines n'a jamais eu lieu, où tous les mots sont des racines, et toutes les racines des mots. Elle nous présente, en fait, l'état le plus primitif où nous puissions nous imaginer que le langage ait existé, et elle nous offre le mécanisme que nous nous serions naturellement attendus à trouver dans toutes les langues.

Il y a, sans doute, en Asie, en Afrique, en Amérique et dans la Polynésie, de nombreux dialectes qui n'ont pas encore été disséqués par le scalpel du grammairien; mais nous pouvons nous contenter du moins de cette preuve négative, que jusqu'à présent toutes les langues qui ont passé par l'analyse grammaticale n'ont jamais donné que ces deux éléments constitutifs.

Pour nous, donc, le problème de l'origine du langage, que les anciens philosophes trouvaient si compliqué et si mystérieux, prend un aspect bien plus simple et bien moins obscur. Nous avons vu de quoi le langage se compose, et que tout, dans le langage, excepté les racines, peut se comprendre et s'expliquer. Il n'y a rien qui doive nous surprendre dans ce procédé de la combinaison des racines attributives avec les racines démonstratives, procédé au moyen duquel ont été formées toutes les langues que nous connaissons, depuis le chinois jusqu'à la nôtre. Il n'est pas seulement concevable, comme le remarque le professeur Pott, « que la formation du sanscrit, tel qu'il nous est parvenu, ait été précédée d'une période d'extrême simplicité et d'entière absence de flexions, laquelle nous est encore représentée par le chinois et les autres langues monosyllabiques. » Il est absolument impossible qu'il en ait été autrement.

Après avoir vu que ce monosyllabisme chinois a dû être le point de départ de toutes les langues, il ne nous reste plus, pour résoudre le problème de l'origine du langage, qu'à expliquer l'origine de ces racines attributives et démonstratives qui constituent tout langage et qui ont jusqu'à présent résisté à toute tentative d'analyse. Cette étude formera le sujet de nos deux prochaines leçons.

HUITIÈME LEÇON.

CLASSIFICATION MORPHOLOGIQUE DES LANGUES.

Exposé sommaire des langues *sémitiques :* leur division en trois branches, la branche araméenne, la branche hébraïque et la branche arabique. — Le *syriaque* et le *chaldéen*, les deux principaux dialectes de l'araméen. Monuments écrits du syriaque du deuxième et du quatrième siècle : cet idiome se parle encore chez les Nestoriens du Kurdistan. Le chaldéen, langue de Jésus-Christ et de ses disciples ; des fragments du livre d'Ezra, et les Targums, nous en donnent des spécimens : les Talmuds de Jérusalem et de Babylone, et la Massore, rédigés en chaldéen altéré. Inscriptions cunéiformes de Babylone et de Ninive. *Livre d'Adam.* Les Nabatéens, *Agriculture nabatéenne.* — L'*hébreu*, l'ancienne langue de la Palestine depuis le temps de Moïse ; sa parenté probable avec le *phénicien* et le *carthaginois*. — L'*arabe*, sorti de la péninsule arabique. Inscriptions himyaritiques. — L'abyssinien ou le *ghez*. Les *Moallakât*, les plus anciens textes arabes. — Le *berber*, le *haussa*, le *galla*, le *copte*, dont le caractère sémitique est indécis. — La dénomination de *familles* ne s'applique proprement qu'aux langues aryennes et sémitiques. Divers degrés de parenté entre les langues. — Langues *touraniennes*, celles qui sont parlées par les races nomades de l'Asie. Le *tongous*, le *mongol*, le *turc*, le *finnois*, le *samoyède*, le *tamoul*, le *bhotiya*, le *taïen* et le *malais*. Traits caractéristiques de ce groupe de langues. — Histoire abrégée de ces langues et des populations qui les parlent. — Problème de l'unité primitive du langage.

Nous avons terminé dans notre dernière leçon l'analyse du langage, et nous avons trouvé qu'il a pour seuls éléments constitutifs les racines attributives et les racines démonstratives.

Nous reviendrons maintenant sur nos pas pour chercher combien de formes possibles du langage peuvent être produites par la libre combinaison de ces éléments constitutifs, et nous tâcherons ensuite de découvrir si chacune de ces formes possibles a son équivalent dans quelqu'un des idiomes parlés par l'humanité. Nous cherchons, en effet, à établir une classification du langage que nous sommes déjà convenus d'appeler *morphologique,* fondée entièrement sur la *forme* des mots, c'est-à-dire sur la manière dont se combinent les racines, sur le procédé par lequel elles se groupent et s'assemblent pour exprimer et coordonner les idées qu'elles représentent; par conséquent, cette classification sera complétement indépendante de la classification *généalogique* qui, par sa nature même, est fondée sur les mots eux-mêmes qui ont été transmis tout formés de génération en génération.

Avant, cependant, d'aborder ce sujet qui doit faire l'objet principal de cette leçon, nous avons encore à examiner, le plus brièvement possible, une nouvelle famille de langues, laquelle, comme la famille aryenne, a été établie d'après les principes les plus rigoureux de la classification généalogique, à savoir la famille sémitique. Cette famille est divisée en trois branches : l'*araméenne*, l'*hébraïque* et l'*arabique* (1).

L'araméen occupe la partie septentrionale du domaine que se sont approprié les langues sémitiques; il a été parlé dans la Syrie, la Mésopotamie, et dans une partie des anciens royaumes de Babylonie et d'Assyrie. Il nous est surtout connu par deux dialectes : le

(1) *Histoire générale et système comparé des langues sémitiques,* par Ernest Renan, seconde édition. Paris, 1858.

syriaque et le *chaldéen*. On donne le premier nom à la langue qui nous a été conservée dans une version de la Bible qu'on appelle Peschito (1), dont on place ordinairement la date au deuxième siècle, et aussi dans la riche littérature chrétienne du quatrième. Elle s'est perpétuée jusqu'à nos jours, bien que sous une forme très-altérée, chez les Nestoriens du Kurdistan, aux environs des lacs de Van et d'Ourmia, et chez quelques populations chrétiennes de la Mésopotamie; des missionnaires américains (2), établis à Ourmia, ont essayé de rendre à ce patois quelque régularité grammaticale en publiant des traductions et une grammaire du dialecte qu'ils appellent le néo-syriaque (3).

Le nom de *chaldéen* a été donné à la langue adoptée

---

(1) *Peschito* signifie simple. L'Ancien Testament fut traduit de l'hébreu, le Nouveau Testament du grec, vers l'an 200, sinon plus tôt. Saint Éphrem vivait au milieu du quatrième siècle. Pendant le huitième et le neuvième siècle, les Nestoriens de Syrie étaient les guides intellectuels des Arabes, mais cette suprématie commença à décliner au dixième siècle. Au treizième siècle, Gregorius Barhebræus (Abulfaraj) rendit un éclat momentané à la littérature de son pays. Voyez Renan, p. 257.

(2) NM. Perkins et Stoddard, dont le dernier a composé la grammaire publiée dans le *Journal of the American oriental Society*, vol. V, numb. 1.

(3) L'extrait suivant d'Allon (*Mémoires de Sherman*) montrera avec quelle facilité des personnes, même intelligentes, se trompent ou se laissent tromper par d'autres, pour ce qui regarde les langues et leur parenté: « Je n'oublierai jamais le plaisir que ressentit M. Sherman quand il découvrit que le docteur Nolan et Assaad y'Kijath, de Beyrouth, quand ils parlaient, l'un le patois celtique de l'Irlande, l'autre le syro-phénicien, pouvaient se comprendre et soutenir l'un avec l'autre une conversation. Par là se trouvait mis hors de doute, selon lui, le fait longtemps contesté de l'établissement en Irlande de colons phéniciens qui auraient été les premiers habitants de l'île (p. 215). »

par les Juifs pendant la captivité de Babylone. Bien que les Juifs n'aient jamais oublié leur langue sacrée, ils commencèrent bientôt à se servir de l'idiome de leurs conquérants, non-seulement pour la conversation, mais aussi pour la composition littéraire (1). Le livre d'Esdras contient des fragments en chaldéen, contemporains des inscriptions cunéiformes de Darius et de Xerxès, et plusieurs des livres apocryphes, bien qu'ils ne nous soient parvenus qu'en grec, ont très-probablement été composés originairement en chaldéen et non en hébreu. Les *Targums* (2), comme on les appelle, ou traductions et paraphrases de l'Ancien Testament, composés pendant les siècles qui ont immédiatement précédé et suivi l'ère chrétienne, nous donnent un autre spécimen de l'araméen ou langue babylonienne transplantée en Palestine (3). Cet araméen était la langue de Jésus-Christ et de ses disciples : les quelques mots qui nous sont conservés dans le Nouveau Testament, tels qu'ils ont été prononcés par Notre-Seigneur dans sa propre langue, comme *Talitha Kumi, Ephphatha, Abba*, ne sont pas de l'hébreu, mais du chaldéen ou de l'araméen qui était alors le dialecte vulgaire de la Judée (4).

Après la destruction de Jérusalem, cet idiome con-

---

(1) Renan, p. 214 *seq.* : « Le chaldéen biblique serait un dialecte araméen légèrement hébraïsé. »

(2) De l'arabe *tarjam*, expliquer ; Drogman se dit en arabe *tarjamân*.

(3) « Les plus anciens Targums sont ceux d'Onkelos et de Jonathan, écrits dans le second siècle après Jésus-Christ. Quelques autres sont d'une époque beaucoup plus moderne et postérieurs même au Talmud. » — Renan, p. 220.

(4) Renan, pp. 220-222.

tinua à être la langue littéraire des Juifs. Le Talmud de Jérusalem du quatrième siècle, et celui de Babylone du cinquième, nous présentent le chaldéen tel que le parlaient les Juifs lettrés établis dans ces deux contrées, mais très-altéré et corrompu par un mélange d'éléments étrangers (1). Ce dialecte resta la langue écrite des Juifs jusqu'au dixième siècle, et vers cette époque la *Massore* fut rédigée en chaldéen (2). Bientôt après, le chaldéen judaïque se vit dépossédé par l'arabe, et perdit toute existence, même littéraire. En effet, quand l'arabe cessa à son tour d'être la langue des Juifs, au treizième siècle, ceux-ci revinrent à une sorte d'hébreu modernisé qu'ils emploient encore pour leurs compositions savantes (3).

Il est curieux que la branche araméenne de la famille sémitique, bien qu'à cette branche appartînt originairement la langue des grands empires de Babylone et de Ninive, ne nous soit parvenue que dans la littérature des Juifs et des chrétiens de Syrie. Il a dû exister une littérature babylonienne, car la sagesse des Chaldéens avait acquis une réputation qui n'aurait pu guère se soutenir sans une littérature. Abraham a dû parler araméen avant d'émigrer en Chanaan. Laban parlait le même dialecte, et le nom qu'il

---

(1) Le *Talmud* (instruction) se compose de la *Mishna* et de la *Gemara*. *Mishna* signifie répétition, à savoir de la loi. La Mishna a été réunie et écrite, vers 218, par Jehuda. La *Gemara* est une continuation et un commentaire de la *Mishna*; celle de Jérusalem fut achevée vers la fin du quatrième siècle, et celle de Babylone vers la fin du cinquième.

(2) Imprimée pour la première fois dans la Bible rabbinique. Venise, 1525.

(3) Renan, IV, 1 ; § 3.

donna au monceau de pierres qui devait être le monument de son alliance avec Jacob, *Jegar-sahadutha*, est syriaque, tandis que *Galeed*, le nom donné par Jacob, est hébreu. Si nous devons jamais connaître cette ancienne littérature babylonienne, ce sera nécessairement par les inscriptions cunéiformes qui ont été dernièrement rapportées de Babylone et de Ninive. Elles sont évidemment écrites dans une langue sémitique ; sur ce point il ne peut plus y avoir de doute, et, bien que leur déchiffrement n'ait avancé que lentement, plus lentement même que l'on ne s'y attendait à une certaine époque, nous avons tout lieu d'espérer que les efforts persévérants des assyriologues seront un jour couronnés de succès. Dans une lettre datée d'avril 1853, sir Henry Rawlinson écrivait :

« Sur les tablettes d'argile que nous avons trouvées à Ninive, et qui se comptent maintenant par milliers, nous avons des traités didactiques qui embrassent presque tous les sujets sous le soleil ; on y trouverait des grammaires et des dictionnaires, tout ce qui concerne l'art de l'écriture, la notation numérique, les poids et les mesures, les divisions du temps, la chronologie, l'astronomie, la géographie, l'histoire, la mythologie, la géologie, la botanique, etc. En un mot, nous avons maintenant à notre disposition une véritable encyclopédie de science assyrienne. »

Considérant le succès avec lequel on a déchiffré toute une classe d'inscriptions cunéiformes, celles de la Perse, il n'y a nulle raison de douter que toute cette encyclopédie ne se lise un jour aussi facilement que nous lisons maintenant les annales de la montagne de Darius.

Il y a cependant un autre misérable reste de ce qui était jadis la littérature des Chaldéens ou des Babyloniens, c'est le *Livre d'Adam*, et d'autres écrits du même genre conservés par les Mendaïtes ou Nasoréens, secte curieuse établie près de Bassora. Bien que la rédaction de ces livres soit aussi récente que le dixième siècle après Jésus-Christ, on a supposé que, sous une incrustation moderne d'extravagantes et folles imaginations, ils contiennent encore quelques germes de la véritable science babylonienne. En effet, ces Mendaïtes ont été identifiés avec les Nabatéens, qui sont mentionnés aussi récemment que le dixième siècle de notre ère, comme une race purement païenne, et distincte des juifs, des chrétiens et des mahométans (1). En Arabe, le nom de nabatéen (2) est employé comme synonyme de babylonien, et ce nom est même donné à toutes les populations d'origine araméenne établies depuis les temps les plus reculés entre l'Euphrate et le Tigre (3). On suppose que les Nabatéens, qui sont cités vers le commencement de l'ère chrétienne, comme une race célèbre pour sa connaissance de l'astronomie et de toutes les sciences, étaient les ancêtres des Nabatéens du moyen âge, et les descendants des anciens Babyloniens et Chaldéens. Vous avez pu lire dernièrement dans des journaux littéraires des notices sur un traité intitulé *Agriculture nabatéenne*, qui n'existe que dans une traduction arabe écrite par Ibn Wahshiyyah le Chaldéen vers l'an 900 de notre ère, mais dont l'original, composé en ara-

(1) Renan, p. 241.
(2) *Ibid.*, p. 237.
(3) Quatremère, *Mémoire sur les Nabatéens*, p. 116.

méen par Kouthami, a été rapporté au commencement du treizième siècle avant Jésus-Christ (1). Nous n'avons pas encore les éléments nécessaires pour nous prononcer sur l'âge de cet écrit, mais d'après ce que nous savons il paraît plus probable que c'est une compilation faite par un Nabatéen qui vivait vers le quatrième siècle de notre ère (2); et, bien qu'il renferme d'anciennes traditions qui remontent peut-être aux époques florissantes de la monarchie babylonienne, on ne serait guère fondé à regarder ces traditions altérées comme une image fidèle de l'antique civilisation de la race araméenne.

La seconde branche de la famille sémitique est l'*hébraïque*, représentée principalement par l'ancienne langue de la Palestine. On peut dire que l'hébreu a été parlé et écrit dans cette contrée depuis le temps de Moïse jusqu'à celui de Néhémie et des Machabées, quoique, à la longue, il ait subi d'importantes modifications et admis un mélange considérable de formes araméennes, depuis la captivité de Babylone, et sur-

---

(1) Ibn Wahshiyyah était musulman, mais sa famille n'était convertie que depuis trois générations. Il a donné des traductions d'un certain nombre d'ouvrages nabatéens, et trois de ces traductions nous sont parvenues. Ce sont : 1° l'*Agriculture nabatéenne*; 2° le *Traité des poisons*; 3° le *Livre de Tenkelusha* (Teucros) le *Babylonien*, et des fragments du *Livre des secrets du soleil et de la lune*. L'*Agriculture nabatéenne* a été rapportée par Quatremère (*Journal asiatique*, 1835) à la période qui s'est écoulée depuis Bélésis, qui délivra les Babyloniens de la domination des Mèdes, jusqu'à la prise de Babylone par Cyrus. M. Chwolsohn de Saint-Pétersbourg, qui a examiné tous les manuscrits, place Kouthami au commencement du treizième siècle avant Jésus-Christ.

(2) Renan, *Mémoire sur l'âge du livre intitulé* Agriculture nabatéenne, p. 38. Paris, 1860; *Times*, Jan. 31, 1862.

tout depuis la naissance d'une puissante civilisation dans la Syrie voisine de la Palestine. L'ancienne langue de la Phénicie, à en juger par les inscriptions qui nous en restent, était très-étroitement alliée à l'hébreu, et la langue des Carthaginois doit également être rapportée à la même branche.

L'hébreu fut d'abord envahi par des dialectes araméens, par suite de la prépondérance politique de Babylone et encore plus par suite de l'ascendant que prit la Syrie; puis il eut à s'effacer devant le grec, qui fut, pendant un certain temps, la vraie langue de la civilisation dans tout l'Orient; il fut enfin emporté par l'arabe, qui, depuis la conquête de la Palestine et de la Syrie en l'année 636, s'est emparé de toute la région occupée auparavant par les deux plus anciens rameaux de la tige sémitique, l'araméen et l'hébreu.

Cette troisième branche, l'arabe, est sortie de la péninsule arabique, où elle est encore la langue d'une masse compacte d'aborigènes. Ses plus anciens monuments sont les inscriptions himyaritiques. A une époque très-reculée, un rameau de cette branche arabique fut transplanté en Afrique, où, au sud de l'Égypte et de la Nubie, sur la côte qui fait face à l'Yemen, une des vieilles langues sémitiques s'est maintenue jusqu'à nos jours; c'est l'*éthiopien* ou l'*abyssinien*, ou, comme les indigènes l'appellent, le *ghez*. Bien qu'il ne soit plus parlé dans sa pureté par le peuple de l'Abyssinie, il s'est conservé dans leurs livres sacrés, dans les versions de la Bible, et d'autres ouvrages semblables qui datent du troisième et du quatrième siècle. La langue moderne de l'Abyssinie est l'*amharique*.

Les premiers textes arabes remontent à une époque

antérieure à Mahomet. On les appelle *Moallakât,* littéralement poésies *suspendues,* parce que, dit-on, c'est ainsi qu'elles étaient exposées aux yeux du public à la Mecque : ce sont de vieux poëmes populaires qui peignent la vie du désert et ses émotions. Avec Mahomet, l'arabe devint la langue d'une religion victorieuse, et établit son empire en Asie, en Afrique et en Europe.

Ces trois branches, l'araméenne, l'hébraïque et l'arabique, ont entre elles une si proche parenté qu'il était impossible de ne pas reconnaître leur origine commune. Aussi loin que nous remontions dans l'histoire de ces langues et de leurs racines, nous trouvons chacune de ces racines nécessairement composée de trois consonnes; chacune d'elles donne naissance à un grand nombre de mots qui en dérivent par un simple changement de voyelles, la charpente des consonnes restant autant que possible intacte. Il est impossible de ne pas reconnaître à première vue une langue sémitique; et, ce qu'il importe surtout de constater, il est impossible de s'imaginer une langue aryenne dérivée d'une langue sémitique, ou réciproquement. Le cadre grammatical est complétement différent dans ces deux familles; ce qui n'exclut pas, cependant, la possibilité d'une origine commune, et la comparaison des racines des langues sémitiques, réduites à leur plus simple forme, avec celles des langues aryennes, est venue confirmer l'opinion des savants qui croient à l'identité primitive des éléments matériels d'où toutes ces langues sont sorties.

D'autres langues que l'on suppose appartenir à la famille sémitique sont les dialectes *berbers* de l'Afrique septentrionale, lesquels, avant l'invasion des Arabes, étaient parlés sur la côte depuis l'Égypte jusqu'à l'océan Atlantique, et sont maintenant relégués dans l'intérieur. On a aussi rangé dans la même famille quelques autres langues de l'Afrique, telles que le *haussa*, le *galla*, et la langue de l'Égypte depuis les premières inscriptions hiéroglyphiques jusqu'au *copte* qui a cessé d'être une langue parlée depuis le dix-septième siècle. Toutefois le caractère sémitique de ces dialectes est loin d'être aussi clairement défini, et leur degré exact de parenté avec les langues sémitiques, proprement dites, est encore à déterminer (1).

Rigoureusement parlant, les familles aryenne et sémitique sont les seules qui méritent réellement ce titre de *familles*. Toutes deux présupposent l'existence d'un système grammatical complétement élaboré avant la séparation des dialectes. Leur histoire depuis le commencement est plutôt celle de la décomposition que du développement; de là cet air de famille auquel il est impossible de se méprendre et qui distingue encore leurs derniers descendants. Le langage du cipaye indien et celui du soldat anglais sont, à parler strictement, une seule et même langue. Ils sont tous deux construits de matériaux qui avaient reçu leur forme définitive avant que la branche teutonique se fût séparée de la branche indienne; aucune racine nouvelle

(1) Plusieurs excellents articles sur ces membres éloignés de la famille sémitique ont été publiés par le docteur Lottner dans les *Transactions of the Philological Society*, 1861, p. 20, sous ce titre : « Sur les familles de langues sœurs, particulièrement sur celles qui se rattachent à la famille sémitique. » Cependant la parenté de ces langues avec l'arabe, l'hébreu et le syriaque, n'est pas tout à fait aussi certaine et étroite que le terme de *familles de langues sœurs* semblerait l'impliquer.

n'y a été ajoutée depuis cette époque, et les formes grammaticales qui se sont plus tard développées en anglais ou en hindoustani ne présentent, quand on les examine de près, que de nouvelles combinaisons d'éléments qui ont existé, dès le principe, dans tous les dialectes aryens. Dans la terminaison de l'anglais *he is*, et dans les deux lettres qui terminent le mot français *il est*, lettres que la prononciation dissimule, mais que l'écriture a conservées, nous reconnaissons le résultat d'un acte accompli une fois pour toutes avant la première dispersion de la race aryenne, et dont les effets se sont perpétués jusqu'à nos jours : la combinaison de la racine attributive *as* avec la racine démonstrative *ti*.

C'était l'habitude de Nabuchodonosor de faire imprimer son nom sur toutes les briques employées pour édifier ses immenses palais. Ces palais sont tombés en ruine, mais leurs débris ont été emportés pour bâtir de nouvelles villes, et, en examinant les briques dont sont formés les murs de la cité moderne de Bagdad, sur les bords du Tigre, sir Henry Rawlinson a découvert sur chacune d'elles les traces évidentes de cette signature royale. C'est un exemple de ce qui nous arrive quand nous examinons la structure des langues modernes : elles aussi ont été construites avec les matériaux enlevés des ruines des langues anciennes, et chacun de leurs mots, quand nous les considérons attentivement, nous laisse voir clairement l'empreinte que lui ont donnée dès le commencement les pères des familles aryenne et sémitique, les fondateurs de ces deux grands empires du langage.

Les langues, cependant, ne sont pas toujours liées

par une aussi étroite parenté. Elles peuvent se scinder avant que leur système grammatical se soit définitivement fixé, et, dans ce cas, nous ne pouvons pas nous attendre à y trouver les mêmes caractères évidents d'une descendance commune que, par exemple, dans les dialectes novo-latins, le français, l'italien et l'espagnol. Elles pourront avoir bien des traits de ressemblance, mais elles offriront aussi un développement postérieur et particulier à chacune d'elles, dans les mots et dans les formes grammaticales. Quant aux mots, nous voyons que même les langues qui ont entre elles des rapports aussi intimes de fraternité que les six idiomes romans diffèrent pour quelques-unes des expressions les plus ordinaires. Au lieu du latin *frater,* et du français *frère,* nous trouvons en espagnol *hermano,* mutation pour laquelle il y avait une excellente raison : le mot latin *frater,* changé en *fray* et *frayle,* avait été employé pour signifier un frère ou religieux ; on sentit l'inconvénient de n'avoir qu'un mot pour exprimer deux idées qu'il importait quelquefois de distinguer, et alors par une sorte d'élimination toute naturelle on écarta le mot *frater* dans le sens de frère, et on le remplaça par *germanus,* synonyme que fournissait le riche fonds de la langue latine. De même le mot latin pour berger, *pastor,* était si souvent employé pour signifier le pasteur du peuple qu'il fallut un nouveau nom pour le pasteur des troupeaux ; c'est ainsi que *berbericus,* de *berbex* ou *vervex,* bélier, remplaça *pastor* et devint *berger.* Au lieu de l'espagnol *enfermo,* nous trouvons en français *malade,* en italien *ammalato.* Des langues apparentées d'aussi près que le grec et le latin se sont arrêtées à des expressions différentes pour fils, fille, frère, femme, homme, ciel, terre, lune, main, bouche, arbre, oiseau, etc. (1). C'est-à-dire que, sur une foule de synonymes fournis par les nombreux dialectes de la famille aryenne, les Grecs en ont conservé un, les Romains un autre. Il est clair que ce principe de l'adoption spontanée des mots une fois admis et opérant librement, des langues issues d'une même source peuvent finir par avoir un vocabulaire tout à fait différent pour les objets les plus familiers. Le nombre des synonymes véritables est souvent exagéré, et quand on nous dit qu'en islandais il y a cent vingt noms pour *île,* en arabe cinq cents noms pour *lion* (2), et mille pour *épée* (3), il ne faut pas douter que beaucoup de ces mots ne soient purement des métaphores, des qualifications poétiques. Mais quand même une langue mère n'aurait que quatre ou cinq synonymes pour désigner les mêmes objets, il est évident que quatre langues pourraient en être dérivées, dont chacune serait en apparence tout à fait distincte des autres.

Ceci n'est pas moins vrai pour la grammaire. Quand, par exemple, les langues romanes formèrent leur nouveau futur en plaçant le verbe auxiliaire *habere*, avoir, après l'infinitif, rien absolument ne les empêchait d'adopter quelque autre combinaison pour exprimer le temps à venir : le français aurait pu préférer *je vais dire* ou *je dirvais*, à *je dirai*, et dans ce cas le futur français eût été complétement différent du futur italien. Si de tels changements sont possibles dans des

---

(1) Voyez *Letter on Turanian Languages,* p. 62.
(2) Renan, *Histoire des langues sémitiques,* p. 137.
(3) Pococke, *Notes to Abulfaragius,* p. 153 ; *Glossology,* p. 352.

langues littéraires déjà aussi anciennes que le français et l'italien, nous devons nous attendre à en trouver de bien autres dans des langues qui, comme je l'ai dit, se sont séparées avant que leur grammaire et leur vocabulaire se fussent définitivement fixés. Si nous pensions y rencontrer ces traits de ressemblance frappante qui prouvent la fraternité des membres des familles aryenne et sémitique, nous serions nécessairement désappointés, car ils ne peuvent exister dans ces langues. Mais il y a des règles pour déterminer les degrés de la parenté, même la plus éloignée, qui puisse exister, dans le vaste domaine du langage, entre deux ou plusieurs idiomes; ces règles suffisent, au moins, pour faire ajourner les conclusions trop hâtives de ceux qui voudraient nier qu'il soit possible d'assigner avec quelque vraisemblance une origine commune à des langues qui diffèrent plus l'une de l'autre que le français et l'italien, le sanscrit et le grec, l'hébreu et l'arabe. Ceci vous paraîtra plus clair quand nous aurons examiné les principes de ce que j'appelle la *classification morphologique* du langage.

Comme toutes les langues, autant que nous pouvons en juger à présent, peuvent se réduire en dernière analyse à des racines attributives et démonstratives, il est manifeste que, selon la manière dont les racines sont unies, nous pouvons nous attendre à trouver trois espèces de langues, ou trois périodes dans la formation graduelle du langage.

1° Les racines peuvent être employées comme des mots, chaque racine conservant toute son indépendance.

2° Deux racines peuvent être jointes ensemble pour

former des mots, et dans ces composés l'une des racines peut perdre son indépendance.

3° Deux racines peuvent être réunies pour former des mots, et, dans ces composés, perdre toutes les deux leur indépendance.

Ce qui s'applique à deux racines s'applique également à trois ou quatre ou plus encore. Le principe est le même, seulement il mènerait à une subdivision plus variée.

J'appelle *période des racines* la première, où chaque racine conserve son indépendance, et où il n'y a pas de distinction formelle entre une racine et un mot; elle nous est représentée surtout par l'ancien chinois, et les langues comprises dans cette première période ont quelquefois été appelées *monosyllabiques* ou *isolantes*. J'appelle *période des désinences* la seconde, où deux ou plusieurs racines s'agglutinent pour former un mot, l'une conservant son indépendance radicale et l'autre se réduisant à une simple désinence, ainsi que cela a lieu dans la famille *touranienne;* et les langues qui y sont comprises ont pris le nom d'*agglutinantes,* de *gluten,* glu. Enfin, j'appelle *période des flexions* la troisième, dans laquelle les racines se fondent de telle sorte qu'aucune d'elles ne conserve son indépendance, comme nous le voyons dans les familles aryenne et sémitique; et les langues qui en font partie ont quelquefois été distinguées par le nom d'*organiques* ou *amalgamantes*.

La première période exclut toute altération phonétique.

La seconde exclut l'altération phonétique de la racine principale, mais l'admet dans les éléments secondaires ou déterminatifs.

La troisième admet l'altération phonétique dans la racine principale et dans les désinences.

Quelques exemples feront mieux comprendre cette classification (1).

Dans la première période, représentée par le chinois, chaque mot est une racine, avec sa signification indépendante. Ainsi là où nous disons en latin *baculo*, avec un bâton, nous disons en chinois *ỹ čáng* (2). Dans cette expression, on pourrait prendre *ỹ* pour une simple préposition, comme le français *avec:* mais en chinois *ỹ* est une racine: c'est le même mot qui, employé comme verbe, signifierait se servir. » En chinois, donc, *ỹ čáng* signifie littéralement « se servir de bâton. » Ou bien encore, là où nous disons *à la maison*, en latin *domi*, les Chinois disent *uŏ-li; uŏ* signifiant *maison*, et *li* intérieur (3). Le mot pour *jour* est en chinois moderne *ỹitse*, primitivement *fils du soleil* (4).

---

(1) [Comparez, sur ces trois périodes, sur les caractères que l'on peut faire entrer en ligne de compte, et sur la méthode que l'on doit suivre pour établir une classification naturelle entre les langues, là où il n'y a point filiation directe, deux articles de M. F. Baudry, intitulés : *De la science du langage et de son état actuel*, dans la *Revue archéologique*, janvier et février 1864. Tr.]

(2) Endlicher, *Chinesische Grammatik*, p. 223.

(3) *Ibid.*, p. 339.

(4) Dans ce mot, *tse* (tseu) ne signifie pas fils; c'est une addition qui se rencontre souvent après les noms, les adjectifs et les verbes. Ainsi *lao*, vieux, + *tseu*, signifie père ; *neï*, l'intérieur, + *tseu*, signifie femme; *triang*, odeur, + *tseu*, le clou de girofle ; *hoa*, mendier, + *tseu*, un mendiant ; *hi*, jouer, + *tseu*, un acteur. Stanislas Julien.

Il n'y a, comme nous l'avons déjà vu, aucune distinction formelle, en chinois, entre un nom, un verbe, un adjectif, un adverbe et une préposition. La même racine, selon la place qu'elle occupe dans la proposition, peut être employée pour traduire les mots grand, grandeur, grandement, être grand. Tout dépend en chinois de l'arrangement convenable des mots dans la phrase. Ainsi *ngò tà ni* signifie « je te bats ; » mais *ni tà ngò* signifierait « tu me bats, » *ngö ğin* signifie « un méchant homme ; » *ğin ngö* signifierait « l'homme est méchant. »

Tant que tous les mots ou parties de mots conservent sensiblement leur signification radicale, une langue appartient à la première période, celle des *racines*. Aussitôt que des mots comme *tse* dans *ği-tse* jour, *li* dans *uò-li* à la maison, ou *y* dans *ỹ-cáng* avec le bâton, perdent leur sens étymologique et deviennent des signes de dérivation ou de cas, la langue entre dans la seconde période, celle des *désinences*, à laquelle appartient la grande majorité des langues. Tout le groupe touranien se compose de langues à *désinences* ou *agglutinantes*, et il comprend, à l'exception du chinois et des dialectes congénères, toutes les langues parlées en Asie et en Europe qui ne font pas partie des familles aryenne et sémitique. Sur le vaste continent de l'ancien monde, les langues sémitiques et aryennes n'occupent que ce qu'on peut appeler les quatre péninsules occidentales, à savoir : l'Inde avec la Perse, l'Arabie, l'Asie Mineure, et l'Europe ; et nous avons lieu de supposer que même ces contrées ont été habitées par des populations touraniennes avant l'arrivée des nations aryennes et sémitiques.

Cette classe de langues qui forment le groupe touranien a le droit de réclamer toute l'attention du linguiste qui veut écrire l'histoire de la parole humaine. Quelques savants lui refusent le nom de famille ; et en effet, si ce nom ne peut s'appliquer qu'aux dialectes aussi étroitement apparentés que le sont entre elles les langues aryennes ou sémitiques, il serait préférable de parler de la *classe* ou du *groupe* touranien. Mais que l'on n'abuse pas de cette concession pour fausser notre pensée ; nous ne concluons pas de là que les membres de ce groupe soient sortis de berceaux différents, et que le lien qui les unit, au lieu d'être une affinité généalogique, soit seulement une similitude de conformation.

Ces langues ont en commun des éléments qu'elles ont dû puiser à la même source, et leurs coïncidences formelles, bien que d'un caractère différent de celles qui se remarquent dans les familles aryenne et sémitique, sont cependant telles qu'il est impossible de les attribuer à des rencontres fortuites.

Le mot *touranien* est employé comme faisant antithèse à aryen, et s'applique aux races nomades de l'Asie en tant qu'on les oppose aux races agricoles ou aryennes.

La famille ou classe touranienne comprend deux grandes divisions : celle du Nord et celle du Sud.

Celle du Nord est quelquefois appelée *ouralo-altaïque* ou *ougro-tartare*, et elle se subdivise en cinq sections : la *tongouse*, la *mongole*, la *turque*, la *finnoise*, et la *samoyède*.

Celle du Sud, qui occupe la partie méridionale de l'Asie, est divisée en quatre classes : la *tamoule*, qui comprend les dialectes du Deccan ; la *bhotïya*, les dialectes du Tibet et du Bhotan; la *taïenne*, les dialectes de Siam, et la *malaise*, les dialectes de Malacca et de la Polynésie.

Sans doute notre attente serait trompée si nous pensions trouver dans cette multitude innombrable de langues le même air de famille qui rapproche les langues sémitiques ou aryennes : mais l'absence même de cet air de famille constitue un des caractères des dialectes touraniens (1). Ce sont des langues de *nomades*, langues qui, par ce caractère, se distinguent profondément des langues aryennes et sémitiques. Dans les langues de ces deux dernières familles, la plupart des mots et des formes grammaticales ont été produits une fois pour toutes, par la force créatrice d'une seule génération, et on ne les abandonnait pas légèrement, même quand leur clarté originelle avait été obscurcie par l'altération phonétique. Transmettre une langue de cette manière n'est possible que chez les peuples dont l'histoire coule comme un grand fleuve, et chez qui la religion, les lois et la poésie servent de digues au courant du langage. Mais chez les nomades touraniens il ne s'est jamais formé de noyau d'institutions politiques, sociales ou littéraires. Les empires n'étaient pas plus tôt fondés, qu'ils étaient dispersés de nouveau comme les nuages de sable du désert; nulles lois, nuls chants, nuls récits, ne survivaient à la génération qui les avait vus naître.

Dans une leçon précédente, en traitant du développement des patois, nous avons vu avec quelle rapidité

---

(1) *Letter on the Turanian Languages*, p. 24.

le langage peut s'altérer quand il est abandonné à lui-même sans être fixé par des modèles littéraires ou des règles grammaticales. Les substantifs les plus indispensables, tels que père, mère, fille, fils, se sont souvent perdus et ont été remplacés par des synonymes dans les différents dialectes touraniens, et les désinences grammaticales n'ont pas eu un sort meilleur.

Néanmoins plusieurs des noms de nombre, des pronoms et beaucoup de radicaux dans ces langues révèlent l'unité de leur origine; et les racines et les mots appartenant en commun aux membres les plus disséminés de cette famille, nous autorisent à reconnaître une parenté réelle quoique très-éloignée entre tous les dialectes touraniens.

Le trait le plus caractéristique de ces langues, c'est l'*agglutination* (1) : ce qui ne signifie pas seulement que, dans leur grammaire, les pronoms sont, pour ainsi dire, accolés aux verbes pour former la conjugaison, ou les prépositions aux substantifs pour former la déclinaison, car ce ne serait pas là un caractère distinctif de ces langues nomades, puisqu'en hébreu aussi bien qu'en sanscrit la conjugaison et la déclinaison ont été originairement constituées d'après les mêmes principes : mais ce qui distingue les langues touraniennes, c'est que les mots que nous offrent leur conjugaison et leur déclinaison se prêtent toujours à une décomposition facile ; et, bien qu'il s'en faille de beaucoup que les terminaisons aient toujours conservé leur valeur significative comme mots indépendants, on sent encore qu'elles sont des syllabes modifica-

---

(1) *Survey of Languages*, p. 90.

tives, distinctes des racines auxquelles elles s'ajoutent.

Dans les langues aryennes, les modifications des mots comprises sous les noms de déclinaison et conjugaison étaient aussi exprimées, dans l'origine, au moyen de l'agglutination. Mais les parties constituantes ne tardèrent pas à se fondre de manière à former un tout, sujet ensuite à l'altération phonétique, au point qu'il devenait impossible, après un certain laps de temps, de distinguer la racine de l'élément formatif qui s'y était ajouté. La différence entre une langue aryenne et touranienne est à peu près la même qu'entre une mosaïque bien ou mal faite : les mots aryens semblent formés d'une seule pièce, les mots touraniens laissent voir les fentes et les sutures.

Il y a une raison qui suffit à expliquer comment les dialectes touraniens en sont restés à cette période secondaire ou d'agglutination : il fallait de toute nécessité que le radical de chaque mot fît saillie, si l'on peut ainsi parler, et se dessinât en relief, qu'il ne fût jamais ni obscurci ni absorbé, comme cela arrive dans la période des flexions.

Le français *âge*, par exemple, n'est plus qu'une terminaison, tout le corps du mot ayant disparu. C'était en vieux français *eage* et *edage*, ce dernier étant une altération du latin *œtaticum*, qui lui-même est dérivé de *œtas*, abréviation de *œvitas* : *œvitas* vient de *œvum*, et dans *œvum*, *œ* seul est le radical, le sanscrit *áy* dans *áy-us*, vie, où nous trouvons le germe qui a animé tous ces différents mots, et leur a donné leur signification. De *œvum* les Romains ont tiré *œviternus*, contracté en *œternus*, de sorte que *âge* et *éternité* découlent de la même source. Les langues touraniennes ne peuvent posséder de pareils mots dans leurs glossaires. Pour la langue d'un peuple nomade, il est de nécessité absolue que les mots y restent intelligibles pour beaucoup d'individus, quelque rares que soient leurs relations mutuelles. La tradition, la société et la littérature peuvent seules conserver des mots et des formes qu'un premier regard ne suffit pas à analyser; de tels mots ne pourraient naître que rarement dans des langues nomades, et dans tous les cas ils s'éteindraient avec chaque génération.

Le verbe aryen contient bien des formes où le pronom personnel ne paraît plus d'une manière sensible; et cependant la tradition, l'habitude et les lois conservent la vie de ces vieux débris, et font que nous n'aimons pas à les abandonner. Mais sur la scène toujours changeante d'une vie nomade, aucune monnaie altérée ne peut jamais avoir cours, ni aucune légende effacée être acceptée sur parole. Le métal doit être pur, et la légende lisible, pour que l'un puisse être pesé et l'autre sinon déchiffrée, du moins reconnue tout d'abord, comme l'authentique garantie de la pièce dont elle indique la valeur à tous les yeux. De là la faible proportion de formes irrégulières dans toutes les langues agglutinantes (1).

Un touranien aurait pu admettre le sanscrit :

as-mi, a-si, as-ti, 's-mas, 's-tha, 's-anti,
Je suis, tu es, il est, nous sommes, vous êtes, ils sont;

ou même le latin :

's-um, e-s, es-t, 'su-mus, es-tis, 'sunt.

---

(1) L'abbé Molina affirme qu'il ne se trouve aucune forme irrégulière dans la langue du Chili. (Du Ponceau, *Mémoire*, p. 90.)

Dans ces formes, sauf peu d'exceptions, il est aussi facile de distinguer la racine et l'affixe que dans le verbe turc :

bakar-im,	bakar-sin,	bakar,
je regarde,	tu regardes,	il regarde,
bakar-iz,	bakar-siniz,	bakar-lar,
nous regardons,	vous regardez,	ils regardent.

Mais une conjugaison comme celle de l'hindoustani, un des dialectes aryens modernes,

hun, hai, hai, hain, ho, hain,

serait incompatible avec le génie des langues touraniennes, parce qu'elle ne répondrait pas aux besoins d'une vie nomade. Les dialectes touraniens, ou ne contiennent aucune distinction de désinences, comme le mantchou, dialecte tougous ; ou ils présentent un système complet et intelligible d'affixes, comme, par exemple, la langue parlée de Nyertchinsk, qui appartient aussi à la branche tongouse.

Mais une conjugaison dans laquelle, par suite de l'altération phonétique, l'affixe est le même pour la première personne du singulier et du pluriel et la troisième du pluriel, et où il n'y a aucune différence entre la seconde et la troisième personne du singulier, ni entre la première et la troisième personne du pluriel, conduirait nécessairement, dans un dialecte touranien, à l'adoption d'autres formes plus expressives. Il faudrait recourir à de nouveaux pronoms ou à quelque autre expédient, pour marquer la distinction des personnes. C'est ce qui fera encore mieux comprendre pourquoi les langues touraniennes et même toutes celles qui appartiennent à la période agglutinante, quoique moins exposées à l'altération phonétique que les langues aryennes et sémitiques, sont si sujettes aux changements produits par le renouvellement dialectal. Un Touranien conserve pour ainsi dire la conscience de sa langue et de sa grammaire. L'idée, par exemple, qu'il rattache à un pluriel est celle d'un nom suivi d'une syllabe indicative de pluralité; pour lui le passif est un verbe suivi d'une syllabe exprimant souffrir, manger ou aller (1).

Or ces idées déterminatives peuvent être énoncées de diverses manières, et, bien que dans une seule et même tribu et à une époque donnée, un certain nombre de terminaisons dussent rester stationnaires et être consacrées à l'expression de quelques catégories grammaticales, telles que le pluriel, le passif ou le génitif, toutefois des hordes différentes devaient, en se séparant, se trouver libres de renouveler et de changer le procédé de la composition grammaticale. Ainsi se produisaient d'incessantes variations qui préparaient de grandes difficultés aux philologues, et qui semblaient devoir déjouer tous les efforts que tenterait la grammaire comparative pour prouver l'identité des terminaisons, même dans des dialectes aussi étroitement apparentés que le finnois et le hongrois, ou le tamoul et le telinga.

Pourtant il ne faut pas supposer que les langues touraniennes ou agglutinantes soient exposées à subir constamment l'opération du renouvellement grammatical. Quand les tribus nomades reçoivent une sorte

---

(1) *Letter on the Turanian Languages,* p. 206.

d'organisation politique, leur langage, quoique touranien, peut se rapprocher du système de ces langues, qui, telles que le sanscrit et l'hébreu, appartiennent aux nations où il y a des traditions et une vie politique; c'est ce qui est arrivé pour les membres les plus avancés de la famille touranienne, le turc, le hongrois, le finnois, le tamoul, le telinga, etc.

Beaucoup de leurs terminaisons grammaticales ont souffert de l'altération phonétique, mais elles n'ont pas été remplacées par de nouveaux mots plus expressifs. Dans le telinga la désinence du pluriel est *lu*, qui n'est probablement qu'une corruption de *gal*, désinence du pluriel en tamoul. Le seul trait caractéristique qui ne s'efface jamais dans la famille touranienne, c'est que la racine n'est jamais obscurcie. En outre, les syllabes déterminatives ou modificatives sont généralement placées à la fin des mots, et les voyelles ne sont pas aussi invariables pour chaque syllabe qu'en sanscrit ou en hébreu. Nous y trouvons, au contraire, ce qu'on appelle la *loi d'harmonisation*, d'après laquelle les voyelles de chaque mot peuvent et doivent subir un changement qui les mette en harmonie avec le ton donné par la voyelle dominante. En turc, par exemple, les voyelles sont divisées en deux classes, les voyelles *aiguës* et les voyelles *graves*. Si un verbe contient une voyelle aiguë dans son radical, les voyelles des terminaisons sont toutes aiguës, tandis que les mêmes terminaisons, agglutinées à un radical contenant une voyelle grave, font passer leurs voyelles dans le ton grave. Ainsi nous avons *sev-mek*, aimer, et *bak-mak*, regarder, *mek* ou *mak* étant la désinence de l'infinitif. De même nous disons *ev-ler*, les maisons, et *at-lar*, les chevaux, *ler* ou *lar* étant la désinence du pluriel.

Aucune langue aryenne ou sémitique n'a conservé une telle liberté pour modifier et échanger ses voyelles selon les lois de l'harmonie, tandis que nous retrouvons des traces de cette faculté chez les membres disséminés de la famille touranienne, par exemple dans les idiomes hongrois, mongol, turc, dans le yakut qui est parlé au nord de la Sibérie, dans le tulu, et dans les dialectes des contrées qui touchent aux frontières orientales de l'Inde.

Pour compléter cette étude, je tracerai en quelques mots le tableau de la famille touranienne, que je tirerai principalement de mon essai intitulé *Survey of languages,* publié en 1855 :

CLASSE TONGOUSE.

La branche tongouse s'étend au nord depuis la Chine jusqu'à la Sibérie, et à l'ouest jusqu'au 113e degré, où le fleuve Tougouska lui sert en partie de limite. Les tribus tongouses de la Sibérie sont sous la domination russe. D'autres tribus tongouses appartiennent à l'empire chinois, et sont connues sous le nom de Mantchoux qu'elles prirent après avoir conquis la Chine en 1644, et fondé la dynastie impériale aujourd'hui régnante.

CLASSE MONGOLE.

Le berceau des populations qui parlent les dialectes mongols se trouve près du lac Baikal et dans les parties orientales de la Sibérie, où nous les rencontrons dès le neuvième siècle après J.-C. Elles se divisaient en trois classes : les *Mongols* proprement dits, les *Buriates*, et les *Olotes* ou *Kalmouks*. Gengis-Khan (1227) les réunit en une nation et fonda l'empire mongol qui comprenait, toutefois, non-seulement les Mongols, mais aussi des tribus tongouses et turques communément appelées Tartares.

Ce nom de Tartare ne tarda pas à devenir la terreur de l'Europe comme de l'Asie, et il s'appliquait indifféremment à tous les guerriers nomades qui fondirent alors sur l'Europe. Primitivement il ne désignait que les races mongoles, mais, à cause de leur prépondérance politique en Asie après Gengis-Khan, on prit l'habitude de l'étendre à toutes les tribus qui se trouvaient sous leur domination. Dans les ouvrages de linguistique, *tartare* est pris dans deux significations différentes : suivant l'exemple des auteurs du moyen âge, il a été adopté, ainsi que *scythe* en grec, comme terme général comprenant *toutes* les langues parlées par les tribus nomades de l'Asie, c'est-à-dire dans le sens où j'emploie le mot touranien; ou bien, il est devenu le nom de cette classe de langues touraniennes où le turc occupe le premier rang : et tandis que le nom de tartare n'est jamais donné à la race mongole, celle qui y a le plus de droit, c'est maintenant un usage presque universel de l'appliquer à la branche turque, la troisième de la division Ouralo-Altaïque; et bien souvent les races appartenant à cette branche l'ont adopté elles-mêmes. Ces populations turques, ou, comme on les appelle plus ordinairement, tartares, étaient établies sur le rivage septentrional de la mer Caspienne et aux bords de la mer Noire, et étaient connues sous le nom de Koumanes, de Pechenegs et de Bulgares quand elles furent subjuguées par l'armée mongole du fils de Gengis-Khan, qui fonda l'empire du Kaptchak, s'étendant depuis le Dniester jusqu'à la Yemba et aux steppes des Kirghises. Pendant deux siècles, la Russie reconnut la suprématie de ces khans, connus sous le nom de khans de la Horde Dorée. Cet empire fut dissous vers la fin du quinzième siècle, et de ses ruines sortirent plusieurs royaumes plus petits, dont les plus importants furent ceux de la Crimée, de Kazan et d'Astrakhan. Les princes de ces royaumes se glorifiaient encore de descendre de Gengis-Khan, et avaient droit au nom de Mongols ou de Tartares. Mais leurs armées et leurs sujets aussi, qui étaient d'extraction turque, recevaient le nom de leurs princes; et leurs langues continuèrent à être appelées tartares, même après que les tribus turques qui les parlaient eurent passé sous l'empire des Russes, et qu'elles n'étaient plus gouvernées par des khans d'origine mongole ou tartare. Il serait donc préférable d'appeler turc, au lieu de tartare, ce troisième rameau de la branche septentrionale de la famille touranienne, si un changement de dénomination n'avait généralement pour effet d'accroître la confusion à laquelle il était destiné à remédier. Il paraît que chez ces tribus de Kazan et d'Astrakhan que nous nommons Tartares, le souvenir de leur origine ne s'est pas effacé. Quand on leur demande s'ils sont Tartares, ils répondent négativement, et ils appellent eux-mêmes leur langue *turki* ou *turuk*. Ils regardent même le nom de tartare comme un terme injurieux, synonyme de voleur, évidemment parce qu'ils n'ont pas oublié que leurs ancêtres avaient été vaincus et assujettis par des hordes mongoles, c'est-à-dire tartares. J'avance ces faits sur l'autorité de Klaproth, qui pendant son séjour en Russie s'est trouvé dans d'excellentes conditions pour étudier les langues parlées sur les confins de cet empire semi-asiatique.

Les conquêtes des Mongols, ou des descendants de Gengis-Khan, ne se sont pas bornées à ces populations turques. A l'est, ils ont conquis la Chine où ils fondèrent la dynastie mongole des Yuan, et à l'ouest, après avoir soumis les califes de Bagdad et les sultans d'Iconium, ils se rendirent maîtres de Moscou et dévastèrent la plus grande partie de la Russie. En 1240 ils envahirent la Pologne, en 1241 la Silésie. Là ils reculèrent devant les armées réunies de l'Allemagne, de la Pologne et de la Silésie; ils se retirèrent en Moravie, et, après avoir épuisé ce pays, occupèrent la Hongrie.

A ce moment, ils eurent à choisir un nouveau khan, ce qui ne pouvait se faire qu'à Karakorum, l'ancienne capitale de leurs États. Ils s'y rendirent donc pour élire le monarque dont la domination s'étendait alors depuis la Chine jusqu'à la Pologne, et de l'Inde à la Sibérie. Mais un si vaste empire ne pouvait être de longue durée, et, vers la fin du treizième siècle, il se décomposa en plusieurs États indépendants, tous régis par des princes mongols, mais n'obéissant plus au sceptre d'un seul khan des khans. Ainsi s'établirent de nouveaux royaumes en Chine, en Turkestan, en Sibérie, dans la Russie méridionale et en Perse. En 1360, la dynastie mongole fut chassée de Chine, et, au quinzième siècle, leur trône fut renversé en Russie. Dans l'Asie centrale, ils se rallièrent encore une fois en 1369 sous le drapeau de Timour, qui fit reconnaître son autorité depuis Karakorum jusqu'en Perse et en Anatolie. Mais en 1468, cet empire s'écroula aussi, emporté par son propre poids et faute de mains puissantes, comme celles de Gengis-Khan et de Timour, pour le soutenir. Ce fut seulement dans le Jagataï, contrée qui s'étend du lac Aral à l'Hindoukoush, entre les fleuves Oxus et Iaxarte (Jihon et Sihon), et qu'avait autrefois gouvernée Jagataï, fils de Gengis-Khan, que la dynastie mongole se maintint, et c'est de là que Baber, descendant de Timour, partit pour conquérir l'Inde et y fonder une dynastie mongole qui a survécu jusqu'à notre époque dans les Grands Mogols de Delhi. La plupart des peuples mongols sont maintenant soumis aux nations dont ils étaient autrefois les maîtres, et obéissent aux souverains mantchoux de la Chine, aux czars de la Russie, et aux sultans de la Turquie.

La langue mongole, quoique parlée (mais non sans interruption) depuis la Chine jusqu'au Volga, n'a donné naissance qu'à peu de dialectes. Après le tongous, le mongol est la langue la plus pauvre de la famille touranienne, et le petit nombre de ses désinences grammaticales nous explique assez le fait que, comme langue, il est resté presque sans changements. Il y a cependant des différences à signaler entre les dialectes mongols que parlent les tribus de l'est, de l'ouest et du nord; des indices d'une vie grammaticale qui s'éveille et qui commence ont été signalés dernièrement dans l'idiome parlé des Buriates par Castrén, le grand voyageur suédois, à qui nous devons de si précieux matériaux pour la philologie des langues touraniennes. Dans cet idiome, les différentes personnes du verbe sont marquées par des affixes, tandis que, selon les règles de la grammaire mongole, aucun autre dialecte n'établit de distinction entre am*o*, am*as*, am*at*.

Les Mongols qui habitent en Europe ont dressé leurs tentes sur les deux rives du Volga, et sur la côte de la mer Caspienne près d'Astrakhan. On en trouve une autre colonie au sud-est de Sembirsk. Ils appartiennent à la branche occidentale, et sont des Olotes ou Kalmouks qui, après avoir quitté leurs demeures sur les bords du Koko-nour, sont entrés en Europe en 1662. Ils venaient de la tribu des Dürbets et de celle des Torgodes, mais la plupart des Torgodes retournèrent en 1770, et leurs descendants sont maintenant dispersés dans les steppes des Kirghises.

CLASSE TURQUE.

Un tout autre intérêt s'attache aux langues qui appartiennent à la troisième branche de la famille touranienne, au premier rang desquelles nous trouvons le turc ou l'osmanli de Constantinople. Les habitants turcs de la Turquie d'Europe sont fort peu nombreux : on en compte généralement deux millions; mais Shafarik n'évalue qu'à sept cent mille le nombre des Turcs véritables, maîtres d'une population d'environ quinze millions d'hommes. La région sur laquelle s'étendent les dialectes turcs dont l'osmanli fait partie est une des plus vastes du monde; elle s'étend depuis le Léna et la mer Glaciale jusqu'à l'Adriatique.

Le plus ancien nom par lequel les peuplades turques de l'Asie centrale furent connues des Chinois était celui de *Hiung-nu*. Ces Hiung-nu fondèrent, en

206 avant Jésus-Christ, un empire qui comprenait une grande partie de l'Asie à l'ouest de la Chine. Engagés dans des guerres fréquentes contre les Chinois, ils furent enfin défaits vers le milieu du premier siècle de notre ère. Ils se divisèrent alors en deux États, celui du nord et celui du sud ; et, quand les Hiung-nu du sud furent devenus les sujets de la Chine, ils attaquèrent leurs frères du nord, de concert avec les Chinois, en les chassant des demeures qu'ils occupaient entre les fleuves Amour et Selenga, et les monts Altaïs ; en les poussant vers l'ouest, ils donnèrent probablement le branle à ce grand mouvement de peuples qui précipita sur l'Europe les invasions barbares. Au commencement du treizième siècle, les tribus mongoles et tongouses qui s'étaient emparées du pays des Hiung-nu du nord étaient devenues assez puissantes pour attaquer les Hiung-nu du sud et les expulser de leur territoire ; ce qui détermina une nouvelle migration de peuplades asiatiques vers l'ouest.

Un autre nom par lequel les Chinois désignent ces tribus Hiung-nu ou turques est celui de Tu-kiu, que l'on suppose n'être autre chose qu'une transcription du nom de Turc. Quoique la peuplade qui portait ce nom ne fût, dans le principe, que peu nombreuse, elle commença, au sixième siècle, à se répandre depuis les monts Altaïs jusqu'à la mer Caspienne, et il est probable que c'est vers elle que l'empereur Justinien envoya Semarchos comme ambassadeur en l'année 569. L'empire des Tu-kiu fut détruit au huitième siècle par les Hui-'he (chinois Kao-ché). Cette tribu, également d'origine turque, se maintint pendont environ un siècle, quand elle fut vaincue par les

Chinois et repoussée des frontières septentrionales de la Chine. Une partie des 'Hui-'he s'établit dans le Tangut, et, les Mongols leur ayant fait subir une nouvelle défaite en 1527, les débris de la tribu se retirèrent vers l'ouest et se joignirent aux Ouigours qui étaient campés près des villes de Turfan, de Kashgar, de Hamil et d'Aksou.

Ces faits, recueillis principalement dans les récits des historiens chinois, nous montrent, dès les temps les plus reculés, le mouvement qui emporte vers l'ouest les nations turques. En 568, des tribus turques occupèrent la contrée entre le Volga et la mer d'Azof, et depuis lors de nouvelles migrations sont venues souvent renforcer cette avant-garde.

La partie septentrionale de la Perse, à l'ouest de la mer Caspienne, l'Arménie, le sud de la Géorgie, le Schirvan et le Dagestan, servent d'asile à une population turque, connue sous la dénomination générale de Turkmans ou Kisil-bash (Bonnets-rouges). Ce sont des brigands nomades, et leur arrivée dans ces régions date du onzième et du douzième siècle.

A l'est de la mer Caspienne, les tribus turkmanes sont sous les ordres des Usbek-khans de Khiva, de Ferganah et de Boukhara. Ils s'appellent, toutefois, les hôtes et non les sujets de ces khans. Plus à l'est, des Turkmans sont compris dans l'empire chinois, et au sud-ouest d'autres groupes de même origine sont répandus jusque dans le Khorassan et d'autres provinces de Perse.

Les Usbeks, descendants des 'Hui-'he et des Ouigours, et établis originairement dans le voisinage des villes de Hoten, de Kashgar, de Turfan et de Hamil, traversèrent l'Iaxarte au seizième siècle, et, après plusieurs campagnes heureuses, s'emparèrent des provinces de Balkh, de Kharism (Khiva), de Boukhara et de Ferganah. Dans cette dernière contrée et dans celle de Balkh, ils se sont occupés d'agriculture; mais ils mènent généralement une vie nomade, et trop martiale pour qu'on puisse l'appeler pastorale.

Une autre peuplade turque est celle des Nogaïs, à l'ouest de la mer Caspienne, et aussi au nord de la mer Noire. Au commencement du dix-septième siècle, ils habitaient au nord-est de la mer Caspienne; et les steppes sur la rive gauche de l'Irtish portaient leur nom. Pressés par les Kalmouks, tribu mongole, les Nogaïs avancèrent vers l'ouest jusqu'à Astrakhan. De là, Pierre Ier les transporta au nord du Caucase, où ils font encore paître leurs troupeaux sur les bords du Kouban et du Kouma. Une de ces hordes, celle des Kundours, est restée, sous la domination des Kalmouks, sur les rives du Volga.

Les Bazianes sont une autre peuplade d'origine turque, établie aujourd'hui dans le Caucase, près des sources du Kouban; mais, avant le quinzième siècle, ils habitaient la ville de Majari, sur le Kouma.

Une troisième tribu turque du Caucase est celle des Kumoucks, sur le Sunja, l'Aktchaï et le Koïsou; ils sont maintenant sujets de la Russie, bien que gouvernés par des princes de leur race.

La partie méridionale des monts Altaïs est habitée depuis longtemps par les Bashkirs, race très-mélangée de sang mongol, féroce et ignorante, obéissant à la Russie, et professant la religion de Mahomet. Leur territoire est divisé par quatre *routes*, appelées les routes de Sibérie, de Kazan, de Nogai, et d'Osa, petite ville bâtie sur le Kama. Au milieu des Bashkirs, et dans les villages près d'Ufa, est maintenant établie une tribu turque, celle des Mescheraks, qui habitaient autrefois près du Volga.

On appelle Kara-Kalpaks (bonnets noirs) les tribus dans le voisinage du lac Aral, dont les unes sont soumises à la Russie, et les autres aux khans de Khiva.

Les Turcs de Sibérie, communément appelés Tartares, sont en partie les premiers habitants du pays, qui passèrent les monts Ourals et fondèrent le khanat de Sibir, et en partie des colons venus plus tard. Leurs principales villes sont Tobolsk, Yeniseisk, et Tomsk. Les Uran'hat sur le Chulym, et les Barabas dans les steppes entre l'Irtish et l'Ob, sont des populations tout à fait distinctes.

Les dialectes de ces Turcs de Sibérie sont fort mélangés de mots étrangers puisés aux sources mongole, samoyède et russe; mais, pour tout ce qui tient au fond primordial de la langue, on trouve dans tous une ressemblance frappante.

Au nord-est de l'Asie, sur les deux rives du Léna, les *Yakuts* forment le dernier anneau de la chaîne des peuplades qui parlent les langues turques. Leur population mâle s'est élevée récemment à 100,000 âmes, quoique, en 1795, elle ne montât guère qu'à 50,066. Les Russes les connurent pour la première fois en 1620. Ils s'appellent *Sakha*, et sont généralement païens; pourtant le christianisme commence à faire des progrès chez eux. Selon leurs traditions, leurs ancêtres cohabitèrent longtemps avec les tribus mongoles, et leur langage porte encore les traces de ce contact. Attaqués par leurs voisins, ils se construisirent des radeaux, et, ayant descendu le Léna, ils se fixèrent dans le voisinage de ce qui est maintenant leur ville de Yakutzk. Leur berceau semble avoir été au nord-ouest du lac Baikal. Leur langue a conservé le type turc plus complétement qu'aucun autre dialecte turco-tartare. Détaché de bonne heure de la tige commune, et éloigné des influences auxquelles les autres dialectes furent exposés, pendant la guerre ou en temps de paix, le yacutien a conservé tant de traits primitifs de la grammaire tartare, que même à présent il peut servir de clef pour les formes grammaticales de l'osmanli et d'autres dialectes turcs plus cultivés.

La Sibérie méridionale est la mère-patrie des Kirghises, l'une des plus nombreuses peuplades d'origine turco-tartare. Ils habitaient primitivement entre l'Ob et le Yenisei, où des tribus mongoles vinrent s'établir parmi eux. Au commencement du dix-septième siècle, les Russes rencontrèrent les Kirghises orientaux dont les demeures étaient alors sur les bords du Yenisei. En 1606, ils étaient devenus tributaires de la Russie, et, après plusieurs guerres contre deux peuplades voisines, ils furent chassés de plus en plus vers le sud-ouest, jusqu'à ce qu'enfin ils quittèrent entièrement la Sibérie au commencement du dix-huitième siècle. Ils habitent maintenant à Burut, dans le Turkestan de Chine, avec les Kirghises de la « Grande-Horde », près de la ville de Kashgar, et au nord jusqu'à l'Irtish.

Une autre tribu est celle des Kirghises occidentaux, ou Kirghises-Kasak, qui sont en partie indépendants, en partie tributaires de la Russie et de la Chine.

Des trois hordes des Kirghises, entre la mer Caspienne et le lac Tenghiz, à l'est, la Petite-Horde est établie à l'ouest, entre les fleuves le Yemba et l'Oural, et la Grande-Horde, à l'est; tandis que la plus puissante occupe le milieu entre le Sarasou et le Yemba, et est appelée la Horde centrale. Depuis 1819, la Grande-Horde est sujette de la Russie : d'autres tribus des Kirghises, bien que soumises de nom à la Russie, sont, en réalité, ses plus dangereux ennemis.

Les Turcs d'Asie Mineure et de Syrie sont venus du Khorassan et de l'est de la Perse, et sont des Turkmans, ou des restes des Seljouks, qui avaient été les maîtres de la Perse au moyen âge. Ce fut à cette époque que pénétrèrent dans le turc toutes ces locutions, tous ces mots persans qui y ont aujourd'hui droit de cité. Les Osmanlis, que nous avons l'habitude d'appeler les Turcs par excellence, et qui composent la classe dominante de l'empire de Turquie, sont issus de la même source. Ils sont maintenant répandus dans tout l'empire turc en Europe, en Asie et en Afrique. Ce sont les propriétaires fonciers, les nobles et les administrateurs de la Turquie; et leur langue, l'osmanli, est parlée par les hautes classes, par toutes les personnes qui ont reçu de l'instruction, et par les fonctionnaires publics en Syrie, en Égypte, à Tunis et à Tripoli. Dans les provinces méridionales de la Russie d'Asie, sur les bords de la mer Caspienne et dans tout le Turkestan, l'osmanli est la langue du peuple : on l'entend parler même à la cour de Téhéran, et les personnages officiels, en Perse, le comprennent.

L'agrandissement de cette puissante tribu d'Osman, et l'extension de ce dialecte qui est maintenant appelé le *turc*, sont des faits historiques bien connus. Il n'est pas besoin de chercher des témoignages dans les annales de la Chine, ni d'essayer de découvrir des analogies entre des noms qu'un auteur grec ou arabe a pu entendre par hasard et nous a transmis, et ceux que plusieurs de ces tribus ont conservés jusqu'à ce jour : les ancêtres des Turcs Osmanlis sont des hommes aussi connus des historiens européens que Charlemagne et Alfred. Ce fut en l'année 1224 que Soliman-Shah et la tribu dont il était le chef, serrés de près par les Mongols, quittèrent le Khorassan et se répandirent à l'ouest, dans la Syrie, l'Arménie et l'Asie Mineure. Le fils de Soliman, Ertoghrul, entra au service d'Alaëddin, sultan seljoukide de Konieh, l'ancien Iconium, et, après plusieurs expéditions heureuses contre les Grecs et les Mongols, obtint le don d'une partie de la Phrygie. Là, il fonda le petit État qui devait devenir plus tard la base de l'empire ottoman. Pendant les dernières années du treizième siècle, les sultans d'Iconium perdirent leur puissance, et leurs anciens vassaux devinrent des souverains indépendants. Osman, après avoir pris sa part des dépouilles de l'Asie, s'avança en Bithynie par les défilés de l'Olympe, et vainquit les armées des empereurs de Byzance. Dorénavant, *Osmanli* (fils ou sujet d'Osman) devint le nom national de son peuple. Son fils Orkhan, dont la capitale était Prusa, aujourd'hui Brousse, après s'être emparé de Nicomédie en 1327 et de Nicée en 1330, menaça l'Hellespont. Il prit le titre de Padishah, et sa cour fut appelée la « Sublime-Porte. » Son fils Soliman traversa l'Hellespont, et, les villes de Gallipoli et de Sestos étant tombées entre ses mains, il devint maître des Dardanelles. Murad Ier prit Andrinople, en 1362, et en fit sa capitale : il marcha ensuite à la conquête de la Macédoine, et, après une lutte sanglante, renversa, en 1389, à la bataille de Kossovapolye, les forces réunies des races slaves de la rive droite du Danube, les Bulgares, les Serbes et les Croates. Il périt lui-même dans le combat, mais son successeur, Bayezid, connu en Occident sous le nom de Bajazet, continua sa marche, envahit la Thessalie, traversa les Thermopyles et dévasta le Péloponnèse. L'empereur d'Allemagne, Sigismond, qui alla à sa rencontre avec une armée composée de soldats français, allemands et slaves, fut défait par Bajazet sur le Danube, à la bataille de Nicopolis, en 1399. Bajazet se rendit maître de la Bosnie, et aurait pris Constantinople, si les mêmes Mongols, devant lesquels les premières tribus turques avaient été obligées de fuir, en 1244, et de se réfugier en Perse, n'avaient menacé leurs nouvelles possessions. Timour avait saisi les rênes tombées des mains de Gengis-Khan ; Bajazet fut forcé de lui livrer combat, et perdit la bataille d'Angora (Ancyre), en Galatie, en l'année 1402.

L'Europe eut maintenant un peu de répit, mais non pas pour longtemps ; Timour mourut, et après lui s'écroula son empire, tandis que l'armée ottomane se ralliait de nouveau sous Mahomet Ier, en 1413, et retrouvait son ancienne puissance sous Murad II (1421). Victorieux en Asie, Murad renvoya ses armées sur le Danube, et, après une vigoureuse résistance de la part des Hongrois et des Slaves, commandés par Hunyade, il gagna enfin deux batailles décisives, celle de Varna, en 1444, et celle de Kossova, en 1448. Constantinople ne pouvait résister plus longtemps. En vain le pape s'efforça-t-il d'entraîner la chevalerie de l'Europe occidentale à une croisade contre les Turcs : Mahomet II succéda à Murad en 1451, et, le 26 mai 1453, après une vaillante défense, Constantinople tomba en son pouvoir, et devint la capitale de l'empire de Turquie.

Quant à l'idiome que parlent les Osmanlis, nous pouvons dire que c'est un véritable plaisir de lire une grammaire turque, quand même on n'a pas le moindre désir d'apprendre cette langue pour la parler ou l'écrire. La manière ingénieuse dont y sont produites les formes grammaticales, la régularité qui règne dans tout le système de déclinaison et de conjugaison, la transparence et la simplicité de la construction tout entière, ne peuvent manquer de frapper ceux qui ont le sentiment de cette merveilleuse puissance de l'esprit humain, qui s'est révélée dans le langage. Étant donné un nombre si petit de racines attributives et démonstratives, qu'il suffirait à peine pour exprimer les besoins les plus ordinaires de l'homme, produire un instrument qui rende les nuances les plus délicates du sentiment et de la pensée ; étant donnés un vague infinitif et un sévère impératif, en tirer des modes comme l'optatif et le subjonctif, et des temps comme l'aoriste et le futur antérieur ; étant données des articulations incohérentes, les arranger en un système où tout soit uniforme et régulier, bien ordonné et harmonieux : telle est l'œuvre de l'esprit humain que nous voyons accomplie dans le langage. Mais, dans la plupart des langues, il ne reste plus de trace de ce procédé primordial. Elles s'élèvent devant nous comme des roches compactes, et la loupe du philologue peut seule découvrir les débris de vie organique dont elles sont formées. Dans la grammaire des langues turques, au contraire, nous avons sous les yeux une langue d'une structure parfaitement transparente, et une grammaire dont nous pouvons étudier les opérations intérieures comme nous pouvons observer la formation des cellules dans une ruche de cristal. Un orientaliste éminent a dit : « On pourrait se figurer que le turc est le résultat des délibérations de quelque illustre académie ; » mais aucune société savante n'aurait jamais pu créer ce qu'a produit l'esprit de l'homme, abandonné à lui-même dans les steppes de la Tartarie, et guidé seulement par des lois inhérentes à sa nature, ou par une puissance instinctive aussi merveilleuse qu'aucune autre force de la nature.

Examinons quelques-unes de ces formes. « Aimer, » dans le sens le plus général du mot, ou la racine signifiant « amour » est en turc *sev*. Cette forme ne signifie pas encore *aimer*, qui se dit *sevmek*, ni *amour*, qui se dit *sevgu* ou *sevi;* elle n'exprime que l'idée générale et abstraite d'aimer. A cette racine, comme nous l'avons déjà remarqué, on ne peut jamais toucher. Quelque syllabe qu'on y ajoute pour en modifier le sens, la racine elle-même doit toujours ressortir comme une perle enchâssée dans des diamants. Elle ne peut jamais être changée, ni brisée, ni assimilée, ni modifiée, comme cela arrive pour l'anglais *I take*, *I took*, ou le français *je prends*, *je pris*, et autres formes semblables. Avec cette seule restriction, nous sommes libres d'en faire absolument tout ce que nous voulons. Supposons que nous n'eussions rien de semblable à notre conjugaison, et qu'il nous fallût exprimer, pour la première fois, des idées comme *j'aime, tu aimes, il aime*, etc. Il nous semblerait tout naturel de former un adjectif ou un participe, avec le sens de *aimant,* et d'y joindre les différents pronoms de la manière suivante : *je aimant, tu aimant,* etc. Eh bien, c'est précisément ce que les Turcs ont fait. Il est inutile de nous demander, pour le moment, comment ils produisent ce que nous appelons un participe : c'était, néanmoins, loin d'être aussi facile que nous nous l'imaginons. En turc, on a formé un participe à l'aide de *er : sever* signifierait donc *aimant. Tu,* en turc, est *sen,* et comme toutes les syllabes modificatives sont placées après la racine, nous avons *sev-er-sen,* tu aimes. *Vous,* en turc, se dit *siz;* de là *sev-er-siz,* vous aimez. Dans ce cas, les terminaisons du verbe ne sont autres que les pronoms eux-mêmes : à d'autres personnes, la conformité est moins parfaite, parce que les terminaisons ont été quelquefois modifiées, ou qu'on les a laissées entièrement tomber comme inutiles, ainsi que cela a eu lieu à la troisième personne *sever.* Toutefois un rapprochement avec d'autres langues congénères, dans lesquelles les terminaisons ont conservé une forme plus primitive, nous permet de dire que dans le verbe turc originel, toutes les personnes du présent ont été formées à l'aide de pronoms agglutinés à ce participe *sever.* Au lieu de : j'aime, tu aimes, il aime, le grammairien turc dit : aimant-je, aimant-tu, aimant.

Mais ces désinences personnelles ne sont pas les mêmes à l'imparfait et au présent.

Présent.	Imparfait.
sever-im, j'aime	sever-di-m, j'aimais
sever-sen	sever-di-ñ
sever	sever-di
sever-iz	sever-di-k (miz).
sever-siz	sever-di-ñiz
sever-ler	sever-di-ler.

Il n'est pas besoin de rechercher encore l'origine de *di,* ajouté pour former l'imparfait : mais il faut observer qu'à la première personne du pluriel de l'imparfait une variante se présente dans d'autres dialectes tartares où l'on trouve *miz* au lieu de *k*. Or, en examinant ces terminaisons *m, ñ, i, miz, ñiz* et *ler*, nous voyons qu'elles sont identiques avec les pronoms possessifs usités après les subtantifs. Comme l'Italien dit *fratel-mo,* mon frère, et l'Hébreu *El-i,* Dieu (de) je, c'est-à-dire mon Dieu, les langues tartares ont composé les phrases « ma maison, ta maison, sa maison, » en agglutinant des pronoms possessifs aux substantifs. Un Turc dit :

bâbâ,	père	bâbâ-m,	mon père
aghâ,	seigneur	aghâ-ñ,	ton seigneur
el,	main	el-i,	sa main
oghlou,	fils	oghlou-muz,	notre fils
anâ,	mère	anâ-ñiz,	votre mère
kitâb,	livre	kitâb-leri,	leur livre.

D'où nous pouvons conclure qu'à l'imparfait ces désinences pronominales étaient prises originairement dans un sens possessif, et par conséquent que ce qui reste quand on a retranché les désinences personnelles, *sever-di,* n'a jamais été un adjectif ni un participe, mais a dû être, dans le principe, un substantif susceptible d'avoir pour terminaisons les pronoms possessifs : ce qui revient à dire que l'idée exprimée originairement par l'imparfait n'a pas pu être « aimant-je, » mais « amour de moi. »

Mais comment cette expression pouvait-elle donner l'idée d'un temps passé mis en contraste avec un présent? Portons les yeux sur notre propre langue, où, si nous voulons exprimer le passé, nous disons « j'ai aimé. » Ce « j'ai » signifiait primitivement je possède, et en latin « *amicus quem amatum habeo* » voulait dire, en réalité, un ami que je tiens pour cher, et non pas encore, que j'*ai* aimé. Avec le temps, cependant, des phrases comme « j'ai dit, j'ai aimé, » prirent le sens du parfait et du temps passé, et cela assez naturellement, puisque ce que je *tiens*, ou que j'*ai* fait, *est* réellement fait; *fait* comme nous disons, et passé. Au lieu d'un verbe auxiliaire exprimant la possession, la langue turque a recours à un pronom possessif pour atteindre le même but. « Payement appartenant à moi » équivaut à « j'ai payé »; dans les deux cas, une phrase qui marquait originairement la possession en est venue à exprimer un rapport de temps, et elle est devenue le parfait ou passé du verbe. Bien entendu, nous faisons ici l'anatomie de la grammaire, et assurément, un Turc, en disant *severdim*, n'a pas plus conscience de la force littérale de ce mot « amour appartenant à moi, » que de la circulation de son sang.

La partie la plus ingénieuse du turc est, sans contredit, le verbe. Comme le verbe grec et sanscrit, il déploie une variété de modes et de temps, qui suffit pour reproduire les plus légères nuances de doute, de conjecture, d'espérance et de supposition. Dans toutes ces formes, la racine reste immuable, et se fait entendre, comme la tonique, dans toutes les diverses modulations produites par les changements de personne, de nombre, de mode et de temps. Mais il y a une particularité du verbe turc, à laquelle nous ne pouvons rien trouver d'analogue dans aucune des langues aryennes, c'est la faculté de produire de nouveaux thèmes verbaux par la simple addition de certaines lettres, qui ajoutent au verbe une idée de négation ou de causalité, ou en font un verbe réfléchi ou réciproque.

Sev-mek, par exemple, en tant que racine simple, signifie aimer. En y introduisant *in,* nous obtenons un verbe réfléchi, *sev-in-mek,* s'aimer soi-même, ou plutôt se réjouir, être heureux, qui peut à son tour être conjugué à tous les modes et à tous les temps, *sevin* étant parfaitement l'équivalent d'une nouvelle racine. A l'aide de *ish,* nous formons un verbe réciproque, *sev-ish-mek,* s'aimer l'un l'autre.

La syllabe *dir* ajoutera à chacune de ces trois formes l'idée de causalité. Ainsi :

 I. *Sev-mek,* aimer, devient IV. *Sev-dir-mek,* faire aimer.
 II. *Sev-in-mek,* se réjouir, devient V. *Sev-in-dir-mek,* faire se réjouir.
 III. *Sev-ish-mek,* s'aimer l'un l'autre, devient VI. *Sev-ish-dir-mek,* faire s'aimer l'un l'autre.

La syllabe *il* pourra donner la signification passive à chacune de ces six formes. Ainsi :

 I. *Sev-mek,* aimer, devient VII. *Sev-il-mek,* être aimé.
 II. *Sev-in-mek,* se réjouir, devient VIII. *Sev-in-il-mek,* être réjoui.
 III. *Sev-ish-mek,* s'aimer l'un l'autre, devient IX. *Sev-ish-il-mek* (intraduisible).
 IV. *Sev-dir-mek,* faire aimer, devient X. *Sev-dir-il-mek,* être amené à aimer.
 V. *Sev-in-dir-mek,* faire se réjouir, devient XI. *Sev-in-dir-il-mek,* être amené à se réjouir.
 VI. *Sev-ish-dir-mek,* les faire s'aimer l'un l'autre, devient XII. *Sev-ish-dir-il-mek,* être amené à s'aimer l'un l'autre.

Mais cette liste est bien loin de présenter toutes les modifications des verbes dont dispose le grammairien turc (1). On peut ajouter l'idée de négation à chacune de ces douze racines secondaires ou tertiaires, par la simple insertion de *me*. Ainsi *sev-mek*, aimer, devient *sev-me-mek*, ne pas aimer. Et s'il faut exprimer l'impossibilité d'aimer, le turc a un nouveau verbe à sa disposition pour exprimer cette pensée. Ainsi, tandis que *sev-me-mek* nie seulement le fait d'aimer, *sev-he-me-mek* en nie la possibilité, et signifie ne pas pouvoir aimer. Au moyen de ces deux syllabes modificatives, le nombre des racines dérivées s'élève tout de suite à trente-six. Ainsi :

I. *Sev mek*, aimer, devient XII. *Sev-me-mek*, ne pas aimer.

II. *Sev-in-mek*, se réjouir, devient XIV. *Sev-in-me-mek*, ne pas se réjouir.

III. *Sev-ish-mek*, s'aimer l'un l'autre, devient XV. *Sev-ish-me-mek*, ne pas s'aimer l'un l'autre.

IV. *Sev-dir-mek*, faire aimer, devient XVI. *Sev-dir-me-mek*, ne pas faire aimer.

V. *Sev-in-dir-mek*, faire se réjouir, devient XVII. *Sev-in-dir-me-mek*, ne pas faire se réjouir.

VI. *Sev-ish-dir-mek*, les faire s'aimer l'un l'autre, devient XVIII. *Sev-ish-dir-me-mek*, ne pas les faire s'aimer l'un l'autre.

---

(1) Le professeur Pott, dans la seconde édition de ses *Etymologische Forschungen*, II, 118, renvoie à des formations verbales analogues dans l'arabe, dans la langue des Gallas, etc. Des formes analogues, suivant le docteur Grundert, existent aussi dans le tulu, mais elles n'ont pas été analysées encore avec autant de succès que dans le turc. C'est ainsi que dans le tulu, *malpuwe* veut dire « je fais, » *malpéve*, « je fais habituellement, » *malpürüwe*, « je fais tout d'un coup, » *malpáve*, « je fais faire, » *malpawáye*, « je fais ne pas faire, » etc.

VII. *Sev-il-mek*, être aimé, devient XIX. *Sev-il-me-mek*, ne pas être aimé.

VIII. *Sev-in-il-mek*, qui mérite qu'on s'en réjouisse, devient XX. *Sev-in-il-me-mek*, qui ne mérite pas qu'on s'en réjouisse.

IX. *Sev-ish-il-mek*, si cette forme était usitée, deviendrait XXI. *Sev-ish-il-me-mek*. Ces deux formes sont intraduisibles.

X. *Sev-dir-i.-mek*, être amené à aimer, devient XXII. *Sev-dir-me-mek*, ne pas être amené à aimer.

XI. *Sev-in-dir-il-mek*, être amené à se réjouir, devient XXIII. *Sev-in-dir-il-me-mek*, ne pas être amené à se réjouir.

XII. *Sev-ish-dir-il-mek*, être amené à s'aimer l'un l'autre, devient XXIV. *Sev-ish-dir-il-me-mek*, ne pas être amené à s'aimer l'un l'autre.

Plusieurs de ces formes sont naturellement peu usitées, et, avec bien des verbes, ces racines dérivées, tout en étant possibles grammaticalement, seraient logiquement impossibles. Même un verbe comme *aimer*, le plus flexible, peut-être, de tous, ne se prête pas à quelques-unes des modifications qu'un grammairien turc aime à y opérer. Il est clair, toutefois, que partout où l'on peut formuler une négation, on peut y ajouter encore l'idée de l'impossibilité, de sorte qu'en substituant *he-me* à *me*, nous ferions monter le nombre de racines dérivées à trente-six, dont la dernière, *sev-ish-dir-il-he-me-mek*, serait parfaitement intelligible, et pourrait s'employer si en parlant, par exemple, du sultan et du czar, nous voulions dire qu'il est impossible qu'ils soient amenés à s'aimer l'un l'autre.

CLASSE FINNOISE.

On suppose généralement que le berceau des peuplades finnoises était dans les monts Ourals; de là est venue pour leurs langues la dénomination d'ouraliennes. De ce centre, ils se sont répandus à l'est et à l'ouest, et, dans les temps anciens, au sud, jusqu'à la mer Noire, où les tribus finnoises, mongoles et turques furent probablement connues des Grecs sous le nom commode de Scythes, qui les comprenait toutes. Comme nous n'avons aucun monument écrit de ces nations nomades, il est impossible de dire, même quand les écrivains grecs nous ont conservé leurs noms barbares, à quelle branche de l'immense famille touranienne elles appartenaient. Leurs mœurs étaient probablement les mêmes avant l'ère chrétienne et au moyen âge qu'aujourd'hui. Une tribu prend possession d'un territoire, y reste pendant plusieurs générations peut-être, et donne son nom aux prairies où elle garde ses troupeaux et aux rivières où ses chevaux s'abreuvent. Si le pays est fertile, il attire les yeux d'autres tribus; les guerres commencent, et quand la résistance est vaine, des populations entières quittent les pâturages de leurs pères pour mener, quelquefois pendant plusieurs générations, la vie errante, qu'elles préfèrent à la vie sédentaire; et, après un certain temps, nous pouvons retrouver leurs noms à des centaines de lieues plus loin. Ou bien encore, deux tribus peuvent continuer à guerroyer pendant des années, jusqu'à ce que, leurs forces étant diminuées, elles se voient obligées de faire cause commune contre quelque nouvel ennemi.

Pendant ces luttes prolongées, elles perdent autant de mots que d'hommes tués sur les champs de bataille. Les uns, si l'on nous permet cette image, passent à l'ennemi, d'autres sont faits prisonniers, et sont rendus en temps de paix. Et puis, il y a des pourparlers et des défis, et enfin se forme un idiome qu'on peut, avec une justesse parfaite, appeler la langue du camp (*urdu-zebán*, langue du camp, est le vrai nom de l'hindoustani qui prit naissance dans les armées des empereurs mongols); mais il est difficile pour le philologue d'y ranger les vivants et de compter les morts, à moins que quelques parties saillantes de la grammaire ne soient sorties intactes de la mêlée. Nous avons vu que d'innombrables peuplades peuvent parfois se lever tout à coup à l'appel d'un Gengis-Khan ou d'un Timour, comme les flots de l'Océan grossissent et se soulèvent à la voix de l'orage. Une de ces vagues, roulant depuis Karakorum jusqu'à Liegnitz, peut emporter tous les parcs et les bornes établis par les siècles; et quand l'orage aura passé, il restera, comme après une inondation, une croûte légère dérobant à la vue toute une couche de peuples et de langues.

La philologie nous montre la tige finnoise se partageant en quatre rameaux :

Le tchoude,

Le bulgare,

Le permien,

L'ougrien.

Le tchoude comprend les dialectes finnois des côtes de la Baltique. Ce nom vient des *Tchoudes*, ainsi que les Russes appelaient originairement les peuplades finnoises du nord-ouest de la Russie : plus tard, il prit un sens plus général, et devint presque synonyme de *Scythe*, pour désigner toutes les tribus du nord et du centre de l'Asie. Les Finlandais proprement dits, ou, comme ils s'appellent, *Suomalainen*, c'est-à-dire habitants des marais, sont établis dans les provinces de la Finlande (autrefois appartenant à la Suède, mais annexées à la Russie depuis 1809), et dans des parties des gouvernements d'Archangel et d'Olonetz. Un dénombrement récent nous donne 1,521,515 âmes comme chiffre de leur population. Les Finlandais sont les plus avancés de toute leur famille, et, à l'exception des Magyares, sont la seule race finnoise qui puisse prétendre à un rang parmi les nations civilisées et civilisatrices du monde. Leur littérature et surtout leur poésie populaire témoignent d'un haut degré de développement intellectuel à une époque que nous pouvons appeler mythique, et dans des régions plus favorables à l'épanouissement des sentiments poétiques que leur demeure actuelle, dernier refuge que l'Europe ait pu leur offrir. Les poésies épiques vivent encore dans les classes les plus pauvres, transmises seulement par la tradition orale, et conservant tous les traits d'une mesure parfaite et d'une langue plus ancienne. Malgré la prépondérance russe, le sentiment national s'est réveillé naguère chez les Finlandais, et a donné une impulsion énergique aux travaux de Sjögern, de Lönnrot, de Castrén et de Kellgren, qui ont produit des résultats vraiment surprenants. De la bouche des vieillards, on a recueilli un poëme épique, dont les dimensions sont à peu près celles de l'*Iliade*, et qui a la même unité; nous dirions qu'il est aussi beau, si nous pouvions oublier pour un instant tout ce que, dans notre jeunesse, nous avons appris à qualifier de ce nom. Un Finlandais n'est pas un Grec, ni Wainamoinen un Homère; mais s'il est permis à un poëte de choisir ses couleurs dans la nature qui l'environne, et de peindre les hommes au milieu desquels il vit, le *Kalewala* possède des mérites qui peuvent rappeler ceux de l'*Iliade,* et il a le droit de réclamer sa place comme la cinquième épopée nationale du monde, à côté des chants ioniens, du *Mahâbhârata,* du *Shânâmeh,* et des *Niebelungen.* Cette antique culture littéraire n'a pas été sans une grande influence sur la langue. Elle a donné la permanence à ses formes et la fixité à ses mots, au point que nous serions presque tentés, à première vue, de nous demander si la grammaire de cette langue n'est pas sortie de la période agglutinante pour passer dans celle des flexions avec le grec ou le sanscrit. Le type agglutinant subsiste encore, cependant, dans le finnois, dont la grammaire nous présente une fécondité de combinaisons grammaticales inférieure seulement à celle du turc et du hongrois. Comme dans le turc, nous y trouvons « l'harmonisation des voyelles », qui est un des caractères des langues touraniennes, ainsi que nous l'avons expliqué plus haut.

Le karélien et le tavastien sont des variétés du finnois.

Les Esthes ou Esthoniens, voisins des Finlandais, parlent une langue qui se rapproche beaucoup de la leur. Elle se divise en dialecte de Dorpat (ville de Livonie) et en dialecte de Revel. Si l'on excepte quelques chants populaires, on peut dire que l'esthonien n'a pas de littérature. L'Esthonie compose, avec la Livonie et la Courlande, les trois provinces de la Russie sur la Baltique. La population des îles du golfe de Finlande est en grande partie esthonienne ; mais les hautes classes comprennent à peine l'esthonien, et ne le parlent jamais.

Outre les Finlandais et les Esthoniens, il faut comprendre dans la même famille les Livoniens et les Lapons : mais ils sont peu nombreux. La population de la Livonie se compose principalement d'Esthes, de Lettes, de Russes et d'Allemands. Le nombre de Livoniens parlant leur propre idiome ne s'élève pas à plus de cinq mille.

Les Lapons habitent la région la plus septentrionale de l'Europe. Ils appartiennent à la Suède et à la Russie, et leur nombre est évalué à vingt-huit mille. Leur langue a beaucoup attiré, depuis quelque temps, l'attention des savants, et nous lisons dans les voyages de Castrén une description de leurs mœurs, qui est pleine d'intérêt à cause de sa simplicité et de son exactitude.

Le rameau bulgare comprend les Tchérémisses et les Mordviniens, épars le long du Volga et entourés de dialectes russes et tartares. Ces deux langues ont une grammaire extrêmement artificielle, et admettent une accumulation d'affixes pronominaux à la fin des verbes, qui n'est surpassée qu'en basque, en caucasien et dans les dialectes dits polysynthétiques de l'Amérique.

Ce nom général de *Bulgares,* donné à ces tribus, ne dérive pas de la Bulgarie, sur le Danube : au contraire, la Bulgarie (l'ancienne Mésie) a reçu son nom des armées finnoises qui en firent la conquête au septième siècle. Des tribus bulgares s'avancèrent du Volga au Don, et, après avoir séjourné quelque temps sur les rives du Don et du Dniéper, sous la domination des Avars, elles marchèrent jusqu'au Danube, en 635, et fondèrent le royaume bulgare, qui a conservé son nom jusqu'à nos jours, bien que les Bulgares finnois aient été depuis longtemps absorbés par les habitants slaves, et que les uns comme les autres aient passé sous le sceptre de la Turquie, en 1392.

Le troisième rameau, le permien, comprend les idiomes des Votiakes, des Sirianes et des Permiens, trois dialectes d'une même langue. *Perm* était l'ancien nom de la contrée qui s'étend entre le 61° et le 76° long. E., le 55° et le 65° lat. N. Les peuplades permiennes, chassées vers l'ouest par leurs voisins de l'est, les Voguls, vinrent se heurter contre les Bulgares du Volga. On trouve les Votiakes entre le Vyatka et le Káma, et les Sirianes au nord, sur les rives du haut Káma, tandis que la région orientale est occupée par les Permiens. Ces derniers sont entourés, au sud, par les Tartares d'Orenburg et par les Bashkirs ; au nord, par les Samoyèdes ; et à l'est, par les Voguls, descendus des monts Ourals.

Ces Voguls, avec les Hongrois et les Ostiakes, composent le quatrième et dernier rameau de la famille finnoise, l'ougrien. C'est en 462, après le démembrement de l'empire d'Attila, roi des Huns, que ces tribus ougriennes s'avancèrent vers l'Europe. On les appelait alors Onagurs, Saragurs, et Urogs ; et nous les retrouvons plus tard dans les chroniques russes sous la dénomination d'Ugry. Ce sont les ancêtres des Hongrois ; ils ne doivent pas être confondus avec les Ouigours, ancienne tribu turque que nous avons déjà mentionnée.

Les rapports qui existent entre le hongrois et les dialectes d'origine finnoise ne sont pas une découverte moderne. Dès 1253, un prêtre, Wilhelm Ruysbrœck, qui voyagea au-delà du Danube, remarqua qu'une race, nommée les Pascatirs, et habitant sur les bords du Yaïk, parlait la même langue que les Hongrois.

Elle était alors établie à l'est de l'antique royaume bulgare, dont la capitale, l'ancienne Bolgari, s'élevait sur la rive gauche du Volga, sur l'endroit où nous voyons aujourd'hui les ruines de Spask. Si ces Pascatirs, la portion des peuplades ougriennes qui resta à l'ouest du Volga, étaient identiques avec les Bashkirs, comme Klaproth le suppose, il s'ensuivrait qu'ils ont renoncé, par la suite, à leur langue; car les Bashkirs actuels ne parlent plus un dialecte hongrois, mais un dialecte turc. L'affinité des dialectes hongrois et ougro-finnois fut prouvée pour la première fois, d'après les règles de la philologie, par Gyarmathi, en 1799.

Quelques exemples pourront suffire pour montrer cette connexion :

Hongrois.	Tchérémissien.	Français.
atya-m	atya-m	mon père
atya-d	atya-t	ton père
atya	atya-se	son père
atya-nk	atya-ne	notre père
atya-tok	atya-da	votre père
atya-ok	atya-st	leur père

DÉCLINAISON.

	Hongrois.	Esthonien.	Français.
Nom.	vér	werri	le sang
Gén.	véré	werre	du sang
Dat.	vérnek	werrele	au sang
Acc.	vért	werd	le sang
Abl.	vérestöl	werrist	du sang.

CONJUGAISON.

Hongrois.	Esthonien.	Français.
lelem	leian	je trouve
leled	leiad	tu trouves
leli	leiab	il trouve
leljük	leiame	nous trouvons
lelitek	leiate	vous trouvez
lelik	leiawad	ils trouvent.

TABLEAU COMPARATIF

DES NOMS DE NOMBRE DES QUATRE RAMEAUX DE LA CLASSE FINNOISE,

MONTRANT LE DEGRÉ DE LEUR PARENTÉ.

	1	2	3	4	5	6	7	8	9	10
Tchoude, finnois	yksi	kaksi	kolme	neljä	viisi	kuosi	seitsemän	kahdeksan	yh deksan	kymmenen
— esthonien	iits	kats	kolm	neili	wiis	kuus	seitze	kattesa	üttesa	kümme
Bulgare, tchérémissien	ik	kok	hum	nil	vis	kut	sim	kändäxe	endexe	lu
— mordvinien	vaike	kavto	kolmo	nile	väte	kóto	sisem	kavsko	väikse	kämen
Permien, sirianien	ötik	kyk	kojim	njolj	vit	kvait	sizim	kökjâmys	ökmys	das
Ougrien, ostiaks	it	kat	chudem	njeda	vet	chut	tabet	nida	arjong	jong

Nous avons ainsi examiné les quatre rameaux principaux de la famille touranienne, le tongous, le mongol, le turc et le finnois. Au dernier rang se trouve le tongous, dont la grammaire n'est guère plus riche que celle du chinois, et qui, dans sa structure, ne renferme rien de cet appareil architectonique, dans lequel les mots de cette dernière langue sont réunis, sans ciment, comme les pierres des monuments cyclopéens. Toutefois, ceci est surtout vrai du mantchou; dans d'autres dialectes tongous parlés, non en Chine, mais dans la patrie primitive des Mantchoux, on voit apparaître, de nos jours, quelques formes grammaticales.

Les dialectes mongols s'élèvent au-dessus des dialectes tongous, mais leur grammaire sait à peine distinguer les différentes parties du discours. Dans les idiomes parlés par les Mongols comme par les Tongouses, il se fait évidemment un travail pour arriver à une vie plus organique, et Castrén a rapporté les preuves d'un développement naissant des mots, dans la langue des Buriates, et dans un dialecte tongous, parlé près de Nyertchinsk. Ce n'est, cependant, qu'un faible commencement auprès de l'exubérance de ressources grammaticales que l'on trouve dans les langues turques. Pour leur système de conjugaison, ces dernières ne peuvent guère être surpassées. Leurs verbes sont comme des branches, qui se courbent sous le poids des fruits et des fleurs. Les dialectes finnois se distinguent plutôt par la diminution que par l'augmentation des formes verbales; mais leur déclinaison est plus riche que celle même du turc.

Ces quatre classes constituent, avec la samoyède, la

division septentrionale ou ouralo-altaïque de la famille touranienne.

La division méridionale se compose des dialectes tamouls, gangétiques (le trans-himalayen et le sub-himalayen), lohitiens, taïens et malais (1). Ces deux divisions comprennent, à bien peu de chose près, toutes les langues de l'Asie, à l'exception du chinois, qui, avec les dialectes circonvoisins, représente seul le langage radical ou monosyllabique. Quelques idiomes, comme le japonais (2), la langue de la Corée, des Koriakes, des Kamtschadales, et les nombreux dialectes du Caucase, etc., etc., ne sont encore rangés dans aucune classe ; mais il est probable que quelques traces d'une origine qui leur serait commune avec les langues touraniennes y subsistent encore, et n'attendent que les recherches philologiques pour se révéler.

Je n'ai pas besoin de m'étendre longuement sur la troisième période, celle des flexions, puisque nous en avons examiné la formation, en analysant, dans nos précédentes leçons, un certain nombre de mots sanscrits, grecs et latins, ou de quelque autre langue aryenne. La principale distinction entre les langues à flexions et les langues agglutinantes consiste en ce que ces dernières conservent la conscience de leurs racines,

---

(1) Je ne pourrai que donner un tableau de ces dialectes, à la fin de ce volume, renvoyant pour d'autres détails à ma *Lettre sur les langues touraniennes*. Les dialectes gangétiques et lohitiens sont ceux qui sont compris sous la dénomination de Bhotîay.

(2) M. Boller de Vienne, qui a publié une analyse très-complète des langues touraniennes dans les *Mémoires de l'Académie de Vienne*, a démontré dernièrement le caractère touranien du japonais.

dont elles n'admettent pas par conséquent l'altération phonétique; et tout en ayant perdu la conscience de la signification primitive de leurs terminaisons, elles sentent distinctement la différence entre la racine significative et les éléments qui la modifient. Mais il n'en est pas de même pour les langues à flexions : là, les éléments divers qui entrent dans la composition des mots peuvent être si bien soudés ensemble, et si complétement changés par l'altération phonétique, que l'étude devient nécessaire pour reconnaître la distinction originelle entre une racine et une désinence, et que la grammaire comparée peut seule découvrir les soudures entre les parties constitutives.

Si vous considérez le caractère de notre classification morphologique, vous verrez qu'elle doit pouvoir s'appliquer à toutes les langues, et par là elle diffère de la classification généalogique. En effet, elle épuise tous les cas possibles. Si les éléments constitutifs du langage sont les racines attributives et démonstratives, il ne peut se présenter plus de trois combinaisons. Les racines peuvent rester simplement racines; ou, secondement, elles peuvent se joindre ensemble de façon que l'une détermine l'autre, et perde son existence indépendante; ou, troisièmement, elles peuvent se joindre et se fondre ensemble, si bien que toutes deux perdent leur existence indépendante. Le nombre de racines entrant dans la composition d'un mot n'y fait rien, et c'est pour cela qu'il est inutile d'admettre une quatrième classe, appelée quelquefois *polysynthétique*, et comprenant la plupart des dialectes d'Amérique. Tant que, dans ces composés d'une longueur démesurée, la racine significative se distingue du reste, les langues appartiennent à la période agglutinante; mais elles appartiennent à la période des flexions, aussitôt que les racines sont absorbées par les terminaisons. Il est inutile aussi de distinguer les langues *synthétiques* des *analytiques*, dont les premières comprennent les langues anciennes, et les dernières comprennent les langues modernes, appartenant à la période des flexions. La formation de phrases comme le français *j'aimerai* pour *j'ai à aimer*, ou l'anglais *I shall do, thou wilt do*, peuvent être appelées *analytiques*; mais, envisagées sous le rapport de leur formation, ces phrases doivent rentrer dans la période des flexions. En analysant *je vivrai*, nous trouvons que c'était originairement *ego* (sanscrit *aham*) *vivere* (sanscrit *jîv-as-e*, dat. neutr.) *habeo* (sanscrit *bhâ-vayâ-mi*); c'est-à-dire que nous avons un certain nombre de mots où l'articulation grammaticale a été presque entièrement détruite, sans, cependant, qu'on s'en soit complétement débarrassé; tandis que dans les langues touraniennes, les formes grammaticales sont produites par la combinaison de racines qui restent entières, et les anciennes désinences inutiles sont d'abord éliminées, avant toute combinaison nouvelle (1).

Maintenant que nous avons terminé notre classification morphologique, il se présente un problème que nous aurions pu éviter si nous nous étions limité à une classification généalogique. A la fin de notre classification généalogique, nous avons dû reconnaître que jusqu'à présent on n'a pu dresser le tableau généalogique que d'un certain nombre de langues, et que,

---

(1) *Letter on the Turanian Languages*, p. 75.

par conséquent, le moment n'était pas encore venu d'aborder la question de l'origine commune de toutes les langues. Maintenant cependant, sans avoir énuméré toutes les langues qui appartiennent aux trois différentes classes que nous avons reconnues, celle des langues radicales, celle des langues agglutinantes, et celle des langues à flexions, nous avons établi solidement le principe que toutes les langues doivent rentrer dans l'une ou l'autre de ces trois catégories. Nous ne serions donc pas conséquents avec nous-mêmes, si nous reculions devant l'étude d'un problème qui, quoique enveloppé de bien des difficultés, ne peut pas être banni de la science du langage.

Voyons d'abord clairement et distinctement l'état de la question. Le problème de l'origine commune des langues n'a aucune connexion nécessaire avec celui de l'origine commune de l'humanité. Quand il serait possible de prouver que le langage est sorti de sources différentes, on ne pourrait rien en conclure de contraire à l'unité primitive de la race humaine. Car, si nous regardons le langage comme naturel à l'homme, il a pu éclore à différentes époques et dans des régions différentes chez les descendants épars d'un couple originel; si, au contraire, nous regardons le langage comme une invention artificielle, il y a encore moins de difficulté à ce que chaque génération successive ait pu former son propre idiome.

De même, si on pouvait prouver que toutes les langues du monde révèlent une origine commune, il ne s'ensuivrait aucunement que la race humaine doive descendre d'un même couple : car le langage a pu être la propriété d'une race privilégiée, qui en aurait enrichi les autres races dans le cours du temps et dans la marche de l'humanité.

En rendant solidaires et en mêlant l'une à l'autre la science du langage et celle de l'ethnologie, on a porté à toutes deux une très-fâcheuse atteinte (1). La classification des races doit être tout à fait indépendante de celle des langues. Les races, en effet, peuvent changer de langues, et l'histoire nous fournit plusieurs exemples d'une race adoptant la langue d'une autre. C'est pourquoi différentes langues peuvent être parlées par une même race, ou différentes races peuvent parler une même langue ; de sorte que toute tentative pour faire cadrer ensemble la classification des races et celles des langues doit nécessairement échouer (2).

En second lieu, le problème de l'origine commune des langues n'est nullement lié aux récits de l'Ancien Testament concernant la création de l'homme et les généalogies des patriarches. Si nos recherches nous amenaient à admettre des commencements différents pour les langues humaines, il n'y a rien dans l'Ancien Testament qui s'oppose à cette manière de voir. Car quoique les Juifs aient cru que, pour un temps, toute la terre ne parlait qu'une même langue, ce n'est pas d'aujourd'hui que d'éminents théologiens, en ayant particulièrement en vue les dialectes de l'Amérique, ont fait observer que de nouvelles langues ont pu

---

(1) Voyez sur ce point un excellent article du professeur Huxley, publié dans la *Fortnightly Review*, 1866.

(2) La vue opposée, à savoir qu'une classification généalogique des différentes races humaines fournirait la meilleure classification des différents idiomes maintenant parlés sur la surface de notre planète, a été soutenue par Darwin, *Origine des espèces*, p. 422.

prendre naissance à des époques postérieures. Si, au contraire, nous arrivions à la conviction qu'il est possible de faire remonter toutes les langues à une source commune, nous ne pourrions jamais songer à faire usage des généalogies de l'Ancien Testament pour dresser la classification généalogique du langage. Les listes généalogiques de l'Ancien Testament ont rapport à la race et non pas au langage, et comme nous savons que souvent des hommes, sans changer de nom, ont changé d'idiome, il est évidemment impossible que les généalogies de l'Ancien Testament puissent coïncider avec la classification généalogique des langues. Pour éviter toute confusion d'idées, mieux vaudrait s'abstenir entièrement d'employer, pour exprimer la parenté de langage, les termes consacrés dans la Bible pour exprimer la parenté de race. C'était l'usage, autrefois, de parler des langues *japhétiques*, *chamétiques* et *sémitiques* : mais on a remplacé les deux premières dénominations par celles d'*aryennes* et d'*africaines*; et, en gardant la troisième, on lui a donné une définition scientifique tout à fait différente de la signification qu'elle aurait dans la Bible. Voilà les points qu'il importe de ne pas oublier, afin d'empêcher ceux qui poursuivent toujours la Bible de traits qui ne peuvent l'atteindre, et aussi ceux qui la défendent avec des armes dont ils ne savent se servir, d'arrêter les progrès pacifiques et désintéressés de la science du langage.

Abordons maintenant notre sujet sans dogmatisme et sans idées préconçues. Le problème de la possibilité d'une origine commune pour toutes les langues se divise naturellement en deux parties, suivant que l'on considère la *forme* ou la *matière* : pour le moment, nous n'avons à nous occuper que de la forme. Dans nos leçons précédentes, nous avons examiné toutes les formes possibles que le langage peut revêtir ; nous avons reconnu qu'il y en a trois principales où se ramènent toutes les variétés secondaires et qui nous servent à établir trois grandes catégories : celle des langues où les racines restent invariables, celle des langues agglutinantes, et celle des langues à flexions ; nous avons maintenant à nous demander si, malgré les différences qui séparent l'un de l'autre ces trois systèmes, nous pouvons admettre une origine commune pour toutes les langues humaines. Je réponds sans hésiter que nous le pouvons.

Le principal argument qui ait été avancé contre l'unité d'origine du langage, c'est qu'aucune langue monosyllabique n'a jamais passé à l'état agglutinatif, et qu'aucune langue agglutinante n'est jamais venue à avoir des flexions. Le chinois, dit-on, est encore aujourd'hui tel qu'il a été depuis le commencement ; jamais on n'y a vu ni agglutination ni flexions : et aucun dialecte touranien n'a jamais perdu le trait caractéristique des langues à désinences, à savoir l'intégrité des racines.

A cette objection nous répondrons en faisant observer qu'encore que toutes les langues, une fois fixées, conservent dans la formation de leurs mots le caractère qu'elles avaient au premier moment de leur existence individuelle ou nationale, elles ne perdent pas entièrement, pour cela, la faculté de produire des formes grammaticales appartenant à une période plus avancée. Dans le chinois, et surtout dans des dialectes chinois, nous découvrons des linéaments d'agglutina=

tion. Ce *li* que j'ai déjà mentionné comme étant la désinence des adverbes de lieu, s'est réduit à n'être plus qu'une simple affixe; et un Chinois moderne ne sait pas plus que *li* signifiait primitivement *intérieur*, qu'un Touranien ne connaît l'origine de ses différents cas (1). Dans les dialectes parlés du chinois, les formes agglutinantes sont plus fréquentes : ainsi, dans le dialecte de Shanghaï, *wo* signifie parler, et *woda*, une parole, un mot; de *woda*, on a formé le génitif *woda-ka*, le datif *pela-woda*, l'accusatif *tant-woda* (2). D'un autre côté, nous trouvons dans des langues agglutinantes des rudiments de flexions : ainsi, en tamoul, le verbe *tûngu*, dormir, n'apparaît plus dans son intégrité dans le dérivé *tûkkam*, sommeil, et le mot *tûngu* lui-même pourrait probablement être ramené à une racine simple, telle que *tu*, être couché, être suspendu, dormir.

(1) M. Stanislas Julien remarque que les nombreux composés que nous trouvons en chinois prouvent l'influence étendue qu'a exercée sur cette langue le principe d'agglutination. Le fait est qu'en chinois chaque son a une foule de significations; et pour éviter toute équivoque, on fait souvent suivre un mot d'un autre mot qui s'y rapporte, dans le sens particulier qu'on veut lui donner. Ainsi :

chi-youen	(commencement-origine)	signifie	commencement
ken-youen	(racine-origine)	—	commencement
youen-chi	(origine-commencement)	—	commencement
meï-miai	(beau-remarquable)	—	beau
meï-li	(beau-élégant)	—	beau
chen-youen	(charmant-ravissant)	—	beau
yong-i	(aisé-facile)	—	aisément
tsong-yong	(obéir-aisé)	—	aisément

Pour dire « se vanter », les Chinois se servent de *king-koua*, *king-fu*, etc., les deux mots ayant une seule et même signification.

Ce système particulier de *juxtaposition* ne peut pas, cependant, être considéré comme l'agglutination dans le sens strict du mot.

(2) *Turanian Languages*, p. 24.

Je cite ces exemples, auxquels j'en pourrais ajouter bien d'autres, pour prouver qu'il n'y a rien de mystérieux dans la persistance avec laquelle toutes les langues demeurent, en général, dans la période grammaticale où elles étaient arrivées au moment de leur fixation. Si une famille, ou une tribu, ou une nation, s'est une fois accoutumée à exprimer ses idées d'après un certain système de grammaire, ce premier moule reste, et ne fait que se consolider à chaque génération. Mais, tandis que le chinois s'est fixé dans cette période primordiale, celle où les racines restent immuables et indépendantes, d'autres dialectes l'ont traversée, en conservant toute leur flexibilité : ils ne sont pas devenus des langues arrêtées et nationales avant que ceux qui les parlaient eussent appris à apprécier l'avantage de l'agglutination. Une fois cet avantage connu, quelques formes isolées, dans lesquelles l'agglutination était d'abord apparue, devaient étendre leur influence irrésistible, à cause de ce sentiment de l'analogie qui est inhérent au langage. Les langues qui se sont fixées dans cette période devaient s'attacher avec une persistance non moins grande au système de l'agglutination. Un Chinois ne peut guère comprendre que le langage soit possible, si toutes les syllabes ne portent pas avec elles leur sens; un Touranien méprise tous les idiomes où chaque mot ne laisse pas voi distinctement son élément radical et significatif; tandis que nous, qui sommes habitués à nous servir de langues à flexions, nous sommes fiers d'une grammaire dont un Chinois et un Touranien ne feraient aucun cas.

Le fait que les langues, après s'être fixées, ne changent plus leur constitution grammaticale, ne prouve rien contre la théorie que nous défendons, à savoir que toutes les langues à flexions ont été auparavant agglutinantes, et que toutes les langues agglutinantes ont commencé par être monosyllabiques. J'ai dit notre *théorie*, mais c'est plus qu'une théorie; c'est la seule manière possible d'expliquer les phénomènes grammaticaux que nous offre le sanscrit ou toute autre langue à flexions. En ce qui concerne la forme du langage, nous arrivons infailliblement à cette conclusion, que les *flexions* ont été précédées par l'*agglutination*, et l'*agglutination* par le *monosyllabisme*. Le grand fleuve du langage s'est déroulé en dialectes innombrables, et a changé sa couleur grammaticale en passant de temps à autre sur de nouveaux sédiments de pensée. Les différents bras du fleuve qui quittèrent le lit principal et se formèrent en lacs immobiles, ou, pour parler sans image, les langues qui devinrent littéraires et fixées, conservèrent pour toujours la couleur qu'avait le grand courant à l'endroit de leur séparation. Si nous désignons par *blanc* l'âge monosyllabique, par *rouge* l'âge agglutinatif, et par *bleu* l'âge des flexions, il nous sera facile de comprendre pourquoi les canaux blancs contiennent à peine une goutte de bleu ou de rouge, et pourquoi les canaux rouges montrent à peine une faible nuance de bleu; et nous serons préparés à trouver, ce que nous trouvons en effet, des teintes blanches dans les canaux rouges, et dans les canaux bleus des teintes rouges et blanches.

Vous remarquerez que dans ce que je viens de dire j'ai cherché à établir la possibilité, et non la nécessité, d'une origine commune du langage. Je regarde ce problème, lequel, ainsi que nous l'avons vu, n'a rien à faire avec celui de l'unité primitive de l'humanité, comme une question qui doit rester indécise le plus longtemps possible. Ce n'est pas, à mon avis, un problème tout à fait aussi insoluble que celui de la pluralité des mondes, sur lequel on a tant écrit dans ces dernières années ; mais on doit chercher à le résoudre à peu près de la même manière. Comme nous ne pouvons pas démontrer par le témoignage de nos sens que les planètes sont habitées, le seul moyen de prouver qu'elles le sont est de montrer qu'il est impossible qu'elles ne le soient pas ; et, d'autre part, pour prouver que les planètes ne sont pas habitées, il faut démontrer qu'il est impossible qu'elles le soient. Quand l'une ou l'autre de ces impossibilités aura été établie, la question sera résolue ; jusque-là, elle doit rester pendante, de quelque côté que nous entraînent nos prédilections particulières.

Je ne regarde pas comme tout à fait aussi décourageant le problème de l'unité primitive du langage, mais j'insiste fortement sur la nécessité de ne le laisser préjuger en aucune façon. Or la tendance des écrivains les plus distingués qui se sont occupés de philologie comparée, a été de poser en quelque sorte comme fait avéré et incontestable qu'après la découverte des deux familles aryenne et sémitique, et la constatation de l'étroite parenté qui, dans l'intérieur de chacune de ces familles, en rattache les uns aux autres les différents membres, il ne peut plus être question dorénavant d'une origine commune du langage humain. Il était assez naturel, quand on fut parvenu, au moyen d'une analyse minutieuse des dialectes aryens et sémitiques, à fonder l'unité de ces deux familles sur cette identité de racines ou de formes grammaticales qui en réunit les membres divers, que l'absence de conformités pareilles entre une langue aryenne et une langue sémitique, ou entre celles-ci et toute autre branche du langage, amenât à croire qu'aucune connexion n'était admissible entre elles. C'est ainsi qu'un disciple de Linné, qui a ses marques déterminées pour reconnaître les anémones, nierait avec une égale assurance toute affinité entre cette espèce et d'autres fleurs qui ont été depuis réunies dans la même classe sans avoir les caractères que Linné attribuait à l'anémone. Mais il y a assurément divers degrés d'a.. ité dans les langues comme dans tous les autres produits de la nature, et si nous ne pouvons découvrir entre les différentes familles de langues les mêmes liens de parenté qu'entre les membres qui composent chaque famille, il ne s'ensuit pas comme une conséquence nécessaire qu'elles ont été complétement étrangères les unes aux autres, dès le principe.

Or j'avoue que, quand j'ai vu soutenir mainte et mainte fois qu'il n'est plus possible de parler de l'unité primitive du langage, depuis que la philologie comparée a prouvé l'existence de diverses familles de langues, j'ai senti que l'argument n'était pas concluant, qu'il allait, en tout cas, beaucoup trop loin. Le problème, envisagé sous son véritable aspect, se réduit à ceci : — « *Si vous voulez affirmer que le langage a eu des commencements différents, il faut prouver qu'il est impossible que toutes les langues aient eu une origine commune.* »

Cette impossibilité n'a jamais été démontrée pour une origine commune des dialectes aryens et sémitiques;

loin de là, l'analyse des formes grammaticales dans ces deux familles a fait disparaître bien des difficultés; et nous a permis au moins de comprendre comment, avec des matériaux identiques ou très-semblables, deux individus, deux familles ou deux nations auraient pu avec le temps produire des langues aussi différentes pour la forme que l'hébreu et le sanscrit. Mais une lumière plus vive a été jetée sur la formation et les métamorphoses du langage par l'étude d'autres dialectes qui n'ont aucun rapport avec le sanscrit ou l'hébreu, et qui nous permettent de voir de nos propres yeux le développement de ces formes grammaticales (grammaticales, dans le sens le plus étendu du mot), que dans les familles aryenne et sémitique que nous ne connaissons que comme toutes formées, et non pas comme se formant ; comme se décomposant, et non pas comme vivant ; comme transmises par ceux qui s'en servent : je veux parler des dialectes touraniens. Les traces qui témoignent de la parenté primitive de ces langues sont bien plus faibles que dans les familles aryenne et sémitique ; mais elles doivent l'être nécessairement. Dans ces deux dernières familles, le procédé agglutinatif par lequel seul les formes grammaticales peuvent être obtenues, a cessé d'être appliqué, à un moment donné, et cela sous des influences religieuses ou politiques. Par la même force qui fait qu'une civilisation absorbe dans sa marche les dialectes divers qui représentent naturellement tout idiome parlé, la première centralisation politique ou religieuse a dû nécessairement arrêter l'exubérance d'un langage agglutinatif. Parmi les nombreuses formes possibles, une seule devenait populaire, fixe et déterminée, pour chaque mot et pour chaque catégorie grammaticale; la poésie, la législation et la religion produisaient une langue littéraire ou politique à laquelle il n'y avait plus désormais rien à ajouter, et qui, après un certain laps de temps, les éléments de ses formes devenant inintelligibles, était sujette à l'altération phonétique seulement, sans avoir en elle, pour les mots, un principe de vie nouvelle. Nous sommes forcés d'admettre une concentration primitive de cette sorte pour les familles aryenne et sémitique, car c'est la seule explication possible des rencontres entre les terminaisons grecques et sanscrites, formées les unes et les autres de matériaux qui ne sont ni sanscrits ni grecs, et qui sont encore identiques dans les deux langues. C'est dans ce sens que j'appelle ces langues, langues politiques, ou langues d'État, et l'on a dit avec vérité que les idiomes appartenant à ces familles doivent pouvoir prouver leur parenté par la communauté non-seulement de ce qui est régulier et intelligible, mais aussi de ce qui est anomal, inintelligible et mort.

Quand cette concentration n'a pas lieu, les langues, bien que formées des mêmes matériaux et originairement identiques, doivent nécessairement se scinder en ce que nous pouvons appeler des *dialectes*, en prenant ce mot dans un sens bien différent des dialectes que nous trouvons dans les périodes ultérieures des langues politiques. Le procédé de l'agglutination continue dans chaque peuplade, et les formes qui deviennent inintelligibles sont remplacées sans difficulté par de nouveaux composés faciles à comprendre. Si les cas sont formés à l'aide de suffixes, de nouveaux suffixes peuvent prendre la place de ceux qui vieillissent; si la conjugaison est formée à l'aide de pronoms, de nouveaux pronoms peuvent être employés, quand les anciens ne sont plus suffisamment distincts.

Demandons-nous, maintenant, quelles ressemblances nous pouvons nous attendre à trouver dans des dialectes agglutinants qui se sont séparés, et qui tendent à se fixer de plus en plus : ce sont seulement, il me semble, celles que Castrén et Schott ont réussi à découvrir dans le finnois, le mongol, le tongous et le samoyède ; et que Hodgson, Caldwell, Logan, et moi-même, nous avons indiquées dans le tamoul, le gangétique, le lohitien, le taïen et le malais. Elles doivent porter principalement sur les racines ou sur ces parties du discours qu'il est le plus difficile de créer plusieurs fois : les pronoms, les noms de nombre et les prépositions. Ces langues ne se ressembleront presque jamais en ce qui est anomal ou inorganique, parce que leur organisme repousse sans cesse ce qui commence à être de pure forme et inintelligible. Nous devons plutôt nous étonner de rencontrer dans le fonds commun des langues touraniennes des mots ayant une signification conventionnelle, que de voir que la plupart des formes et des mots de ces langues leur sont particuliers à chacune. Il faut bien, cependant, que ceux qui nient l'origine commune des langues touraniennes rendent raison de ces ressemblances ; ils ne peuvent les expliquer que comme étant le résultat du hasard, ou d'un instinct imitatif qui a amené l'esprit humain dans des régions diverses à former les mêmes onomatopées ; mais on n'a jamais prouvé que cette explication fût acceptable, et on aura bien de la peine à le faire.

Pour ma part, l'étude de la famille touranienne m'intéressa surtout parce qu'elle me permit de voir jusqu'à quel point les langues, auxquelles je supposais une origine commune, peuvent se scinder et devenir dissemblables par suite de la libre opération du renouvellement dialectal.

Dans une lettre que j'adressai à mon ami le baron Bunsen, et qu'il publia dans son *Esquisse de la philosophie de l'histoire universelle* (vol. I, pp. 263-521) (1), mon objet avait été de tracer de mon mieux les principes qui ont présidé à la formation des langues agglutinantes, et de montrer combien certaines langues peuvent devenir dissemblables pour la grammaire et le lexique, sans que nous cessions pour cela d'être autorisés à les traiter comme des dialectes congénères : en réponse à l'assertion que cela était impossible, je tâchai, dans la quatrième, cinquième et sixième section de cet Essai, de montrer *comment* il était possible que des langues aussi différentes que le mantchou et le finnois, que le malais et le siamois, après avoir eu un point de départ commun, arrivassent à leur état actuel, et pussent être regardées néanmoins comme étant de la même famille. Comme je regarde cette opération de l'agglutination comme le seul moyen possible qui puisse donner à une langue une organisation grammaticale, et lui faire franchir la barrière qui a arrêté le développement du chinois, je me sentis justifié à appliquer aux familles aryenne et sémitique les principes tirés de la formation des dialectes touraniens. Elles aussi ont dû traverser une période agglutinative dans laquelle seule

(1) Cette *Esquisse* forme les tomes III et IV de l'ouvrage de Bunsen : *le Christianisme et l'Humanité*, en 7 volumes. Londres, 1854; Longman.

nous trouvons l'explication des modifications qu'elles ont éprouvées en divergeant peu à peu l'une de l'autre, et en arrivant par degrés à ce caractère plus marqué, à cette existence individuelle et distincte que possèdent, chacune de leur côté, la grammaire aryenne et la grammaire sémitique. Si nous pouvons expliquer les différences entre le mantchou et le finnois, nous pourrons également nous rendre compte de la distance qui sépare l'hébreu et le sanscrit. Il est vrai que nous ne connaissons pas le langage aryen durant sa période agglutinative, mais nous pouvons juger par induction de ce qu'il était quand nous voyons des langues comme le finnois et le turc se rapprocher de plus en plus d'un type aryen. Telle a été la marche du turc vers les flexions, que M. Ewald réclame pour cette langue la dénomination de synthétique, qu'il donne aux dialectes aryens et sémitiques quand ils sont sortis de l'âge agglutinatif, et devenus sujets à la corruption phonétique et à la décomposition. «Beaucoup des parties constitutives des mots turcs, dit-il, quoiqu'elles aient été primitivement, comme dans toutes les autres langues, des mots indépendants, se sont réduites à n'être que de simples voyelles ou se sont perdues entièrement, si bien que leur présence antérieure ne se fait plus sentir que par des changements qu'elles ont apportés au corps des mots. *Göz* signifie œil, et *gör*, voir ; *ish*, acte, et *ir*, faire ; *ich*, l'intérieur, *gir*, entrer (1). » Il va même jusqu'à admettre certaines formes qui appartiendraient en commun au turc et à la famille aryenne, et qui ne pourraient dater, par conséquent, que d'une époque

---

(1) *Göttingische Gelehrte Anzeigen*, 1855, p. 298.

où toutes ces langues étaient encore dans leur enfance agglutinative; par exemple *di*, comme le signe caractéristique d'un passé, et *ta*, comme celui du participe passé passif; *lu*, comme suffixe pour former des adjectifs, etc. (1) : mais je n'oserais m'avancer si loin.

Envisageant de la sorte la formation graduelle du langage par l'agglutination, il est presque inutile de dire qu'en parlant des dialectes touraniens j'emploie le mot *famille* dans un sens bien différent de celui que je lui donne quand il s'agit des langues aryennes ou sémitiques. Dans ma lettre sur les langues touraniennes, qui a été si vivement attaquée par ceux qui ne veulent admettre l'unité primitive ni du langage ni du genre humain, je me suis souvent expliqué à ce propos, et j'ai préféré le terme de *groupe* pour les langues touraniennes, afin d'exprimer le plus clairement possible que le rapport du turc au mantchou, ou du tamoul au finnois, ne diffère pas seulement en degré, mais même en nature, de celui que nous trouvons entre le sanscrit et le grec. « Ces langues touraniennes, ai-je dit (p. 216), ne peuvent être considérées comme ayant les unes avec les autres la même relation que l'arabe a avec l'hébreu, ou le grec avec le sanscrit. » — « Ce sont des rayons qui divergent d'un centre commun, et non pas des filles d'une même mère. » Et, néanmoins, elles ne sont pas séparées les unes des autres par la distance que nous voyons entre l'hébreu et le sanscrit, parce qu'aucune d'elles n'est entrée dans cette nouvelle phase du développement ou de la décompotion (p. 218) qu'ont traversée les langues sémitiques

---

(1) *Ibid.*, p. 302, note.

et aryennes, après qu'elles se furent fixées, et qu'elles furent devenues langues politiques et nationales.

En réalité je ne voulais, dans mon Essai, que me tenir sur la défensive; je voulais montrer combien il est téméraire d'attribuer au langage des commencements divers et indépendants, avant de proposer un seul argument qui établisse la nécessité de cette différence d'origine. Personne n'a jamais prouvé l'impossibilité de l'origine commune du langage; mais, afin d'écarter les difficultés supposées qui portaient sur la théorie de cette unité primitive, je regardai comme un devoir de montrer par les faits, et par l'histoire même des langues touraniennes, comment cette théorie est possible, ou, comme je l'ai dit pour un cas seulement, probable. Je tâchai de faire voir que les deux membres les plus éloignés l'un de l'autre de la famille touranienne, le *finnois* parlé au nord, et le *tamoul* au sud de l'Asie, conservent encore dans leur organisation grammaticale des traces d'une unité antérieure; et, si mes antagonistes admettent que j'ai prouvé le caractère touranien des habitants anté-brahmaniques ou tamouls de la péninsule indienne, il leur a sans doute échappé qu'en m'accordant ce fait, qui est le point extrême de mon argument, ils sont bien obligés de reconnaître que tout le reste s'y trouve impliqué et doit nécessairement s'ensuivre.

Pourtant je n'ai pas intitulé le dernier chapitre de mon Essai *De la nécessité*, mais *De la possibilité de l'origine commune du langage;* et, en réponse aux opinions avancées par mes adversaires, je résumai ma défense dans ces deux paragraphes :

1° « Rien ne démontre la nécessité d'admettre des

commencements divers pour les *formes* grammaticales que nous présentent les groupes touranien, sémitique, aryen ; quoiqu'il soit impossible de dériver le système grammatical de la famille aryenne du système sémitique, ou réciproquement, nous pouvons parfaitement comprendre comment les différents systèmes grammaticaux de l'Asie et de l'Europe ont pu être produits, soit par des influences individuelles, soit par la détérioration du langage dans son travail continu. »

On verra, par les expressions mêmes dont je me suis servi dans deux paragraphes, que mon objet était de nier la nécessité de commencements indépendants, et d'affirmer la possibilité d'une origine commune du langage. J'ai été accusé de m'être laissé influencer dans mes recherches par une croyance implicite à l'unité primitive de l'humanité. J'avoue que j'ai cette croyance, et, si elle avait eu besoin d'être confirmée, elle l'aurait été par l'ouvrage de Darwin, *On the origin of species* (1).

(1) « Ici les lignes convergent à mesure qu'elles s'éloignent dans les âges géologiques et nous conduisent à ces conclusions que, dans la théorie de Darwin, nous ne pouvons éviter, soit qu'elles nous plaisent ou non. Le premier pas en arrière nous montre le Nègre et le Hottentot comme étant de notre race et de notre sang ; et si cette parenté répugne à notre orgueil, la raison et l'Écriture l'admettent. » — Asa Grey, *Natural Selection not inconsistent with Natural Theology*, 1861, p. 5.

« Déjà nous apercevons un bon résultat de ces études ; elles permettent aux adversaires de l'unité primitive des races humaines de sentir la double faiblesse de leur position. Quand on admet que ces races appartiennent à une même espèce, il semble qu'on doive accepter ce corollaire, qu'elles ont une origine commune. Ceux qui reconnaissent qu'elles sont d'une espèce unique sont obligés d'admettre qu'elles ont donné des variétés permanentes et profondément caractérisées; tandis que, de l'autre côté, ceux qui reconnaissent plusieurs ou de nombreuses espèces humaines auront de la peine à

Mais je mets mes adversaires au défi de citer un seul passage où j'aie mêlé aux arguments scientifiques des arguments théologiques. Seulement, si on me dit « qu'aucun observateur impartial n'aurait jamais conçu l'idée de faire venir toute l'humanité d'un couple unique, si le récit de Moïse n'avait affirmé ce fait», on me permettra de répondre que cette idée est, au contraire, si naturelle, si bien en harmonie avec toutes les lois du raisonnement, qu'il n'y a jamais eu, que je sache, de nation sur la terre, qui, ayant des traditions sur l'origine de la race humaine, ne l'ait pas tirée d'un seul couple, sinon d'une seule personne. Quand même l'auteur du récit de la Genèse serait dépouillé, devant le tribunal des sciences physiques, de ses droits d'écrivain inspiré, il peut, du moins, prétendre au titre modeste d'observateur impartial; et, si l'on peut prouver que sa conception de l'unité physique de la race humaine soit fausse, c'est une erreur qu'il partage en commun avec d'autres observateurs impartiaux. tels que Humboldt, Bunsen, Prichard et Owen (1).

soutenir que de telles espèces furent primordiales et surnaturelles dans le sens ordinaire du mot. » (Asa Grey, ouvrage cité, p. 54.)

(1) M. Pott, le défenseur le plus distingué de la pluralité d'origine, a soutenu la nécessité d'admettre que la race humaine et le langage ont fait leur apparition sur plus d'un point à la fois, dans un article du *Journal de la Société orientale d'Allemagne*, IX, 405, *Max Müller und die Kennzeichen der Sprachverwandtschaft*, 1853; dans un traité intitulé : *Die Ungleichheit menschlicher Rassen*, 1856 ; et dans la nouvelle édition de ses *Etymologische Forschungen*, 1861.

D'un autre côté, les recherches que poursuivent, chacun de leur côté, différents érudits, tendent de plus en plus à confirmer, nonseulement l'étroite parenté qui existe, dans la branche méridionale comme dans la branche septentrionale des langues touraniennes, entre les langues qui constituent chacune de ces branches, mais en-

La seule question qu'il nous reste à résoudre est de savoir si une même source a fourni toute l'eau qui coule

core les rapports qui relient l'une à l'autre ces deux branches, et en dernier lieu les ressemblances qui les rattachent au chinois. Ce ne sont pas des rapports purement formels ou grammaticaux qui témoignent de cette parenté; on peut la prouver aussi à l'aide des éléments dont se compose le vocabulaire. La lettre suivante de M. Edkins, l'auteur d'une grammaire du chinois parlé (*Grammar of the Chinese colloquial language*, 2ᵉ édition, Shang-Haï, 1864) montrera comment ses recherches sur l'état primitif de la langue chinoise ont établi que les idiomes mongoliques et tibétains convergent vers un centre commun, à savoir la langue primitive de la Chine, quand elle n'était pas encore privée de ses consonnes finales, dont la plupart ont disparu dans la langue des Mandarins.

Pékin, 12 oct. 1864.

« Je m'occupe en ce moment à comparer avec le chinois le mongol et le tibétain, et j'ai déjà obtenu quelques résultats intéressants.

« I. Une grande quantité de mots mongols appartiennent au chinois. Il y en a peut-être un cinquième qui sont dans ce cas. C'est dans la première syllabe des mots mongols que se marque l'identité; c'est là qu'est la racine. C'est dans les adjectifs que la correspondance est le plus frappante ; une moitié peut-être des plus communs sont absolument les mêmes qu'en chinois : ainsi *sain*, bon; *begen*, bas; *ichi*, droit; *solagai*, gauche; *chihe*, droit; *gadan*, extérieur; *cliohon*, peu; *laggon*, vert; *hunggun*, léger. Mais cette identité s'étend aussi à d'autres parties du langage; elle paraît même, pour certaines racines communes, s'étendre jusqu'aux idiomes tartares : par exemple, *sou*, eau; *tenri*, ciel.

« II. Pour comparer le mongol avec le chinois, il est nécessaire de remonter au moins de dix siècles dans l'histoire de la langue chinoise. Nous trouvons en effet dans des racines communes des lettres particulières à l'ancien chinois, par exemple le *m* final. Il faut aussi considérer les lettres initiales en se reportant à une époque antérieure à celle d'où date la prononciation des Mandarins. Si un grand nombre de mots sont communs au chinois, au mongol et au tartare, nous devons remonter d'au moins douze cents ans pour trouver un point de comparaison convenable.

« III. Tandis qu'il n'y a dans le mongol aucune trace d'accents, ils se montrent de la manière la plus distincte dans le tibétain. Csoma

dans les canaux parallèles du langage ; ou, pour parler sans métaphore, si les racines qui furent juxtaposées ou fondues ensemble d'après les systèmes du monosyllabisme, des désinences et des flexions, étaient identiquement les mêmes. La seule manière de répondre à cette question, ou du moins de chercher à le faire, c'est d'étudier la nature et l'origine des racines ; nous serons alors arrivés aux dernières limites où le raisonnement par induction puisse atteindre dans les recherches qui ont pour objet de jeter quelque jour sur les mystères du langage.

de Körös et Schmidt ne mentionnent pas l'existence des accents. Mais l'oreille les reconnaît, de la manière la plus sensible, dans la prononciation d'indigènes du Tibet résidant à Pékin.

« IV. Comme pour la comparaison avec le mongol, il est nécessaire, quand on étudie les relations du tibétain avec le chinois, de se reporter à la vieille forme du chinois, avec ses consonnes finales plus nombreuses, et son système complet d'initiales douces et aspirées. C'est là un fait dont la preuve est suffisamment fournie par les noms de nombre tibétains.

« V. Tandis que le mongol se rapproche surtout du chinois, par la proportion des mots communs aux deux langues, le tibétain en est plus près par tout l'ensemble de son système phonique, en ce qu'il est à la fois accentué et monosyllabique. Cela étant ainsi, il n'y a rien de surprenant à ce que le chinois et le tibétain aient beaucoup de mots semblables : on pouvait s'y attendre. Mais qu'il y en ait peut-être autant dans le mongol avec ses longs polysyllabes non accentués, c'est là une curieuse circonstance. »

Un essai par M. Edkins sur le même sujet, intitulé : *De l'origine commune des langues chinoise et mongole,* vient d'être publié dans la *Revue orientale,* n° 56, p. 75. Paris, 1865.

NEUVIÈME LEÇON.

PÉRIODE DE LA THÉORIE. — ORIGINE DU LANGAGE.

Théories diverses sur l'origine du langage. — Méthode à suivre pour arriver à la solution de ce problème. Nécessité de pénétrer la nature intime du langage. Différence entre l'homme et les bêtes. Facultés mentales des bêtes. L'instinct et l'intelligence chez les bêtes et chez l'homme. Les bêtes ne possèdent ni la faculté de former des idées générales, ni le langage qui est le signe ou la manifestation extérieure de cette faculté distinctive de l'homme. — Les *racines*, éléments constitutifs du langage. — Comment les racines ont-elles été formées? Deux théories principales proposées pour en expliquer la formation : la théorie de l'onomatopée et celle de l'interjection. — Examen et réfutation de ces deux théories. — La faculté de connaître ou la raison, et la faculté de nommer ou le langage. Toutes les racines expriment une idée générale, et sont des types phonétiques produits instinctivement par une puissance inhérente à la nature humaine. — Élection primitive et élimination subséquente des racines. — Rien d'arbitraire dans le langage. — Conclusion.

« En étudiant l'histoire de l'humanité, de même qu'en cherchant à nous rendre compte des phénomènes du monde matériel, là où nous ne pouvons déterminer par quel procédé un effet a été produit, il est souvent bon de montrer comment cet effet *a pu* avoir des causes naturelles. Ainsi, quoiqu'il nous soit impossible de tracer avec certitude la marche qui a été suivie dans la formation d'une langue particulière, si nous pouvons néanmoins, d'après les lois connues de l'esprit humain, montrer de quelle façon les différentes parties de cette langue *auraient pu* naître graduellement, non-seulement notre intelligence sera jusqu'à un certain point satisfaite, mais nous aurons secoué cette indolence qui nous fait rapporter immédiatement à un miracle tous les phénomènes du monde matériel et du monde moral dont nous ne voyons pas, au premier abord, l'explication (1). »

Ces paroles, que nous empruntons à un éminent philosophe écossais, renferment le meilleur conseil qui puisse être donné au linguiste quand il aborde la question que nous avons à agiter aujourd'hui, celle de l'origine du langage. Bien que nous ayons dégagé ce problème des nuages et du mystère qui l'enveloppaient aux yeux des philosophes anciens, cependant, alors même qu'il est présenté sous sa forme la plus simple, il semble presque échapper encore à la pénétration humaine.

Si l'on nous demandait de rechercher comment les images qui se peignent au fond de l'œil, comment toutes nos sensations pourraient être représentées par des sons, et transformées en sons de façon que ces sons traduisissent nos propres impressions et éveillassent celles des autres, nous regarderions sans doute une pareille question comme venant d'un fou qui, mêlant ensemble les choses les plus hétérogènes, voudrait changer la couleur en son et le son en pensée (2). Pourtant telle est la question dont il nous faut trouver aujourd'hui la solution.

---

(1) Dugald Stewart, *Works*, vol. III, p. 35.
(2) Herder, cité par Steinthal, *Ursprung der Sprache*, p. 39.

Il est très-clair que les données nous manquent pour résoudre *historiquement* le problème de l'origine du langage, ou pour expliquer le langage comme un fait qui se serait produit un jour en un certain lieu et à un certain moment. L'histoire ne commence que bien longtemps après que l'humanité eut acquis l'usage de la parole, et les traditions les plus anciennes se taisent sur la manière dont l'homme entra en possession de ses premières pensées et de ses premiers mots. Rien assurément ne serait plus intéressant que d'apprendre par des documents historiques le procédé même au moyen duquel le premier homme commença à bégayer ses premiers mots; on en finirait ainsi une fois pour toutes avec les spéculations philosophiques sur l'origine du langage. Mais cette connaissance, il ne nous sera jamais donné d'y atteindre, et d'ailleurs, quand même nous pourrions porter nos regards sur ce premier âge, il est fort probable que nous nous trouverions dans la complète impossibilité de comprendre ces événements primitifs de l'histoire de l'esprit humain (1). La religion nous dit que le premier homme était le fils de Dieu ; que Dieu le créa à son image, le forma du limon de la terre, et souffla dans ses narines le souffle de la vie. Ce sont là de simples faits, qui

---

(1) « Dans ces recherches, lorsque nous remontons bien loin en arrière, l'aspect des âges primitifs devient tout différent de celui où nous vivons; et toujours le sentier se perd dans l'obscurité quand nous essayons de le suivre jusqu'à son point de départ. Si nous voulons nous enfoncer davantage dans ce passé obscur, non-seulement nos yeux, mais notre imagination, nous abandonnent. Ce n'est plus une interruption, c'est un abîme qui nous sépare de tout commencement intelligible des choses. » — Whewell, *Indications of the Creator*, p. 166.

doivent être acceptés comme tels ; car notre intelligence se trouble et son regard s'obscurcit dès que nous voulons raisonner là-dessus. L'esprit de l'homme est ainsi constitué qu'il ne saurait concevoir ni le commencement absolu ni la fin absolue de quoi que ce soit. Si nous essayions de nous représenter le premier homme créé à l'état d'enfance et développant par degrés ses forces physiques et intellectuelles, il nous serait impossible de comprendre comment il aurait pu vivre *un seul* jour sans une aide surnaturelle. Et si nous voulions, au contraire, nous représenter le premier homme créé dans toute la plénitude de ses facultés, notre raison ne serait-elle pas également impuissante à concevoir cet effet sans cause ? Il en est de même pour les premiers commencements du langage. Les philosophes qui soutiennent la thèse de la révélation divine du langage tombent dans le plus dangereux anthropomorphisme, quand ils entrent dans des détails sur la manière dont ils supposent que Dieu aurait composé un vocabulaire et une grammaire, et les aurait enseignés au premier homme, comme un maître instruit les sourds-muets. Ils ne voient pas que, lors même que leurs prémisses leur seraient accordées, ils n'auraient fait qu'expliquer comment le premier homme aurait pu apprendre à parler, s'il avait trouvé une langue toute faite : le problème de la formation de cette langue resterait tout aussi obscur qu'auparavant. D'autre part, ceux qui prétendent que le premier homme, abandonné à lui-même, sortit peu à peu de l'état de mutisme et inventa des mots pour les nouvelles idées qui naissaient dans son esprit, oublient que l'homme n'aurait jamais pu par ses propres forces se donner la *faculté* de la parole qui est la propriété caractéristique de l'humanité, et qui n'a jamais existé ni ne pourra jamais exister chez les bêtes (1). Lorsque ces philosophes s'appuient sur ce fait que l'enfant vient au monde sans avoir de langage, et qu'il entre graduellement en pleine et entière possession de la parole articulée, ils prouvent par là qu'ils ne saisissent pas bien le fond même de la question. En effet, nous ne demandons pas qu'on nous explique de quelle façon les oiseaux apprennent à voler, créés comme ils le sont avec des organes propres à les porter dans l'air; et nous ne recherchons pas davantage comment les enfants apprennent à faire usage des différentes facultés dont l'âme et le corps humains sont doués. Nous voulons, si c'est possible, obtenir une connaissance approfondie de la faculté originelle de la parole ; et, pour cette fin, je crains bien qu'il ne soit aussi inutile d'observer les premiers bégayements de l'enfance qu'il le serait de répéter l'expérience de Psammétique, le roi d'Égypte, qui confia à un berger deux enfants nouveau-nés avec l'injonction formelle de les faire nourrir par des chèvres, d'empêcher qu'on leur fît entendre aucun langage, et de recueillir soigneusement le premier mot qu'ils prononceraient (2).

(1) Der Mensch ist nur Mensch durch Sprache ; um aber die Sprache zu erfinden, müsste er schon Mensch sein. » — W. von Humboldt, *Sämmtliche Werke*, III, 252. Le même argument est épuisé par Süssmilch, *Versuch eines Beweises dass die erste Sprache ihren Ursprung nicht vom Menschen, sondern allein vom Schöpfer erhalten habe*, Berlin, 1766.

(2) Farrar, *Origin of Language*, p. 10 ; — Grimm, *Ursprung der Sprache*, p. 32. — La légende raconte que le premier mot prononcé par ces enfants fut βεκός, qui signifiait en phrygien *pain*; d'où l'on conclut que le phrygien était la langue primitive de l'humanité. Βεκός est dérivé de la même racine qui existe encore dans le mot an-

La même expérience fut ordonnée, dit-on, par l'empereur souabe, Frédéric II, par Jacques IV d'Écosse, et par un des empereurs mogols de l'Inde (1). Mais si l'on a voulu découvrir quelle avait été la langue primitive de l'humanité ou jusqu'à quel point le langage était naturel à l'homme, les expériences précitées ne répandent aucune lumière sur le problème qui nous occupe. Quand les enfants apprennent à parler, ils n'inventent pas le langage qui est là tout formé, et qui l'est depuis des milliers d'années. Ils acquièrent l'usage d'une langue, et, en grandissant, ils pourront en apprendre deux ou plusieurs autres. Inutile donc de nous demander si des enfants abandonnés à eux-mêmes inventeraient un langage. De telles expériences seraient non-seulement illicites et cruelles (2), mais impossibles, et à moins qu'on ne les renouvelât fréquemment, les assertions de ceux qui nient, comme de ceux qui affirment la possibilité pour des enfants d'inventer un langage à eux, seraient également sans valeur. Tout ce que nous pouvons tenir pour certain, c'est qu'un enfant anglais abandonné à lui-même ne commencerait jamais à parler l'anglais, et que l'histoire ne nous fournit pas

---

glais *to bake*, cuire au four. Comment ces malheureux enfants étaient-ils venus à avoir l'idée de pain cuit, dans laquelle sont impliquées les idées de farine, de four, de feu, etc.? c'est ce qui semble avoir échappé aux anciens sages de l'Égypte. Quintilien fait une distinction très-fondée entre le pouvoir de prononcer quelques mots et la faculté de parler : « Propter quod infantes a mutis nutricibus jussu regum in solitudine educati, etiamsi verba quædam emisisse tradantur, tamen loquendi facultate caruerunt. » Inst. orat. X, I. 10.

(1) Hervas, *Origine degl' idiomi* (1785), pp. 145 seq.

(2) « Cioè a dire, si voleva porlo nella condizione più contraria alla natura, per sapere ciò che naturalmente avrebbe fatto. » Villari, *Il Politecnico*, vol. I, p. 22.

d'exemple d'une langue qui ait été inventée de cette manière.

Si nous voulons arriver à nous rendre compte exactement de la faculté de voler qui appartient en propre aux oiseaux, tout ce que nous pouvons faire, c'est de comparer d'abord la structure des oiseaux avec celle des autres animaux qui sont privés de cette puissance, et en second lieu d'observer les conditions dans lesquelles l'acte de voler devient possible. Telle est aussi la marche à suivre dans l'étude approfondie du langage. La parole est une faculté spécifique de l'homme : elle le distingue de toutes les autres créatures; et, si nous voulons nous faire une idée plus précise de la nature véritable du langage, le mieux est de comparer l'homme avec les animaux qui semblent en approcher le plus, et de tâcher de découvrir ainsi ce qu'il a en commun avec eux et ce qui est son privilége à lui seul. Une fois cette comparaison terminée, et la possession du langage constatée comme attribut distinctif de l'homme, nous pourrons rechercher les conditions dans lesquelles le langage devient possible; et alors nous aurons rempli notre tâche dans la mesure de nos forces, car les instruments de nos connaissances, si admirables qu'ils soient, sont beaucoup trop imparfaits pour nous ouvrir toutes les régions où nous pouvons nous élever sur les ailes de l'imagination.

En comparant les hommes avec les autres animaux, nous n'avons pas à nous préoccuper de la question physiologique de savoir si la différence entre le corps d'un singe et celui d'un homme est une différence de degré ou d'espèce. A quelque conclusion qu'arrivent les physiologistes sur ce point, nous n'avons aucune inquiétude à avoir. Si la structure d'un ver de terre suffit pour rendre muet d'étonnement tout esprit qui réfléchit ; si l'organisation de la plus chétive des créatures reflète la sagesse du créateur divin avec un éclat qui éblouit nos regards, comment est-il possible de dépriser et de ravaler ces animaux qui sont placés aux plus hauts degrés de l'échelle des êtres organisés, et dont la conformation n'est pas moins merveilleuse que la nôtre ? N'y a-t-il pas maint animal plus parfait par certains côtés que l'homme lui-même ? N'envions-nous pas la force du lion, l'œil de l'aigle, les ailes de tous les oiseaux ? Mais, quand il existerait des bêtes qui nous égaleraient et nous surpasseraient sous le rapport des qualités physiques, aucun homme sérieux ne craindrait que sa dignité en fût compromise, car elle repose sur de tout autres fondements. « Je l'avoue, » dit Sydney Smith, « je me sens si parfaitement assuré de la supériorité de l'homme sur le reste de la création ; j'ai un mépris si marqué pour l'intelligence de tous les babouins que j'ai jamais rencontrés ; je suis si convaincu que le singe bleu sans queue ne sera jamais notre rival en poésie, en peinture ni en musique, que je ne vois pas pourquoi on ne rendrait pas justice aux quelques parcelles d'âme et aux lambeaux d'intelligence que les bêtes peuvent avoir. » On a blâmé la forme plaisante que cet écrivain spirituel aimait à donner à ses arguments, lors même qu'il traitait des sujets philosophiques et sacrés : mais l'enjouement ne peut-il pas être un aussi sûr garant d'une profonde et inébranlable conviction que la réserve et la gravité ?

En ce qui concerne notre problème, il est hors de doute que certains animaux réunissent toutes les conditions physiques requises pour le langage articulé. Il n'y a pas une seule lettre de l'alphabet qu'un perroquet ne puisse être dressé à prononcer (1). Par conséquent, ce fait, que le perroquet n'a pas de langage, doit s'expliquer par une différence entre les facultés *mentales*, et non entre les facultés *physiques* de la bête et celles de l'homme ; et c'est seulement par la comparaison des facultés mentales, telles que nous les trouvons en nous-mêmes et chez les bêtes, que nous pouvons espérer de découvrir ce qui constitue la qualité indispensable pour posséder le langage ; cette qualité est propre à l'homme et ne se rencontre chez aucune autre créature sur la terre.

J'ai dit les *facultés mentales*, et je prétends attribuer une bonne part de ce que nous appelons nos facultés mentales aux animaux de l'ordre supérieur. Ces animaux ont la *sensation*, la *perception*, la *mémoire*, la *volonté* et l'*intelligence* ; seulement leur intelligence ne s'étend qu'à la comparaison ou à la combinaison de perceptions simples. Toutes ces assertions sont fondées

(1) « L'usage de la main, la marche à deux pieds, la ressemblance, quoique grossière, de la face, tous les actes qui peuvent résulter de cette conformité d'organisation, ont fait donner au singe le nom d'*homme sauvage* par des hommes à la vérité qui l'étaient à demi, et qui ne savaient comparer que les rapports extérieurs. Que serait-ce, si, par une combinaison de la nature aussi possible que toute autre, le singe eût la voix du perroquet, et, comme lui, la faculté de la parole ? Le singe parlant eût rendu muette d'étonnement l'espèce humaine entière, et l'aurait séduite au point que le philosophe aurait eu grand'peine à démontrer qu'avec tous ces beaux attributs humains le singe n'en était pas moins une bête. Il est donc heureux pour notre intelligence que la nature ait séparé et placé dans deux espèces très-différentes l'imitation de la parole et celle de nos gestes. »
— Buffon, cité par Flourens, p. 77.

sur des faits incontestables dont les preuves n'ont jamais été exposées, ce me semble, avec plus de lucidité et plus de force que par M. P. Flourens dans un de ses ouvrages récents (1). Certes, il ne manque pas de gens qui sont aussi tourmentés par l'idée que les bêtes ont une âme, que d'autres le sont par «le singe bleu sans queue.» Mais ils ne doivent s'en prendre qu'à eux-mêmes de leurs alarmes. S'ils s'obstinent à se servir de ces mots *âme* et *pensée* sans comprendre clairement ni faire comprendre aux autres le sens qu'ils y attachent, il n'est pas étonnant qu'ils sentent un jour ces mots se dérober sous eux, et qu'ils tombent alors dans le doute et la perplexité. Si l'on demande simplement : « Les bêtes ont-elles une âme ?» il sera nécessairement impossible d'arriver à une solution ; car l'*âme* a reçu tant de définitions différentes depuis Aristote jusqu'à Hegel, qu'on peut lui faire signifier à peu près tout ce que l'on veut. Telle a été la confusion causée par l'emploi dans les écoles de termes psychologiques mal définis, que nous voyons Descartes considérer les bêtes comme des automates vivants, et Leibniz leur supposer non-seulement une âme, mais une âme immortelle. «Après l'erreur de ceux qui nient Dieu, dit Descartes, il n'y en a point qui éloigne plutôt les esprits faibles du droit chemin de la vertu, que d'imaginer que l'âme des bêtes soit de même nature que la nôtre, et que par conséquent nous n'ayons rien à craindre ni à espérer après cette vie, non plus que les mouches et les fourmis ; au lieu que, lorsqu'on sait combien elles diffèrent, on comprend beaucoup mieux les raisons qui prouvent que la

---

(1) *De la Raison, du Génie et de la Folie;* Paris, 1861.

nôtre est d'une nature entièrement indépendante du corps, et par conséquent qu'elle n'est point sujette à mourir avec lui (1). »

L'esprit de ces remarques est excellent, mais l'argumentation de Descartes est extrêmement faible. De ce que les bêtes n'ont pas une âme humaine il ne s'ensuit nullement qu'elles n'ont pas une âme; et de ce que l'âme des bêtes est périssable on ne serait pas en droit de conclure que l'âme humaine n'est pas immortelle : d'ailleurs aucun philosophe, que je sache, n'a jamais prouvé la majeure, à savoir que l'âme des bêtes doive nécessairement être détruite et anéantie par la mort. « J'ai trouvé, » dit Leibniz, qui a défendu l'immortalité de l'âme humaine avec des arguments plus puissants que ne l'a fait Descartes lui-même, « comment les âmes des bêtes et leurs sensations ne nuisent pas à l'immortalité des âmes humaines, ou plutôt comment rien n'est plus propre à établir notre immortalité naturelle que de concevoir que toutes les âmes sont impérissables (2). »

Au lieu de nous engager dans l'examen de ces contradictions qui proviennent en grande partie de l'emploi vague de termes mal définis, voyons seulement les faits. Tout observateur impartial admettra l'exactitude des faits suivants :

1. Les bêtes ont la vue, l'ouïe, le goût, l'odorat et le toucher, c'est-à-dire les cinq sens que nous avons nous-mêmes, ni plus ni moins. Elles ont la sensation et la perception, ainsi que M. Flourens l'a démontré par les expériences les plus intéressantes. Si on enlève

---

(1) Discours de la méthode, v^e partie (10).
(2) Leib., *Opera philosophica*, 1840, p. 205.

les racines du nerf optique, la rétine de l'œil d'un oiseau cesse d'être sensible, l'iris n'est plus mobile; l'animal est aveugle, parce qu'il a perdu l'organe de la *sensation*. Si les lobes cérébraux sont enlevés, l'œil reste sain et entier, la rétine est sensible, l'iris mobile. Dans ce cas l'œil est intact, mais l'animal ne peut plus voir, parce qu'il a perdu les organes de la *perception*.

2. Les bêtes ont des sensations de plaisir et de peine. Un chien qui est battu se conduit exactement comme un enfant qui est puni, et un chien que l'on caresse témoigne de sa satisfaction comme le fait un enfant dans les mêmes circonstances. Les philosophes reconnaissent que nous pouvons juger d'après des signes seulement : or, si les signes par lesquels les enfants traduisent au dehors leurs affections peuvent servir de fondement solide à nos jugements, il faut bien qu'il en soit de même des signes par lesquels les animaux manifestent leurs mouvements de douleur ou de joie.

3. Les bêtes n'oublient pas; ou, pour parler comme les philosophes, les bêtes ont la mémoire. Les chiens connaissent leur maître et leur habitation ; ils laissent éclater leur joie en revoyant ceux qui ont été bons pour eux, et ils gardent rancune pendant des années à ceux qui les ont outragés ou maltraités. Qui ne se rappelle le chien Argos qui fut le premier à reconnaître Ulysse quand il revint à Ithaque après sa longue absence (1) ?

4. Les bêtes savent établir des comparaisons et des distinctions. Un perroquet prend une noisette, et la

---

(1) *Odyssée*, xvii, 300.

laisse retomber : il a trouvé qu'elle est légère, et il n'a pu faire cette découverte qu'en comparant le poids des noisettes pleines avec celui des vides ; il la rejette, parce qu'il sait qu'elle n'a pas d'amande, et, pour arriver à cette conclusion, il lui a fallu faire cette combinaison d'idées à laquelle les logiciens donneraient le titre pompeux de syllogisme, à savoir, « toutes les noisettes légères sont vides ; celle-ci est légère, donc elle est vide. »

5. Les bêtes ont une volonté, et c'est ce que savent fort bien ceux qui ont jamais monté un cheval rétif.

6. Les bêtes donnent des signes de honte et de noble orgueil. Quiconque a vu un chien, les yeux joyeux et étincelants, rapporter une pièce de gibier aux pieds de son maître, ou se dérober, la queue basse, à son appel, avouera que ces signes n'admettent qu'une seule interprétation. La difficulté commence quand nous nous servons du langage philosophique, et que nous attribuons aux bêtes le sens moral, la conscience et la faculté de distinguer entre le bien et le mal : puisqu'il n'y a rien à gagner à l'emploi de ces termes des écoles, mieux vaut les éviter entièrement.

7. Les bêtes donnent des signes d'affection et de ressentiment. Il y a des exemples bien avérés de chiens qui ont suivi leur maître à la tombe, et se sont ensuite laissés mourir de faim ; et il n'est pas moins certain qu'ils guettent l'occasion de se venger de ceux qui sont devenus l'objet de leur haine.

Si, en présence de tous ces faits, on persiste à refuser aux bêtes la sensation, la perception, la mémoire, la volonté et l'intelligence, il faut pouvoir avancer des raisons bien puissantes pour légitimer une interprétation si différente donnée aux signes observés chez les animaux et aux signes observés chez les hommes (1).

Certains philosophes s'imaginent avoir tout expliqué, quand ils attribuent aux bêtes l'instinct au lieu de l'intelligence. Mais, assurément, si nous prenons ces deux mots dans leur sens ordinaire, les facultés qu'ils expriment ne s'excluent pas l'une de l'autre (2). Il y a des instincts dans l'homme aussi bien que dans les bêtes. C'est par instinct que l'enfant prend le sein de sa mère, de même que c'est par instinct que l'araignée file sa toile, et que l'abeille construit sa cellule. Il ne vient à l'idée de personne de supposer dans l'enfant la connaissance de la physiologie, parce qu'il met en jeu les muscles nécessaires pour teter; pas plus que nous ne prétendons attribuer à l'araignée la connaissance de la mécanique, ni à l'abeille la connaissance de la géométrie, parce que, sans l'étude de ces sciences, il nous serait impossible à nous de faire ce qu'elles font. Mais si nous déchirons la toile de l'araignée, et que nous voyions le petit insecte examiner ces dégâts et chercher à les réparer, ou renoncer de désespoir à ce travail (3), n'est-il pas manifeste que l'instinct qui guida l'araignée quand elle tissa sa toile est maintenant dirigé et modifié par l'observation, la comparaison, la réflexion et le jugement? L'instinct, soit mécanique soit

(1) Voyez toutes ces questions admirablement discutées par Porphyre, dans ses quatre livres sur « l'*Abstinence de la nourriture animale,* » l. III.

(2) « Nous trouvons chez les autres animaux des signes manifestes de raisonnement; et de l'existence de ce raisonnement, il m'est aussi impossible de douter que de celle des instincts qui s'y mêlent. » Brown, *Works*, I, 446.

(3) Flourens, *De la Raison*, etc., p. 51.

moral, joue un plus grand rôle chez les animaux que chez l'homme ; mais, de même que l'intelligence, l'instinct est commun à l'homme et aux animaux.

Où donc est la différence entre les bêtes et l'homme (1)? Qu'y a-t-il que l'homme puisse faire, et dont nous ne découvrions ni rudiments ni indices dans tout le reste du règne animal? Je réponds sans hésitation : la grande, l'infranchissable barrière entre les bêtes et l'homme, c'est le *langage*. L'homme parle, et aucun animal n'a jamais proféré un mot : c'est là l'abîme qui nous sépare, et que rien ne pourra jamais combler. Voilà le simple fait par lequel nous répondons à ceux qui nous parlent de progrès et de développement ; qui croient trouver chez les singes les rudiments, au moins, de toutes les facultés humaines ; et qui voudraient ne pas renoncer à la possibilité que l'homme ne soit qu'un animal privilégié, le vainqueur heureux dans la lutte de la vie. Le langage est quelque chose de plus palpable qu'un pli du cerveau ou qu'un angle du crâne. Il n'y a pas de subtilités qui puissent ici nous faire prendre le change ; et toutes les analyses et tous les procédés du

---

(1) « Accorder que l'on trouve chez les bêtes certaines opérations mentales qui leur sont communes avec l'homme ; que les bêtes ont des désirs, des affections, la mémoire, l'imagination simple ou la faculté de reproduire dans des tableaux de l'esprit les sensations passées, et qu'elles forment des comparaisons et des jugements ; c'est reconnaître que l'intelligence des bêtes agit réellement, autant que nous pouvons en juger, comme l'intelligence humaine. En effet, les logiciens nous disent que tout raisonnement peut se réduire à une série de jugements simples ; et Aristote déclare que la réminiscence elle-même (que nous prenons pour la reproduction dans l'esprit des sensations passées), est une sorte de raisonnement : τὸ ἀναμιμνήσκεσθαί ἐστιν οἷον συλλογισμός τις. » Asa Grey, *Natural Selection*, etc., p. 58, note.

monde ne tireront jamais des mots significatifs du chant des oiseaux, ni des cris des animaux.

Le langage, toutefois, n'est que le signe extérieur. Nous pouvons, dans nos discussions, nous appuyer sur le fait du langage, et défier nos adversaires de nous citer rien d'analogue chez les bêtes : mais, si nos arguments n'allaient pas plus avant, si l'art d'employer des sons articulés pour communiquer nos impressions était le seul trait qui témoignât de notre supériorité sur le reste de la création, on comprendrait que nous ne fussions pas sans inquiétude en voyant le gorile nous approcher de si près.

Il est hors de doute que les bêtes, sans avoir l'usage des sons articulés, ont néanmoins le moyen de s'entendre entre elles. Quand une baleine est frappée, la bande tout entière, quoique disséminée au loin, est avertie immédiatement de la présence d'un ennemi; et quand le nécrophore rencontre le cadavre d'une taupe, il se hâte de faire connaître cette découverte, et on le voit bientôt revenir avec ses *quatre* compagnons (1). Il est évident aussi que les chiens, quoiqu'ils ne parlent pas, peuvent comprendre beaucoup de ce qu'on leur dit, et qu'ils connaissent leur propre nom et exécutent les ordres de leur maître; d'autre part, certains oiseaux, tels que les perroquets, peuvent prononcer tous les sons articulés. Par conséquent, bien que, dans les discussions philosophiques sur la dignité de l'âme humaine, nous puissions nous retrancher derrière le lan-

---

(1) Conscience, *Boek der Natuer*, VI, cité par Marsh, p. 32. Voyez aussi quelques exemples curieux recueillis par Porphyre, dans le troisième livre de son traité sur l'*Abstinence de la nourriture animale*.

gage articulé comme dans une position inexpugnable, il est tout naturel, cependant, que pour notre satisfaction propre nous tâchions de découvrir en quoi consiste réellement la force de notre argument; ou, en d'autres termes, que nous nous efforcions de pénétrer jusqu'à cette faculté interne dont le langage est la manifestation ou le signe extérieur.

Pour arriver à cette connaissance, nous n'avons rien de mieux à faire que d'examiner les opinions des philosophes qui ont abordé notre problème par un autre côté, et qui, au lieu de rechercher les signes extérieurs et sensibles de la différence entre l'homme et la brute, ont étudié les facultés de l'esprit humain, et essayé de déterminer le point où l'homme s'élève au-dessus de la limite de l'intelligence des bêtes. Ce point, si on parvient à le déterminer exactement, devra coïncider avec l'apparition du langage; et dans cette coïncidence nous devrons trouver la solution du problème qui nous occupe en ce moment.

Ici je demanderai la permission de lire un extrait de l'*Essai* de Locke *sur l'entendement humain.*

Après avoir expliqué comment sont formées les idées universelles; comment l'esprit, ayant observé la même couleur dans la craie, dans la neige et dans le lait, comprend ces perceptions simples sous la conception générale de blancheur, Locke ajoute : « Si l'on peut douter que les bêtes composent et étendent leurs idées de cette manière, à un certain degré, je crois être en droit d'affirmer que la puissance de former des abstractions ne leur a pas été accordée, et que cette faculté de former des idées générales est ce qui met une parfaite distinction entre l'homme et les brutes, et ce qui donne à l'intelligence humaine une excellence à laquelle les brutes ne sauraient atteindre (1). »

Si Locke est dans le vrai en considérant la puissance de former des idées générales comme la prérogative qui distingue l'homme des autres animaux, et si nous-mêmes nous ne nous trompons pas en donnant le langage comme la grande et palpable distinction entre l'homme et les bêtes, ne s'ensuit-il pas que le langage est le signe extérieur et la réalisation de cette faculté interne que l'on nomme souvent la faculté de l'abstraction, mais qui est encore plus connue sous le nom familier de *raison*?

Rappelons-nous maintenant le résultat auquel nous sommes arrivés dans nos leçons précédentes. Après avoir donné l'explication de tout ce qu'il est possible d'expliquer dans le développement du langage, il nous est resté en dernière analyse, comme seul résidu inexplicable, ce que nous avons appelé les *racines*, lesquelles composent les éléments constitutifs de toutes les langues connues. Cette découverte simplifie singulièrement la question que nous nous proposons de résoudre, et ôte tout fondement à ces descriptions poétiques et à ces transports d'admiration qui servent invariablement de préambule à la thèse de la révélation divine du langage. Pour nous il ne peut plus être question désormais de « cet instrument merveilleux qui reproduit avec fidélité tous les objets de nos sens; qui est l'image vivante de l'univers; qui donne une forme aux sentiments les plus délicats de notre âme, et un corps aux rêves les plus sublimes de notre imagination;

(1) Liv. II, chap. xi, § 10.

qui place sur divers plans, selon les règles de la perspective, le passé, le présent et le futur, et répand sur tout le tableau les nuances variées de la certitude, du doute et de la contingence. » Il est très-vrai que le langage accomplit toutes ces belles choses, mais il le fait sans le secours du *merveilleux*, du moins si nous prenons ce mot dans le sens qu'on lui attribue dans les *Contes des mille et une nuits*. « L'esprit méditatif, dit le docteur Ferguson, en contemplant les plus sublimes conceptions exprimées par le langage et en se reportant à ses humbles débuts, est saisi d'étonnement, comme un voyageur qui, après avoir gravi insensiblement une montagne élevée, viendrait tout à coup à plonger ses regards dans l'espace d'une hauteur où il aurait peine à croire qu'il fût arrivé sans un secours surnaturel. » Certaines personnes éprouvent un désenchantement quand l'histoire leur fait perdre les nobles illusions où elles se complaisent. Elles préfèrent l'inintelligible qu'elles peuvent admirer à l'intelligible qu'elles peuvent seulement comprendre : mais, pour un esprit sérieux et mûr, la réalité a plus de charmes que la fiction, et la simplicité plus de merveilles que la complexité. Auprès de la poésie de Gœthe, des racines peuvent sembler fort arides ; et pourtant, il y a quelque chose de plus vraiment admirable et étonnant dans une racine que dans tous les poëmes lyriques du monde.

Qu'est-ce donc que ces racines ? Dans nos langues modernes, les racines ne peuvent être dégagées de leur enveloppe que par une analyse scientifique ; et, en remontant même jusqu'au sanscrit, nous pouvons dire que nous ne trouvons aucune racine qui soit employée comme nom ou comme verbe. Mais tel était, à l'origine, le rôle des racines; et par bonheur pour nos études, le chinois nous représente encore cette période monosyllabique, qui a été le commencement du langage humain aussi sûrement que les roches granitiques ont formé la première des couches terrestres. La racine aryenne DA, donner, se retrouve comme substantif dans le sanscrit *dâ-nam, donum,* don; comme verbe dans le sanscrit *da-dâ-mi,* le grec *di-dō-mi,* le latin *do,* je donne : mais la racine DA ne peut jamais être employée toute seule. En chinois, au contraire, la racine TA est usitée comme substantif, pour signifier grandeur; comme verbe, pour signifier être grand; et comme adverbe, pour signifier grandement ou beaucoup. Les racines ne sont donc pas, ainsi qu'on l'affirme souvent, de pures abstractions scientifiques : elles ont été originairement des mots véritables. Voici donc la question que nous nous posons, et à laquelle nous voulons trouver la réponse : Quelle est la phase de notre esprit à laquelle répondent ces racines, envisagées comme les germes de la parole humaine?

Deux solutions ont été proposées pour ce problème : la théorie de l'onomatopée ou imitation, et celle de l'interjection.

Dans la première hypothèse, les racines seraient des imitations de sons; dans la seconde, elles seraient des interjections ou des cris involontaires. La théorie de l'onomatopée fut en grande faveur dans l'école du dix-huitième siècle, et, comme elle est encore adoptée par beaucoup de savants et de philosophes distingués, elle mérite notre examen le plus attentif. On suppose donc que l'homme, étant encore dans l'état de mutisme, entendit les cris des oiseaux et des animaux, le mugissement de la mer, le bruissement de la forêt, le murmure du ruisseau, le souffle de la brise et le grondement du tonnerre. Il s'efforça d'imiter ces bruits, et, trouvant que ces cris imitatifs étaient utiles comme signes des objets qui les avaient suggérés, il poursuivit cette idée et élabora le langage. Cette doctrine fut développée et défendue avec grand talent par Herder (1). « L'homme, dit-il, fait preuve d'une réflexion consciente quand son âme agit librement pour que, dans cette mer de sensations qui l'inonde par tous les sens du corps, elle puisse séparer une vague de toutes les autres, et la fixer du regard en ayant conscience qu'elle considère cette seule et unique vague. L'homme fait preuve d'une réflexion consciente lorsqu'au milieu de ces images innombrables qui flottent confusément autour de lui comme dans les rêves de son sommeil, il peut, en quelque sorte, se réveiller tout à coup, s'arrêter à une seule de ces images, y attacher un regard tranquille et pénétrant, et y découvrir les signes distinctifs qui lui serviront à la reconnaître à l'avenir. Enfin l'homme fait preuve d'une réflexion consciente quand, après avoir saisi vivement et nettement tous les traits d'un objet, il y sait discerner les traits caractéristiques qui l'empêcheront de confondre cet objet avec tout autre. » Ainsi, par exemple, « l'homme voit un agneau. Il ne le voit pas comme le verrait le loup vorace. A la vue de l'agneau, l'homme n'est troublé par aucun instinct irrésistible : il veut connaître

---

(1) Pour plus de détails sur les opinions de Herder et d'autres philosophes, concernant l'origine du langage, voir l'opuscule de M. Steinthal, *Der Ursprung der Sprache*. [Sur la théorie de l'onomatopée, voir également M. Renan, *Origine du langage*, pp. 135-149. Tr.]

cet animal qu'il voit pour la première fois, mais il ne se sent pas attiré vers lui par ses appétits sensuels. L'agneau est là, tel que les sens de l'homme le lui représentent, c'est-à-dire couvert d'une laine blanche et douce. L'âme consciente et réfléchie cherche dans l'agneau une marque distinctive; — l'agneau bêle! — Voilà la marque trouvée. Le bêlement, qui fit sur l'âme l'impression la plus forte et toute distincte des autres impressions soit de la vue soit du toucher, reste dans l'esprit de l'observateur comme trait caractéristique de l'agneau. L'agneau revient avec sa toison blanche et douce. L'homme le regarde, le touche, réfléchit et y cherche une marque. L'agneau se met à bêler, et maintenant l'homme l'a reconnu. Ah! tu es l'animal qui bêle! se dit l'âme en elle-même; et le son du bêlement qui l'avait frappée comme signe distinctif de l'agneau devient l'appellation de l'animal. Ce son était la marque comprise par l'esprit, c'est-à-dire le mot; et qu'est-ce que le langage humain tout entier, sinon une collection de mots formés de cette manière? »

A cela nous répondons qu'encore que toutes les langues possèdent un certain nombre de mots formés par onomatopée, ces mots ne constituent dans aucune langue qu'une bien faible minorité du vocabulaire entier. Ce sont les jouets et non les outils du langage; et toute tentative pour ramener à des racines imitatives les mots les plus communs et les plus nécessaires, ne pourra jamais être qu'en pure perte. Herder lui-même, après avoir été le vigoureux défenseur de la théorie de l'onomatopée, et avoir obtenu le prix offert par l'Académie de Berlin pour le meilleur essai sur l'origine du langage, renonça ouvertement à ce système sur la fin de sa vie, et se jeta de désespoir dans les bras de ceux qui regardaient le langage comme ayant été révélé à l'homme par un miracle. Nous ne nions pas, et nous ne pouvons pas nier la possibilité de la formation d'une langue par le procédé de l'imitation : tout ce que nous affirmons, c'est que jusqu'à présent on n'a découvert aucune langue qui ait été ainsi formée.

On raconte (1) qu'un Anglais voyageant en Chine, et désirant savoir si un plat qui lui était servi était du canard, demanda à un Chinois : *Quack-quack?* et qu'il en reçut immédiatement cette réponse très-claire et nette : *Ouah-ouah!* Cette demande et cette réponse valaient bien sans doute la conversation la plus éloquente sur le même sujet entre un Anglais et un garçon d'hôtel français, mais je doute qu'elles méritent le nom de langage.

En effet, nous disons un chien et non un *ouah-ouah*, une vache et non un *meun*, un agneau et non un *bêê*; et nous pouvons constater le même fait dans les langues anciennes, telles que le sanscrit, le grec et le latin. S'il est une classe de mots à la formation desquels a dû présider la loi de l'onomatopée, c'est sans contredit celle des noms d'animaux : cependant nous chercherions en vain la moindre ressemblance entre poule et gloussement ou caquetage, entre pigeon et roucoulement, entre pourceau et grognement, entre chien et aboiement ou glapissement.

Il y a assurément certains noms, tels que *coucou*, qui ont été évidemment formés par l'imitation des

(1) Farrar, *Essay on the Origin of Language*, p. 74.

sons. Mais tous ces mots, comme des fleurs artificielles, n'ont ni racines ni séve. Ils sont stériles, et ne servent jamais qu'à exprimer l'objet unique qu'ils imitent. Si vous vous rappelez la quantité de rejetons qu'a donnés la racine *spaś*, voir, vous serez frappé de la différence qui existe entre la création d'un nom comme *coucou* et la végétation naturelle des mots.

Comparons ensemble les deux mots anglais *cuckoo*, coucou, et *raven*, corbeau. *Cuckoo* n'est évidemment qu'une imitation du cri de l'oiseau, tandis que dans les appellations correspondantes en sanscrit, en grec et en latin, nous voyons un suffixe dérivé s'ajouter à l'élément imitatif; nous avons en sanscrit *kokila*, en grec *kokkyx*, en latin *cuculus* (1). *Cuckoo* est un mot moderne qui s'est substitué à l'anglo-saxon *geac* (l'allemand *gauch*), et puisque ce mot est une onomatopée pure et simple, il ne peut pas être sujet à la loi des permutations de Grimm : en outre, comme il n'exprime uniquement que le cri d'un oiseau particulier, il ne saurait jamais signifier une qualité générale appartenant à différents animaux; et s'il était possible de tirer des dérivés de ce mot, ils ne pourraient en aucun cas exprimer autre chose qu'une ressemblance métaphorique avec le coucou. Les mêmes remarques s'appliquent au mot anglais *cock*, coq, le sanscrit *kukkuta*. Ici, également, nous ne devons pas nous attendre à voir observer la loi de Grimm, car les deux mots n'étaient destinés qu'à reproduire le cri de l'oiseau; et, cette intention continuant à se faire sentir, ces mots n'étaient guère exposés aux ravages de l'altération pho-

---

(1) Pott, *Etymologische Forschungen*, I, 87 ; *Zeitschrift*, III, 43.

nétique. Le sanscrit *kukkuta* n'a pas été produit par une racine ; il répète simplement le cri du coq : par conséquent ce mot ne peut donner naissance qu'à des expressions métaphoriques, telles que *coquet,* originairement celui qui se pavane, qui fait le beau comme le coq ; *coquetterie, cocarde,* primitivement touffe de plumes de coq que les soldats de certaines nations portaient sur leurs bonnets ; et *coquelicot,* qui signifiait d'abord crête de coq, et s'est dit ensuite du pavot sauvage à cause de sa ressemblance avec la crête du coq.

Examinons maintenant le mot *raven*. Au premier moment, on peut être tenté de croire que ce nom n'est également qu'une onomatopée. Certaines personnes s'imaginent entendre dans *raven* une sorte d'écho du cri rauque poussé par le corbeau ; et cette ressemblance paraît encore plus sensible quand nous rapprochons *raven* de l'anglo-saxon *hrafn,* l'allemand *rabe,* l'ancien haut-allemand *raban*. C'est ainsi que l'on suppose également que le sanscrit *kârava,* le latin *corvus,* l'anglais *crow* et le grec *korōnē* rappellent tous plus ou moins le ramage peu mélodieux de *maître corbeau*. Mais en y regardant de plus près, nous trouvons que ces mots, tant semblables qu'ils soient pour le son, sont issus de sources toutes différentes. L'anglais *crow* ne peut en aucune façon être rattaché à *corvus,* pour cette simple raison que d'après la loi de Grimm un *c* anglais ne saurait représenter un *c* latin. Quoique *raven* diffère beaucoup plus, en apparence, de *corvus* que le mot *crow,* il y aurait cependant beaucoup moins de difficulté réelle à le faire remonter à la source d'où est sorti le latin *corvus*. Car *raven* est l'anglo-saxon *hraefen* ou *hraefn,* dont la première syllabe *hrae* serait une permutation régulière pour le latin *cor*. Les avis des linguistes sont fort partagés sur la racine ou les racines d'où sont dérivés les différents noms du *corbeau* dans les dialectes aryens. Ceux qui regardent le sanscrit comme la forme la plus primitive du langage aryen, sont disposés à admettre que le sanscrit *kârava* est le type originel de toutes ces appellations; et comme les étymologistes indiens font venir *kârava* de *kâ-rava*, faire un bruit désagréable (1), on a donné *ru*, faire un bruit, racine de *rava*, bruit, comme étymologie des mots correspondants en latin, en grec et en allemand. Ce n'est pas ici le lieu d'examiner si ces composés tels que *kâ-rava*, dans lesquels on attribue à l'élément initial *kâ* ou *ku* le rôle du grec *dys* ou de l'anglais *mis*, sont aussi communs en sanscrit que certains savants le supposent. Cette question a été souvent débattue, et quoiqu'il soit impossible de nier l'existence de tels composés en sanscrit, et surtout en sanscrit moderne, je ne connais aucun exemple bien constaté d'un mot ainsi formé qui ait pénétré en grec, en latin ou en allemand. Si donc *kârava*, *corvus*, *korōnē* et *hraefen* sont des mots congénères, il faut nécessairement regarder le *k* comme faisant partie du radical, et dériver tous ces mots d'une racine *kru*, forme secondaire de la racine *ru*. Cette racine *kru*, ou sous sa forme plus primitive *ru* (*rauti* et *ravîti*), n'est pas une simple imitation du cri du corbeau; elle comprend beaucoup de cris, depuis les plus doux jusqu'aux plus désagréables, et elle aurait pu tout aussi bien désigner le rossignol que le corbeau.

---

(1) Voir Boehtlingk et Roth, *Dictionnaire sanscrit*, à ce mot.

En sanscrit la racine *ru* s'applique, dans ses dérivés verbaux et nominaux, au gazouillement des oiseaux, au bourdonnement des abeilles, à l'aboiement des chiens, au beuglement des vaches, au chuchotement de l'homme et aux sourds gémissements des arbres (1). Cette même racine a donné en latin *raucus*, rauque, et *rumor*, cri, murmure; et en allemand *rûnen*, parler à voix basse, et *runa*, mystère. Le latin *lamentum* présuppose une forme plus primitive, *lavimentum* ou *ravimentum*, car il ne me semble pas que nous devions nécessairement dériver ce nom de la racine secondaire *kru, krav, krâv*, et puis admettre qu'on a laissé tomber la gutturale initiale de *cravimentum*, d'autant plus que cette même gutturale est restée dans *clamare*. Il est vrai, cependant, que nous retrouvons cette racine *ru* sous bien des formes secondaires. Par l'addition d'un *k* initial elle nous donne la racine *kru, klu*, bien connue par ses nombreux rejetons, tels que les mots grecs *klyō, klytós;* les mots latins *cluo, inclitus, cliens;* l'anglais *loud*, à haute voix, et le slave *slava*, gloire (2). Par l'addition d'une lettre finale, *ru* devient en sanscrit *rud*, crier, et en latin *rug* dans le verbe *rugire*, rugir. En ajoutant à *ru* une initiale et une finale, nous obtenons le sanscrit *kruś*, pousser des cris, le

---

(1) Cf. Hitopadêśa, I, 76, où *rauti* est employé pour exprimer le bourdonnement des moucherons et les flatteries adressées doucement à l'oreille par un ennemi.

(2) Le causatif de *śru*, entendre, serait *śrâvayâmi*, je fais entendre. Est-ce l'ancien haut-allemand *hruofan*, l'allemand moderne *rufen*? Voyez Grimm, *Deutsche Grammatik*, vol. I, seconde édition, p. 1023. Heyse, *Handwörterbuch der Deutschen Sprache*, s. v. Rufen. Heyse compare le latin *crepare*, qui dans *increpare*, blâmer, a le même sens que le mot de l'ancien irlandais, *hśopa*.

grec *kraugē*, cri et le gothique *hrukjan*, chanter (en parlant du coq) (1). Dans le sanscrit *śru* et dans le grec *klyo*, nous retrouvons encore la même racine avec la signification d'*entendre*, et nous n'avons pas de peine à comprendre comment a dû lui venir ce sens dérivé, puisque, quand il s'agissait de choisir un bruit dans le lointain, l'homme qui l'entendait le premier pouvait tout naturellement dire « je résonne », car ses oreilles étaient frappées et résonnaient; et quand une fois ce verbe eut pris un sens transitif, il pouvait bien être usité dans des expressions telles que le κλῦθί μευ d'Homère ou que le sanscrit *śrudhi*, écoutez !

Toutefois, quoique la signification de *kârava*, de *corvus*, de *korōnē* et de *hraefen* ne s'oppose aucunement à ce que nous fassions dériver ces mots d'une racine *kru*, signifiant résonner, je n'ai rencontré nulle part une explication qui rende un compte exact du procédé étymologique au moyen duquel *kârava* a pu être formé de *kru*. Nul doute que *kru* aurait pu donner *krava*; mais si nous admettons une corruption dialectale de *krava* en *karva*, et de *karva* en *kârava*, il faut dès lors renoncer à toute dérivation étymologique. S'ensuit-il que nous devions regarder *kârava* comme n'étant pas un dérivé grammatical, mais une simple imitation de *cor cor*, le cri du corbeau ? je ne le pense pas, car *kârava* pourrait bien être un dérivé régulier du sanscrit *kâru*. Ce mot *kâru* se trouve dans les hymnes védiques et signifie « celui qui chante les louanges

---

(1) Voyez Curtius, *Grundzüge der Griechischen Etymologie*, 2ᵉ édit., p. 468.

des dieux », littéralement « celui qui crie. » Il vient de la racine *kar*, crier, louer, raconter, d'où dérivent également le mot védique *kîri*, poëte, *kîrti*, gloire, et *kîrtagati*, il loue (1). *Kâru*, venant de *kar*, signifiait donc originairement un crieur (comme le grec *kērȳx*, hérault) (2), et son dérivé *kârava* se disait par conséquent du corbeau dans le sens général de l'oiseau qui crie.

Il nous est possible de rattacher tous les autres noms du corbeau à cette même racine *kar*. Ainsi *corvus* vient de *car* comme *tor-vus* de *tar* (3); *kor-ōnē* de *kar* comme *chelōnē* de *har* (4), etc. L'anglo-saxon *hraefen*, de même que l'ancien haut-allemand *hraban*, seraient représentés en sanscrit par des formes telles que *kar-van* ou *karvana*. Mais, ainsi que je l'ai déjà fait observer, nous ne saurions faire venir de la même racine l'anglais *crow*, l'anglo-saxon *cráw*. Comme ce mot commence en anglo-saxon par une muette forte, les formes correspondantes en sanscrit devraient commencer par une douce du même ordre. Or il existe en sanscrit une racine *gar*, signifiant crier, louer, d'où viennent le sanscrit *gir*, voix, le grec *gērys*, voix, le latin *garrulus*. De cette même racine dérivent le grec *géranos*, grue, l'anglo-saxon *cran*, et le nom latin du coq, *gallus* au lieu de *garrus*. On a cherché à faire remonter à cette même source le nom anglais du ros-

---

(1) Voir Boehtlingk et Roth, *Dictionnaire sanscrit*, au mot *har*, 2. Lassen, *Anthol.*, 203.

(2) Bopp, *Grammaire comparée*, § 949.

(3) Bopp, *Grammaire comparée*, § 943.

(4) Bopp, *Grammaire comparée*, § 837. — Curtius, *Grundzüge*, I, p. 167. — Hugo Weber, dans Kuhn, *Zeitschrift*, X, p. 257.

signol *nightin-gale*, l'ancien haut-allemand *nahtigal*, mais la loi de Grimm ne nous permet pas d'adopter cette étymologie (1). *Crow* a pu venir de cette racine *gar* ou *gal*, mais non de *corvus*, de *korax* ni de *kârava*, encore moins de *cor cor*, le prétendu cri du corbeau.

Ces remarques feront ressortir la différence qui existe entre la formation du mot *raven* et celle du mot *coucou*. *Raven* signifie le crieur, et aurait pu par conséquent servir de désignation à beaucoup d'oiseaux, mais il devint le terme consacré par la tradition pour en désigner un seul. *Coucou* au contraire n'a jamais pu être que le nom de l'oiseau dont il imite le cri; et tandis que *raven* appartient à une tige d'où sont sorties tant de branches diverses, *coucou* reste stérile et sec, comme un pieu planté dans une haie vive (2).

Il est curieux de remarquer combien on s'abuse facilement dès que l'on adopte ce système de l'onomatopée. Quel est l'Anglais qui ne s'imagine entendre dans le mot *thunder*, tonnerre, une imitation de ce que les anciens Allemands attribuaient à leur dieu

---

(1) Curtius, *Grundzüge*, 1, pp. 145, 147.

(2) On ne lira pas sans intérêt les observations suivantes sur la théorie de l'onomatopée que j'extrais du *Nirukta*, de Yâska, ouvrage antérieur à Pânini, et qui, par conséquent, date au moins du quatrième siècle avant notre ère.

Après avoir fait remarquer que certains noms, tels que lion et tigre, ou chien et corbeau, peuvent s'appliquer à l'homme, soit comme termes d'admiration ou de mépris, Yâska ajoute : « *Kâka* est une imitation du cri du corbeau (*kâku-kaku*, selon Durga), et beaucoup de noms d'oiseaux ont été formés de la même manière. Cependant Aupamanyava dit que les mots ne sont jamais formés par imitation des sons. Il dérive donc *kâka*, corbeau, de *apakâlayitavya*, c'est-à-dire l'oiseau qu'on doit chasser. De même il fait venir *tittiri*, perdrix, de *tar*, sauter, ou de *tilamâtracitra*, tacheté, etc. »

Thor jouant aux quilles? pourtant *thunder*, l'anglo-saxon *thunor*, a évidemment la même origine que le latin *tonitru*. Leur racine commune est *tan*, tendre, étendre, d'où viennent le grec *tonos* (le ton étant produit par la tension et la vibration des cordes) et le latin *tonare*. En sanscrit le bruit du tonnerre est exprimé à l'aide de cette même racine *tan*, mais, dans les dérivés *tanyu, tanyatu* et *tanayitnu*, il n'y a rien qui nous rappelle ce grondement que l'on croit entendre dans le latin *tonitru* et dans l'anglais *thunder* (1). La même racine *tan* a donné naissance à d'autres dérivés qui ne sont rien moins que rudes et bruyants; il nous suffira de citer le latin *tener*, le français *tendre*, l'anglais *tender*. De même que *tenuis*, que nous retrouvons dans le sanscrit *tanu* et dans l'anglais *thin*, ce mot *tener* a signifié originairement ce qui était étendu sur une plus grande surface, et il est venu par la suite à signifier *mince* et puis *délicat*. Si le tonnerre avait frappé les hommes primitifs comme étant un sourd grondement, il serait difficile d'expliquer les liens de parenté qui rattachent *thunder* ou *tonitru* à *thin* et à *tener*.

N'est-on pas disposé également à trouver je ne sais quoi de doux et d'agréable dans les mots français *sucre* et *sucré*? cependant le sucre nous est venu de l'Inde, et là son nom était *śarkhara* qui ne sonne pas fort

---

(1) Une racine secondaire est *stan*, résonner, qui nous a donné en sanscrit *stanitam*, le craquement du tonnerre; *stanayitnu*, tonnerre, éclair, nuage (voir le Dictionnaire de Willson, à ce mot); le grec στένω, je gémis, et ses nombreux rejetons. Bopp (*Grammaire comparée*, § 3) et Kuhn (*Zeitschrift*, IV, 7) regardent *stan* comme étant la forme primitive. Au contraire, Pott (*Etym. Forsch.*, II, 293) fait dériver *stan* de *tan*.

doucement à l'oreille. Ce *sarkhara* est le même mot que sucre et que l'anglais *sugar* : il avait passé en latin sous forme de *saccharum*, et nous disons encore une substance *saccharine* (1).

Dans le mot anglais *squirrel*, écureuil, certaines personnes s'imaginent aussi entendre une imitation des mouvements vifs et alertes de l'intéressant petit animal. Mais nous n'avons qu'à nous reporter au grec, et là nous trouvons que *skiouros* est formé de deux mots parfaitement distincts dont l'un signifie ombre et l'autre queue, l'écureuil étant appelé par les Grecs l'animal qui s'ombrage de sa queue.

On a supposé également que le mot allemand *katze*, chat, est une imitation du bruit que fait le chat en soufflant et en montrant les dents quand il menace. Mais si ce bruit était représenté par la consonne sifflante, il faut remarquer que cette sifflante n'existe ni dans le latin *cattus*, ni dans l'allemand *kater*, ni dans les mots anglais *cat* et *kitten* (2). On pourrait croire de même que le sanscrit *mârjâra*, chat, imite le *rou-rou* que font entendre tous les chats pour exprimer leur satisfaction; mais *mârjâra* dérive de la racine *mrj*, nettoyer, et signifie par conséquent l'animal qui se nettoie toujours.

Il serait facile de multiplier les exemples pour montrer avec quelle facilité nous nous laissons induire en

---

(1) « Lo nome d'Amore è sì dolce a udire, che impossibile mi pare, che la sua operazione sia nelle più cose altro che dolce, conciossiacosachè i nomi seguitino le nominate cose, siccome è scritto : Nomina sunt consequentia rerum. » — Dante, *Vita Nuova*, *Opere Minori*. Firenze, 1837, t. III, p. 289.

(2) Voir Pictet, *Aryas primitifs*, p. 381.

erreur par la connexion constante qui s'établit pour nous entre certains sons et certaines idées exprimées par des mots de notre langue, et combien nous sommes disposés à trouver dans le son même des mots quelque chose qui nous en révèle la signification. « Les mots eux-mêmes, dit Pope, doivent être l'écho de la pensée. » La plupart de ces prétendues onomatopées en anglais disparaissent dès que nous les rapprochons des mots anglo-saxons et gothiques dont ils sont dérivés, ou des mots congénères en grec, en latin ou en sanscrit. Quand le linguiste soumet à un examen attentif tous les mots qui sont censés avoir été formés par l'imitation de certains sons, il trouve que le nombre des onomatopées véritables est fort restreint, et il ne tarde pas à arriver à cette conviction, qu'encore qu'un langage aurait pu être composé en reproduisant les innombrables cris et bruits de la nature, néanmoins toutes les langues qui nous sont connues décèlent une origine différente (1).

(1) En chinois, le nombre des sons imitatifs est fort considérable. Ils sont pour la plupart écrits phonétiquement, et suivis du signe déterminatif « bouche ». Nous en citerons quelques-uns que nous mettrons en regard des sons correspondants en mantchou. La différence entre les onomatopées de ces deux langues montrera combien les mêmes sons frappent diversement des oreilles différentes, et avec quelle diversité ils sont reproduits par le langage articulé :

	en chinois	en mantchou
Le chant du coq	kiao kiao	dchor dchor
Le cri de l'oie sauvage	kao kao	kôr kôr
Le bruit du vent et de la pluie	siao siao	chor chor
— des chariots	lin lin	koungour koungour
— des chiens attachés ensemble	ling-ling	kalang kalang
— des chaînes	tsiang-tsiang	kiling kiling
— des cloches	tsiang-tsiang	tang tang
— des tambours	kan kan	tung tung.

Aussi beaucoup de philosophes, et entre autres Condillac, ont-ils protesté contre un système qui placerait l'homme au-dessous même des bêtes. Pourquoi supposer, nous disent-ils, que l'homme soit allé demander des leçons aux oiseaux et aux autres animaux? ne pousse-t-il pas lui-même des gémissements et des cris divers que lui arrachent la douleur, la crainte ou la joie? Ces interjections, ces cris n'ont-ils pas été le commencement naturel et réel du langage, et toutes les langues humaines n'ont-elles pas été formées par un procédé analogue? — Tel est en quelques mots l'argument proposé par les philosophes qui prétendent expliquer l'origine du langage par la théorie de l'interjection.

Notre réponse à cette hypothèse ne diffère point de celle que nous avons faite à la théorie précédente. Il n'est pas douteux qu'il n'y ait dans toutes les langues des interjections, dont quelques-unes peuvent devenir traditionnelles et entrer dans la composition des mots. Mais ces interjections ne se trouvent que sur les confins, et non pas dans le cœur même du langage véritable. Le langage commence là où finissent les interjections. Il y a autant de différence entre un véritable mot tel que «rire» et l'interjection ah! ah! entre «je souffre» et l'interjection aie aie! qu'entre le verbe « éternuer » et l'acte involontaire ou le bruit de l'éternument. Nous éternuons, nous toussons et nous crions de la même manière que le font les animaux; mais si Épicure nous assure que nous parlons de la même manière que les chiens aboient, c'est-à-dire y étant poussés par la nature, notre expérience nous dit que cette assertion est erronée (1).

(1) Ὁ γὰρ Ἐπίκυρος ἔλεγεν, ὅτι οὐχὶ ἐπιστημόνως οὗτοι ἔθεντο τὰ ὀνόματα ἀλλὰ

Horne Tooke nous fournit une excellente réponse à cette théorie de l'interjection. « Le trône du langage, dit-il, s'élève sur les ruines des interjections. Sans les admirables ressources que nous offre le langage, les hommes n'auraient jamais eu que des interjections pour exprimer de vive voix les sensations et les sentiments de leur âme. Le hennissement du cheval, le beuglement de la vache, l'aboiement du chien, le miaulement du chat, l'éternument, la toux, les gémissements, les cris de terreur ou de douleur, et tous les mouvements convulsifs des muscles accompagnés de bruit, méritent, presque au même titre que les interjections, d'être appelés des parties du discours. Les interjections volontaires ne sont employées que quand l'impétuosité et la véhémence de quelque affection ou de quelque passion font revenir tout à coup l'homme à son état naturel, et lui font oublier pour un moment l'usage de la parole; ou bien encore, quand, pour une raison ou pour une autre, l'homme n'a pas le temps de se servir du langage (1). »

Nous devons reconnaître qu'un certain langage aurait pu être formé avec des interjections de même qu'avec des onomatopées; mais il ne ressemblerait aucunement aux mille langues diverses que nous trouvons répandues sur le globe. Il est évident aussi qu'une simple interjection peut être dans quelques cas plus expressive, plus concluante, plus profonde et

---

φυσικῶς κινούμενοι ὡς οἱ βήσσοντες καὶ πταίροντες καὶ μυκώμενοι καὶ ὑλακτοῦντες καὶ στενάζοντες.— Lersch, *Sprachphilosophie der Alten*, I, 40, Cf. Diog. Laert., X, § 75. Cette citation est tirée de Proclus, mais je doute qu'il ait rendu exactement la pensée d'Épicure.

(1) *Diversions of Purley*, p. 32.

plus éloquente qu'un long discours; et il n'est pas moins certain que les interjections, venant s'ajouter aux gestes du corps et au jeu de la physionomie, suffiraient amplement pour atteindre le but qu'atteint le langage chez la majeure partie de l'humanité (1). Dans son *Traité sur la danse*, Lucien raconte qu'un roi dont les États bordaient le Pont-Euxin, étant venu à Rome sous le règne de Néron et ayant assisté au spectacle donné par un pantomime, pria l'empereur de lui en faire présent, afin que cet homme lui servît d'interprète auprès des peuples, ses voisins, avec qui il n'avait jamais pu entrer en relation à cause de leur diversité de langage.

Les anciens, comme tout le monde le sait, appelaient pantomime l'acteur qui savait tout exprimer sans proférer aucune parole; et il est à peine un sentiment ou même une idée qu'on ne puisse ainsi rendre. Dans nos pays on a négligé cet art de parler sans se servir de mots; mais dans le midi de l'Europe il est encore florissant aujourd'hui. — S'il est vrai, donc, qu'un seul regard en dise quelquefois autant que de longs discours, il est clair que nous pourrions en mainte circonstance éviter la peine que nous impose l'emploi du langage proprement dit. Néanmoins il ne faut pas oublier que *oh! hem! chut! bah!* sont tout aussi loin d'être des mots véritables, que les gestes ex-

---

(1) Sæpe tacens vocem verbaque vultus habet :
  Me specta nutusque meos, vultumque loquacem
   Excipe, furtivas et refer ipse notas.
  Verba superciliis sine voce loquentia dicam :
   Verba legam digitis, verba notata mero.

OVIDE.

pressifs qui accompagnent généralement ces exclamations.

Quant aux étymologies qu'on prétend donner de certains mots qui seraient dérivés de simples interjections, elles ne reposent guère que sur des illusions analogues à celles que nous avons déjà signalées en parlant des onomatopées. On dit, par exemple, que l'idée du dégoût a son origine dans les deux sens de l'odorat et du goût, probablement dans l'odorat seul en premier lieu ; et l'on ajoute qu'en cherchant à repousser une mauvaise odeur, nous sommes portés instinctivement à relever le nez, à expirer fortement l'air en avançant et en comprimant les lèvres, produisant par là un bruit qui est représenté par les interjections anglaises *faugh! foh! fie!* De cette interjection on propose de faire venir non-seulement les mots *filth*, ordure, et *foul*, sale, impur, mais aussi, en passant du dégoût physique à l'aversion morale, l'anglais *fiend*, démon, l'allemand *Feind*. — Si cette théorie était fondée, il faudrait supposer que le mépris est surtout exprimé à l'aide d'un F aspiré, et en soufflant avec force à travers les lèvres entr'ouvertes. Mais le fait est que *fiend* est un participe formé de la racine *fian*, haïr (le gothique *fijan*); et comme une muette aspirée en gothique répond toujours à une forte en sanscrit, la même racine ne pourrait pas avoir dans cette dernière langue sa force expressive. Effectivement cette racine existe en sanscrit sous la forme *piy*, haïr, détruire. C'est ainsi que *friend*, ami, est dérivé d'une racine que nous retrouvons dans le sanscrit *pri*, réjouir (1). Il ne reste plus qu'une seule

(1) La liste suivante d'interjections chinoises pourra offrir au lecteur un certain intérêt :

remarque à faire sur ces deux théories de l'interjection et de l'onomatopée, c'est que, si les éléments constitutifs du langage étaient ou de simples cris, ou des imitations des bruits de la nature, il serait difficile de comprendre pourquoi les bêtes ne posséderaient pas le langage. Non-seulement le perroquet, mais l'oiseau moqueur et beaucoup d'autres oiseaux, peuvent imiter avec une exactitude frappante les sons articulés et inarticulés; en outre, il n'est presque pas d'animal qui ne puisse faire entendre quelques interjections telles que *hiss*, *bêê*, etc. Il est manifeste également que, si la faculté d'avoir des idées générales est ce qui établit une parfaite distinction entre l'homme et la brute, un langage qui serait formé d'interjections ou par l'imitation des cris des animaux ne pourrait prétendre en aucune façon à être le signe extérieur de cette prérogative distinctive de l'homme. Tous les mots, sinon plus tard, au moins à leur création (et c'est là le seul point qui nous intéresse), auraient été les signes de perceptions individuelles, et ne seraient arrivés que graduellement

hu, pour exprimer la surprise ;
fu, même sens ;
tsai, pour exprimer l'admiration et l'approbation ;
i, pour exprimer la détresse
tsie, pour appeler ;
tsie tsie, pour exhorter ;
a'i, pour exprimer le mépris ;
u-hu, pour exprimer la douleur ;
shin-i, ah! en vérité !
pu sin, hélas !
ngo, halte-là !

Beaucoup d'interjections ont été originairement des mots ; c'est ainsi que *hélas!* est dérivé de *lassus*, las, fatigué, malheureux. Diez, *Lexicon Etymologicum*, au mot *Lasso*.

à exprimer des idées générales (1). Or une telle hypothèse est directement opposée au fait que nous révèle l'analyse du langage conduite d'après les principes de la philologie comparée. Nous avons vu effectivement que les racines composent le résidu donné par cette analyse, et que chacune d'elles exprime une idée générale et non pas individuelle. Tous les noms contiennent un attribut par lequel étaient connus les objets qu'ils désignent.

Il y a un point depuis longtemps controversé parmi les philosophes, à savoir si le langage a eu son origine dans des appellations générales ou dans des noms propres (2). C'est la question du *primum cognitum*, pour me servir du terme des écoles, et, en tâchant de l'approfondir, nous arriverons peut-être à découvrir la véritable nature de la racine, le *primum appellatum*.

Certains philosophes, parmi lesquels je citerai Locke, Condillac, Adam Smith, Brown, et avec quelques restrictions Dugald Stewart, soutiennent que tous les termes, dans leur acception originelle, expriment des objets individuels. « Le choix de mots spéciaux, dit Adam Smith, pour désigner des objets particuliers, c'est-à-dire la création de noms substantifs, a dû être probablement un des premiers actes par où l'homme a débuté dans la formation du langage. Deux sauvages qui auraient été élevés loin de la société des hommes, et qui n'auraient jamais appris à parler, commenceraient naturellement à composer un langage qui leur permît de se communiquer l'un à l'autre leurs besoins mutuels, en proférant certains sons toutes les fois qu'ils voudraient

(1) Pott, *Etym. Forsch.*, II, 172.
(2) Sir W. Hamilton, *Lectures*, II, p. 319.

désigner certains objets. Les choses seules qui leur seraient les plus familières, et qu'ils auraient le plus souvent occasion de nommer, recevraient d'abord des appellations spéciales. La caverne qui les abriterait contre les intempéries des saisons, l'arbre dont les fruits apaiseraient leur faim, la fontaine dont l'eau étancherait leur soif, seraient d'abord désignés par les mots *caverne*, *arbre*, *fontaine*, ou par toute autre appellation qu'il leur plairait d'adopter dans ce jargon primitif. Plus tard, quand leur expérience s'étendrait, et qu'ils auraient l'occasion de remarquer d'autres cavernes, d'autres arbres et d'autres fontaines, ils donneraient tout naturellement à chacun des nouveaux objets le nom par lequel ils avaient coutume d'exprimer l'objet semblable qui les avait frappés le premier, et dont le souvenir se présenterait alors vivement à leur mémoire... C'est de cette manière que les mots, après avoir été originairement des noms propres consacrés à des individus, deviennent des noms communs et s'appliquent à un grand nombre. Un enfant qui commence à parler appelle papa ou maman toutes les personnes qu'il voit venir dans sa maison, et il applique ainsi à l'espèce tout entière les noms qu'on lui avait appris à donner à deux individus. J'ai connu un paysan qui ne savait pas le nom de la rivière qui coulait devant sa porte. C'était *la rivière*, disait-il, et il ne l'avait jamais entendu appeler autrement. Son expérience, à ce qu'il semble, ne lui avait fait connaître aucune autre rivière. Le mot *rivière* était donc évidemment pour lui un nom propre signifiant un seul objet; et si on lui avait fait voir un autre cours d'eau, nul doute qu'il ne l'eût immédiatement nommé une *rivière*.

«Si nous pouvions supposer qu'un habitant des bords de la Tamise fût assez ignorant pour ne pas connaître le mot général *fleuve*, et ne connût que le nom particulier *Tamise*, n'appellerait-il pas une *Tamise* tout autre fleuve qu'il verrait pour la première fois? D'ailleurs nous pouvons observer le fait inverse chez les hommes à qui le mot général est parfaitement connu. Un Anglais, décrivant un grand fleuve qu'il aurait vu en pays étranger, dirait tout naturellement que c'est une autre Tamise... C'est l'application du nom d'un individu à une grande multitude d'objets semblables qui rappellent par cette ressemblance l'idée de cet individu et de la dénomination qu'il a reçue, qui semble avoir suggéré l'établissement des classes et des catégories, que, dans le langage scolastique, on appelait *genera* et *species*. »

La citation que nous venons de lire nous expose clairement une des manières de comprendre la formation de la pensée et du langage. D'autres philosophes, au contraire, soutiennent la contre-partie de ce système, et regardent les termes généraux comme constituant l'essence même du langage. « Les enfants, dit Leibniz (1), et ceux qui ne savent que peu la langue qu'ils veulent parler ou la matière dont ils veulent parler, se servent des termes généraux, comme *chose*, *plante*, *animal*, au lieu d'employer les termes propres qui leur manquent. Et il est sûr que tous les *noms propres* ou individuels ont été originairement *appellatifs* ou généraux. » Un peu après il ajoute (2) : « Ainsi, j'oserais dire que presque tous les mots sont

---

(1) Leibniz, *Nouveaux Essais*, liv. III, ch. I.
(2) *Idem, ibid.*, c. III. Sir W. Hamilton, *Lectures*, II, p. 324.

originairement des termes généraux, parce qu'il arrivera fort rarement qu'on inventera un nom exprès sans raisons pour marquer un tel individu. On peut donc dire que les noms des individus étaient des noms d'espèces, qu'on donnait par excellence ou autrement à quelque individu, comme le nom de *grosse tête* à celui de toute la ville qui l'avait la plus grande ou qui était le plus considéré des grosses têtes qu'on connaissait. »

Il peut sembler présomptueux à nous de vouloir nous faire l'arbitre d'une question sur laquelle des hommes tels que Leibniz et Adam Smith ont prononcé d'une manière si affirmative et si contraire. Mais il y a deux méthodes pour juger les philosophes qui nous ont précédés. Nous pouvons écarter tout simplement leurs opinions comme erronées, et n'en tenir aucun compte, toutes les fois qu'elles diffèrent des nôtres; et c'est là assurément la manière la moins satisfaisante d'étudier l'histoire de la philosophie : ou bien, nous pouvons nous efforcer d'entrer entièrement dans la pensée de ces auteurs, de nous assimiler en quelque sorte leurs opinions et de les adopter au moins pour un temps, jusqu'à ce que nous découvrions le point de vue où chaque philosophe s'est placé pour observer les faits qu'il a étudiés, et que nous voyions nous-mêmes ces faits dans le jour sous lequel ils se sont présentés à ses regards. Nous trouverons alors qu'il y a dans les divers systèmes philosophiques beaucoup moins d'erreurs grossières qu'on ne le suppose communément, et nous comprendrons que rien n'est plus utile pour nous conduire à la connaissance exacte de la vérité qu'une juste appréciation de l'erreur à laquelle elle est mêlée.

Or, dans la matière qui nous occupe, Adam Smith a évidemment raison de dire que la première *caverne* individuelle qui reçut cette appellation donna son nom à toutes les autres cavernes. C'est ainsi que tous les palais portent le nom de la première résidence impériale sur le mont Palatin, et que *town*, après avoir désigné primitivement un simple enclos, est devenu en anglais l'appellation générale de toutes les villes. On néglige facilement les différences légères qui distinguent les cavernes, les villes et les palais divers, et le nom primitif se généralise de plus en plus à mesure qu'il est appliqué à des objets nouveaux. Tout cela est incontestable, et l'histoire de presque tous les substantifs confirmerait pleinement cette théorie d'Adam Smith. Mais Leibniz est également dans le vrai lorsque, remontant au-delà de l'apparition des noms tels que caverne, palais, etc., il nous explique comment ces noms ont pu être formés.

Reportons-nous à la langue d'où nous vient le mot caverne. Caverne se dit en latin *antrum*, *cavea*, *spelunca*. Or *antrum* a en réalité la même signification que *internum*. *Antar* signifie en sanscrit *entre* et *en dedans* (1). *Antrum* a donc signifié originairement ce qui est au-dedans ou à l'intérieur soit de la terre, soit de toute autre chose. Il est donc évident que ce nom n'a pas pu être donné à une caverne particulière avant que l'esprit de l'homme eût conçu l'idée générale de l'existence au-dedans de quelque chose. Une fois cette idée générale conçue par l'esprit, et exprimée par la

---

(1) Pott, *Etymologische Forschungen*, pp. 324 et suiv.

racine pronominale *an* ou *antar*, l'origine de l'appellation devient très-claire et très-intelligible. Le creux du rocher où l'homme primitif pouvait se mettre à couvert de la pluie ou se défendre contre les attaques des bêtes sauvages, était appelé son *dedans*, son *antrum;* et dès lors les cavités semblables, qu'elles fussent creusées dans la terre ou dans un arbre, devaient être désignées par le même nom. En outre, la même idée générale devait donner naissance à d'autres noms : aussi voyons-nous que les *entrailles* étaient appelées en sanscrit *antra* (neutre), et en grec *entera*, originairement choses en dedans.

Passons maintenant à un autre nom de la caverne : *cavea* ou *caverna*. Ici encore Adam Smith aurait parfaitement raison de dire que ce nom, lorsqu'il fut donné pour la première fois, s'appliquait à une caverne particulière, et fut ensuite étendu à d'autres cavernes. Mais Leibniz ne serait pas moins fondé à soutenir que la première cavité n'avait pu être appelée *cavea*, avant que l'idée générale du *creux* eût été formée dans l'esprit et eût reçu son expression phonétique *cav*. Nous pouvons même pénétrer encore plus avant dans ces couches primitives de la pensée et du langage, car *cavus* ou creux est une idée secondaire et non pas primaire. Avant qu'une caverne reçût la dénomination de *cavea*, chose creuse, beaucoup d'autres choses creuses avaient passé sous les yeux de l'homme. D'où donc est venu le choix de la racine *cav* pour désigner une chose creuse ou un trou? De ce que cette cavité devait servir d'abord de lieu de sûreté, ou de protection, et d'abri où l'on serait à couvert ; et c'est pourquoi elle fut désignée par la racine *ku* ou *sku* qui exprimait l'idée de couvrir (1). L'idée générale de *couvrir* existait donc déjà dans l'esprit avant d'être appliquée aux retraites dans les rochers ou dans les arbres, et c'est seulement quand eut été créée une expression générale pour suggérer l'idée d'un endroit sûr, d'une retraite protectrice, que les cavernes en particulier purent être appelées *cavea*.

Une autre forme de *cavus* était *koîlos*, signifiant également creux. La conception était originairement la même : une cavité était appelée *koîlon*, parce qu'elle servait à mettre à couvert. Mais ce sens de *koîlon* ne tarda pas à s'étendre, et ce mot désigna successivement une caverne, une caverne voûtée, une voûte, et enfin la voûte céleste qui semble recouvrir la terre (*cœlum*, ciel).

Telle est l'histoire de tous les substantifs. Ils ont tous exprimé originairement un seul des nombreux attributs qui appartiennent à un même objet, et cet attribut (que ce fût une qualité ou une action) était représenté nécessairement par une idée générale. D'abord le mot ainsi formé ne désignait que le seul et unique objet qui l'avait suggéré; mais il ne pouvait manquer de s'étendre presque aussitôt à toute la classe dont cet objet semblait faire partie. Quand le mot *rivus* fut d'abord formé, nul doute qu'il ne désignât une rivière particulière, dont le nom était tiré de la racine *ru* ou *sru*, courir, à cause de son eau courante. Quelquefois, cependant, un mot signifiant rivière est resté comme nom propre d'un seul cours d'eau, sans jamais s'élever à la dignité d'un nom appellatif. Ainsi *Rhenus*,

---

(1) Benfey, *Griech. Wurzel Lex.*, p. 611. De *sku* ou *ku* viennent σκῦτος et *cŭtis*, peau.

le Rhin, signifie une chose qui se meut, qui court ; mais ce nom est resté attaché à un seul fleuve et ne s'emploie guère pour en désigner d'autres (1). Le Gange est le sanscrit *Gangâ*, littéralement le *Va-va ;* c'est le nom du fleuve sacré et aussi de plusieurs rivières moins importantes de l'Inde (2). L'Indus, le sanscrit *Sindhu*, de *syand,* arroser, signifie l'*irrigateur ;* toutefois, dans ce dernier cas, le nom propre n'a pas laissé de s'étendre, et il a pu être employé comme appellation de tout grand fleuve.

La question de l'origine de nos connaissances s'offre donc à nous sous un jour nouveau et parfaitement clair. Nous commençons réellement par connaître les idées générales, et c'est par elles que nous connaissons et que nous nommons ensuite les objets individuels auxquels il nous est possible d'attacher une idée générale. Ce n'est que dans une troisième phase de notre esprit que ces objets individuels, après avoir été ainsi connus et nommés, viennent à leur tour à représenter des classes entières, et que leurs noms propres se changent en noms appellatifs (3).

---

(1) Dans le comté de Somerset, en Angleterre, les canaux qui servent de déversoirs aux eaux trop abondantes du district de Sedgemoor sont appelés dans le pays « *rhines,* » de l'allemand « *Rinne.* »

[Il est probable que dans les noms de l'Arno, de l'Orne, de l'Arnon et d'autres rivières de l'Europe, nous retrouvons encore la racine de *Rhin.* Cf. p. 710 de l'étude très intéressante que M. Albert Réville a publiée dans la *Revue des Deux-Mondes,* 1er février 1864, sur *les ancêtres des Européens aux temps antéhistoriques.* Tr.]

(2) Le renseignement suivant m'a été envoyé d'Écosse : « Près du village de Largs, sur la côte de l'Ayrshire, il y a une petite rivière que l'on appelle *Gogo.* La tradition locale est que ce nom provient des paroles que prononçaient les Écossais quand, à la bataille de Largs, ils poussaient à la mer les soldats de Haco. »

(3) Sir William Hamilton (*Lectures on Metaphysics*, II, p. 327)

Il y a dans le langage toute une philosophie pétrifiée. Ainsi, que nous examinions le plus ancien mot qui signifie nom, nous trouvons que c'est *nâman* en sanscrit, *nomen* en latin, et *namo* en gothique. Ce *nâman* est mis pour *gnâman*, lequel nous a été conservé dans le latin *co-gnomen :* on a laissé tomber le *g* dans *nâman*, de même que dans *natus* pour *gnatus*. *Nâman* dérive donc de la racine *gnâ*, connaître, et a signifié originairement ce par quoi nous connaissons une chose. Et comment connaissons-nous les choses extérieures? Nous les apercevons par nos sens, mais nos sens ne nous instruisent de rien, si ce n'est des phénomènes qui les frappent dans les objets individuels seulement. Or la connaissance est quelque chose de plus que la sensation, que la perception, que le souvenir et que la comparaison. Il est vrai que nous faisons souvent abus des mots : nous disons qu'un chien *connaît* son maître, qu'un enfant à la mamelle *connaît* sa mère, sans que cela implique, dans notre pensée, rien autre chose qu'une simple reconnaissance. Mais reconnaître un objet n'équivaut assurément pas à le connaître. A parler avec justesse, nous ne connaissons que ce que nous pouvons comprendre, soit en totalité, soit en partie, sous une idée plus générale.

adopte une théorie intermédiaire entre celle d'Adam Smith et celle de Leibniz : « Comme notre entendement, dit-il, procède du confus au distinct, du vague au défini, ainsi, dans la bouche des enfants, le langage n'exprime d'abord ni ce qui est absolument général, ni ce qui est nettement individuel : il n'exprime que le vague et le confus, desquels on déduit l'universel au moyen de la généralisation, et le simple et le particulier au moyen de l'individualisation. » On peut lire d'autres observations sur ce même sujet dans la *Literary Gazette*, 1861, p. 173.

Nous disons alors que nous avons, non pas la perception, mais la conception d'une chose, ou que nous en avons une idée générale. Les faits de la nature sont perçus par nos sens: les pensées de la nature, pour emprunter une expression d'Oersted, ne peuvent être conçues que par notre raison seule (1). La base première de cette connaissance vraie, c'est une faculté de notre esprit, plus humble en apparence que certaines autres, mais qui sépare à tout jamais l'homme des autres animaux : la puissance de *nommer les choses*, ou de faire que les choses puissent être connues. Nommer, c'est classer, c'est-à-dire c'est ranger les faits individuels sous des faits généraux; et tout ce que nous connaissons, soit par notre propre expérience, soit par la science, nous ne le connaissons qu'à l'aide de nos idées générales. Les autres animaux ont la sensation, la perception, la mémoire, et, en un certain sens, l'intelligence; mais chez les bêtes toutes ces facultés ne s'exercent que sur des objets individuels.

(1) « Nous recevons par exemple l'impression de la chute d'une grande masse d'eau, qui descend toujours de la même hauteur et avec la même difficulté. Les gouttes d'eau qui jaillissent dans tous les sens, la formation de l'écume, le fracas de la chute et le bruissement des flots, sont autant de phénomènes qui sont produits par l'action constante des mêmes causes, et qui, par conséquent, sont toujours les mêmes. L'impression que tout cela produit sur nous est sans doute d'abord ressentie comme multiple, mais elle finit bientôt par ne donner qu'une impression collective, ou, en d'autres termes, toutes ces impressions isolées et diverses se présentent à nous, dans leur ensemble, comme l'œuvre d'une grande activité physique dont le caractère est déterminé par la nature spéciale du lieu. Nous pouvons peut-être, jusqu'à plus ample informé, appeler *pensées de la nature* tout ce qui, dans les phénomènes naturels, a un caractère fixe. » Oersted, *Esprit dans la nature*, p. 152.

L'homme a la sensation, la perception, la mémoire, l'intelligence et la raison ; et c'est sa raison seule qui conçoit les idées générales (1).

La raison ne nous élève pas seulement d'un degré au-dessus de la brute : elle fait que nous appartenons à un monde différent. Nous pouvons analyser et étudier les phénomènes divers de notre vie animale, et sentir que nos sensations, nos perceptions, notre mémoire et notre intelligence font partie de nous-mêmes, mais qu'elles ne constituent pas notre être intime et impérissable. Nos sens, notre mémoire et notre intelligence sont comme les lentilles d'un télescope ; mais il y a un œil qui, à travers tout cela, regarde les réalités du monde extérieur : c'est notre âme raisonnable et consciente, puissance aussi distincte de nos facultés percevantes que le soleil est distinct du monde qu'il remplit de lumière et de vivifiante chaleur.

A la ligne même de séparation entre l'homme et les bêtes, là où le premier éclair de la raison révèle la lumière qui est en nous, nous voyons la genèse véritable du langage. Analysez le mot que vous voudrez, et vous trouverez qu'il exprime une idée générale appartenant à l'individu que le mot désigne. Que signifie *lune?* — Celle qui luit. Que signifie le mot anglais *moon?* — Le mesureur (2). L'ancienne appellation des

---

(1) « Ce qui trompe l'homme, c'est qu'il voit faire aux bêtes plusieurs des choses qu'il fait, et qu'il ne voit pas que, dans ces choses-là même, les bêtes ne mettent qu'une intelligence grossière, bornée, et qu'il met, lui, une intelligence doublée d'esprit. » — Flourens, *de la Raison*, etc., p. 73.

(2) Voir Première Leçon, p. 7.

animaux, tels que les vaches et les moutons, était *paśu*, en sanscrit, en latin *pecus*, et signifiait *ceux qui paissent*. Le nom *animal* est de formation plus récente, et dérive de *anima*, âme. Ce mot *anima* lui-même signifiait originairement souffle ou respiration, étant dérivé de la racine *an*, souffler, qui nous a donné *anila*, vent, en sanscrit, et *anemos*, vent, en grec : de même *spiritus*, esprit, vient de *spirare*, respirer. L'anglais *ghost*, esprit, l'allemand *Geist*, a été formé d'après la même conception, et vient de la racine qui nous a donné *gust*, coup de vent, *yeast*, levure, ferment, *gas*, gaz, et même les *geysers* de l'Islande d'où l'eau bouillante jaillit avec sifflement. *Soul*, âme, est le gothique *saivala*, qui est évidemment apparenté à un autre mot gothique, *saivs*, la mer (1). *Saivs* venant de la racine *si* ou *siv*, d'où est venu également le grec *seio*, agiter, signifiait donc l'eau agitée, par opposition à l'eau stagnante ou courante. Par conséquent, le nom de *saivala* nous indique que les Teutons se représentèrent originairement l'âme humaine comme une mer qui s'agite en nous, se soulevant et retombant avec chaque mouvement de la poitrine, et reflétant le ciel et la terre dans le miroir des yeux.

L'amour se dit en sanscrit *smara*, qui est dérivé de *smar*, se souvenir; et il est possible que cette même racine nous ait donné l'allemand *schmerz*, douleur, et l'anglais *smart* (2).

Si le serpent est appelé en sanscrit *sarpa*, c'est qu'on l'avait rangé sous l'idée générale de ramper, laquelle était exprimée par le mot *srip*. Mais le serpent était

---

(1) Heyse, *System der Sprachwissenschaft*, p. 97.
(2) Pott, *Etym. Forsch.*, II, 290.

aussi appelé en sanscrit *ahi*, en grec *echis* ou *echidna*, en latin *anguis*. Ce nom est dérivé d'une racine et d'une idée toutes différentes : la racine en est en sanscrit *ah* ou *amh*, qui signifie comprimer, étouffer, étrangler. Ici, la marque distinctive qui fit donner au serpent le nom que nous rappelons, fut l'habitude qu'il a d'étouffer sa proie; et *ahi* désigna le serpent, en exprimant l'idée générale de l'animal qui étouffe. C'est une curieuse racine que cette racine *amh*, et qui subsiste encore dans plusieurs mots modernes; et elle mérite que nous nous y arrêtions un moment. Nous la trouvons en latin dans *ango*, *anxi*, *anctum*, étrangler; dans *angina*, angine (1); et dans *angor*, suffocation. *Angor* n'a pas seulement signifié esquinancie ou suffocation : en passant du sens physique au sens moral, ce mot a exprimé aussi l'anxiété ou l'angoisse. De cette même source sont issus les deux adjectifs *angustus*, étroit, resserré, et *anxius*, inquiet. En grec, notre racine a conservé son sens naturel et propre dans *eggys*, près, et dans *echis*, serpent, vipère : mais, en sanscrit, elle a été employée au figuré, et a été choisie avec une extrême justesse pour rendre de la manière la plus vive et la plus saisissante l'idée du péché. Certes le mal s'est présenté à l'esprit humain sous des aspects bien divers, et les dénominations qu'il a reçues sont fort nombreuses; mais aucune d'elles n'est aussi expressive que celles qui dérivent de la racine *amh*,

---

(1) Le mot anglais, *quinsy*, esquinancie ou angine, nous offre un exemple frappant des ravages de l'altération phonétique. Dans le mot moderne, la racine *anh* a complétement disparu; mais elle s'y trouvait originairement, car *quinsy* est le grec κυνάγχη, étranglement de chien. Voyez Richardson's Dictionary, s. v. *Quinancy*.

étouffer, étrangler. *Amhas* en sanscrit signifie le péché, mais son sens primitif fut étranglement, la conscience du péché étant comme l'étreinte de l'assassin étranglant sa victime. Ceux à qui il a été donné de contempler le groupe de Laocoon et ses fils enlacés des replis des deux serpents et se tordant sous leur étreinte terrible, ont vu devant leurs yeux ce que voyaient dans leur esprit les hommes primitifs qui appelèrent le péché *amhas*, l'étrangleur. Le mot *amhas* est le même que le grec *agos*, péché, souillure. La racine *ah* a donné en gothique *agis*, crainte, et en anglais *awe*, terreur, et *ug* dans *ugly*, laid. Le français *angoisse* et l'italien *angoscia* sont des corruptions du latin *angustiæ*, lieu resserré (1).

Comment ces premiers penseurs, ces premiers créateurs du langage ont-ils distingué l'homme des autres animaux? Quelle idée générale ont-ils rattachée à la première conception qu'ils ont eue de leur propre identité? Le mot latin *homo*, homme (qui s'est réduit à la forme *on* dans *on dit*), dérive de la racine qui nous a donné *humus*, sol, et *humilis*, humble. *Homo* signifie donc celui qui a été formé du limon de la terre (2).

Une autre antique appellation de l'homme était le sanscrit *marta* (3), le grec *brotos*, le latin *mortalis* (dérivé secondaire), notre *mortel*. *Marta* signifie celui qui meurt; et c'est un fait curieux à relever qu'alors que tout dans la nature changeait sans cesse, se flé-

---

(1) Kuhn, *Zeitschrift*, I, 152, 355.
(2) Le grec χαμαί, le zend *zem*, le lithuanien *zeme* et *zmenes, homines.* Voir Bopp, *Glossarium sanscritum*, à ce mot.
(3) Voir Windischmann, *Fortschritt der Sprachenkunde*, p. 23.

trissait et mourait, ce nom de mortel ait été choisi comme appellation distinctive de l'homme. Si ces poëtes des premiers âges se sont appelés mortels, c'est qu'apparemment ils croyaient à l'existence d'autres êtres à qui ils attribuaient l'immortalité.

Il y a un troisième nom qui désigne l'homme en l'appelant *le penseur;* et ce nom, qui est le titre véritable de notre race, nous le trouvons encore dans le mot anglais *man*. *Mâ* en sanscrit signifie mesurer; de là on a tiré la racine dérivée *man*, penser, laquelle à son tour a donné le substantif sanscrit *manu,* qui signifia d'abord le penseur, et puis l'homme. Dans le sanscrit moderne nous rencontrons d'autres dérivés, tels que *mânava, mânusha, manushya,* qui ont tous la même signification. En gothique nous trouvons *man* et *mannisks,* qui sont devenus dans l'allemand moderne *mann* et *mensch*.

Il y a eu bien d'autres noms pour exprimer l'homme, de même qu'il y a eu une foule d'appellations diverses pour toutes choses dans les langues primitives. Chaque trait d'un objet quelconque, qui frappait les premiers nomenclateurs comme particulièrement caractéristique, pouvait leur fournir pour cet objet un nom nouveau.

Ainsi les dictionnaires sanscrits ordinaires nous donnent cinq mots pour main, onze mots pour lumière, quinze pour nuage, vingt pour lune, vingt-six pour le verbe faire, trente-trois pour carnage, trente-cinq pour feu, trente-sept pour soleil (1).

On pouvait appeler le soleil « l'éclatant, l'ardent, le

---

(1) f. Yates, *Sanskrit Grammar,* p. 18.

globe d'or, le conservateur, le destructeur, le loup, le lion, l'œil du ciel, le père de la lumière et de la vie. » De là cette exubérante synonymie des langues primitives; de là aussi cette lutte entre les mots, qui s'est terminée par la disparition de ceux qui étaient les moins heureux, les moins féconds et les moins vivaces, et par le triomphe d'un *seul* mot devenu dès lors le nom propre de chaque objet dans chaque dialecte. Sur une échelle bien réduite, il nous est possible d'observer cette élimination des mots qui se fait encore sous nos yeux dans les langues modernes, comme l'anglais et le français, qui ont déjà tant de siècles d'existence. Mais, si nous voulons nous faire une idée de ce qu'a été cette surabondance de synonymes au premier épanouissement du langage, il faut nous rappeler certains cas particuliers, comme, par exemple, les cinq mille sept cent quarante-quatre mots relatifs au chameau, énumérés par M. de Hammer dans un mémoire spécial (1).

Nous avons donc vu que tous les mots ont exprimé originairement un attribut, et que tous les noms sans aucune exception, quoique désignant des objets concrets, des individus, présupposent une idée générale à

---

(1) *Das Kamel.* (Extrait des Mémoires de l'Académie de Vienne, classe de philosophie et d'histoire, t. VII.) « Un philologue arabe composa, dit-on, un livre sur les noms du lion, au nombre de cinq cents; un autre sur ceux du serpent, au nombre de deux cents. Firuzabadi, l'auteur du *Kamous,* dit avoir écrit un livre sur les noms du miel, et avoue qu'après en avoir compté plus de quatre-vingts, il était resté incomplet. Le même auteur assure qu'il existe au moins mille mots pour signifier l'épée, et d'autres (ce qui est plus croyable) en ont trouvé quatre cents pour exprimer le malheur. La légende peut avoir eu beaucoup de part en de tels récits. — E. Renan, *Origine du langage,* p. 141.

laquelle ils empruntent leur force significative; cette découverte a été de la plus haute importance pour la science du langage. On savait déjà que le langage est la prérogative caractéristique de l'homme; on savait aussi que la faculté de former des idées générales est ce qui établit une distinction absolue entre l'homme et les bêtes : mais qu'il existât une connexité si complète entre ces deux faits qu'ils ne sont en réalité qu'un seul et unique fait envisagé sous deux faces différentes, voilà ce que l'on ignorait tant qu'on n'eut pas compris que le langage a été formé de racines et non pas composé avec des onomatopées ou des interjections. Toutefois ce qui a échappé à nos philosophes modernes avait sans doute frappé les créateurs du langage, car en grec le langage se dit *logos*, qui signifie aussi la raison, et *alogon* fut adopté comme le terme propre pour désigner la brute. Aucun animal ne pense, et aucun animal ne parle, excepté l'homme seul. Le langage et la pensée ne se peuvent séparer. La pensée sans les mots n'est rien; les mots sans la pensée ne sont que de vains bruits. Penser, c'est parler tout bas; parler, c'est penser tout haut. Le mot, c'est la pensée revêtue d'un corps.

Et maintenant il ne me reste plus que quelques instants pour résoudre le dernier problème que nous présente notre science, à savoir : comment le son peut-il exprimer la pensée? Comment les racines sont-elles devenues les signes d'idées générales? Comment l'idée abstraite de mesurer a-t-elle été exprimée par *mâ*, et celle de penser par *man*? Comment la racine *gâ* est-elle venue à signifier aller, et comment les racines *sthâ, sad, dâ, mar, car* et *kar* ont-elles pu signifier respectivement se tenir debout, s'asseoir, donner, mourir, marcher et faire?

Je tâcherai de répondre à ces questions le plus brièvement possible. Les quatre ou cinq cents racines qui nous restent, après l'analyse la plus minutieuse, comme éléments constitutifs des différentes familles de langues, ne sont ni des interjections ni des onomatopées. Ce sont des *types phonétiques* produits par une puissance inhérente à l'esprit humain. Ces racines ont été créées par la nature, comme dirait Platon; mais avec le même Platon nous nous hâtons d'ajouter que par la *nature* nous entendons la main de Dieu (1).

Il y a dans le monde physique une loi presque universelle : tout ce qui est frappé résonne. Chaque substance rend un son particulier. Nous pouvons reconnaître la pureté plus ou moins grande, la composition plus ou moins parfaite des métaux, à leurs vibrations, à la réponse qu'ils nous donnent. L'or ne sonne pas comme l'étain; le bois ne sonne pas comme la pierre; et des sons différents sont produits par différentes percussions. Cette même loi atteint également l'homme, la plus délicatement organisée de toutes les œuvres de la nature (2). L'homme rend aussi des sons : dans son

---

(1) Θήσω τὰ μὲν φύσει λεγόμενα ποιεῖσθαι θείᾳ τέχνῃ.

(2) Cette vue fut proposée, il y a bien des années, par M. Heyse, dans les leçons qu'il donna à Berlin, et qui, depuis sa mort, ont été publiées avec un soin religieux par un de ses élèves, le docteur Steinthal. Il va sans dire que rien n'est plus loin de notre pensée que de prétendre donner le fait de la sonorité des corps comme une explication de l'origine du langage, ou de vouloir nous en servir autrement que comme d'une comparaison ou d'une image qui fasse mieux comprendre comment le langage a pu être produit. La faculté particulière à l'homme primitif, au moyen de laquelle chaque impression du dehors avait son écho dans l'âme humaine et y recevait son ex-

état primitif et parfait il n'était pas seulement doué de la puissance de traduire ses perceptions par des onomatopées, ni, ainsi que le font les bêtes, d'exprimer ses sensations par des cris. Il possédait en outre la faculté de donner une expression articulée aux conceptions de sa raison. Cette faculté, il ne se l'était pas donnée à lui-même. C'était un instinct, un instinct mental aussi irrésistible que tout autre. En tant qu'il a été produit par cet instinct, le langage appartient clairement au domaine de la nature. Mais l'homme perd ses instincts à mesure qu'ils lui deviennent inutiles, et ses sens s'atrophient dès qu'ils cessent d'être exercés. Ainsi la faculté créatrice qui donna une expression articulée à toutes les conceptions de notre esprit lors de leur première éclosion, cette faculté, dis-je, disparut sitôt qu'elle fut dénuée d'objet.

Des spéculations de cette espèce peuvent avoir quelque valeur, mais je n'aimerais pas à en assumer la responsabilité, car nous n'avons pas le droit de présenter de vagues analogies comme une solution du problème de l'origine des racines. S'il y a quelque vérité dans les résultats auxquels nous sommes arrivés après une analyse soigneuse de tous les faits qui s'offraient à nous, après des recherches commencées sans parti pris, tout ce que nous avons le droit d'affirmer est que le langage débute par des racines, et que ces

---

pression phonétique, doit être acceptée comme un fait primordial, au-delà duquel il n'y a pas à remonter. Nous ne pouvons pas douter que cette faculté n'ait réellement existé, puisque les effets en subsistent encore aujourd'hui. Toutefois les analogies qui peuvent exister entre notre âme et le monde matériel ne sont pas à négliger et méritent d'être observées de plus près.

racines ne sont ni plus ni moins que des types phonétiques ou des sons typiques. Ce qu'il y a au delà n'est plus, ou, pour suivre l'ordre historique, n'est pas encore du langage, quelque intérêt que ces éléments primordiaux puissent avoir pour les recherches psychologiques. Mais tout ce qui existe dans le langage réel n'est autre chose que des tiges sorties de ces racines. Les mots sont des épreuves tirées au moyen de ces moules phonétiques et variées en diverses manières; ce sont, si vous l'aimez mieux, des variétés et des modifications, parfaitement intelligibles dans leur structure, de ces sons typiques en lesquels nous avons reconnu, guidés par d'infaillibles expériences, ce qu'il y a au fond de tout langage humain, les corps simples qui résistent à toute décomposition.

Aux premiers âges de l'humanité, le nombre de ces *types phonétiques* a dû être presque infini : c'est seulement peu à peu et au moyen de ce procédé d'élimination naturelle dont l'histoire primitive des mots nous fournit un autre exemple, que les groupes de racines plus ou moins synonymes se sont réduits à un seul type déterminé. Loin de dériver toutes les langues de neuf racines, avec le docteur Murray (1), ou d'une seule racine, ainsi qu'a prétendu le faire le docteur Schmidt (2), nous devons supposer que l'élection définitive des éléments *radicaux* du langage fut précédée d'une période de végétation luxuriante, premier prin-

---

(1) Les racines primitives auraient été, au dire du docteur Murray, *ag, bag, dwag, cwag, lag, mag, nag, rag, swag.*

(2) Curtius, *Griechische Etymologie*, p. 13. — Le docteur Schmidt dérive tous les mots grecs de la racine *e*, et tous les mots latins du radical *hi*.

temps du parler humain auquel devaient succéder tant d'automnes.

Avec ce procédé de l'élimination ou de l'adoption de certaines racines à l'exclusion des autres, l'élément historique entre dans la science du langage. Tout primitif que soit le chinois en comparaison des langues agglutinantes et des langues à flexions, il est manifeste que ses racines ou mots ont traversé une longue période pendant laquelle ils ont cherché, si l'on peut ainsi parler, à s'étouffer et à se remplacer l'un l'autre. Le rôle de la tradition est évident même dans le chinois. La règle d'après laquelle, dans une proposition simple, le premier mot est le sujet, le second mot est le verbe, et le troisième mot est l'attribut ou le régime, est une règle traditionnelle. C'est la tradition qui donne à *ngo ğin* la signification de « mauvais homme », et à *ğin ngo* celle de « l'homme est mauvais. » Les Chinois eux-mêmes distinguent entre les racines *pleines* et les racines *vides* (1), les premières étant attributives, les autres répondant à nos particules qui modifient le sens des racines *pleines* et déterminent leurs rapports entre elles. Ce n'est que par la tradition que des racines deviennent *vides*. Dans l'origine toutes les racines, soit attributives, soit démonstratives, ont été *pleines*, et puisqu'il y a en chinois des mots vides qu'il n'est pas possible de faire remonter aux mots pleins qui furent leurs prototypes, nous devons en conclure que le chinois, même dans sa forme la plus archaïque, avait déjà traversé différentes époques de développement. Les commentateurs chinois

---

(1) Endlicher, *Chinesische Grammatik*, p. 163.

admettent que tous les mots vides ont été primitivement des mots pleins, de même que les grammairiens indiens reconnaissent que tout ce qui est aujourd'hui *formel* dans la grammaire a commencé par être indépendant et *substantiel*. Mais nous ne pouvons fonder ce principe général que sur des preuves partielles, et il faut nous attendre à rencontrer autant d'étymologies de pure fantaisie en chinois qu'en sanscrit. Cet autre fait, qu'en chinois on ne peut plus employer indifféremment toutes les racines comme substantifs, comme verbes et comme adjectifs, nous prouve aussi que, même dans cet état, le plus primitif qui nous soit connu, le langage présuppose encore un développement antérieur. *Fu* signifie père, *mu* mère, *fu-mu* parents ; mais ni *fu* ni *mu* ne sont jamais employés comme racines dans leur acception originelle et attributive. Quoi qu'il en soit, la preuve la plus convaincante des phases diverses qu'a dû traverser même une langue aussi primitive que le chinois, nous est fournie par le nombre comparativement restreint de ses racines et par la signification précise et déterminée qui est attachée à chacune d'elles, — résultat qui n'a pu être donné que par cette longue lutte entre les mots que nous avons déjà décrite en empruntant une comparaison à l'histoire naturelle.

Bien qu'il nous soit impossible d'attribuer uniquement à l'opération de la nature ou de nos instincts naturels ce triage des racines et surtout la combinaison subséquente des racines conservées, nous sommes encore moins fondés à supposer que ces faits furent produits par un art réfléchi et prémédité, comme l'ont été, par exemple, les tableaux de Raphaël ou les symphonies de Beethoven. Étant données deux racines, dont l'une signifie voler ou oiseau, et dont l'autre signifie tas ou quantité, la réunion de ces deux racines pour exprimer *plusieurs oiseaux* est un effet naturel de la puissance synthétique de l'esprit humain, ou (pour laisser de côté ce terme psychologique) de la puissance qui nous permet de combiner deux ou plusieurs choses ensemble. Certains philosophes prétendent, il est vrai, que cette explication n'en est pas une, et que le véritable mystère à éclaircir est de savoir comment notre esprit peut former une synthèse, ou concevoir plusieurs choses comme n'en faisant qu'une seule : ils entrent alors dans des profondeurs où nous ne pouvons les suivre. D'autres philosophes s'imaginent que cette combinaison des racines par laquelle ont été formées les langues agglutinantes et les langues à flexions, a été, de même que la première formation des racines, l'effet d'un instinct naturel. Ainsi M. Heyse soutenait que « la philosophie doit expliquer les différentes formes de développement que nous observons dans les langues humaines comme étant des évolutions nécessaires, qui ont leur raison d'être dans l'essence même du langage » (1). C'est là une profonde erreur. Nous pouvons suivre des yeux le développement du langage, et nous pouvons comprendre et expliquer tout ce qui résulte de ce développement : mais nous ne saurions prétendre prouver que tout ce qui existe dans le langage y existe nécessairement et n'aurait pas pu revêtir une forme différente.

Quand nous avons, comme en chinois, deux mots

---

(1) *System der Sprachwissenschaft*, p. 64.

tels que *kiai* et *tu*, signifiant tous deux *tas, assemblée, quantité*, nous pouvons parfaitement comprendre que l'on se soit servi de l'un ou de l'autre de ces mots pour former le pluriel : mais si l'un des deux est adopté par l'usage et devient traditionnel, tandis que l'autre tombe en désuétude, nous pouvons alors enregistrer ce fait comme un fait historique, mais il n'y a pas de philosophie au monde qui puisse en démontrer l'absolue nécessité. Il nous est également facile de comprendre qu'avec deux racines telles que *kûo*, empire, et *ćung*, milieu, les Chinois aient formé ce que nous appelons un locatif, *kûo ćung*, dans l'empire : mais dire que c'était là la seule manière d'exprimer cette conception, c'est mettre en avant une assertion que contredisent les faits et la raison.

Nous avons vu (1) les différentes manières de former le futur. Elles sont toutes au même degré intelligibles et possibles; mais aucune d'elles n'est inévitable et nécessaire. En chinois *yaó* signifie vouloir, et *ngò* je : *ngò yaó* signifie donc je veux. La même racine *yaó* ajoutée à *kiú* aller, nous donne *ngò yaó kiú*, je veux aller, le premier germe des futurs anglais. Soutenir que *ngò yaó kiú* était la forme nécessaire du futur en chinois, ce serait introduire dans le langage un fatalisme qui ne repose sur aucun fondement. La construction du langage ne ressemble pas à celle des cellules d'une ruche, ni à la construction d'un édifice élevé par un architecte humain. Le langage est l'effet de causes innombrables agissant toutes conformément à certaines lois, et laissant à la fin le produit de leurs

(1) PP. 292-294.

forces combinées débarrassé de tout ce qui était superflu ou inutile. Depuis la juxtaposition primitive de deux mots comme *ÿin* homme et *kiai* beaucoup, pour former le pluriel *ÿin kiai*, jusqu'à la grammaire si parfaite du sanscrit et du grec, tout s'explique dans le langage comme résultant des deux principes de développement que nous avons étudiés dans notre seconde leçon. La formation des racines est l'œuvre de la nature; ce qui suit cette formation est l'œuvre de l'homme considéré non pas comme agent individuel et libre, mais comme agent collectif et modérateur.

Je suis bien loin de dire que l'on soit parvenu à expliquer toutes les formes du grec ou du sanscrit. Il y a dans ces langues comme dans toutes les autres certaines formes qui ont résisté jusqu'à présent à toutes les analyses; et il est plusieurs procédés grammaticaux, tels que l'augment en grec, le changement des voyelles en hébreu, l'inflexion (*Umlaut*) et la déflexion (*Ablaut*) dans les dialectes teutoniques, qui nous feraient presque supposer que le langage admet des distinctions de pure euphonie lesquelles répondent à des distinctions très-réelles et palpables de la pensée. Pourtant une telle supposition n'est fondée sur aucune induction légitime. Il peut nous sembler impossible d'expliquer pourquoi l'allemand *bruder* fait *brüder* au pluriel, ou pourquoi *brethren* est le pluriel de l'anglais *brother*, frère. Mais ce qui est inexplicable et en apparence artificiel dans nos langues modernes, devient intelligible dès que nous étudions ces langues à des époques plus primitives. Ce changement de *u* en *ü* que nous avons observé dans *bruder, brüder*, n'a pas été intentionnel; encore moins fut-il introduit pour exprimer la pluralité. Ç'a été un changement phonétique dû à l'influence d'un *i* ou d'un *j* (1) qui existait réellement dans la dernière syllabe et qui a réagi régulièrement sur la voyelle de la syllabe précédente : ici donc l'effet a subsisté après que la cause elle-même eut disparu. Par une fausse analogie, un pareil changement, parfaitement régulier dans une certaine classe de mots, peut s'étendre à d'autres mots où rien ne le justifie; et alors il peut sembler que l'on ait voulu exprimer un changement grammatical au moyen d'un changement arbitraire de voyelles. Mais la philologie comparée peut suivre le langage jusque dans ces recoins obscurs, et découvrir la raison de ce qui a été en réalité une méprise et une faute.

Il semble difficile de croire que l'augment en grec ait eu originairement une existence indépendante et substantielle; cependant toutes les analogies nous le font présumer. Supposé que l'anglais n'eût jamais été écrit avant le quatorzième siècle, nous trouverions que dans certains cas le temps passé était exprimé à l'aide d'un *a* bref. Wycliffe prononçait et écrivait *I knowlech to a felid and seid thus* (2), au lieu de l'anglais moderne *I acknowledge to have felt and said thus,* je reconnais avoir pensé et parlé ainsi. Aujourd'hui encore, dans certaines parties de l'Angleterre, le peuple dit de même *I should a done it*, pour *I should have done it*, j'aurais dû le faire. Dans quelques vieux livres anglais cet *a* et le verbe qui le suit sont imprimés comme ne faisant qu'un seul mot, si bien qu'une grammaire

---

(1) Schleicher, *Deutsche Sprache*, p. 144.
(2) Marsh, p. 388.

anglaise faite d'après ces éditions anciennes nous donnerait *to afallen* comme infinitif passé du verbe *to fall*. Je n'ai pas besoin de faire remarquer qu'il ne peut pas être question dans ma pensée d'établir aucune connexion entre cet *a* qui est une contraction du verbe *to have*, et l'augment qui est placé devant les temps passés en grec. Je veux seulement dire que si jusqu'à présent on n'a pu trouver aucune explication satisfaisante de l'origine de l'augment en grec, ce n'est pas une raison pour désespérer d'en trouver une jamais, ou pour admettre que l'augment ne soit autre chose qu'une voyelle que l'on serait convenu de placer devant certains temps des verbes, comme signe conventionnel pour exprimer le passé.

Si nos inductions peuvent avoir quelque portée, nous sommes assurément autorisés à croire que des lois dont on a constaté l'opération dans un si grand nombre de cas et jusque dans les faits qui semblaient les moins soumis à leur influence, régissent tout le domaine du langage. Il n'est pas besoin d'intervention surnaturelle ni de conventions entre les sages pour rendre compte des réalités du parler humain. Tout ce qui est *formel* dans le langage est le produit de combinaisons rationnelles ; tout ce qui est *substantiel*, tout ce que nous avons appelé *racines attributives*, est le produit d'un instinct mental, d'une puissance innée qui ne se révèle plus à nous directement et ne se laisse plus guère étudier que dans ses effets. Dans l'étonnante fécondité de la première émission des sons instinctifs et naturels, et dans le triage différent de ces racines que firent ensuite différentes tribus, nous pouvons trouver l'explication la plus complète de la divergence de langues toutes issues d'une même source. Nous pouvons comprendre non-seulement comment le langage s'est formé, mais aussi comment il a dû nécessairement se scinder en une foule de dialectes; et nous arrivons à cette conviction que, quelque diversité qui existe dans les formes et dans les racines des langues humaines, on ne peut tirer de cette diversité aucun argument concluant contre la *possibilité* de l'origine commune de ces langues.

C'est ainsi que la science du langage nous conduit jusque sur cette cime élevée d'où nous pouvons contempler l'aurore même de la vie de l'homme sur la terre, et où ces paroles de la Genèse que nous avons si souvent entendues depuis notre enfance, « toute la terre n'avait qu'un seul langage et un seul parler », nous offrent un sens plus naturel, plus intelligible, et plus scientifique que nous ne leur connaissions auparavant.

Et maintenant, en terminant ces leçons, je ne puis qu'exprimer mon regret de ce que l'esquisse que je me suis efforcé de vous présenter de la science du langage, ait été nécessairement si légère et si imparfaite. Il y a bien des points auxquels il m'a été impossible de toucher, et beaucoup d'autres que je n'ai pu qu'effleurer; et parmi tant de questions diverses à peine m'a-t-il été possible d'en approfondir une seule comme je l'aurais voulu. Néanmoins je suis heureux et reconnaissant de l'occasion qui m'a été donnée d'appeler l'attention du public sur une science qui, je le crois, a un grand avenir devant elle; et je me réjouirai si j'ai pu exciter, même sans la satisfaire, la curiosité des personnes qui m'ont fait l'honneur de suivre ces leçons, et si je leur ai inspiré le désir d'étudier de plus près les couches diverses dont est composé notre langage et d'analyser les éléments dont est formé le granit de nos pensées.

— TABLEAU GÉNÉALOGIQUE DE LA FAMILLE DES LANGUES ARYENNES.

LANGUES VIVANTES.	LANGUES MORTES.	BRANCHES.	CLASSES.		
Dialectes de l'Inde	Prâkrit et pâli — Sanscrit moderne — Sanscrit védique		Indienne	Division méridionale	FAMILLE ARYENNE
— des Tziganes					
— de la Perse	Parsi — Pehlvi — Inscriptions cunéiformes — Zend		Iranienne		
— de l'Afghanistan					
— du Kurdistan					
— de l'Arménie	Ancien arménien				
— des Ossètes					
— du pays de Galles		Kymrique			
— de la Bretagne française	Cornique		Celtique		
— de l'Écosse		Gadhélique			
— de l'Irlande					
— de l'île de Man					
— du Portugal					
— de l'Espagne					
— de la Provence	Langue d'oc / Lingua vulgaris { osque, latin, ombrien }		Italique		
— de la France	Langue d'oïl				
— de l'Italie					
— de la Valachie					
— des Grisons					
— de l'Albanie			Illyrienne	Division septentrionale	
— de la Grèce	Κοινή { dorien — éolien, attique — ionien }		Hellénique		
— de la Lithuanie	Ancien prussien	Lette			
— de la Courlande et de la Livonie (le lette)					
— de la Bulgarie	Slave ecclésiastique				
— de la Russie (Grande-Russie, Petite-Russie, Russie-Blanche)		Slave (sud-est)	Windique		
— de l'Illyrie (le slovène, le croate, le serbe)					
— de la Pologne					
— de la Bohême (le slovaque)	Ancien bohémien	Slave (de l'ouest)			
— de la Lusace	Polabe				
— de l'Allemagne	Moyen haut-allemand, ancien haut-allemand	du haut-allemand			
— de l'Angleterre	Gothique, Anglo-saxon		Teutonique		
— de la Hollande	Ancien hollandais	du bas-allemand			
— de la Frise	Ancien frison				
— de l'Allemagne septentrionale (le plattdeutsch)	Ancien saxon				
— du Danemark					
— de la Suède	Ancien norrois	Scandinave			
— de la Norvége					
— de l'Islande					

APPENDICE.

II.

TABLEAU GÉNÉALOGIQUE DE LA FAMILLE DES LANGUES SÉMITIQUES.

LANGUES VIVANTES	LANGUES MORTES	CLASSES.	
Dialectes de l'Arabe Amharique +	Éthiopien Inscriptions himyaritiques	Arabique ou Méridionale	
Dialectes des Juifs + +	Hébreu biblique Samaritain (Pentateuque) Carthaginois, Inscriptions phéniciennes	Hébraïque ou Centrale	FAMILLE SÉMITIQUE
+ Néo-Syriaque +	Chaldéen (Massore, Talmud, Targum, chaldéen biblique) Syriaque (Peschito, deuxième siècle après Jésus-Christ) Inscriptions cunéiformes de Babylone et de Ninive	Aramaïque ou Septentrionale	

III.

TABLEAU GÉNÉALOGIQUE DE LA FAMILLE DES LANGUES TOURANIENNES.

DIVISION SEPTENTRIONALE.

LANGUES VIVANTES.	LANGUES MORTES.	BRANCHES.	CLASSES.	
Dialectes des Chapogires (Tongouska supérieure)........		Occidentale	Tongouse	
— des Orotongs (Tongouska inférieure).........				
— des peuplades de Nyertchinsk				
— des Lamutes (côte de O'hotsk)		Orientale		
— des Mantchoux (Chine)...				
— des Mongols-Sharra (au sud du désert de Gobi)......		Des Mongols orientaux	Mongole	
— des Khalkas (au nord du désert de Gobi).........				
— des Sharaigol (Tibet et Tangout)..........				
— des Khochot.........	Olotes ou Kalmouks	Des Mongols occidentaux.		
— des Dzoungar.........				
— des Torgooout.........				
— des Durbet..........				
— des Aimaks (c'est-à-dire tribus de la Perse).......				
— des Sokpas (Tibet).....		Mongols septentrionaux		FAMILLE TOURANIENNE Division septentrionale
— des Buriates (lac Baïkal)...				
— des Ouigours.........		Du Djagathaï, S. E.		
— des Komans.........				
— des tribus du Djagathaï...				
— des Usbeks..........				
— des Turcomans.......				
— des habitants de la province de Cassan........				
— des Kirghises........		Turque, N.	Turque	
— des Bashkirs........				
— des Nogaïs.........				
— des Koumiens........				
— des Karatchais.......				
— des Karakalpaks.......				
— des Meshchervaks......				
— des tribus sibériennes....				
— des Yakuts..........				
— des habitants du Dourbend.		Turque, O.		
— des habitants de l'Aderbaïdjan				
— des habitants de la Crimée..				
— des habitants de l'Anatolie..				
— des habitants de la Roumélie.				
— des Yourazes.........		Septentrionale	Samoyède	
— des Taugi...........				
— des Venisei..........		Orientale		
— des Ostiako-Samoyèdes...				
— des Kamas..........				
— des Hongrois.........		Ougrienne	Finnoise (ouralienne)	
— des Vogouls.........				
— des Ougro-Ostiaks......				
— des Tchérémisses......		Bulgare		
— des Mordviniens.......				
— des Permiens........		Permienne		
— des Siriaines........				
— des Votiaikes........				
— des Lapons.........		Tchoude		
— des Finnois.........				
— des Esthoniens.......				

IV. TABLEAU GÉNÉALOGIQUE DE LA FAMILLE DES LANGUES TOURANIENNES.

DIVISION MÉRIDIONALE.

LANGUES VIVANTES.	LANGUES MORTES.	BRANCHES.	CLASSES.
Siam			
Ahom			
Laos			Taïenne
Khamti			
Shan (Tennaserim)			
Dialectes de la Malaisie et de la Polynésie (voir Humboldt, *Kavi-Sprache*)			Malaise
Tibétain			
Horpa (au nord-ouest du Tibet et de la Bukharie)			
Thotchou-Sifan (au N.E. du Tibet et de la Chine)		Trans-himalayenne	
Gyaroung-Sifan (au N.E. du Tibet et de la Chine)			
Manyak-Sifan (au N.E. du Tibet et de la Chine)			
Takpa (ouest de Koumbo)			
Kenaveri (bassin du Setledj)			
Sarpa (ouest du bassin du Gandak)			
Sounwar (bassin du Gandak)			
Gouroung (bassin du Gandak)			
Magar (bassin du Gandak)			Gangétique
Neouar (entre le bassin du Gandak et celui du Cosah)		Sub-himalayenne.	
Mourmi (entre le bassin du Gandak et celui du Cosah)			
Limbou (bassin du Cosah)			
Kiranti (bassin du Cosah)			
Lepcha (bassin du Tistah)			
Boutanais (bassin du Manasé)			
Tchepang (Neypal-Terai)			
Barman (Birman et Aracan)			
Dhimal (entre Konki et Dhorla)			
Katchari-bodo (de 80° à 93½°, et de 25° à 27°)			
Garo (90°-91° long. E. ; 25°-26° lat. N.)			
Tchanglo (91°-92° long. E.)			
Mikir (district de Naugong)			
Dophla (92° 50'-97° lat. N.)			
Miri (94°-97° long. E.?)			
Abor-Miri			
Abor (97°-99° long. E.)			
Sibsagor-Miri			
Singpho (27°-28° lat. N.)			
Dialectes des tribus Naga (93°-97° long. E. 23° lat. N. (Mithan) E. de Sibsagor)			Lohitienne
— des tribus Naga (Namsang)			
— des tribus Naga (Naugong)			
— des tribus Naga (Tengsa)			
— des tribus Naga (Tabloung, N. de Sibsagor)			
— des tribus Naga (Khaou, Djorhat)			
— des tribus Naga (Angami)			
Kouki (N.E. de Chittagong)			
Khyeng (Shyou) 19°-21° lat. N. Aracan)			
Kami (Aracan)			
Khoumi (Aracan)			
Chendous (22°-23° ; 93°-94°)			
Mrou (Chittagong, Aracan)			
Sak (sur la rive orientale du Nauf)			
Tounglhou (Tennaserim)			
Ho (Kolehan)			
Sinhbhoum-Kole (Chyebossa)			
Sontal (Chyebossa)			Mounda
Bhoumidj (Chyebossa)			(voir *Langues touraniennes* p. 175)
Moundala (Chota Nagpour)			
Canara			
Tamoul			
Telinga			
Malayalam			
Gond			Tamoule
Brahvi			
Toulouva			
Todava			
Uraon-Kole			

FAMILLE TOURANIENNE Division méridionale

TABLE ANALYTIQUE.

A

Abd-ul-kádir Maluk (Mullu), shah de Badáún ; son *Histoire générale de l'Inde* et autres ouvrages, 182, *note*.

Abhîra ou Âbhîra, à l'embouchure de l'Indus, 256.

Abiria (l') de Ptolémée, 256.

Ablatif ; César, auteur présumé de ce terme, 126.

Ablatif, manières d'exprimer ce cas en chinois, 139.

Aboul Walid, ou Rabi Jonâ, auteur de la première grammaire hébraïque, 99, *note*.

Abraham (langue d'), 355.

Abu Saleh traduit un ouvrage du sanscrit en arabe, 179.

Abu Zaccariya 'Hayoudi, sa théorie des racines hébraïques, 99, *note*.

Abyssinien (l') ancien et moderne, 359.

Académie (doctrines de la nouvelle), très-suivies à Rome, 123.

Accusatif (formation de l'), en chinois, 138, *note*.

Achéménides (inscriptions de la dynastie des), 266.

AD, manger, racine première, 334.

Adelung, son *Mithridate*, 169.

Adjectifs (formation des) en tibétain, 130, *note*.

— leur place en chinois, 139, *note*.

Adorateurs du feu, voir *Parsis*.

Æ, désinence du génitif de la 1re déclinaison en latin, sa forme primitive, 279, 280.

Ælius Stilo (Lucius) donne à Rome des leçons de grammaire latine, 126.

Affinité (indications de la véritable) dans le règne animal et dans le règne végétal, 18.

Afghanistan (langue de l'), 267.

Afrique méridionale (dialectes de l'), 68.

Age, histoire de ce mot, 372.

Agglutinantes (langues), composent une des trois divisions de la classification morphologique des langues, 366.

— d'où leur vient cette dénomination, 366.

— en quoi elles diffèrent principalement des langues à flexions, 408, 409.

Agglutination dans la famille des langues touraniennes, 371-377.
— traces rudimentaires d'agglutination, même en chinois, 414.
Aglossoi (les) des Grecs, 103.
Agriculture (traité de l') chez les Chaldéens, 357.
— (traité de Magon sur l') écrit en langue punique, 107, note.
Ahi, étymologie de ce nom du serpent en sanscrit, 481.
Ahirs (les) de la province de Cutch, 256.
Akbar (l'empereur), ses études religieuses, 180.
— fonde la religion *Ilahi*, 181.
— livres qu'il fait traduire en persan, 181.
— ne peut obtenir une traduction des Védas, 182.
Albanais, origine de ce dialecte, 249.
Albania, origine de ce nom, 309.
Albert le Grand, cité, 152, note.
Albirouni, son Taríkhu-l-Hind, 179.
Alchimie, pourquoi cette science s'est éteinte, 11.
Alexandre le Grand, son expédition en Asie fait connaître aux Grecs les nations et les langues étrangères, 105.
— converse avec les brahmanes de l'Inde par l'entremise de plusieurs interprètes, 105.
Alexandrie, avantages qu'elle offrait pour l'étude des langues étrangères, 108.
— (travaux critiques de l'école d'), 109.
Algèbre (traité célèbre d') traduit du sanscrit en arabe, 179.
Algonquins (le cas unique des), 283, note.
Algum ou *almug*, signification probable de ce mot; rapproché du sanscrit *valguka*, bois de sandal, 254.
Allemand (histoire de l'), 220 et *suiv.*

Altération phonétique, une des phases du développement du langage, 52.
— exemples d'altération phonétique, 53-59.
— elle ronge quelquefois tout le corps d'un mot, 58.
Amalgamantes (langues), nom donné quelquefois aux langues à flexions, 366.
Amérique centrale, grand nombre de langues qui s'y parlent, 66.
— rapidité extraordinaire avec laquelle ces langues se modifient, 64.
— Hervas réduit ces langues à onze familles, 66.
Amharique, ou abyssinien moderne, 359.
Amhas, nom du péché en sanscrit, étymologie de ce mot, 482.
AN, souffler, rejetons divers de cette racine, 480.
Analyse (l') grammaticale, résultats certains et complets qu'elle devra donner avec le temps, 277.
Anatomie comparée (science de l'), 20.
Angina, angor, anguis, angustus, etc., rattachés à la racine *ah* ou *amh*, étrangler, 481, 482.
Anglais (l'), changements survenus dans cette langue depuis la traduction de la Bible en 1611, 42.
— richesse de ses patois, 62.
— source véritable de cette langue, 74.
— travaux du prince L. Bonaparte sur les patois anglais, 75.
— est une langue teutonique, 86-88.
— ses nombreux emprunts aux langues étrangères, 92.
— nombre total des mots anglais venant du saxon et de ceux qui viennent des langues classiques, 93.
— criterium qui établit l'origine teutonique de cette langue, 93.
— le génitif en anglais, 136.
— le nominatif et l'accusatif en anglais, 139.

— origine des formes grammaticales en anglais, 141.

— nombre total des mots anglais, 340, *note*.

— nombre des mots employés par Milton, par Shakspeare et par les traducteurs de l'Ancien Testament, 341.

Anglo-saxon, le plus ancien poëme épique écrit dans cette langue, 218.

Angora (bataille d') en Galatie, 390.

Anima, âme, étymologie et signification originelle de ce mot, 480.

Anquetil-Duperron traduit en français la traduction persane des Upanishads, 184.

— traduit les ouvrages de Zoroastre, 261, 280.

Antrum, étymologie et signification originelle de ce mot, 473.

Apollon (temple d') à Rome, 116.

AR, rejetons divers de cette racine et leurs ramifications, 322-328.

Arabe (l'), son contact avec le persan, résultat de ce contact, 91.

— devient la langue de la Palestine et de la Syrie, 359.

— son berceau primitif, 359.

— ses plus anciens monuments littéraires, 360.

— sa parenté avec l'hébreu, 360.

Araméenne (branche) des langues sémitiques, 252.

— composée de deux dialectes principaux, 253.

Arare, ἀροῦν, *arvum*, etc., tous dérivés de la racine AR, 322.

ARD, blesser, racine tertiaire, 335.

Argi-izari, nom de la lune en basque, 7, *note*.

Ariana (l') des géographes grecs, 306.

Ariaramnès, père de Darius, origine de ce nom, 307.

Aristote, sur les catégories grammaticales, 110.

Arménie, origine de ce nom, 308.

Armoricain (l'), 245.

Arpinum, latin provincial qui y était parlé, 72.

Article, origine de ce mot, 111.

— Zénodote rétablit l'article devant les noms propres dans l'*Iliade* et dans l'*Odyssée*, 112.

Arya. Voir *Aryen*.

Arya-âvarta, nom de l'Inde, 302.

Aryennes (la famille des langues), 39, 218-270.

— méthode pour faire remonter les formes grammaticales des langues aryennes à des mots indépendants, 295, 298.

— la grammaire aryenne, 299.

— division septentrionale et division méridionale des langues aryennes, 268.

— berceau primitif des Aryens dans l'Asie centrale, 305.

— dispersion de la famille aryenne, 269.

— tableau de la civilisation aryenne primitive d'après les mots communs aux divers dialectes aryens, 300.

— origine et pérégrinations du mot *Arya*, 302 *et suiv*.

— la famille des langues aryennes et celle des langues sémitiques composent les deux seules véritables *familles* de langues, 361.

— formation du locatif dans toutes les langues aryennes, 278.

— tableau généalogique des langues aryennes, 499.

AS (la racine), 268.

As, â, am, Hervas identifie ces désinences sanscrites avec les désinences grecques ος, η, ον, 168.

Asiatique (fondation de la Société) à Calcutta, 194.

— premières publications de cette Société, 194.

Asie-Mineure (origine des Turcs d'), 388.

Asmi, asi, asti, formes sanscrites identifiées par Hervas avec εἰμί, εἶς, ἐστι, 168; et par lord Monboddo, 201.

Asoka (le roi), ses inscriptions sur les rochers de Dhauli, de Girnar et de Kapurdigiri, 173.

Assyrie, formes diverses de ce nom, 314.

Astrologie, pourquoi cette science s'est éteinte, 11.

Attributives (racines), d'où leur vient cette dénomination, 327.

— éléments constitutifs du langage, 321.

Aujourd'hui renferme deux fois le mot latin *dies*, 59, *note*.

Auramazda (l') des inscriptions cunéiformes, 262. Voir *Ormuzd*.

Auspice, étymologie de ce mot, 331.

Auxence, sa vie d'Ulfilas, 223.

B

Baber fonde une dynastie mongole dans l'Inde, 381.

Babylonie (littérature de la), 356.

Bam, origine de cette désinence des imparfaits latins, 215.

Barabas (horde des) dans les steppes, entre l'Irtish et l'Ob, 386.

Barbares (les) des Grecs, 103.

— les barbares semblent avoir eu plus de facilité pour apprendre les langues que les Grecs ou les Romains, 106.

— populations auxquelles les auteurs grecs donnaient le nom de *barbares*, 147, *note*.

— influence malheureuse de ce terme de *barbare*, 150.

Bas-allemand (le), dialectes qu'il comprend, 219.

— rameau indépendant de la branche teutonique, 239.

Bashkirs (race des) dans les monts Altaïs, 385.

Basile (saint) attribue l'invention du langage aux facultés que Dieu a mises dans l'homme, 36, *note*.

Bazianes (horde des) dans le Caucase, 385.

Behar, le pâli était autrefois l'idiome populaire de cette province, 173.

Beowulf, le plus ancien poëme épique anglais, 218.

Berber (dialectes) de l'Afrique septentrionale, leur origine, 360.

Berger, étymologie de ce mot, pourquoi il a été adopté en français, 363.

Bergmann (M.), ses études sur les poëmes scandinaves, 237, *note*.

Berners (Juliana), citée, 78, *note*.

Bérose écrit en grec l'histoire de Babylone, sa patrie, 106.

— savait lire les documents cunéiformes de Babylone, 107.

Bêtes (facultés des), 439 *et suiv*.

— leur instinct et leur intelligence, 444, 445.

— le langage élève une barrière infranchissable entre les bêtes et l'homme, 445.

Bibliander, ses travaux philologiques, 155, *note*.

Bienfaisance, par qui ce mot fut introduit en français, 46, *note*.

Birman (dialectes du), 67.

Birouni (Abou-Rihan-al), 179.

Bo, origine de cette désinence du futur en latin, 294.

Boèce (le chant de), siècle auquel on le rapporte, 241.

Bohémien (le), les plus anciens fragments de cette langue, 249.

Bonaparte (le prince Lucien), ses travaux sur les patois anglais, 75.

Bopp (François), ses travaux de philologie comparée, 206.

— principaux faits mis en lumière par sa *Grammaire comparée*, 299.

Botanique, origine de ce mot, 7.

— quand commence réellement la science de la botanique, 17, 18.

Bouddhisme, date de son introduction en Chine, 175.

Bráhman, l'Être suprême connu par la parole, 99.

Brahmanes (les) élèvent la parole au rang d'une divinité, 98.

— leurs travaux d'analyse grammaticale, 99.

— leurs entretiens avec Alexandre, 105.

Bréal (M. Michel), sa traduction de Bopp, *note* 53 *et passim*.

— son étude sur les noms perses dans les auteurs grecs, 262, *note*.

— remet en lumière les titres du P. Cœurdoux à l'honneur d'avoir le premier clairement indiqué la parenté du sanscrit avec le latin et le grec, 197.

Brennus, signification présumée de ce nom, 246.

Brewster (David), sur le rôle de l'imagination dans les sciences, 23.

Buffon, sur les ressemblances entre l'homme et les bêtes, 439,*note*.

Bulgare (royaume) sur le Danube, 403.

— langue et littérature des Bulgares, 248.

— rameau bulgare de la branche des dialectes finnois, 403.

Buriates (les), leurs dialectes commencent à entrer dans une nouvelle période de vie grammaticale, 68.

Burnouf (Eugène) déchiffre le premier le texte original du Zend-Avesta, 208, 261.

— ses travaux sur les inscriptions cunéiformes de Darius et de Xerxès, 208, 261.

C

Calmette (le P.), missionnaire dans l'Inde, ses lettres sur la connaissance que les jésuites possédaient du sanscrit, dans la première moitié du dix-huitième siècle, 189-191.

Cariens (les), opinions des auteurs grecs sur leur origine, 148, *note*.

Carnéade est empêché par Caton de donner des leçons à Rome, 126.

Carthaginois (le), étroitement apparenté à l'hébreu, 359.

Cas, histoire de ce terme, 128.

Cas (formation des) dans les langues aryennes, 276, 283.

Cassius Dionysius d'Utique traduit le traité de Magon sur l'agriculture, 107, *note*.

Castor et Pollux, les premiers dieux grecs qui eurent leur temple à Rome, 116.

Castrèn, son exploration de l'Asie septentrionale et centrale, 68.

Catalogue (le) *des langues* d'Hervas, 165.

Catherine (la grande) de Russie, son « Dictionnaire comparé, » 171.

— sa lettre à Zimmermann, 170.

Caton, son histoire de Rome en latin, 118.

— apprend le grec dans sa vieillesse, 120.

— fait une guerre acharnée à la philosophie et à la rhétorique grecques, 120.

Caucasien (isthme) appelé « la montagne des langues, » 104.

— tribus qui y sont établies, 385.

Cavea, caverna, de quelle racine ces mots sont dérivés, 474.

Celtes (les), leur ancienne autonomie politique, 246.

— les divers dialectes celtiques, 245.

César dédie à Cicéron son traité *de Analogiâ*, 126.

— emploie le premier le terme d'*ablatif*, 126.

Chaldéen (le), par qui ce dialecte a été parlé, 354.

— fragments en chaldéen contenus dans le livre d'Esdras, 354.

— langue des Targums, 354.
— les Mendaïtes ou Nasoréens ont conservé quelques restes de l'ancienne littérature des Chaldéens, 357.
Chameau (le), nombre des mots qui le désignent en arabe, 484.
Changements opérés par le temps dans toutes les langues, 39-41.
— changement rapide des dialectes des peuplades non civilisées, 41, 65, 67.
— changements survenus en anglais depuis 1611, 42.
— changements analogues en français, 44, *note*.
— quelques changements grammaticaux en anglais, 44.
— lois du changement dans le langage, 78.
Chhandas, nom donné en sanscrit aux hymnes védiques, rapproché de *Zend*, 260, *note*.
Chat, étymologie de divers noms du chat, 463.
Chili (langue du), 373, *note*.
Chine, époque où le bouddhisme y fut introduit, 175.
— pèlerinages des bouddhistes chinois dans l'Inde, 176.
— la Chine conquise par les Mongols, 380.
Chinois (le), aucune trace de grammaire dans l'ancien chinois, 137.
— note de M. Stanislas Julien sur les substantifs et les adjectifs en chinois, 138.
— formation du locatif en chinois, 277 et 139 *note*.
— formation du cas instrumental en chinois, 277.
— nombre des racines en chinois, 338.
— Note de M. Stanislas Julien sur le nombre des mots en chinois, 339.
— aucune analyse n'est nécessaire pour dégager les éléments constitutifs du chinois, 348.
— rôle des racines attributives en chinois, 342.
— les racines en chinois, 367.
— les parties du discours sont déterminées en chinois par la place des mots dans la proposition, 368.
— traces rudimentaires de l'agglutination en chinois, 414.
— onomatopées en chinois, 464.
— liste d'interjections en chinois, 468, *note*.
— sélection naturelle des racines en chinois, 489.
Cicéron cité comme faisant autorité en matière de grammaire, 126.
— Varron lui dédie quatre de ses livres sur la langue latine, et César son traité *De Analogiâ*, 126.
Classification (la) dans les sciences physiques, 17.
— objet de la classification, 20.
Classiques (langues) ou littéraires, leur origine, 69, 70.
— leur dépérissement inévitable, 73.
Cocarde, étymologie de ce mot, 455.
Codex argenteus, manuscrit de la Bible d'Ulfilas, 231.
Cœlum, ciel, étymologie de ce mot, 475.
Cœlus, origine de la fable qui le fait père de *Saturnus*, 116.
Cœurdoux (le P.), sa correspondance avec Anquetil-Duperron, 189.
— adresse, en 1767, à l'Académie des inscriptions et belles-lettres, un Mémoire sur les ressemblances entre le sanscrit et le latin et le grec, 195.
Colchide (dialectes de la), d'après Pline, 63 et 64, *note*.
Commune (origine) des langues humaines, examen de ce problème. Voir *Origine*.
Comparée (la grammaire), 298.
Concernant nous offre la même image

que la locution anglaise *with respect to*, 329.
Conjugaisons des verbes, la plupart des désinences des verbes sont des racines démonstratives, 345.
Constantinople (prise de), 391.
Copernic, comment il fut amené à découvrir son système du monde, 22.
Copte (le), à quelle époque cette langue de l'Égypte a cessé d'être parlée, 361.
Coquet, étymologie de ce mot, 455.
Cornique (le), quand cette branche des langues celtiques s'est éteinte, 87.
Corvus, corbeau, étymologies diverses proposées pour ce mot, 455-459.
Coucou, ce mot, 454.
Cratès de Pergame visite Rome, 124.
— y donne des leçons publiques de grammaire, 125.
Cunéiformes (inscriptions) déchiffrées pour la première fois par Burnouf, 208, 264.
— importance de la découverte des inscriptions cunéiformes de Darius et de Xerxès, 261.
— inscriptions cunéiformes de Babylone et de Ninive; leur importance; leur déchiffrement n'avance que lentement, 356.
— lettre de sir Henry Rawlinson sur ces inscriptions, citée, 356.

D

D, origine de cette désinence des prétérits anglais, 297.
DA, donner, racine première, 335.
Dace (ancien dialecte), 148, *note*, 240, *note*.
Dame, origine de ce mot, 288.
Dame-Diex, signification de cette exclamation dans le vieux français, 288.
Danaé, étymologie du mythe de Danaé, 13.

Danois (le), développement de cette langue, 76, 233 *et suiv*.
Darius prenait le titre de descendant des Aryens, 307.
Datif, ce cas en grec, 283.
— en chinois, 138, *note*.
Daughter, origine de ce mot, 58.
Déclinaisons, la plupart de leurs terminaisons sont des racines démonstratives, 345.
Del, dello, origine de ces mots, 80.
Démocrite, ses voyages, 106.
Demoiselle, étymologie de ce mot, 289.
Démonstratives (racines), leur rôle dans le langage, 342.
— la plupart des désinences des déclinaisons et des conjugaisons sont des racines démonstratives, 345.
Denys le Thrace, auteur de la première grammaire grecque, 113.
Dépit, étymologie de ce mot, 330.
Désinences grammaticales, remarques de Horne Tooke, 320.
Despiter, signification de ce mot dans le vieux français, 330, *note*.
Deva, Hervas rapproche ce nom sanscrit de Θεός, 168.
Développement du langage, 47, 71.
— si l'homme peut perfectionner le langage, 48.
— causes du développement du langage, 50.
— le développement du langage comparé à la formation successive des couches terrestres et non à l'accroissement des plantes, 83.
Dialecte, ce qu'on entend par ce mot, 59.
Dialectes de l'italien, 60.
— du français, 60.
— du grec moderne, 60.
— du frison, 61.
— de l'anglais, 62.
— les dialectes alimentent les langues littéraires, 62, 73.
— Grimm, sur l'origine des dialectes en général, 63.

— difficulté qu'il y a à suivre l'histoire des dialectes, 63.
Dialectes de l'Amérique, 64-66.
— du Birman, 67.
— des Ostiaks, 67.
— des Mongols, 68.
— de l'Afrique méridionale, 68.
— de certaines classes dans chaque société, 70.
— intarissable fécondité des dialectes, 76.
— le développement des dialectes est indépendant de la volonté des individus, 79.
Dictionnaire comparé de la grande Catherine de Russie, 71.
Did, origine de ce prétérit, 297.
Diez, sa Grammaire comparée des six langues romanes, 242.
Discussion, étymologie de ce mot, 54.
Divination (la), son utilité dans les recherches scientifiques, 22, 23.
Dorpat (dialecte de), une des divisions de l'esthonien, 402.
Du, origine de ce mot, 80.
Duel !(le), Zénodote fut le premier à en remarquer l'emploi dans les poëmes homériques, 113.
Dumaresq, son Vocabulaire comparatif des langues orientales, 170.
Duret (Claude), son ouvrage sur le langage, 156, *note*.
Dyaus, forme sanscrite de *Zeus*, signification de ce mot, 13.

E

Earl, le norrois *jarl*, origine de ce titre, 280.
Ἔχις, à quelle racine il faut rattacher ce nom du serpent en grec, 481.
Eddas (les deux), 237 *et suiv*.
— origine du nom d'*Edda*, 237.
Egger (M. E.), ses travaux cités, 110, *note*, et 244, *note*.
Égyptien (l'ancien), nombre de ses mots d'après les inscriptions hiéroglyphiques, 340.
— à quelle famille de langues il faut le rattacher, 361.
Εἰμί, εἶς, ἐστι. Voir *asmi*.
Elder, origine de ce mot, 289.
Éléments (les) constitutifs du langage, 321.
Enfants, leur langage contribue probablement à faire disparaître graduellement les conjugaisons et les déclinaisons irrégulières, 81.
Enluminure des manuscrits, art oublié de nos jours, 12.
Ennius s'établit à Rome comme professeur de grec, 119.
— ses traductions, 119.
Eos, signification originelle de ce mot, 13.
Ephrem (saint), 353, *note*.
Épicharme, sa philosophie traduite en latin par Ennius, 119.
Épicier, étymologie de ce mot, 333.
Épicure, faveur dont ses doctrines jouirent à Rome, 123.
Équiper, étymologie de ce mot, 324.
Ἐρέτης, rameur, dérivé de la racine AR, labourer, 326.
Érin, étymologie de ce nom donnée par Pictet, 311 et *note*.
— remarques de M. Whitley Stokes sur ce nom, 312, *note*.
Esdras (fragments du livre d'), écrits en chaldéen, 354.
Espèce, étymologie de ce mot, 332.
Espiègle, origine de ce mot, 332.
Est, étymologie de cette forme grammaticale, 213, 362.
Esthoniens (les), leur langue, 402.
— dialectes de cette langue, 402.
Estis et ἐστέ, formes plus primitives que la forme correspondante en sanscrit, 212, 213.
Êtes. Voir *Sommes*.
Éthiopien (l') ou abyssinien, berceau de cette langue, 359.
Étienne (Henri), son idée de réduire

une langue tout entière à un petit nombre de racines, familière aux brahmanes de l'Inde, 99.
— son travail sur les rapports entre le français et le grec, 155, *note*.
— nombre de mots contenus dans l'édition de son *Thesaurus*, publiée à Londres, 341.
Étoiles (les), à quelle époque elles furent divisées en étoiles errantes (πλανητά), et en étoiles fixes (ἐνδεδεμένα), 9, *note*.
Eudémus, disciple d'Aristote, connaît la race aryenne, 307.
Eulalie (cantique d'), à quel siècle il faut le rapporter, 241.
Euripide, traduit pour la première fois en latin par Ennius, 119.
Évêque et *sceptique*, dérivés tous deux de la même racine, 329.
Evhémère de Messène, son ouvrage sur les dieux, traduit en latin par Ennius, 119.
Ewald, sur les rapports entre les langues touraniennes et les langues aryennes, 424.
Ézour-Véda (l'), 187, *note*.

F

Fabius Pictor, écrit en grec son histoire de Rome, 118.
Fa-hian, le pèlerin chinois, ses voyages dans l'Inde, 176.
Faible, étymologie de ce mot, 145.
Familles de langues, criterium pour rattacher les principaux dialectes de l'Europe et de l'Asie à certaines familles, 214.
Fatum, signification originelle de ce mot, 13.
Fée, étymologie de ce mot, 79.
Fee, honoraires, étymologie de ce mot anglais, 322.
Feizi et le brahmane, leur légende, 182.

Fer (nom du) en sanscrit et en gothique, 301.
Feu, étymologie de ce mot, 144.
Fiend, étymologie de ce nom anglais du démon, 467.
Fille et *mère*, ce qu'il faut entendre par ces noms appliqués aux langues, 71.
Finnois (dialectes), 400 *et suiv*.
— le « Kalewala, » l'Iliade des peuples finnois, 402.
— berceau primitif des peuples finnois, 398.
— leur langue et leur littérature, 401.
— réveil de leur sentiment national, 401.
— tableau des noms de nombre dans les dialectes finnois, 406.
Firdusi, langue dans laquelle il écrivit son Shâ-nameh, 266.
Firoz Shah fait traduire en persan des ouvrages sanscrits, 179.
Fixes (étoiles), Aristote emploie le premier cette dénomination ἄστρα ἐνδεδεμένα, 9, *note*.
Flamande (langue et littérature), 219.
Flamininus, sa connaissance du grec, 117.
Flexions (langues à), différence entre ces langues et les langues agglutinantes, 408, 409.
— ce qu'on entend par langues *à flexions*, 366.
Flotter, rapproché du sanscrit *plu*, πλέω, 326, *note*.
Flourens (M. P.) sur les facultés mentales des bêtes, 440.
Formels (éléments) du langage, ce qu'on entend par ce terme, 214, 273.
— ils sont la base principale de la classification généalogique des langues, 214.
— les différences entre les éléments formels de diverses langues ne sont pas incompatibles avec la communauté d'origine de ces langues, 217.
— les philosophes qui regardent le

langage comme une invention humaine fondent leurs principaux arguments sur ces éléments formels, 274, 275, *note*.

Formes grammaticales, hypothèse pour montrer comment elles prennent naissance, 285-288.

— elles résultent de combinaisons rationnelles, 490-496.

— on n'est pas encore parvenu à expliquer toutes les formes grammaticales, 493.

Frais et *défrayer*, étymologie de ces deux mots, 145, *note*.

Français (dialectes), leur nombre, 60.

— lois qui ont présidé au passage du latin au français, 78.

— changements qui se sont opérés en français à des époques récentes, 44, *note*.

— le nominatif et l'accusatif en français, 139.

— origine des désinences grammaticales en français, 292.

— origine du futur français, 293.

Fredum, origine et signification de ce mot, 145, *note*.

Friend, à quelle racine il faut rattacher ce mot anglais, 467.

Frisons (dialectes), leur grand nombre, 61.

— caractère et histoire du langage des Frisons, 219, *note*.

Fromage, étymologie de ce mot, 145.

Furicha, sillon, en allemand, rattaché à *farah*, porc, 327, *note*.

Futur (le) en français, 292.

— en latin, 294.

— en grec, 294.

— en chinois, 492.

— dans d'autres langues, 294.

G

Gadhélique (le), un des deux grands rameaux des langues celtiques, 245.

Gaélique (le), sa place dans la famille celtique, 245.

Galatie (idiome de la), 246.

Galla (le), dialecte de l'Afrique, famille à laquelle il appartient, 361.

Gallus, étymologie de ce nom latin du coq, 459.

Ganas (les), ou listes des mots remarquables en sanscrit, 136.

Gange (le), signification de ce nom, 476.

Garderige (le), 234, *note*.

Garo (le), formation des adjectifs dans ce dialecte, 130, *note*.

Gâthâs (les), ou Chants de Zoroastre, 265.

Gébelin (Court de), son *Monde primitif*, 165.

— comparé avec Hervas, 165.

Généalogique (classification), à quelles langues elle s'applique proprement, 215.

— pourquoi certaines langues échappent naturellement à cette classification, 215-218.

— tableaux généalogiques des principales langues humaines, voir l'Appendice.

Génitif (le), origine de ce terme grammatical, 130.

— les désinences du génitif sont le plus souvent identiques avec les suffixes dérivés au moyen desquels les substantifs sont changés en adjectifs, 130, *note*.

— manières de former le génitif en chinois, 138, *note*.

— manières de former le génitif en latin, 279-281.

— quelle est la force réelle du génitif, 130.

Gengis-Khan fonde l'empire mongol, 378.

Géométrie, étymologie de ce mot, 6.

Ghez (le), dialecte de l'Afrique, 359.

Ghiaour, signification du mot, 151.

Glossarium comparativum linguarum

totius orbis, de l'impératrice Catherine, 172, *note*.

Gordon (le capitaine) sur les dialectes du Birman, 67.

Goropius, écrit un ouvrage pour prouver que le hollandais avait été la langue du paradis, 159.

Gospel, étymologie de ce mot, 143.

Gothique (le), le plus ancien monument de cette langue remonte au quatrième siècle de Jésus-Christ, 144, 228.

— à quelle classe de langues appartient le gothique, 232.

— nombre des racines en gothique, 338, *note*.

Goths (les) et l'évêque Ulfilas, 226 *et suiv*.

Grammaire (la), criterium pour établir la parenté de presque toutes les langues, 93.

— la grammaire anglaise est évidemment d'origine teutonique, 88, 94.

— aucune trace de grammaire dans l'ancien chinois, 94.

— travaux grammaticaux des brahmanes, 99.

— — des Grecs, 99.

— origine de la grammaire, 101.

— ardeur avec laquelle les études grammaticales furent poursuivies à Rome, 120-127.

— rencontres entre la terminologie grammaticale des Hindous et celle des Grecs, 135.

— origine et histoire de la grammaire sanscrite, 135.

— origine des formes grammaticales, méthode à suivre pour faire remonter les formes grammaticales à leur source, 140-146, et 294-298.

— utilité de la classification généalogique des langues pour découvrir l'origine des formes grammaticales, 146.

— importance de l'étude comparative des formes grammaticales pour la classification des langues, 211.

— la grammaire comparée, objet de cette science, 270 *et suiv*.

— la *Grammaire comparée*, de Bopp, 206.

— les désinences grammaticales ont été à l'origine des mots indépendants, 276.

— principaux faits mis en lumière par des travaux tels que la *Grammaire comparée*, de Bopp, 299.

— la grammaire aryenne, 299.

— la grammaire turque, 391 *et suiv*.

Grammatici (les) à Rome, 117.

Grec (le) étudié et cultivé par les barbares Bérose, Ménandre le Phénicien et Manéthon, 106, 107.

— étude critique du grec dans l'école d'Alexandrie, 109.

— première grammaire grecque composée à Rome par Denys le Thrace, 114.

— la connaissance du grec très-répandue à Rome, 114.

— principes qui ont présidé à la formation des adjectifs et des génitifs en grec, 130, *note*.

— la terminologie de la grammaire grecque enseignée à Rome se répand dans le monde entier, 132.

— le principe de la classification n'a jamais été appliqué par les Grecs aux variétés du langage, 147.

— les Grecs et les Barbares, 147.

— remarques de Platon sur la langue grecque, 148.

— conformité grammaticale entre le grec et le sanscrit, 168.

— affinité entre le grec et le sanscrit, 195 *et suiv*.

— formation du datif en grec, 283.

— le futur en grec, 294.

— nombre de formes données par chaque verbe grec conjugué à tous ses temps, etc., 347, *note*.

— nombre des dialectes du grec moderne, 60.
Grecs (les philosophes), leurs voyages supposés, 106, *note*.
Grégoire de Nyssa (saint), sa défense de saint Basile, 36, *note*.
Grimm, sur l'origine des dialectes en général, 63.
— sur l'idiome des tribus nomades, 77.
— sa *Grammaire teutonique*, 207.
Guèbres. Voir *Parsis*.
Guichard (Étienne), son ouvrage sur le langage, 156, *note*.
Gutta-percha, étymologie de ce mot, 253, *note*.

H

Hahn (J.-G.), ses travaux sur l'albanais, 249, *note*.
Halhed, ses remarques sur l'affinité entre le grec, le latin et le sanscrit, 197.
— son *Code des lois Gentoo*, 197, *note*.
Hamilton (sir W.), sur l'origine des noms appellatifs et des noms propres, 477, *note*.
Hanxleden (le P.), sa connaissance du sanscrit, 193.
Harmonisation (loi d'), ce qu'on entend par ce terme, 376.
Harold Haarfagr, roi de Norvége; son règne despotique, 235.
Haroun-al-Raschid fait traduire en persan des ouvrages sanscrits, 178.
Haru-spex, origine de ce mot, 331.
Haug, ses travaux sur le zend, 264.
Haussa (le), dialecte d'Afrique, à quelle famille de langues il appartient, 361.
Haut-allemand (le), son histoire, 220.
— ne peut pas être regardé comme étant dérivé du gothique, 232, 239.
Hébreu (l'), les Pères de l'Église l'ont regardé comme la langue primitive de l'humanité, 156.

— travaux savants mais stériles pour prouver que toutes les langues étaient dérivées de l'hébreu, 157.
— Leibniz se défait le premier de ce préjugé, 159.
— première grammaire hébraïque, 99, *note*.
— nombre des racines en hébreu, 338.
— l'hébreu, l'ancienne langue de la Palestine, 358.
— l'hébreu est d'abord envahi par des dialectes araméens et emporté enfin par l'arabe, 359.
Hécate, ancien nom de la lune, 14.
Hecatos et *Hecatebolos*, signification de ces noms, 14.
Heljand (le), le plus ancien poëme en bas-allemand, 219.
Hellénique (branche) des langues indo-européennes, 245.
Hérat, origine de ce nom, 315.
Herculus, le dieu des enclos, est confondu avec Héraclès, 116.
Herder, sa théorie de la formation du langage, 451, 452.
Hermano, pourquoi ce mot a été adopté en espagnol, au lieu d'un dérivé de *frater*, 363.
Hermippus traduit Zoroastre en grec, 109.
Hérodote, ses voyages, 106.
— sur les Pélasges, 147, *note*.
Hervas, sa vie et ses travaux, 165.
— réduit à onze familles les nombreuses langues de l'Amérique, 66.
— sa liste d'ouvrages publiés sur la science du langage, 155, *note*.
— comparé avec Court de Gébelin, 165.
— établit la famille des langues malaises et polynésiennes, 167.
Heyse, ses vues sur l'origine du langage, 486, *note*.
— son explication du développement du langage, 491.
Hiéroglyphiques (inscriptions), nom-

bre des mots que leur déchiffrement a donnés jusqu'à présent, 340.
Himyaritiques (inscriptions), 359.
Hindoustani (l'), origine de cette langue, 75.
— le génitif et les adjectifs en hindoustani, 131, *note*.
— *Urdu-zeban* est le véritable nom de l'hindoustani, 400.
Hiouen-thsang, le pèlerin chinois, ses voyages dans l'Inde, 176.
Hiram, sa flotte, 252.
Histoire (l') et le langage, leur connexion, 84-86.
Hiung-nu, le plus ancien nom par lequel les peuplades turques de l'Asie centrale furent connues des Chinois, 382.
— histoire de ces peuplades, 383.
Hliod (les) ou *Quida* de la Norvége, 236.
— réunis au douzième siècle par Saemund Sigfusson, 237.
Hoeï-seng, le pèlerin chinois, ses voyages dans l'Inde, 176.
Hoha, nom de la charrue, en gothique, rapproché du sanscrit *koka*, loup, 327, *note*.
Hollandais (le), ouvrage de Goropius pour prouver que cette langue avait été parlée dans le paradis, 159.
— date des plus anciens monuments du hollandais, 219.
Homère, étude critique de ses poëmes dans l'école d'Alexandrie, 110, 111.
— influence de cette étude sur le développement de la terminologie grammaticale, 112.
Homme, étymologie de ce nom, 482.
— noms divers de l'homme, 482, 483.
— différences entre l'homme et les bêtes. Voir *Bêtes*.
Hongrois (les), leurs ancêtres, 404.
— leur langue, 404.
— affinité de cette langue avec les dialectes ougro-finnois, 404.
Horace, sur les changements que le latin avait subis de son temps, 72.
Hors, étymologie de ce mot, 145.
Humanité (l'), ce mot ne se rencontre ni dans Platon ni dans Aristote, 151.
Humboldt (Alexandre de), cité, 22.
Humboldt (Guillaume de), services rendus par lui aux études philologiques, 207.
Hurons (les), remarques de Gabriel Sagard sur leur langue, 64.
Hûsuresh, nom du pehlvi, 266.
Hyades, étymologie de ce nom, 9.

I

I, aller, racine première, 334.
Ibn Wahshiyyah traduit en arabe l'*Agriculture nabatéenne* et d'autres ouvrages écrits en araméen, 358, *note*.
Iconium (sultans turcs d'), 389.
Ilahi, la religion fondée par l'empereur Akbar, 181.
Illyrien (l'ancien), 241, *note*.
— dialectes slaves appartenant au rameau illyrien, 248.
Imagination (rôle de l') dans les découvertes scientifiques, 22, 23.
Inde, étymologie de ce nom, 290.
— histoire générale de l'Inde, par Mulla Abdu-l-Kádir Maluk, 182, *note*.
Indiens (philosophes), il est difficile d'admettre qu'ils aient exercé de l'influence sur les philosophes grecs, 105, *note*.
Indes orientales et occidentales, signification historique de ces noms, 290.
Indo-européennes (famille des langues). Voir *Aryennes*.
Instrumental (cas), formation de ce cas en chinois, 139, *note*, 277.
Interjection (théorie de l') pour expliquer la formation des racines, 464 *et suiv.*

Interprètes (les) dans l'antiquité, 104, 105.
Iran, le nom moderne de la Perse, étymologie de ce nom, 308.
Iraniennes (langues), 258.
Irlandais (l'), sa place dans la famille celtique, 245.
Iron, nom que prennent les Ossètes du Caucase, 309.
Islande (l'), les réfugiés norvégiens y fondent une république au neuvième siècle, 235.
— activité intellectuelle et littéraire des Islandais, 236.
Italien (l'), son développement naturel, 71.
— nombre des dialectes italiens, 60, 242.
— les Italiens doivent aux Grecs les rudiments mêmes de la civilisation, 115.
— branche italique de la famille aryenne, 239.
— dialectes parlés en Italie avant la prépondérance de Rome, 242.
Its, époque où ce pronom possessif a pris naissance en anglais, 44.

J

Jarl, signification de ce titre norrois, 289.
Jérôme (saint), cité, 156.
Jones (sir William), ses remarques sur l'affinité entre le sanscrit et le grec, 197.
Juifs (les), leur langue littéraire au siècle qui a précédé et au siècle qui a suivi la naissance de Jésus-Christ, 354.
— leur langue littéraire depuis le quatrième jusqu'au dixième siècle de notre ère, 355.
— ils adoptent ensuite l'arabe jusqu'au treizième siècle, époque où ils reviennent à une sorte d'hébreu modernisé, 355.

Julien (M. Stanislas), ses notes sur le chinois, 138, 339, 343, 367.
Jupiter Virgarius ou Viminius, 9, note.

K

Kalewala (le), l'Iliade des Finnois, 402.
Kalmouks (les), 377, 382.
Kapchakien (empire) fondé par un fils de Gengis-Khan, 379.
Kara-Kalpaks (horde des), près du lac Aral, 386.
Karélien (le), un des dialectes finnois, 402.
Kempe (André), son ouvrage sur la langue du paradis, 160, note.
Kepler, cité, 152, note.
Khang-hi (Dictionnaire impérial de), nombre exact des mots qu'il contient, 339, note.
Khi-nie, le pèlerin chinois, 177.
Kirghises (les trois hordes des), 387.
Kirghises-Kasak (horde des), 387.
Kouthami le Nabatéen, son traité de l'Agriculture nabatéenne, 358.
Kymri (le), dialecte celtique, 245.

L

Laban, sa langue, 355.
Lady, étymologie de ce mot, 143.
Langage (la science du) est une des sciences de la nature, 1-27.
— date récente de cette science, 4.
— ses noms divers, 4.
— cette science n'a pas beaucoup à offrir à l'esprit positif de notre temps, 12.
— le langage élève une barrière infranchissable entre l'homme et les bêtes, 16, 445.
— importance de la science du langage, 30, 31.
— le règne du langage, 29.
— la distinction à faire entre le déve-

loppement du langage et l'histoire du langage, 33.
— le docteur Whewell, sur la classification de la science du langage, cité, 34, *note*.
— objections contre la classification de la science du langage parmi les sciences de la nature, 35 *et suiv.*
— le langage considéré comme étant une invention humaine, 35.
— la science du langage considérée comme étant une des sciences historiques, 38.
— changements que le temps opère dans le langage, 39-41.
— les langues des peuples très-civilisés deviennent fixées et stationnaires, 41.
— le développement du langage, 47.
— le langage peut-il être modifié et perfectionné par l'homme ? 48.
— causes du développement du langage, 50.
— le développement du langage résulte de deux opérations :
1° l'altération phonétique, 52.
2° le renouvellement dialectal, 59.
— lois qui régissent le développement du langage, 78.
— inanité des tentatives des grammairiens et des puristes pour perfectionner le langage, 80.
— connexion entre le langage et l'histoire, 84.
— la science du langage indépendante de l'histoire, 86.
— les langues ne se mêlent pas, 87.
— période empirique dans la science du langage, 100.
— spéculations métaphysiques des brahmanes et des Grecs sur la nature du langage, 98.
— période de la classification dans la science du langage, 133.
— la grammaire empirique, 134.
— la classification généalogique dans la science du langage, 146.

— services rendus à la science du langage par Leibniz, 159 *et suiv.*
— — par Hervas, 165 *et suiv.*
— — par Catherine de Russie, 70.
— importance de la découverte du sanscrit pour les progrès de la science du langage, 173, et 209, 210.
— services rendus à la science du langage par la grammaire comparée, 210
— coup d'œil jeté sur l'histoire de quelques langues modernes, 211.
— distinction entre les racines et les formes du langage, 273.
— lumière que l'étude du langage répand sur les temps anté-historiques, 300, 301.
— les éléments constitutifs du langage, 321.
— la classification morphologique dans la science du langage, 351.
— trois périodes dans la formation du langage : celle du *monosyllabisme* ou des *racines*, représentée par le chinois ; celle de l'*agglutination*, représentée par les langues touraniennes, et celle des *flexions*, représentée par les familles aryenne et sémitique, 365, 366.
— le problème de l'origine commune des langues, 413, 414.
— le problème de l'origine du langage, 433.
— théories diverses de l'origine du langage, 434 *et suiv.*
— méthode à suivre pour arriver à la solution de ce problème, 437.
— les facultés de l'homme et celles des bêtes, 438.
— la différence entre l'homme et les bêtes, 445.
— quelle est la faculté interne dont le langage est le signe ou la manifestation extérieure ? 448.
— les idées universelles, 447.
— les idées générales et les racines, 469 *et suiv.*

518   LEÇONS SUR LA SCIENCE DU LANGAGE.

— l'origine de nos connaissances, 476.
— la faculté de connaître ou la raison; la faculté de nommer ou le langage, 477.
— le son et la pensée, 485.
— sélection naturelle des racines, 484, 488.
— rien d'arbitraire dans le langage 494.
— la diversité actuelle des langues humaines n'est pas incompatible avec la croyance de leur origine commune, 496.
Langues (nombre des) connues, 29.
— pourquoi les anciens Grecs n'apprenaient pas les langues étrangères, 103.
— la *Montagne des langues*, 104.
— la classification généalogique des langues, 205.
— criterium pour reconnaître les degrés de parenté entre les langues, 210.
— le principe de la classification généalogique n'est pas applicable à toutes les langues, 214-217.
— les racines des langues diverses appartenant à une même famille ne sont pas nécessairement identiques, 217.
— divers degrés de parenté entre des langues congénères, 362 *et suiv.*
— toutes les langues peuvent être réduites en dernière analyse à un certain nombre de racines, 348, 448.
Langue d'oïl (le plus ancien monument de la), 241.
Lapons (les), leur pays et leur langage, 403.
Latin (le), ce qu'on entend par le latin classique, 72.
— fluctuation du latin, 72.
— par qui le latin fut fixé, 72.
— ressemblance entre le latin et la langue des Germains; pourquoi les Romains ne remarquèrent pas cette ressemblance, 150.

— relation généalogique du grec et du latin, 213.
— le futur en latin; origine de la désinence *bo*, 294.
Lecce (P. Francesco Maria da), son ouvrage sur l'albanais, 249, *note*.
Leibniz se défait le premier du préjugé qui faisait regarder l'hébreu comme la langue primitive de l'humanité, 159.
— applique le premier les principes d'une induction rigoureuse à l'étude du langage, 161.
— sa lettre à Pierre le Grand, 162.
— ses travaux philologiques au milieu de ses occupations diverses, 163.
— sa théorie de la formation de la pensée et du langage, 471.
Lélèges (les), opinion des auteurs grecs sur leur origine, 148, *note*.
Lesbos, diversité des dialectes qui y sont parlés, 60.
Lette (le), rameau des langues slaves, 247.
Lewis (Cornewall) combat une théorie de Raynouard, 211.
Linguistique (la) un des noms de la science du langage, 5.
Linné, services que son système a rendus à la science malgré ses erreurs, 19.
Literatores (les), distingués des *grammatici*, 117.
Lithuanien (le), dialecte slave, dont certaines formes grammaticales avoisinent plus le sanscrit que les formes correspondantes en grec et en latin, 247.
Littéraires (langues), leur origine, 69.
— leur dépérissement inévitable, 73.
— comparaison pour faire comprendre ce que sont les langues littéraires par rapport aux dialectes vulgaires, 73.
Livius Andronicus, 118.
Livoniens (les), leur dialecte, 403.

Locatif, formation de ce cas dans toutes les langues aryennes, 278.
— — en chinois, 139, *note*, 277.
— — en latin, 279.
Locke, sur la distinction entre l'homme et les bêtes, 16, 447.
— sa théorie de la formation du langage, 36.
Lord, étymologie de ce mot, 143.
Lucilius veut réformer l'orthographe latine, 126.
Lucina, nom de la lune, 14.
Luna, étymologie de ce mot, 14.
Lusace (la), dialecte qui y est parlé, 249.
Lycurgue, ses voyages, 106.

M

Macédoniens (les), opinions des anciens sur leur origine, 148, *note*.
Madame, étymologie de ce mot, 288.
Magon le Carthaginois, son traité sur l'agriculture écrit en langue punique, 106, *note*.
Maison, les différentes branches de la famille aryenne expriment cette idée par le même nom, 301.
Man, étymologie de ce mot, 482.
Manéthon écrit en grec l'histoire de l'Égypte, sa patrie, 107.
Manka l'Indien traduit en persan des ouvrages sanscrits, 178.
Mantchoux (les) parlent une langue tongouse, 377.
— grammaire du mantchou, 407.
— onomatopées en mantchou, 463, *note*.
Manx (le), dialecte de l'île de Man, 245.
Marta, mortel, un des noms de l'homme en sanscrit, 482.
Mâs, nom de la lune en sanscrit, sa signification, 8.
Massore (la), langue dans laquelle elle fut composée, 355.
Maulána Izzu-d-din Khalid-Khani traduit en persan des traités de philosophie écrits en sanscrit, 179.
Ménandre le Phénicien, 107.
Mendaïtes (les) ou Nasoréens, 357.
Ment, origine de cette désinence des adverbes français, 56.
Mère et *fille*, ce qu'il faut entendre par ces mots appliqués aux langues, 71.
Mescheraks (horde des), 386.
Milton, nombre des mots qu'il a employés, 341.
Ming-ti, l'empereur de Chine, permet l'introduction du bouddhisme dans son empire, 175.
— envoie de hauts fonctionnaires dans l'Inde pour s'y instruire de la doctrine de Bouddha, 176.
Missionnaires (les), services qu'ils rendent à la science du langage, 64, 154.
Mlechchha, barbare, 103.
Moallakát (les) ou poëmes suspendus des Arabes, 360.
Moffat (Robert), sa description de certains dialectes de l'Afrique méridionale, 68.
Mohammed-ben-Musa traduit en arabe un traité sanscrit d'algèbre, 179.
Monboddo (lord) reconnaît que le langage distingue l'homme des bêtes, 16.
— cité, 199.
Mongols (les dialectes) commencent à entrer dans une nouvelle période de vie grammaticale, 68.
— grammaire de ces dialectes, 407.
Mongols (les), leur berceau primitif, 377.
— leurs hordes principales, 377.
— leurs conquêtes, 378.
— dissolution de leur empire, 380.
— leur état actuel, 381.
— leur langue, 381.
Moon, antiquité de ce mot, 7.
Moravie (la) dévastée par les Mongols, 380.
Morphologique (classification), ce

qu'on entend par ce terme, et sur quoi cette classification est fondée, 352.

— principes de la classification morphologique, 365.

— elle diffère de la classification généalogique en ce qu'elle s'applique nécessairement à toutes les langues, 409.

Mortel, origine de ce mot, 482.

Much et *very*, emploi de ces deux mots, 49.

Mythologie (la), ce qu'elle est réellement, 13.

N

Nabatéens (les), de qui ils descendent, 357.

— traité de Kouthami sur l'*Agriculture nabatéenne*, 358.

Nabuchodonosor, son nom empreint sur les briques de Bagdad, 362.

Nationales (langues), leur origine, 69, 70.

Naturelles (sciences), aucune d'elles ne se rattache aussi étroitement à l'histoire de l'homme que la science du langage, 85.

Natus mis pour *gnatus*; comme *nomen* pour *gnomen*, 329.

Νεμέτζιοι, qui ce nom désignait, 103, note.

Nestoriens (les) de Syrie, leur ancienne prépondérance, 253, *note*.

Nicopolis (bataille de), 390.

Niemiec, étymologie de ce nom, par lequel les Polonais désignaient les Allemands, 103.

Ninive (tablettes d'argile de), ce qu'elles contiennent, 356.

No et *nay*, emploi de ces deux particules dans Chaucer, 287.

Nobili (Roberto de), sa vie et ses travaux dans l'Inde, 186 *et suiv.*

— ses ouvrages, 185, *note*.

Nogaïs (les), histoire de ces tribus, 386.

Nomades (peuples), caractères qui distinguent leurs langues, 370, 371 *et suiv.*

— richesse de leurs idiomes, 77.

Nombre (noms de), affinité entre ces noms en sanscrit et leurs corrélatifs en grec et en latin, 200.

— tableau comparatif des noms de nombre dans les langues finnoises, 406.

Nominalisme (le) et le réalisme au moyen âge, 14.

Normans (mots) dans la langue anglaise, 93.

Norvége (la), l'ancienne langue qui y était parlée, 234.

— la poésie en Norvége, 235 *et suiv.*

— l'ancien norvégien est resté stationnaire en Islande, 76.

Novo-latines (langues), 239.

— l'étude comparée de ces langues nous révèle, indépendamment de toute preuve historique, qu'il y eut un temps où elles se confondaient en une seule, 300.

O

Olotes (les) ou Kalmouks, 382.

Ombrien (l'), ancien dialecte de l'Italie, 242.

Onomatopée (théorie de l'), pour expliquer la formation des racines, 450 *et suiv.*

Ophir (pays d'), sa position, 252 *et suiv.*

Optique (l'), une des sciences de la nature, 25, *note*.

Origène regardait l'hébreu comme la langue primitive de l'humanité, 157.

Origine commune des langues humaines; ce problème doit être soigneusement distingué de celui de l'origine commune de l'humanité, 411, 412.

— examen de ce problème et preuves de la *possibilité* de l'origine commune des langues humaines, 413-426, 496.

— nous ne pouvons résoudre *historiquement* le problème de l'origine du langage, 433.

Origine du langage, théories diverses pour l'expliquer, 434.

Ormuzd, le dieu des Zoroastriens, connu de Platon, 261.

— découverte du nom d'Auramazda dans les inscriptions cunéiformes, 262.

— signification de ce nom, 264.

Osmanlis (les), leur histoire et leur langue, 388.

Osque (l'), ancien dialecte de l'Italie, 242.

Ossètes (les), leur langue, 267.

— s'appellent eux-mêmes *Iron*, 309.

Ostiaks (les), leurs dialectes, 67.

Ougrien (rameau) des langues finnoises, 404.

Ouraliens (dialectes), 399.

P

Pâli (le) était autrefois l'idiome populaire du Behar, 173.

Panætius, le philosophe stoïcien, à Rome, 121.

Pânini, sa grammaire sanscrite, 136.

Pantomime (le) et le roi d'Asie Mineure, 466.

Paon (le), son nom en hébreu et en tamoul, 255.

Paris (M. Gaston), ouvrages cités, 242 et 245, *notes*.

Patois, leur richesse, 62.

Paulinus à Santo Bartholomeo, publie la première grammaire sanscrite, 193.

Paradis (le), langues que certains auteurs prétendent y avoir été parlées, 160, *note*.

Parsi (le), époque où ce dialecte était parlé en Perse, 266.

Parsis (les) ou adorateurs du feu, 260, et *note*.

Pascatirs (les), 404.

Payer, étymologie de ce mot, 145.

Péché (le), son nom en sanscrit, 482.

Pecunia, étymologie de ce mot, 322.

Pecus, troupeau, forme corrélative en sanscrit, et signification originelle de ce mot, 480.

Pedro (le P.), missionnaire à Calicut, 184.

Pehlvi (le) ou huzvaresh, 266.

Peinture (la), une des sciences historiques, 25, *note*.

Pélasges (les), 147.

Percussion, étymologie de ce mot, 54.

Père, différentes manières d'exprimer cette idée dans les diverses îles du Friesland, 61.

Perion, son traité de l'origine du français et de sa parenté avec le grec, 155, *note*.

Permiennes (les tribus) et leur langue, 404.

Perrot (G.), ses *Souvenirs d'un voyage en Asie Mineure*, sur les religions secrètes de certaines parties de l'Asie, 181, *note*.

— sa thèse *De Galatia provincia*, citée, 246, *note*.

Persan (le), influence de cette langue sur l'arabe et le turc, 91.

— ancien perse. Voir *Zend* et *Zend-Avesta*.

— histoire du persan depuis l'époque des Achéménides jusqu'à nos jours, 266.

Perspective, perspicace, étymologie de ces mots, 331.

Peschito (le), version de la Bible, 353 et *note*.

Phénicien (le), son étroite parenté avec l'hébreu, 359.

Philolaüs le pythagoricien, sa conjecture sur le mouvement de la terre, 22.

Philologie (la) comparée, objet de cette science, 29, 30 et 89.
— un des noms de la science du langage, 5 et 25.
— différence entre la philologie comparée et la philologie proprement dite, 25-27.
— que celui qui s'occupe de philologie comparée n'a pas besoin de savoir un grand nombre de langues, 27, 28.
— pourquoi nous la rangeons parmi les sciences de la nature, 25-27.
Phonétique (l'altération), une des deux opérations d'où résulte le développement du langage, 52.
— exemples des ravages causés par l'altération phonétique, 53-59.
— elle ronge quelquefois tout le corps d'un mot, 58.
Phonétiques (types), les racines sont des types phonétiques, 486-488.
Pierre le Grand, lettre que Leibniz lui adresse, 162.
Planète, étymologie de ce nom, 9, *note*.
Platon ne connaissait d'autres parties du discours que le nom et le verbe, 110.
— ses essais d'étymologie, 148, 149.
— connaissait Zoroastre, 261, *note*.
— ce qu'il entendait par la *nature*, 486.
Plaute, ses pièces sont des traductions ou des remaniements de comédies grecques, 118.
— emploi affecté de mots grecs dans ses pièces, 118.
Pléiades, étymologie de ce nom, 8.
Pleines (racines), ce qu'on entend par cette dénomination, 489.
Plough, nom anglais de la charrue, identifié avec le sanscrit *plava*, vaisseau, et avec πλοῖον, 326.
PLU, couler, racine tertiaire, 335.
Pluriel (le), comment on le forme en chinois et en tibétain, 55.

— Aristote ne connaissait pas ce terme grammatical, 112.
Pologne (la) envahie par les Mongols, 380.
Polonais (le) appartient au rameau occidental des langues slaves, 249.
— les plus anciens monuments du polonais, 249.
Polybe, sur les changements survenus en latin, 72.
Pons (le P.), sa lettre écrite en 1740 sur la littérature sanscrite, 192.
Popularité, changement qu'a subi la signification de ce mot, 46, *note*.
Porca, champ labouré, rattaché à *porcus*, cochon, 327, *note*.
Pott, ses *Recherches étymologiques*, 207.
— défenseur de la pluralité d'origine des races et des langues humaines, 428, *note*.
Poushtou (le), dialecte de l'Afghanistan, 267.
Prairie, étymologie de ce mot, 79.
Prâkrits (les idiomes), 173.
Prâtisâkhyas (les) des brahmanes, 135.
Premières (racines), de quoi elles sont composées, 334.
Prêtre, étymologie de ce mot, 142.
Priscien, ses travaux, 132.
Professeurs (les) de langues, les véritables fondateurs de la science grammaticale, 100-102.
Pronominales (racines), nom donné aux racines démonstratives, 342, 343.
Protagoras, critique le texte d'Homère, 48.
Provençale (la langue) est fille du latin, 211.
— est la sœur des autres langues romanes et non pas leur mère, ainsi que l'avait soutenu Raynouard, 211 *et suiv*.
— les troubadours font arriver le provençal à un haut degré de perfection littéraire, 241.

— le plus ancien poëme provençal, 241.
— la poésie provençale de nos jours, 241, *note*.
Prussien (l'ancien), un des dialectes slaves, à quelle époque il s'est éteint, 248.
Psammétique, roi d'Égypte, expérience qu'il fait faire pour découvrir quelle avait été la langue primitive, 435.
Ptolémée, services que son système a rendus à la science malgré les erreurs qu'il contenait, 19.
Ptolémée Philadelphe et la version des Septante, 108, *note*.
Ptosis, signification de ce mot dans la langue des stoïciens, 128.
Publius Crassus connaissait les différents dialectes du grec, 121.
Pyrrha, signification originelle de ce nom, 14.
Pythagore, ses voyages d'après la légende, 106.

Q

Quatremère, son opinion sur la position du pays d'Ophir, 256, *note*.
Quida ou *Hliod*, 236.
Quinsy, étymologie de ce mot; exemple des ravages de l'altération phonétique, 481, *note*.
Quintilien, ses remarques sur les changements que le latin avait subis, 72.
— — sur l'omission du *s* final en latin, 72, *note*.
Quittance, étymologie de ce mot, 145.

R

Racines (les), ce qu'on entend par *racine*, 321.
— division des racines en racines *attributives* et en racines *démonstratives*, 321.
— pourquoi certaines racines sont appelées *attributives*, 327.
— exemples des nombreux rejetons de la racine AR, et de leurs ramifications diverses, 322 *et suiv.*
— la racine *spas*, 328 *et suiv.*
— ce qu'on entend par racines *démonstratives*, 342.
— exemples de racines démonstratives, 342 *et suiv.*
— les racines sont nécessairement monosyllabiques; et, envisagées sous le rapport du nombre des lettres qui les composent, elles se divisent en trois classes : les racines *premières*, *secondaires* et *tertiaires*, 334, 335.
— exemples de ces trois classes de racines, 335, 336.
— nombre des racines en hébreu, 338.
— — en sanscrit, 337.
— — en chinois, 338.
— — en gothique, 338, *note*.
— — en allemand, 338, *note*.
— rôle des racines attributives en chinois, 342.
— toutes les langues connues sont composées de ces deux éléments constitutifs, les racines attributives et les racines démonstratives, 347.
— les trois modes d'après lesquels les racines peuvent être rassemblées pour composer le langage constituent trois espèces de langues : les langues *monosyllabiques*, les langues *agglutinantes* et les langues *organiques* ou *à flexions*, 365.
— rôle des racines dans les langues monosyllabiques, 367.
— rôle des racines dans les langues agglutinantes, 370, 371.
— rôle des racines dans les langues à flexions, 372.
— problème de la formation des racines; théories diverses : théorie de l'onomatopée, 450.

— réfutation de cette théorie, 452 et suiv.
— théorie de l'interjection, 464.
— réfutation de cette théorie, 465 et suiv.
— toutes les racines ont exprimé originairement une idée générale, 469
— exubérance des racines dans les premiers âges, et leur élimination postérieure, 484, 488.
— les racines sont des types phonétiques produits par une puissance inhérente à la nature humaine, 487.
Rae (le docteur), ses remarques sur les changements rapides qui s'opèrent dans le vocabulaire des sociétés peu nombreuses, 65, note.
Raison (la), elle fait que nous appartenons à un monde différent de celui des bêtes, 479.
Rask (Érasme), ses travaux sur le zend, 207, 261.
Raven, étymologie de ce mot, 390-395.
Raynouard, ses travaux philologiques, 211.
— critique de sa théorie concernant les rapports entre le provençal et les autres langues romanes ou novo-latines, 211.
Réalisme (le) et le nominalisme au moyen âge, 14.
Reinaud, sur le Sindhind cité, 178, note.
— sur Albirouni, 179 et 180, notes.
Remus, pour resmus, rattaché à ἐρετμός, 326, note.
Renan (E.), son Histoire des langues sémitiques, et son Origine du langage, citées, 352, 484 et passim.
Renouvellement (le) dialectal, une des deux opérations d'où résulte le développement du langage, 52.
— ce qu'on entend par le renouvellement dialectal, c'est-à-dire la régénération des langues par leurs dialectes, 59-78.

Répit, étymologie de ce mot, 330.
Respect, étymologie de ce mot, 329.
Rhin (le), étymologie de ce nom, 476.
Rig-Véda (le), cité, 98, note.
Rivus, à quelle racine il faut rattacher ce mot, 475.
Romains (les) redevables aux Grecs de leur civilisation, 115 et suiv.
— leurs études grammaticales, 124 et suiv.
— leur abus du terme de barbare, 150.
Roman (le), nom donné au latin qui fut parlé pendant la période de transition, du septième au neuvième siècle, 211.
Romanche (langue) ou roumanche, idiome des Grisons de la Suisse, 241.
— traduction de la Bible en roumanche, 241, note.
— bas roumanche ou langue de l'Enggadine, 241, note.
Romanes (langues) ou novo-latines, sont toutes issues du latin, 211, 239.
— le latin classique ne peut pas nous fournir l'explication complète de l'origine de ces langues, dont beaucoup d'éléments dérivent des anciens dialectes de l'Italie, 243.
— les dérivations divergentes dans les langues novo-latines et particulièrement en français, 244, note.
Rome, la connaissance du grec y était très-répandue, 114.
— la vie religieuse à Rome vers la fin des guerres puniques, 122.
— les études grammaticales à Rome, 117, 128.
— commencements de la littérature à Rome, 118.
Rostrum, étymologie de ce mot, 326, note.
Roth (Heinrich), pendant son séjour à Agra, ce missionnaire apprend à fond le sanscrit, 188.
Russe (le), une des langues slaves, 248.

Russie (la) devastée par les Mongols, 379.

S

Sabius, ce mot ne se rencontre pas dans le latin classique, 117, *note*.

Sæmund Sigfusson, son recueil de poëmes islandais, 237.

Sagard (Gabriel), ses remarques sur les dialectes des Hurons, 64.

Sage, étymologie de ce mot, 117, *note*.

Saliens (les poëmes) n'étaient plus compris du temps d'Horace, 72.

Salomon, objets que sa flotte rapportait de Tarsis, 252.

Sâlotar, le traité de médecine vétérinaire qui lui est attribué, traduit du sanscrit en persan, 180 et *note*.

Sanscrit (le), comment les adjectifs y sont formés, 131 et *note*.

— la grammaire sanscrite dans l'Inde, 135.

— histoire du sanscrit, 173 *et suiv.*

— le sanscrit connu des Chinois, 175-177.

— traductions d'ouvrages sanscrits, faites en persan et en arabe, 177-184.

— premiers Européens qui aient connu le sanscrit, 184 *et suiv.*

— les missionnaires français envoyés dans l'Inde par Louis XIV attirent les premiers l'attention des savants de l'Europe sur la langue et la littérature sanscrites, 189.

— premières grammaires sanscrites manuscrites, 192.

— publication de la première grammaire sanscrite en 1790, 193.

— premières publications de la Société asiatique de Calcutta, 194, *note*.

— découverte des ressemblances entre le sanscrit, le grec et le latin, 195 *et suiv.*

— publication en 1808 de l'ouvrage de Frédéric Schlegel, qui devint le point de départ des études philologiques modernes, 206.

— travaux sur le sanscrit, 206.

— la découverte du sanscrit opère un changement complet dans l'étude de la classification des langues, 209 *et suiv.*

— relations généalogiques du sanscrit, du grec et du latin déterminées par la comparaison de leurs formes grammaticales, 212, 213.

— haute antiquité du sanscrit, 251 *et suiv.*

Sassanides (les), langue parlée en Perse à l'époque où cette dynastie y régnait, 266.

Sassetti (Filippo), savant italien établi à Goa en 1581, sa connaissance du sanscrit, 185.

Saturnus, est confondu avec *Kronos*, 116.

Sauvages (tribus), rapidité avec laquelle leurs dialectes se modifient et changent, 41, 65-68.

Saxons (mots), nombre de ces mots en anglais, 93.

Scaliger (J.-J.), son ouvrage sur les langues de l'Europe, 156, *note*.

Scandinave (rameau) des langues teutoniques, 233.

— histoire des langues qui le composent, 233-238.

Scape, origine de ce suffixe anglais, 344.

Schlegel (Frédéric), étudie le sanscrit, 202.

— publie son essai sur *la langue et la sagesse des Indous*, 202.

— les savants de l'Allemagne poursuivent l'idée de Schlegel, 206 *et suiv.*

— théorie de Schlegel sur la formation du langage, 275 et *note*.

Schlegel (Auguste-Guillaume), frère du précédent, son *Indische Bibliothek*, 207.

— combat la théorie de Raynouard sur les rapports entre le provençal et les autres langues romanes, 211.

Sciences (les), divisées en sciences *historiques* et en sciences *de la nature*, 25.

— utilité d'étudier l'histoire des sciences, 5.

— trois périodes dans l'histoire de la plupart des sciences : la période de l'*empirisme*, celle de la *classification*, et celle de la *théorie*, 6.

— période de l'empirisme, 6-12.

— nécessité pour toutes les sciences d'avoir un objet pratique, 10.

— période de la classification, 17-20.

— période de la théorie ou de la métaphysique, 21.

Scipions (les), leur maison est le rendez-vous des écrivains célèbres de Rome, 121.

Scipion (Publius), le protecteur d'Ennius, 119.

Scythes (noms) mentionnés par les auteurs grecs, 310.

— dans quel sens le nom de *Scythe* était pris par les auteurs grecs, 378.

Secondaires (racines), de quoi elles sont composées, 335.

Seigneur, étymologie de ce mot, 289.

Sémitiques (langues), 54.

— facilité d'en distinguer les éléments constitutifs, 347.

— la famille sémitique divisée en trois branches :
　l'araméenne, 352-358 ;
　l'hébraïque, 358 ;
　l'arabique, 359.

— étroite parenté entre ces trois branches, 360.

— membres plus éloignés de la famille sémitique, 361.

— les familles sémitique et aryenne sont les seules qui méritent réellement ce titre de *familles*, 361.

— tableau généalogique des langues sémitiques, 500.

Senior, origine de ce titre, 289.

Septante (les) et Ptolémée Philadelphe, 108, *note*.

Serpent : étymologie de divers noms du serpent, 481.

Shâ nameh (le), le grand poëme épique de la Perse, 266.

Shakespeare, nombre des mots qu'il a employés, 341.

Ship, origine de ce suffixe anglais, 344.

Sibérie (la), les tribus tongouses qui y sont établies, 377.

— les Turcs de Sibérie et leurs dialectes, 386, 387.

Sibylla ou *sibulla*, étymologie de ce nom, 116, *note*.

— les oracles de la sibylle de Cumes, écrits en grec, 116.

Sieur, étymologie de ce mot, 289.

Sigfusson, *voir* Sæmund.

Sigismond (l'empereur) et le moine au concile de Constance, 48.

Silésie (la), envahie par les Mongols, 380.

Sindhind (le), traité d'astronomie composé en sanscrit, 178, *note*.

Sindhu, signification de ce mot sanscrit d'où est venu le nom de l'Inde, 290.

Sir, étymologie de ce mot, 289.

Sirianes (tribus), leur langue et la région qu'ils habitent, 404.

Skalda (le), l'art poétique de Snorri Sturluson, 237.

Σκέπτομαι, σκεπτικός, à quelle racine il faut rattacher ces mots, 329.

Slaves (tribus), leur entrée en Mésie, 240, *note*.

— langues slaves, 248.

Slovène (le), un des dialectes slaves, 248.

Smith (Adam), sa théorie de l'origine du langage, 37.

— Sur la formation de la pensée et le langage, cité, 469.

Smith (Sydney), sur la suprématie intellectuelle de l'homme, cité, 438.

Snorri Sturluson, auteur présumé de l'Edda en prose, 237.
— son *Heimskringla*, histoire des peuples scandinaves, 237.
— son *Skalda* ou Art poétique, 237.
Σω, origine de cette désinence du futur en grec, 294.
Sœur, formes de ce mot en sanscrit, en pehlvi et en ossète, 58.
Sollicitude, histoire de ce mot, 46, note.
Sommes, êtes, sont, formes plus voisines du latin que les formes correspondantes en provençal, 212.
Song-yun, un des pèlerins chinois qui ont visité l'Inde, 176.
Sons (les) de la nature, n'ont suggéré qu'un petit nombre de mots, 463.
Soul, âme, étymologie de ce mot, 480.
Soupçon, suspect, etc., étymologie de ces mots, 330.
Spand, trembler, racine tertiaire, 335.
Spas, nombreux rejetons de cette racine, 328 et suiv.
Species, une des ramifications les plus fécondes de *spas*, 332 et suiv.
Spéculer, spéculatif, etc., étymologie de ces mots, 331.
Spy, espion, à quelle racine il faut rattacher ce mot anglais, 329.
Squirrel, étymologie de ce mot, 462.
Star, étendre, et *strend*, sauter, observations sur ces racines, 337, note.
Stewart (Dugald), sa théorie de l'origine du langage, 37.
— ses doutes sur l'antiquité et l'authenticité du sanscrit, 174, 201, 202.
— sur la formation du langage, cité, 431.
Stha, forme sanscrite moins primitive que le grec ἐστέ et que le latin *estis*, 213.
Stoïcisme (le) à Rome, 123.
— la logique des stoïciens, 128.
— ce que signifie *ptosis* (*casus*) dans leur langue philosophique, 128.
trabon, sur les barbares, 148, note.

Sturluson, *voir* Snorri.
Sucre, étymologie de ce mot, 461.
Suédois (le), un des dialectes scandinaves, son développement, 76, 233.
Sum, sumus, formes moins primitives que les formes correspondantes en grec, 213.
Sunt, forme latine plus primitive que εἰσί, 213.
Synonymes (les), leur importance pour expliquer les dissemblances entre des langues qui ont eu une origine commune, 364.
— exubérante synonymie du langage primitif, 484, 488.
— exemples de synonymes en arabe, 484.
— en sanscrit, 483.
Syriaque (le), un des dialectes araméens, 353.
— date de la version de la Bible en syriaque, appelée le Peschito, 353.
— cette langue s'est perpétuée jusqu'à nos jours, 353.
Syrie (la), les Turkmans de Syrie, 388.

T

T, origine de cette désinence de la troisième personne du singulier des verbes latins; rapproché de la forme corrélative en grec, 345, 346.
— origine du *t* dans *aime-t-il*, 292.
Talmud (le) de Jérusalem et celui de Babylone, 355.
Targums (les), ce qu'ils sont et en quelle langue ils sont composés, 354.
Tarikhu-l-Hind (le), ouvrage d'Albirouni, 179.
Tartare, ce mot est pris par les philologues dans deux significations différentes, 378.
Tartares (les), leur berceau, 377.
— à quelles populations ce nom appartenait primitivement et à qui il s'étendit par la suite, 378.

— histoire des Tartares, 378-381.
— leurs dialectes, 381.
Tavastien (le), dialecte du finnois, 402.
Tchoude (le), un des rameaux des dialectes finnois, 400.
Tendre, rattaché à la racine qui a donné *tonnerre*, 461.
Ter, étymologie de cette désinence adverbiale en latin, 345.
Terminaisons grammaticales, *voir* Désinences.
Terminologie (la) grammaticale des Hindous, ses ressemblances avec celle des Grecs, 135.
— Comment la terminologie grammaticale de l'école d'Alexandrie s'est répandue dans le monde entier, 113, 127.
Τερος, à quelle racine il faut rattacher cette désinence des comparatifs grecs, 344.
— forme corrrespondante en sanscrit, 344.
Terre (la), conjecture de Philolaüs concernant son mouvement autour du soleil, 22.
Tertiaires (racines), de quoi elles sont composées, 335.
Testament (Ancien), nombre de mots qu'il contient, 341.
— traduit en grec par les Septante, 108.
— traduit en syriaque, 353, *note*.
Testament (Nouveau), traduit en persan par ordre d'Akbar, 181.
Teutoniques (langues), 218 *et suiv.*
— malgré l'introduction de mots étrangers en anglais, la grammaire anglaise est purement teutonique, 86-88.
Thémistocle, sa connaissance du perse, 105.
Θεός, identifié avec le sanscrit *Deva*, par Hervas, 168.
Thommerel, sur le nombre total des mots anglais et sur leurs sources diverses, 93.

Thraces (les), leur origine et leur langue, d'après les auteurs anciens, 148, *note*.
Tibère (l'empereur) et les deux grammairiens, 47.
— ce que racontent Dion Cassius et Suétone au sujet de sa connaissance du grec, 122, *note*.
Tibérius Gracchus, sa connaissance du grec, 117.
Tibétains (dialectes), comment les adjectifs y sont formés, 130.
Timour, son empire mongol, 380.
Tôkei, observations sur ce nom du paon en tamoul, 255.
Tongouses (tribus et langues), 377.
— grammaire tongouse, 407.
Tonnerre, origine de ce mot, 461.
Tooke (Horne), son explication des désinences grammaticales, 320.
— réfute la théorie d'après laquelle le langage aurait été formé d'interjections ou cris involontaires, 465.
Touranien, étymologie de ce nom, 304.
— le groupe des langues touraniennes, 40.
— races touraniennes, leurs luttes avec les races aryennes, 309.
— noms touraniens mentionnés par les auteurs grecs, 310.
— mécanisme des langues touraniennes, 347.
— les langues touraniennes sont des langues agglutinantes, 368, 371.
— divisions principales de ces langues, 369.
— histoire sommaire des populations touraniennes, 377 *et suiv.*
— tableau généalogique des langues touraniennes, 501, 502.
Tourvasa, son rôle dans lès épopées indiennes, 309.
Traître, signification de ce mot dans le vieux français, 325, *note*.
Très, étymologie de ce mot, 344.
Trilitères (langues), pourquoi cette

dénomination a été donnée quelquefois aux langues sémitiques, 347.
Tud, frapper, racine secondaire, 335.
— modifications de cette racine, 336.
Turc (le), influence du persan et de l'arabe sur le vocabulaire turc, 90, 91.
— deux classes de voyelles en turc, 376.
— grammaire turque, 90.
— manière ingénieuse dont sont produites les formes grammaticales du turc, 391 *et suiv.*
Turcs (les), leur histoire, 382 *et suiv.*
Turkmans (les), ou Kisil-bash de la Perse, 384.
Turner (Sharon), sur le rapport entre les mots d'origine saxonne et les mots d'origine normande en anglais, 93.
Twenty, étymologie de ce mot, 53.
Tziganes (les), leur langue, 267.

U

Ulfilas, évêque des Goths, son histoire, 222.
— sa traduction de la Bible en gothique, 228.
— sa langue, 232.
Ὕνις et ὔννις, soc de charrue, étymologie de ce mot d'après Plutarque, 327, *note*.
Upanishads (les), traités philosophiques, composés en sanscrit et traduits en persan par le prince Dârâ, dont la traduction fut retraduite en français par Anquetil-Duperron, 184.
Ura'hat (les), sur le Chulym, 385.
Urdu-zeban (l'), véritable nom de l'hindoustani, 400.
Usbeks (les), région qu'ils occupent, 384.

V

Vâch, déesse de la parole, versets prononcés par elle dans le Rig-véda, 98, *note*.
Valachie (la), ses populations, 239, *note*.
Valaque (le), un des dialectes novo-latins, 239 et *note*.
Valaques (les) de l'Olympe, du Pinde et de l'Acarnanie, 239, *note*.
Varron, sur Magon le Carthaginois, cité, 107, *note*.
— son traité de la langue latine, cité, 125 et 126, *note*.
— César lui offre la direction de la bibliothèque qu'il voulait fonder à Rome, 127.
Vasco de Gama débarque un missionnaire à Calicut, 184.
Védas (les), 135.
— différence entre le sanscrit védique et le sanscrit moderne, 135.
— soins jaloux des brahmanes pour empêcher qu'on ne traduisit les védas, 182, 183.
Vénètes (les), ce que Polybe rapporte de leurs mœurs et de leur langue, 149, *note*.
Verbes (les), formation de leurs désinences dans les dialectes aryens, 284, 291 *et suiv.*
Vergiliœ, étymologie de ce nom, 9.
Very et *much*, différence entre ces deux mots, 49.
Vibhakti, nom des cas en sanscrit, 135.
Vidame, étymologie de ce mot, 288.
Vides (racines), ce qu'on entend par cette dénomination, 489.
Vingt, étymologie de ce mot, exemple d'altération phonétique, 53 *et suiv.*
Virgarius (Jupiter), 9, *note*.
Viñśati, mot sanscrit pour *vingt*, exemple d'altération phonétique, 53.
Vogouls (les), branche de la famille finnoise, 404.
Votiakes (les), leur dialecte, 404.
Vrika, nom du loup en sanscrit, employé pour désigner la charrue, 327, *note*.

Vulgarité, à qui nous devons ce mot, 46, *note*.
Vyâkarana, nom de la grammaire en sanscrit, 135.

W

Welsh, gallois, origine de ce nom, 103.
Wendes (les) de la Lusace, 249.
Whewell (le docteur), sur la science du langage, 34, *note*.
Wilkins, indique la ressemblance qui existe entre le sanscrit et le grec, 198-201.
— ses travaux sur la langue et la littérature sanscrites, 194, *note*.
Windique (branche) ou slave des langues aryennes, 247.
Winidæ (les), 247.
Witsen (Nicolas), voyageur hollandais, envoie à Leibniz la traduction de l'oraison dominicale dans l'idiome des Hottentots, 161.
— ses *voyages*, 161, *note*.

X

Xavier (saint François-), ses travaux apostoliques dans l'Inde, 185.

Y

Yakuts (les), leur langue et la région qu'ils habitent. 386.
Yea et *yes*, différence que Chaucer établit entre ces deux particules, 287.

Z

Zend (le), travaux de Rask et d'Eugène Burnouf sur le zend, 207, 208.
— travaux de Haug, 264.
Zend-Avesta (le), 260, et *note*.
— a peut-être été traduit en grec par Hermippus, 109.
— Anquetil-Duperron traduit en français la traduction persane du Zend-Avesta, 261, 280.
— Rask et Eugène Burnouf déchiffrent les premiers le texte même du Zend-Avesta, 280.
Zénodote, premier bibliothécaire d'Alexandrie, services qu'il rendit à la science grammaticale, 111, 112.
Zeus, signification originelle de ce nom, 13.
Zimmermann, lettre où l'impératrice Catherine lui annonce qu'elle travaille à un dictionnaire comparé, 170.
Zoroastre ou Zarathustra, ses écrits; *voir* Zend-Avesta.
— ses *Gâthâs*, 265.
— connu de Platon, 261.
— époque où il vivait, 265 et *note*.
— erreur de ceux qui ont prétendu que Zoroastre est mentionné dans le Rig-Véda sous le nom de Jaradashti, 265.
Zoroastriens (les), *voir* Parsis.
— patrie primitive et migrations des Zoroastriens, 316.

FIN DE LA TABLE ANALYTIQUE.

EXTRAIT DU CATALOGUE.

CARAYON (le P. Auguste), de la Compagnie de Jésus. — Bibliographie historique de la Compagnie de Jésus, ou Catalogue des ouvrages relatifs à l'histoire des Jésuites depuis leur origine. 1864, 1 beau vol. in-4°, papier vergé.   25 fr. »

— *Le même ouvrage*, gr. in-4 (grand papier fort de Hollande).   40 fr. »

COCHERIS (Hipp.), membre de la Soc. imp. des antiquaires de France. — Table méthodique et analytique des articles du *Journal des Savants* depuis sa réorganisation en 1816 jusqu'en 1858 inclusivement, précédée d'une introduction historique sur ce journal. In-4, 1860.   15 fr. »

ROZIÈRE (Eug. de) et **CHATEL** (Eug.). — Table générale Méthodique des mémoires de l'Académie des Inscriptions et Belles-Lettres, publiée en 1791 par Laverdy; nouv. édit., revue, corrigée et considérablement augmentée, co t. l'index des mémoires insérés dans cette collection depuis son origine jusques et y compris 1850. 1 volume in-4, sur papier collé.   15 fr. »

SOMMERVOGEL (le Père P.-C.), de la Compagnie de Jésus. — Table méthodique des Mémoires de Trévoux (1701-1775), précédée d'une notice historique. 1864-65, 3 volumes in-12.   12 fr. »

On vend séparément :

Première partie : *Dissertation. Pièces originales ou rares Mémoires*. 1 vol.   4 fr. »

Deuxième partie : *Bibliographie*. 2 vol.   8 fr. »

Annali dell' Istituto di corrispondenza archeologica. Les trente premières années   900 fr. »
Abonnement aux Monuments et Annales.   48 fr. »
  — au Bulletin seul.   8 fr. »

Archives des Missions scientifiques et littéraires. Choix de rapports et instructions publiés sous les auspices du Ministère de l'Instruction publique. 1864, 2ᵉ série. Grand in-8. Abonnement annuel, depuis 1864, 1 vol.   9 fr. »

Archives de la Commission Scientifique du Mexique, publiées sous les auspices du Ministère de l'Instruction publique 1865. Grand in-8°, Tome 1ᵉʳ.   9 fr. »

Bulletino di Archeologia cristiana, del Cav. G.-B. de Rossi.

Ce Bulletin se publie à Rome depuis janvier 1863 et paraît tous les deux mois par numéro de 16 pages in-4° à deux col.
Abonnement pour Paris, 10 fr. — Pour les départements.   11 fr. »

Les années 1863 à 1865 se vendent séparément, au prix chacune de.   10 fr. »

Comptes-rendus des séances de l'Académie des inscriptions et belles-lettres

La première série, publiée par M. Ernest Desjardins, forme 8 vol in-8.   40 fr. »
— Chaque volume séparément.   6 fr. »
— Nouvelle série, par A. Tardieu, sous-bibliothécaire de l'Institut, et sous la direction de l'Académie (1865, 1866), 2 vol. in-8.   14 fr. »
Ce Journal paraît tous les mois par numéro de deux à trois feuilles in-8.
Abonnement.   7 fr. »

Mémoires lus à la Sorbonne, dans les séances extraordinaires du comité impérial des Travaux historiques et des Sociétés savantes, en 1861, 1863, 1864, 1865 : recueil publié sous les auspices du Ministère de l'Instruction publique.

— Histoire, philologie et sciences morales. 4 vol. in-8.   36 fr. »
— Archéologie, 4 vol. in-8.   36 fr. »
Chaque vol. se vend séparément.   9 fr. »

Séances et Travaux de l'Académie des sciences morales et politiques Compte rendu par Ch. VERGÉ, docteur en droit, sous la direction de M. Mignet, secrétaire perpétuel de l'Académie. Prix de chaque année séparée.   20 fr. »

Abonnement : Paris, 20 fr.; Départements, 25 fr.; Étranger, 30 fr.

— Table générale alphabétique et chronologique par noms d'auteurs et par ordre des matières, etc. 1842-1859, in-8.   5 fr. »

Paris. — Imprimerie de Ad. Lainé et J. Havard, rue des Saints-Pères, 19.

www.ingramcontent.com/pod-product-compliance
Lightning Source LLC
Chambersburg PA
CBHW060502230426
43665CB00013B/1360